MARX PELOS MARXISTAS

TEXTOS

Friedrich Engels
Vladímir Ilitch Lênin
David Riazánov
Clara Zetkin
Eleanor Marx
Marian Comyn
Paul Lafargue
Wilhelm Liebknecht
Friedrich Lessner
Henry Hyndman
Franziska Kugelmann
Karl Kautsky
Luise Kautsky

ORGANIZAÇÃO

André Albert

Direção editorial Ivana Jinkings
Organização e edição André Albert
Assistência editorial Carolina Mercês e Andréa Bruno
Tradução Claudio Cardinali, Edições Avante!, Guilherme Habib Santos Curi, Luiz Felipe Osório, Paula Vaz de Almeida, Pedro Davoglio, Régis Mikail Abud Filho, Renata Dias Mundt (conforme indicado em cada texto)
Preparação Thais Rimkus
Revisão Silvia Balderama Nara
Coordenação de produção Livia Campos
Capa Maikon Nery
Diagramação Antonio Kehl

Equipe de apoio: Ana Carolina Meira, Artur Renzo, Bibiana Leme, Clarissa Bongiovanni, Débora Rodrigues, Elaine Ramos, Frederico Indiani, Heleni Andrade, Higor Alves, Isabella Marcatti, Ivam Oliveira, Joanes Sales, Kim Doria, Luciana Capelli, Marina Valeriano, Marlene Baptista, Maurício Barbosa, Raí Alves, Talita Lima, Tulio Candiotto

CIP-BRASIL. CATALOGAÇÃO NA PUBLICAÇÃO
SINDICATO NACIONAL DOS EDITORES DE LIVROS, RJ

M355
Marx pelos marxistas / Friedrich Engels... [et. al] ; organização André Albert. - 1. ed. - São Paulo : Boitempo, 2019.

ISBN 978-85-7559-702-6

1. Marx, Karl, 1818-1883. 2. Filosofia marxista. 3. Comunistas - Alemanha - Biografia. I. Engels, Friedrich. II. Albert, André.

19-56817
CDD: 920.933543
CDU: 929:330.85

Vanessa Mafra Xavier Salgado - Bibliotecária - CRB-7/6644

1ª edição: junho de 2019

BOITEMPO
Jinkings Editores Associados Ltda.
Rua Pereira Leite, 373
05442-000 São Paulo SP
Tel: (11) 3875-7250 / 3875-7285
editor@boitempoeditorial.com.br | www.boitempoeditorial.com.br
www.blogdaboitempo.com.br | www.facebook.com/boitempo
www.twitter.com/editoraboitempo | www.youtube.com/tvboitempo

Sumário

Nota da edição

Se hoje não faltam a Marx – esta enorme figura do século XIX ocidental – biografias e estudos que primam pelo detalhamento, pela precisão e pela perspicácia, *Marx pelos marxistas* aparece como reunião de traduções de documentos históricos e como homenagem. No entanto, é, também, uma tentativa de afirmar a possibilidade da memória como gesto político. Dois séculos após o nascimento do Mouro, a necessidade de estudá-lo, compreendê-lo e celebrá-lo mostra-se tão viva quanto nunca. Acessá-lo por meio daqueles que mais se empenharam nesse sentido é um dever e, felizmente, um prazer.

Neste volume, sempre que possível, foram preservados aspectos dos originais como destaques, grafias de nomes próprios e notas. As chamadas de notas dos próprios autores estão assinaladas com asterisco; as de tradução ou da edição brasileira, numeradas e identificadas. Nas notas de rodapé, simplificamos as referências dos textos e cartas de Marx e Engels reproduzidos nos volumes da Marx-Engels Gesamtausgabe – MEGA (Berlim, Gruyter) – e da Marx-Engels Werke – MEW (Berlim, Dietz).

Este volume não teria sido possível sem a colaboração de muitas pessoas. Agradeço especialmente: a Michael Heinrich e Luiz Bernardo Pericás pelas indicações e pelo auxílio com dúvidas; às edições Avante! pela cessão da tradução do texto de Vladímir Ilitch Lênin; a João Quartim de Moraes e Virgínia Fontes pelos generosos textos; a José Muniz Júnior, pelo apoio de sempre, sempre; a Ivana Jinkings, pela oportunidade e pela confiança; e a todos os profissionais que colaboraram, dentro e fora da Boitempo, para a construção do livro. Entre eles, cito Carolina Mercês, leitora atenta que, na reta final, encontrou nos textos tudo o que o organizador não conseguia mais ver, e Bibiana Leme, guardiã da coleção Marx-Engels da Boitempo, por quem tenho a maior estima como colega e amiga; sem nossas trocas cotidianas, este livro não existiria.

André Albert

Apresentação

João Quartim de Moraes

I

Mesmo aqueles que consideram a obra de Karl Marx a referência teórica fundamental para compreender a evolução das sociedades humanas em geral sabem pouco de sua vida para além dos episódios mais marcantes e conhecidos. Sem dúvida, não é indispensável conhecer a história pessoal de um autor para apreciar o conteúdo de sua obra; para isso, bastam as informações sucintas que enciclopédias, dicionários biográficos e compêndios oferecem, como datas e lugares em que o autor viveu, os fatos mais marcantes de sua trajetória etc. Evidentemente, uma biografia densamente documentada contribui para a compreensão do contexto em que cada autor firmou suas convicções. Mas a importância dessa contribuição depende da conexão entre a experiência de vida e o conteúdo das descobertas teóricas do biografado. Albert Einstein, por exemplo, abominava o sionismo e simpatizava com o socialismo. Entretanto, por mais respeitáveis que sejam, nenhuma dessas posições político-ideológicas vincula-se à formulação da teoria da relatividade. A conexão da obra teórica de Marx com as convicções que animaram sua existência é bem mais forte, como não poderia deixar de ser. Ainda assim, devemos evitar o reducionismo: muitos intelectuais de seu tempo foram tão sensíveis quanto ele à causa dos operários, sem terem, contudo, construído uma crítica insuperável da economia política burguesa.

As primeiras cenas do filme entranhável que o cineasta haitiano Raoul Peck consagrou ao jovem Karl Marx mostram um bando de camponeses miseráveis recolhendo galhos caídos num bosque outonal. Estão apressados e apreensivos porque o ato de catar lenha do chão tornara-se crime, tipificado como furto. Mas como cozinhar e suportar meses de temperaturas glaciais sem combustível? Um destacamento de cavalaria policial irrompe no bosque golpeando homens, mulheres, jovens, velhos e crianças, que tentam fugir, mas muitos ficam por terra, feridos ou mortos. A sequência seguinte mostra a redação da *Gazeta Renana*. O jovem Marx olha pela janela enquanto conversa com seus companheiros. Na rua, uma tropa fardada bloqueia a entrada do jornal, que é logo invadido. O motivo: uma série de artigos de sua autoria criticando vigorosa e pormenorizadamente a legislação perversa que passara a criminalizar costumes ancestrais de sobrevivência das comunidades de aldeia.

No prefácio a *Para a crítica da economia política*, de janeiro de 1859 – cerca de uma década e meia após os eventos reconstituídos no filme de Peck –, Marx evoca o redirecionamento que a crítica da legislação celerada sobre o "furto" de madeira em 1842-1843 suscitara em sua trajetória intelectual: "pela primeira vez vi-me diante do difícil embaraço de participar de discussões sobre os então chamados interesses materiais". Até ali, seus estudos haviam se concentrado na filosofia, na história e, acessoriamente, na jurisprudência. A privatização burguesa da propriedade fundiária, aprovada pelo Parlamento da Renânia, resultara no confisco das terras comunais remanescentes e na proibição de usos e costumes consagrados pelo direito consuetudinário (inclusive o de catar lenha), o que o levou a ocupar-se de "questões econômicas". Compreender em profundidade a lógica econômica subjacente às novas condições sociais que empurravam as massas camponesas à miséria foi, para Marx, o ponto de partida de suas grandes descobertas teórico-críticas. Essa inflexão decisiva aproximou-o de Friedrich Engels. Este, com 25 anos em 1845, publicara *A situação da classe trabalhadora na Inglaterra*, obra-prima do que ainda não se chamava sociologia. Convencidos ambos de que o princípio de explicação da sociedade moderna estava na economia política, eles compuseram em 1845-1846 *A ideologia alemã*, estudo materialista que visava criticar o idealismo alemão e explicitar criticamente, como mais tarde dirá Marx no referido prefácio, o "antagonismo" entre "nossa maneira de ver e a concepção ideológica da filosofia alemã", de modo a "acertar as contas com nossa consciência filosófica anterior" e "ver claro em nós mesmos". Estavam também vendo claramente a lógica objetiva da história social da humanidade.

Entre o fim de novembro e o início de dezembro de 1847, Marx e Engels participaram em Londres de uma conferência da Liga dos Comunistas, onde expuseram os fundamentos do programa revolucionário do proletariado. A importância de suas teses foi imediatamente reconhecida: a Liga incumbiu-os de desenvolvê--las num texto que, sob o título *Manifesto Comunista*, se tornou mundialmente célebre, inscrevendo-se entre as mais importantes obras políticas de todos os tempos. Sabemos que combate operário e análise política foram atividades inseparáveis para os autores do *Manifesto*. Exatamente por isso, contudo, eles pagaram o preço por desafiar os interesses dominantes. Marx, em particular, além das perseguições políticas, enfrentou períodos de extrema pobreza material e severas enfermidades. Essas vicissitudes não podiam deixar de afetar as condições de elaboração de sua obra maior. Evocando Dante Alighieri na conclusão do prefácio de *Para a crítica da economia política*, Marx comparou a "porta da ciência" à "porta do inferno". Ele aludia ao esforço de expor sistematicamente a imensa descoberta teórica da lógica imanente do capital e do desenvolvimento histórico do modo de produção capitalista. Mas provavelmente aludia também às múltiplas e incessantes dificuldades que retardaram e tornaram mais penosa a execução da gigantesca empreitada que assumira.

Exemplo disso pode ser encontrado no mais antigo dos muitos textos reunidos nesta coletânea, escrito quando Marx estava vivo e atuante. Em 1877, Engels compôs uma pequena, mas densa biografia do amigo com o qual manteve, da juventude à morte, uma exemplar parceria intelectual e uma nunca desmentida fraternidade de combate pela causa operária e pelo comunismo. O primeiro livro de *O capital*, fundamento do "socialismo científico moderno", havia sido publicado dez anos antes. No artigo, Engels anuncia que no segundo livro "os aspectos da economia política que não foram analisados no Livro I serão revolucionados" e manifesta a expectativa de que "Marx possa, em breve, entregá-lo para a impressão". Bem sabemos que, infelizmente, essa expectativa não se confirmou. O tempo da teoria tem lógica própria, indiferente ao condicionamento biológico do tempo da existência.

Estão incluídas nesta antologia também as manifestações de Engels compostas em pleno impacto da morte de Marx, em homenagem a sua memória. No dia 13 de março de 1883, incumbido do discurso de despedida à beira do túmulo do proeminente pensador "que cessara de pensar", ele já de início compara seu legado (a descoberta da "lei de desenvolvimento da história humana") ao de Darwin (que descobriu "a lei do desenvolvimento da natureza orgânica"). De Engels, há ainda um escrito de 1892, singelamente intitulado "Marx, Heinrich Karl", que contém o relato concreto e conciso dos principais combates políticos de Marx, acompanhado da "lista mais completa possível" de seus escritos até então publicados.

II

Entre os depoimentos dos que conviveram com Marx na intimidade doméstica, o mais carregado de afetuosas recordações é o da filha Eleanor. Ela descreve um pai amoroso e brincalhão, cujas graves e extenuantes responsabilidades nunca impediram de consagrar às afeições familiares o tempo que elas mereciam. Paul Lafargue, que se integrou a esse círculo familiar casando-se com Laura, irmã de Eleanor, confirma as palavras da cunhada: "era um pai doce, carinhoso e indulgente", para o qual "as crianças devem prover a educação de seus pais". De fato, as três filhas "viam nele um amigo e comportavam-se com ele como se fosse um colega", chamando-o de "Mouro", "apelido que lhe haviam dado em função de sua tez escura, sua barba e seus cabelos, negros como ébano". Mouro era muito carinhoso não apenas com elas, mas com todas as crianças. Lafargue descreve os longos passeios campestres do grupo familiar, em que, para ajudar as meninas a esquecer o cansaço da caminhada, Marx inventava intermináveis contos de fadas, "cujo desfecho [ele] retardava ou antecipava conforme a distância a ser percorrida".

Além do círculo familiar e dos amigos próximos, eram frequentes na casa da família Marx em Haverstock Hill as visitas de militantes do movimento operário socialista internacional. Um deles, o exilado alemão Friedrich Lessner, relembra entusiasticamente sua modesta participação no trabalho de preparação da primeira edição do *Manifesto*, quando ainda era um jovem integrante de um agrupamento comunista de Londres. A revolução de 1848 levou-o de volta à Alemanha, onde atuou na Liga dos Comunistas, sobre a qual se abateu em maio de 1851 o peso da repressão contrarrevolucionária. Lessner foi um dos muitos militantes jogados nas masmorras da autocracia prussiana, a qual, decidida a aniquilar o movimento democrático popular, abriu em Colônia no fim de 1852 um processo penal contra os comunistas. Novamente exilado em Londres, Marx empenhou-se a fundo na defesa de seus companheiros, mas a farsa judiciária prosseguiu implacável, condenando os réus na base de depoimentos da polícia prussiana. Em 1885, Engels incluiu no artigo *Para a história da Liga dos Comunistas* o relato desse processo infame.

Ao sair da prisão, em 1856, Lessner voltou a Londres, onde conheceu Marx pessoalmente. Assíduos às reuniões do Conselho Geral da Internacional, costumavam ir depois a um "restaurante bem honesto para tomar um copo de cerveja e conversar descontraidamente". Lessner conta que, quando falavam da batalha pela jornada de oito horas, Marx reconhecia que a defendia para os operários, mas que ele próprio trabalhava duas vezes mais. E acrescenta: ele de fato trabalhava demais. Só quem estava ao lado dele podia avaliar a energia e o tempo que investiu nas atividades da Internacional e também na produção teórica. Passava diariamente longas horas na biblioteca do Museu Britânico lendo e anotando uma vasta bibliografia. À noite, trabalhava em sua sala, muitas vezes atravessando a madrugada.

Como outros frequentadores da casa dos Marx, Lessner admirava o forte laço afetivo que unia Marx e suas três filhas. Além disso, constatou que, embora as meninas considerassem o pai um amigo, Marx também assumia a função de educador, despertando a inteligência das filhas para a compreensão do mundo em que viviam.

Um retrato mais complexo da personalidade de Marx é apresentado no artigo do dirigente socialista inglês Henry Hyndman, divulgador pioneiro em seu país da obra de Marx, a quem ele conheceu de perto e cuja "modesta residência" em Haverstock Hill frequentou. Ele enaltece a inigualável capacidade teórica do autor de *O capital*, mas insiste no contraste entre sua veemência polêmica e o "maravilhoso domínio que tinha de nossa língua" (a inglesa); entre a "torrente de denúncias vigorosas" que dirigia, por exemplo, contra a opressão da Irlanda pelo Partido Liberal e a serenidade com que emitia suas opiniões sobre os fenômenos econômicos.

Ele também insiste na colossal capacidade de trabalho de Marx, que "já estava no Museu Britânico quando as portas se abriam pela manhã e só saía de lá quando se fechavam, à noite". Em casa, cumpria a segunda parte de uma jornada de trabalho que chegava no total a dezesseis horas. Até que, já com a saúde debilitada pelo esforço excessivo, os médicos o proibiram de trabalhar madrugada adentro. Esse descanso obrigatório permitiu a Hyndman, entre o fim de 1880 e o início de 1881, conversar frequentemente com ele, o que era possível apenas a muito poucos fora do círculo familiar imediato.

III

Discursos, depoimentos, esboços biográficos em homenagem a Marx não podiam deixar de associar estreitamente a militância no movimento operário internacional à obra teórica fundamental. Assim fizeram, na trilha de Engels, os maiores teóricos marxistas das duas gerações seguintes, Karl Kautsky (1854-1938) e Vladímir Ilitch Lênin (1870-1924).

Os dois textos de Kautsky que integram a coletânea não são longos: um relato de suas visitas a Marx em Londres e uma conferência radiofônica em março de 1933, rememorando os cinquenta anos da morte de Marx, no contexto sombrio em que Adolf Hitler acabara de ser designado chanceler do Reich.

Kautsky entrou pela primeira vez na sala de Marx em Londres "com o coração acelerado". As circunstâncias, em 1881, eram "muito adversas": Jenny, a companheira que Marx considerava a melhor parte de sua vida, com quem partilhava as dificuldades da existência e da qual sempre recebera o mais firme e generoso apoio, sofria de um câncer que a levaria à morte no final daquele mesmo ano. Marx, contudo, embora tampouco estivesse bem de saúde (sofria de tosse incessante), recebeu o visitante "com um sorriso amigável, que me pareceu quase paternal". Entre os muitos assuntos tratados nesse primeiro encontro, assinalamos apenas duas respostas sintomáticas de Marx a questões do discípulo. "Nós, os mais jovens", disse Kautsky, "não ansiávamos nada mais ardentemente que a rápida conclusão do Livro II de *O capital*". "Eu também", concordou Marx, com "certa amargura". Mais que amargura, assumiu serena ironia perante a sugestão de organizar uma edição de suas obras completas: "elas teriam, antes, de ser inteiramente escritas".

Rememorando o encontro e a frustrada expectativa da publicação do segundo tomo de *O capital*, Kautsky constatou que, embora Marx fosse "uma força da natureza – não apenas moral, mas também fisicamente", sua saúde havia se deteriorado, sucumbindo aos efeitos combinados da "fome e [da] miséria habitacional", do "longo período de emigração" e da "constante sobrecarga", dos "trabalhos durante a madrugada". "A vela queimou dos dois lados e apagou-se precocemente". Sua filha mais velha, que também se chamava Jenny, morreu da mesma doença que a mãe em janeiro de 1883, dois meses antes da morte de Marx.

O artigo de Lênin intitulado "Karl Marx: breve esboço biográfico e uma exposição do marxismo", escrito para o *Dicionário Enciclopédico Granat*, editado em Moscou, foi iniciado na primavera de 1914, às vésperas da Primeira Guerra Mundial, e concluído na Suíça no fim do mesmo ano, quando a Europa estava sob fogo cruzado. As partes finais foram cortadas pelos editores do *Dicionário* para passar pela censura tsarista. Em 1918, já sob o poder dos sovietes, o texto do *Granat* foi impresso em separado; as urgências daquele momento não permitiram a publicação do texto integral de 1914. Como explica Lênin no breve prefácio à edição em 1918, "não sou capaz de reproduzir aqui aquele final, pois o rascunho ficou entre meus papéis na Cracóvia ou na Suíça". Só em 1925, um ano após sua morte, recuperado o manuscrito, o texto integral do artigo foi publicado na obra *Marx, Engels, marxismo*: é essa a versão oferecida aos leitores desta coletânea.

O esboço biográfico da primeira parte não traz dados inéditos, mas sintetiza o essencial com clareza e precisão. Sem dúvida, porém, a maior importância desse escrito de Lênin está na segunda parte, em que ele expõe os temas centrais do pensamento de Marx: o materialismo filosófico, a dialética, a concepção materialista da história, os grandes tópicos da crítica da economia política, o conceito de socialismo e a tática da luta de classes do proletariado.

Integram ainda a coletânea as contribuições de dois outros grandes marxistas contemporâneos de Lênin: a conferência de Clara Zetkin homenageando Marx no trigésimo aniversário de sua morte, em 13 de março de 1913, e extratos de uma série de conferências de David Riazánov sobre o marxismo, datadas de 1923, em Moscou.

O discurso de Zetkin reflete o ambiente sombrio da grande guerra que se delineava no horizonte, mas vem carregado de esperança na ampla mobilização da Internacional Socialista pela paz. É um firme apelo, sob a bandeira do marxismo, à causa dos trabalhadores e de toda a humanidade. As aulas de Riazánov aqui reproduzidas expõem inicialmente as lutas revolucionárias na Alemanha a partir de 1815, que configuraram, ao longo do quarto de século seguinte, o contexto político em que Marx travou seus primeiros combates. Descrevem em seguida o ambiente familiar que pesou em sua educação. Trier (ou Tréveris), onde ele nasceu e viveu até os dezessete anos, era um velho burgo da região do rio Mosela. Vale assinalar que, a despeito do ambiente reacionário predominante também na Europa de hoje, em 5 de maio de 2018 foi inaugurada nessa cidade (hoje com mais de 100 mil habitantes) uma estátua de Karl Marx de cinco metros e meio de altura, de autoria do escultor Wu Weishan, oferecida pelo governo da China em comemoração aos duzentos anos do nascimento do homenageado.

Percorrendo em longas caminhadas as zonas rurais de sua cidade natal, o adolescente Karl conheceu de perto as condições de vida dos camponeses e os crescentes constrangimentos que lhes impunham os grandes proprietários. Esse prolongado contato certamente contribuiu para animá-lo, alguns anos mais tarde, a denunciar a criminalização da coleta de galhos e gravetos nas antigas florestas comunais. São particularmente interessantes as observações de Riazánov sobre a forte ligação de Heinrich Marx com o filho Karl, um traço de personalidade que este reproduziu na relação com as próprias filhas. Advogado cultivado, admirador da literatura iluminista francesa, Heinrich Marx "valorizava e compreendia o filho de maneira excepcional" e transmitiu a ele o interesse pela filosofia da Ilustração; até sua morte, em 1838, continuou estimulando o avanço intelectual do filho. O contraste é forte com a relação conflituosa entre Engels e seu pai, um evangélico fanático que unia na tradição calvinista uma fé monolítica à convicção de que acumular dinheiro e capital era sinal da graça de Deus. Ele obrigou o filho, aos dezessete anos, a ingressar num escritório comercial. Mas, para o bem do socialismo e da cultura universal, o jovem Friedrich levou adiante a vocação de escritor.

Riazánov reconstituiu acuradamente os momentos importantes do desenvolvimento das ideias de Marx, a participação no movimento dos jovens hegelianos, a assimilação crítica do hegelianismo e a atuação na *Gazeta Renana*, da qual ele saiu "totalmente diferente de quando entrou": era um democrata radical raciocinando em termos jurídicos; tornou-se comunista ao analisar a situação material dos camponeses e, mais adiante, ao buscar os fundamentos econômicos da condição miserável a que estavam submetidos.

A última palestra de Riazánov reproduzida nesta coletânea concentra-se na revolução alemã de 1848. Retrata a trajetória da *Nova Gazeta Renana*, as concepções táticas, as lutas e as teses expressas em seus seis números publicados, até ela ser atacada pela reação prussiana, que levou Marx ao exílio e reduziu ao silêncio o jornalismo revolucionário. No fim de 1850, Marx constatou que se configurava um novo ciclo de expansão capitalista, fortemente estimulado pela descoberta de ricas minas de ouro nos Estados Unidos e na Austrália. Massas imensas de trabalhadores europeus vinham emigrando para os dois países desde 1848. Nessa situação, tentar desencadear nova ofensiva revolucionária levaria a inúteis derrotas. Tomando a iniciativa tática de um grande dirigente político, Marx inferiu as consequências práticas que a situação exigia e dissolveu a Liga dos Comunistas no fim de 1852. Uma ala esquerdista, dirigida por Willich e Schapper, tentou manter a organização, mas não resistiu por mais de um ano à perseguição policial, confirmando em sua derrota a lucidez política de Marx.

No conjunto, os relatos e artigos aqui reunidos oferecem imagens múltiplas, originais e basicamente convergentes da personalidade de Karl Marx, bem como do impacto de seu legado teórico revolucionário. Os textos de Engels refletem, antes de tudo, a comunidade de ideias e de combates políticos que associaram indissoluvelmente seu nome ao dele. Os demais escritos, tanto os de familiares e amigos próximos quanto os dos que, nas gerações seguintes, difundiram e desenvolveram suas ideias, expressam, por meio da diversidade das situações e dos momentos em que foram escritos, o reconhecimento da excepcional grandeza humana do pensador que revolucionou a compreensão da história social.

PARTE I
Retratos

[...] não vou tratar nestes rascunhos do Marx cientista nem do Marx político, a não ser lateralmente. A imagem *desse* Marx está clara para todos; vou, sim, tentar reproduzir a figura do *Marx pessoa*, ser humano, como o conheci.

E acredito que, ainda que o faça com incompletudes, parcial, incoerente e precipitadamente, será melhor que se nada fizesse. E isso me encoraja, pensando sempre no melhor, a fazer algo que não posso realizar de forma plena, por mais que tente, mas dando o máximo que *posso*. Ainda que não seja suficiente, ao menos é melhor que manter enterrada em minhas lembranças essa pequena contribuição para montar uma imagem completa de Marx.

E não seria essa, afinal, também uma *obrigação* que ora cumpro?

Wilhelm Liebknecht

Uma personalidade com a importância que Karl Marx teve em tantas frentes jamais ficaria muito tempo sem registros e testemunhos sobre sua vida e sobre o convívio com ele. De fato, após as homenagens que se seguiram a seu falecimento, em 1883, foi principalmente na década de 1890 que se viu uma profusão de depoimentos e relatos sobre ele, seja de amigos e colegas, seja de familiares. A consolidação de uma imprensa e de partidos socialistas ou social-democratas na Europa Ocidental favoreceu a difusão desses textos, aos quais se somaram, também, excertos das memórias autobiográficas daqueles que conheceram Marx de perto.

Inauguram a seleção aqui feita os escritos que Friedrich Engels elaborou na comoção da partida de seu amigo e parceiro de teoria e prática. Até o fim da vida, Engels contribuiu decisivamente para a continuidade da obra de Marx e para manter viva sua memória. Já o texto mais tardio foi publicado por aquele que muitos consideram herdeiro de Engels nesse esforço – Karl Kautsky – cinquenta anos depois. Para a Alemanha natal de Marx, o momento era sombrio, com a ascensão de Hitler e o início de uma perseguição a socialistas e comunistas ainda pior que a do período imperial.

Da memória ou da pena de pessoas que travaram distintas relações com o Mouro em diferentes momentos de sua vida, cada um dos textos a seguir forma, à sua maneira, uma pequena série de instantâneos ou, ainda, álbuns de períodos ou ambientes específicos. Permitem entrever as características mais notórias da atividade intelectual e da luta política de Marx – luta férrea dos trabalhadores, cautela com o momento da ação revolucionária, diligência nos estudos – e também outras menos lembradas, como a defesa da emancipação feminina.

Desse quadro fragmentário, sobressaem alguns atributos do homem Marx. O amante da literatura e do teatro – que louva Shakespeare acima de tudo, mas também aprecia poetas alemães da geração anterior à sua e autores britânicos contemporâneos. O estudioso incansável – por anos a fio gastando o dia inteiro na biblioteca do Museu Britânico para, após uma breve refeição e uma pausa para o descanso, dar continuidade às leituras em seu escritório. O afetuoso amigo das crianças – presença marcante na criação das filhas quando não estava enfurnado entre livros ou em reuniões; anônimo barbudo que encantava os pequenos em seus passeios no parque. O homem de língua e pena afiadas – bem-humorado entre amigos e familiares, mordaz tanto com os adversários quanto com os bajuladores. O companheiro cuja lealdade motivava fidelidades ainda maiores – até mesmo devoção – na esposa, nas filhas e nos amigos e companheiros próximos.

Esboço do discurso a ser lido diante do túmulo de Karl Marx (1883)[1]

Friedrich Engels

Há meros quinze meses, a maioria de nós se reuniu em torno deste túmulo, que à época estava prestes a se tornar o último local de descanso para uma grandiosa mulher de coração nobre. Hoje, ele foi reaberto para receber os restos mortais de seu marido.

Karl Marx foi um daqueles homens proeminentes que cada século produz em pequena quantidade. Charles Darwin descobriu a lei do desenvolvimento da natureza orgânica no planeta. Marx é o descobridor da lei fundamental segundo a qual a história humana se move e se desenvolve por si; uma lei tão simples e evidente que sua mera enunciação é quase suficiente para garantir que se concorde com ela. Como se não bastasse, Marx também descobriu a lei responsável pelo atual estado em que a sociedade se encontra, com sua profunda divisão de classes entre capitalistas e trabalhadores assalariados; a lei segundo a qual essa sociedade se organizou e cresceu até quase ultrapassar a si mesma, e segundo a qual ela terá, por fim, de perecer, como todas as fases históricas anteriores da sociedade. Esses resultados tornam ainda mais doloroso que ele tenha sido levado de nós em meio a seu trabalho e que, por mais que tenha feito muito, ele tenha deixado uma quantidade ainda maior de material incompleto.

---

[1] Escrito em inglês, o texto sofreu algumas alterações antes de ser proferido em 17 de março de 1883, no cemitério de Highgate, Londres, como se pode inferir pelo trecho reproduzido por Engels em "O sepultamento de Karl Marx"; ver, neste volume, p. 21. Esta versão inicial foi publicada no dia 20 do mesmo mês, em francês, no jornal parisiense *La Justice*, dirigido pelo genro de Marx, Charles Longuet. Traduzido do inglês por Claudio Cardinali a partir de Friedrich Engels, "Draft for the Speech over the Grave of Karl Marx", MEGA I/25 (Berlim, Dietz, 1985), p. 403-4. (N. E.)

No entanto, a ciência, apesar de muito estimada por ele, estava longe de ser sua ocupação integral. Ninguém era capaz de sentir alegria tão pura quanto ele ao tomar conhecimento de um novo progresso científico, independentemente de ser aplicável na prática ou não. Apesar disso, ele via a ciência, acima de tudo, como grande alavanca histórica, como força revolucionária no sentido mais eminente da expressão. E era assim que Marx utilizava a ciência; para esse propósito, empregava seu grandioso conhecimento, em especial sobre a história em todas as suas ramificações.

Afinal, Marx era, de fato, como ele mesmo se denominava, um revolucionário. A luta pela emancipação da classe dos trabalhadores assalariados dos grilhões do atual sistema capitalista de produção econômica era seu elemento real. Nunca existiu combatente mais ativo que ele. Sua maior conquista, nesse âmbito de trabalho, foi a criação da Associação Internacional dos Trabalhadores[2], da qual ele foi o líder reconhecido de 1864 a 1872. Em termos de visibilidade externa, a associação desapareceu; o vínculo fraterno dos trabalhadores de todos os países civilizados da Europa e da América, contudo, foi estabelecido de uma vez por todas, continuando a existir mesmo sem nenhum vínculo externo ou formal de união.

Não é possível lutar por uma causa sem criar inimigos. E ele os teve em grande quantidade. Durante a maior parte de sua vida política, foi o homem mais odiado e mais difamado da Europa. Não obstante, quase nunca deu atenção às calúnias. Se alguém já foi, de fato, capaz de ignorá-las, esse alguém foi Marx. No momento de sua morte, ele pôde contemplar com orgulho seus milhões de seguidores, fosse nas minas da Sibéria, fosse nas oficinas da Europa e da América; viu suas teorias econômicas serem adotadas como credo incontestável do socialismo universal; e, mesmo ainda tendo muitos adversários, não restava praticamente nenhum inimigo pessoal.

[2] Mais tarde conhecida como Primeira Internacional. (N. E.)

O sepultamento de Karl Marx (1883)[1]

Friedrich Engels

No sábado, dia 17 de março, Marx passou a jazer em paz no cemitério de Highgate, no mesmo túmulo em que sua esposa havia sido enterrada quinze meses antes.

No sepultamento, *G[ottlieb]. Lemke* colocou duas coroas de flores com laços vermelhos sobre o caixão: uma em nome da redação e expedição de *O Social-democrata* e outra em nome da *Associação Educacional dos Trabalhadores Comunistas* de Londres.

Depois, *F[riedrich]. Engels* falou mais ou menos o seguinte[2], em *inglês*:

> No dia 14 de março, às 14h45, o maior pensador vivo parou de pensar. Não foi nem por dois minutos que o deixamos sozinho, quando voltamos, o encontramos tranquilo em sua poltrona, adormecido – para sempre.
>
> Para o proletariado combativo europeu e americano e para a ciência histórica, a perda desse homem é incomensurável. Em breve se fará sentir a lacuna deixada pela morte desse gigante.
>
> Assim como Darwin descobriu a lei do desenvolvimento da natureza orgânica, Marx descobriu a lei do desenvolvimento da história humana: o simples fato, até então escondido pela proliferação ideológica, de que as pessoas precisam primeiro comer,

---

1 Publicado originalmente em *Der Sozialdemokrat*, n. 13, 22 mar. 1883. Traduzido do alemão por Claudio Cardinali a partir de Friedrich Engels, "Das Begräbniß von Karl Marx", MEGA I/25, p. 407-13. (N. E.)

2 Pode-se observar que a versão publicada em alemão apresenta significativas alterações em relação ao manuscrito inicial de Engels. Ver, neste volume, p. 19. (N. E.)

beber, morar e vestir-se antes de poder fazer política, ciência, arte, religião etc.; ou seja, de que a produção dos meios materiais imediatos de vida – e, consequentemente, a etapa de desenvolvimento econômico respectiva de um povo ou de um período – forma o fundamento sobre o qual se desenvolveram as instituições do Estado, as concepções jurídicas, a arte e até mesmo as ideias religiosas das pessoas em questão; é a partir dessa base que se devem explicar esses desenvolvimentos – não o contrário, como vem acontecendo até agora.

Como se não bastasse, Marx também descobriu a lei especial segundo a qual se movimentam o atual modo de produção capitalista e a sociedade burguesa por ele criada. Com a descoberta do mais-valor, fez-se, de repente, uma luz, enquanto todos os estudos anteriores, tanto dos economistas burgueses quanto dos críticos socialistas, haviam se perdido no escuro.

Duas descobertas desse porte deveriam ser o bastante para uma vida. Feliz é aquele que tem a chance de fazer uma que seja. Contudo, em cada uma das áreas em que Marx desenvolveu estudos – foram muitas áreas e sua dedicação nunca era superficial –, em cada uma, até mesmo na matemática, ele fez descobertas autônomas.

Assim era o homem da ciência. E isso ainda não era sequer metade desse homem. A ciência era, para Marx, uma força motriz da história, uma força revolucionária. Por maior que fosse sua alegria quando, em uma ciência teórica, algo era descoberto, de utilidade prática talvez ainda não clara, sua alegria era bem diferente quando se tratava de algo que impactasse imediata e revolucionariamente a indústria – e o próprio desenvolvimento histórico. Assim, ele acompanhou de perto o desenvolvimento das descobertas na área da eletricidade e, por fim, as de Marc Deprez[3].

Marx era, antes de tudo, um revolucionário. Contribuir, de uma maneira ou de outra, para o declínio da sociedade capitalista e das instituições estatais criadas por ela, contribuir para a libertação do proletariado moderno – a quem ele primeiro possibilitou a consciência de sua própria situação e de suas necessidades, a consciência das condições de sua emancipação –, essa era a verdadeira tarefa de sua vida. A luta era o elemento que o compunha. E, como poucos, ele lutou com paixão, tenacidade e êxito. Houve a primeira *Gazeta Renana*, em 1842, o *Avante!* de Paris, em 1844, a *Gazeta Alemã de Bruxelas*, de 1847, a *Nova Gazeta Renana*, de 1848 a 1849, a *New York Tribune*, de 1852 a 1861, além de diversos panfletos militantes e do trabalho em associações em

[3] Marcel Deprez (1843-1918), físico e engenheiro elétrico francês, considerado um dos pioneiros na área de transmissão de energia elétrica. (N. T.)

Paris, Bruxelas e Londres; então, enfim, surgiu a grande Associação Internacional dos Trabalhadores, ponto alto de sua atuação. Realmente, esse foi mais um resultado de que o criador poderia se orgulhar, mesmo se não tivesse feito mais nada.

Por isso mesmo, Marx foi o homem mais odiado e mais caluniado de seu tempo. Governos, tanto absolutistas quanto republicanos, o expulsaram de seus territórios; burgueses, tanto conservadores quanto extremamente democráticos, pareciam competir para ver quem o difamava mais. Ele limpou de seu caminho tudo isso, como se fossem teias de aranha, ignorando-os, respondendo apenas quando era realmente obrigado a fazê-lo. Ele morreu reverenciado e amado por milhões de trabalhadores revolucionários, que agora estão de luto, das minas na Sibéria à Califórnia, passando por toda a Europa e a América; e posso dizer com segurança: ele talvez ainda tivesse alguns adversários, porém não restava praticamente nenhum inimigo pessoal.

Seu nome sobreviverá através dos séculos, assim como sua obra!

Depois, o genro de Marx, Longuet, leu as seguintes mensagens que haviam chegado, em *francês*:

I.

Colocado sobre o túmulo de Karl Marx pelos socialistas russos:

Em nome de todos os socialistas russos, envio uma última saudação ao excepcional mestre entre todos os socialistas de nosso tempo. Uma das mais grandiosas mentes adormeceu, um dos mais enérgicos combatentes contra a exploração do proletariado morreu.

Os socialistas russos curvam-se diante do túmulo do homem que simpatizou com suas aspirações ao longo de todas as transformações de sua terrível luta; uma luta que eles levarão adiante até que os princípios da revolução social tenham enfim triunfado. A língua russa foi a primeira a receber uma tradução de *O capital*, esse evangelho do socialismo contemporâneo. Os estudantes das universidades russas tiveram o privilégio de ser os primeiros a ouvir uma exposição agradável das teorias desse grande pensador que acabamos de perder. Mesmo aqueles que, por questões organizacionais práticas, se opunham ao fundador da Associação Internacional dos Trabalhadores tiveram muitas vezes de curvar-se diante da abrangente ciência e da grandiosa força do pensamento que sabiam compreender a essência do capital moderno, o desenvolvimento das formas econômicas da sociedade e a dependência de toda a história da humanidade em relação a essas formas de desenvolvimento. E mesmo os mais fervorosos adversários que ele encontrou entre os socialistas-revolucionários não tiveram opção senão obedecer ao chamado que ele e o amigo de sua vida, há 35 anos, gritaram para o mundo:

"Proletários de todos os países, uni-vos!"

Pela morte de Karl Marx estarão de luto todos aqueles que compreendiam seu pensamento e que sabiam valorizar sua influência em nossa época.

Permito-me adicionar que o luto mais doloroso será daqueles que conheciam Marx intimamente, em especial dos que o amaram como amigo.

Paris, 15 de março de 1883

P. Lawroff[4]

II.

Telegrama

O diretório parisiense do Partido Operário Francês expressa sua dor pela perda do pensador cuja compreensão materialista da história e cuja análise da produção capitalista criaram o socialismo científico e o movimento comunista revolucionário atual. Expressa, além disso, sua reverência por Marx como pessoa e sua total concordância em relação a seus ensinamentos.

Paris, 16 de março de 1883

O secretário: *Lépine*[5]

III.

Telegrama

Em meu próprio nome e como delegado do Partido Operário Espanhol (diretório de Madri), partilho da imensa dor dos amigos e das filhas de Marx pela tão terrível perda do grande socialista que era mestre de todos nós.

Paris, 16 de março de 1883

José Mesa y Leompart

---

4 Transliteração alemã para o nome do revolucionário russo Piotr Lavrov. (N. E.)

5 Trata-se de Jules Lépine, secretário da seção parisiense do Partido Operário Francês (N. E.)

Depois disso, *Liebknecht* falou da seguinte forma, em *alemão*:

Vim da região central da Alemanha para expressar meu amor e minha gratidão em relação ao inesquecível professor e fiel amigo. O fiel amigo! Seu mais velho amigo e aliado acabou de chamar Karl Marx de homem mais odiado deste século. Certamente. Ele foi o mais odiado, mas também foi o mais amado. *Mais odiado* pelos opressores e pelos exploradores do povo, *mais amado* pelos oprimidos e pelos explorados, contanto que estivessem conscientes da própria situação. O povo oprimido e explorado o amava porque *ele* amava esse povo. Afinal, o falecido cuja perda lamentamos era tão grandioso em seu amor quanto em seu ódio. Seu ódio era fruto do amor. Ele tinha um grande *coração*, tão grande quanto seu *espírito*. Todos que o conheciam sabem disso.

Contudo, não estou aqui como mero aluno e amigo; estou aqui como representante da *social-democracia alemã*, que me deu a tarefa de expressar seus sentimentos em relação a seu *professor*, ao homem que *criou* nosso partido – se é que é possível falar de criação nessa relação.

Não seria apropriado eu vir cheio de grandiloquências. Afinal, jamais houve tão fervoroso *inimigo da retórica vazia* [*Feind der Phrase*] quanto Karl Marx. É justamente seu mérito o fato de ter *livrado* o proletariado e o partido do povo trabalhador *da retórica vazia*, dando-lhes a sólida base inabalável da *ciência*. Revolucionário da ciência, revolucionário *por meio da* ciência, ele escalou o mais alto pico da ciência a fim de descer para junto do povo, tornando a ciência um bem comum do povo.

A ciência é a libertadora da humanidade.

As ciências *naturais* nos libertam de *Deus*. Mas Deus no céu continua a viver, embora a ciência o tenha matado.

A ciência da *sociedade* que Marx desenvolveu para o povo mata o capitalismo e, com ele, os ídolos e os senhores da *Terra*, que, enquanto viverem, não deixarão Deus morrer.

A ciência não é *alemã*. Ela desconhece gavetas, muito menos as gavetas da *nacionalidade*. Assim, o criador de *O capital* havia também, necessária e naturalmente, de ser o criador da *Associação Internacional dos Trabalhadores*.

A base da ciência que devemos a Marx nos coloca em posição de resistir a todos os ataques dos inimigos e de continuar conduzindo as lutas já iniciadas com força cada vez maior.

Marx transformou a social-democracia, que era uma *seita*, uma *escola*, em um *partido*, um partido que já luta invicto e que conquistará a vitória.

> Isso não é válido apenas para nós, *alemães*. Marx pertence ao *proletariado*. Sua vida inteira foi dedicada aos proletários de todos os países. Os proletários capazes de pensar e pensantes, de todos os países, o estimam em grata reverência.
>
> O golpe que nos atingiu foi forte. Todavia, não lamentaremos. O morto não está morto. Ele vive no *coração*, ele vive na *cabeça* do proletariado. Sua memória não desaparecerá, seus ensinamentos impactarão círculos cada vez maiores.
>
> Em vez de lamentar, devemos, no espírito do grandioso falecido, *agir*, buscar com todas as forças a *realização*, o mais rápido possível, daquilo que ele ensinou e desejou. Essa é a melhor maneira de celebrar sua memória.
>
> Meu amigo falecido, mas vivo! *Seguiremos no caminho que você nos mostrou até chegarmos ao objetivo. É o que prometemos diante de seu túmulo!*

Além das pessoas mencionadas e de outras, estavam presentes em torno do túmulo o outro genro de Marx, *Paul Lafargue*; *Friedrich Lessner*, que havia sido condenado a cinco anos de prisão no processo dos comunistas de Colônia, em 1852; e *G[eorg]. Lochner*, também antigo membro da Liga dos Comunistas. As ciências da natureza estavam representadas por duas celebridades de primeira linha, o zoólogo e professor *Ray Lankaster* e o químico e professor *Schorlemmer*, ambos membros da Academia de Ciências de Londres (Royal Society).

Sobre a morte de Karl Marx (1883)[1]

Friedrich Engels

I

Em relação ao falecimento de Marx, ainda chegaram até mim, depois do enterro, algumas manifestações de solidariedade que demonstram quão grande foi o compadecimento geral; sobre elas darei, aqui, um relato.

No dia 20 de março, a senhorita Eleanor Marx recebeu o seguinte telegrama, em francês, da redação do *Daily News*:

> Moscou, 18 de março. Redação do *Daily News*, Londres. A senhorita teria a bondade de transmitir ao senhor *Engels*, autor de *A classe trabalhadora na Inglaterra*[2] e amigo íntimo do falecido *Karl Marx*, um pedido de nossa parte? Gostaríamos que ele colocasse uma coroa de flores sobre o caixão do inesquecível autor de *O capital* contendo a seguinte inscrição:
>
> "Ao defensor dos direitos dos trabalhadores, na teoria e em sua realização na vida; dos estudantes da Academia de Agricultura *Petróvski*, em Moscou[3]."
>
> Pede-se ao senhor Engels que informe seu endereço e o preço da coroa; o montante será transferido para ele imediatamente.
>
> Os estudantes da Academia Petróvski em Moscou

[1] Texto publicado originalmente em duas partes em *Der Sozialdemokrat*: n. 19, 3 maio 1883 (parte I); n. 21, 17 maio 1883 (parte II). Traduzido do alemão por Claudio Cardinali a partir de Friedrich Engels, "Zum Tode von Karl Marx", MEGA I/25, p. 415-22. (N. E.)

[2] Na realidade, *A situação da classe trabalhadora na Inglaterra*. (N. E.)

[3] Atual Academia de Agricultura de Moscou Timiriázov – Universidade Agrária do Estado Russo. (N. E.)

De qualquer maneira, o telegrama chegou tarde demais para ser levado em conta no enterro, que ocorreu no dia 17.

Além disso, o amigo *P[iotr]. Lawroff* [Lavrov] me enviou, de Paris, no dia 31 de março, uma remessa no valor de 124,50 francos, ou 4 libras, 18 xelins e 9 *pence*[4], enviada pelos estudantes do Instituto Tecnológico de [São] *Petersburgo* e por mulheres estudantes russas, igualmente a fim de que se colocasse uma coroa de flores no túmulo de Karl Marx.

Em terceiro lugar, *O Social-Democrata* anunciou na semana passada que os estudantes de Odessa também gostariam que se colocasse, em nome deles, uma coroa no túmulo de Marx.

Tendo em vista que o dinheiro enviado de Petersburgo é mais que suficiente para comprar as três coroas, permiti-me custear também as coroas dos estudantes de Moscou e de Odessa com esse dinheiro. A confecção das inscrições – algo pouco habitual por aqui – causou certo adiamento; não obstante, as coroas serão postas sobre o túmulo no início da semana que vem e poderei, então, prestar contas em *O Social-Democrata* a respeito do dinheiro recebido.

De *Solingen* chegou a nós uma grande e bela coroa, enviada pela Associação Educacional dos Trabalhadores Comunistas da região, com as inscrições: "Colocado sobre o túmulo de Karl Marx pelos trabalhadores das indústrias de tesouras, facas e lâminas de Solingen". Quando a colocamos sobre o túmulo, no dia 24 de março, percebemos que as pontas do laço vermelho de seda das coroas de *O Social-Democrata* e da Associação Educacional dos Trabalhadores Comunistas haviam sido cortadas e furtadas. A reclamação feita ao conselho administrativo não levou a nada, mas parece que haverá proteção no futuro.

Uma associação eslava na Suíça "espera instituir uma especial lembrança à memória de Karl Marx por meio da criação de um fundo internacional que carregue seu nome e auxilie as vítimas da grande luta emancipatória e também incentive essa luta em si". Uma primeira contribuição, que mantenho temporariamente comigo, também foi enviada. O destino dessa proposta, claro, depende sobretudo de sua repercussão; por isso, eu a publico aqui.

A fim de contrariar, com informações verídicas, os rumores equivocados que têm circulado pelos jornais, transmitirei a seguir breves detalhes sobre a evolução da doença e sobre a morte de nosso grande líder teórico.

---

[4] Ou 4,9375 libras esterlinas, segundo a proporção do *penny* para a libra na época. (N. E.)

Depois de curar quase por completo, com três períodos de tratamento em Karlsbad[5], antigos problemas de fígado, Marx ainda padecia de problemas gástricos crônicos e de tensão nervosa, que se manifestavam em dores de cabeça, mas principalmente em uma insônia persistente. Ambos os problemas desapareceram, de certa maneira, depois que ele frequentou uma estância balneária – ou estância terapêutica – no verão[6], e só voltram após o Ano-Novo, incomodando-o cada dia mais. Em termos gerais, as dores de garganta, a tosse – que também contribuía para a insônia – e a bronquite, todas crônicas, não o incomodavam tanto. No entanto, era justamente a isso que ele sucumbiria. Quatro ou cinco semanas antes da morte de sua mulher, ele teve uma repentina e forte inflamação das pleuras pulmonares (pleurisia), relacionada à bronquite e a um início de inflamação pulmonar (pneumonia). Tratava-se de uma situação bem perigosa; no entanto, tudo correu bem. Então, ele foi enviado à ilha de Wight (início de 1882[7]) e, depois, a Argel. Fez frio durante a viagem, e ele chegou a Argel com uma nova pleurisia. Isso não teria sido tão problemático sob circunstâncias normais. Acontece que o inverno e a primavera lá foram frios e chuvosos como nunca; inutilmente, chegaram a tentar aquecer o refeitório em abril! Assim, em vez de uma melhora, o resultado foi o agravamento do estado geral.

Enviado de Argel a Monte Carlo (em Mônaco), Marx chegou ao destino com uma terceira pleurisia – esta, contudo, mais fraca que as anteriores –, consequência do frio e da umidade na travessia. O mau tempo persistia; parecia que Marx o havia levado consigo da África. Ou seja, ali também houve mais luta contra doenças novas em vez de recuperação. No início do verão, ele foi à casa de sua filha, a senhora Longuet, em Argenteuil, e frequentou a estância de águas sulfurosas da localidade vizinha, Enghien[8], para tratar sua bronquite crônica. Apesar da umidade constante do verão, o tratamento teve efeito – mesmo que lento –, a ponto de os médicos se mostrarem satisfeitos. Eles o enviaram, depois, a Vevey, próximo ao lago de Genebra[9], onde ele se recuperou bastante, de modo que lhe permitiram passar o inverno na Inglaterra – não em Londres, mas, ao menos, no litoral sul da ilha. Ele pretendia, finalmente, retomar seus trabalhos. Quando veio a Londres em

---

5 As estadas de Marx em Karlsbad (atual Karlovy Vary, República Tcheca) ocorreram entre 1874 e 1876; para um relato de Franziska Kugelmann a respeito de uma dessas viagens, ver, neste volume, p. 121-5. (N. E.)

6 Marx estivera na estância litorânea de Eastbourne, no sul da Grã-Bretanha, entre fim de junho e meados de julho de 1881. (N. E.)

7 Na realidade, ele chegou a Ventnor, na ilha de Wight, em 29 de dezembro de 1881, acompanhado da filha Eleanor. (N. E.)

8 Enghien-les-Bains, ao norte de Paris. (N. E.)

9 Hoje mais conhecido como lago Léman. (N. E.)

setembro, parecia saudável; subiu comigo várias vezes o monte Hampstead (cerca de trezentos pés acima de onde ele morava) sem se queixar. Quando os nevoeiros de novembro ameaçaram começar, ele foi enviado a Ventnor, no extremo sul da ilha de Wight. O tempo, mais uma vez, estava úmido e nebuloso; consequência inevitável: novo resfriado, tosse etc., e logo ele ficou preso em casa, enfraquecendo, em vez de se movimentar e se fortalecer ao ar livre. Então a senhora Longuet faleceu. No dia seguinte (12 de janeiro), Marx veio a Londres, apesar da bronquite persistente. Em pouco tempo, somou-se ao quadro uma laringite que quase o impossibilitou de engolir. Ele, que sabia aguentar grandes dores com uma indiferença estoica, preferia tomar um litro de leite (que ele abominara durante toda a vida) a ingerir os alimentos sólidos necessários. Em novembro, desenvolveu uma úlcera de pulmão. Os remédios já não faziam nenhum efeito naquele corpo saturado de medicamentos ao longo de quinze meses: seu efeito era, no máximo, o enfraquecimento do apetite e da digestão. Ele emagreceu de forma perceptível, quase dia após dia. Não obstante, a doença como um todo evoluiu de maneira relativamente positiva. A bronquite havia quase desaparecido, e ele já engolia com mais facilidade. A expectativa dos médicos era ótima. Foi quando encontrei – entre duas e três horas era o melhor horário para vê-lo – sua casa, de repente, em lágrimas: ele estava tão fraco, o fim estaria próximo. Isso, apesar de naquela manhã ele ainda ter tomado, com apetite, vinho, leite e sopa. A velha e fiel Lenchen [Helena] Demuth, que havia criado todos os filhos dele desde o berço e trabalhava na casa havia quarenta anos, subiu ao quarto e logo desceu: "Venha comigo, ele está meio adormecido". Quando entramos, ele estava completamente adormecido; dessa vez, para sempre. É impossível desejar morte mais suave que a de Karl Marx em sua poltrona.

Agora, para terminar, uma notícia boa:

O manuscrito do Livro II de *O capital* foi *preservado na íntegra*. Ainda não consigo avaliar se o texto está, nas presentes condições, pronto para impressão; trata-se de mais de mil páginas in-fólio. No entanto, "o processo de circulação do capital" e "as formas do processo global" estão em uma versão concluída entre os anos 1867 e 1870. Existe, ainda, o início de uma versão posterior, assim como um rico material contido em excertos críticos, que trata, em especial, das condições russas da propriedade da terra; é possível que haja aí algum material utilizável.

Por meio de uma disposição verbal, ele nomeou sua filha mais nova, Eleanor, e a mim seus executores literários.

Londres, 28 de abril de 1883

II

Uma bela coroa de flores com inscrições em fita vermelha chegou a Argenteuil, enviada pelos social-democratas de *Erfurt*; por sorte, encontrou-se alguém que pudesse trazê-la para cá em ocasião oportuna; quando a colocamos sobre o túmulo, as fitas vermelhas de seda da coroa de Solingen também haviam sido furtadas.

Entrementes, as três coroas – de *Moscou*, *Petersburgo* e *Odessa* – ficaram prontas. Para evitar o furto das fitas, fomos obrigados a fazer pequenos cortes nas beiradas do tecido, tornando-o inútil para outros fins. As coroas foram colocadas ontem sobre o túmulo. Uma forte chuva fez com que o laço de Erfurt ficasse inutilizável para outros fins, salvando-o do furto.

Essas três coroas custaram, cada uma, uma libra, um xelim e oito *pence*, ou seja, três libras e cinco xelins no total. Desse modo, das quatro libras, dezoito xelins e nove *pence* que me foram enviadas, restou uma libra, treze xelins e nove *pence*, que enviarei de volta a P. Lawroff, procedendo de acordo com a vontade do doador[10].

A morte de um grande homem é uma excelente oportunidade para que pessoas sem importância obtenham capital puro, político e literário. A seguir, exponho alguns poucos exemplos que precisam ser tornados públicos, para não mencionar tantos outros que se desenrolaram na esfera da correspondência privada.

Philipp van Patten, secretário da Central Sindical do Trabalho de Nova York, escreveu-me (no dia 2 de abril) o seguinte:

> No contexto das recentes manifestações em honra de Karl Marx, quando todos os grupos se uniram a fim de prestar homenagens ao pensador falecido, *Johann Most* e seus amigos declararam em alto e bom som que ele, Most, teria sido amigo íntimo de Karl Marx, que *ele* teria popularizado *O capital* na Alemanha e que Marx estaria de acordo com aquilo que Most estava propagando. Temos uma elevada opinião acerca do talento e da obra de Marx; não podemos, contudo, crer que ele tenha simpatizado com o modo anarquista e desorganizado de pensar e agir de Most. Gostaria, por isso, de saber sua opinião a respeito da posição de Marx quanto à questão: anarquia *versus* social-democracia? A tagarelice inoportuna e estúpida de Most já causou confusão demais por aqui; é muito desconfortável para nós ouvir que uma autoridade tão elevada quanto Marx tenha endossado uma tática dessas.

[10] Os valores correspondem, respectivamente, a 1,0833, 3,25, 4,9375 e 1,6875 libras esterlinas. (N. E.)

Segue minha resposta, do dia 18 de abril, aqui traduzida:

> Minha resposta a sua solicitação do dia 2 de abril sobre a posição de Karl Marx para com o anarquismo, em geral, e Johann Most, em particular, será sucinta e clara.
>
> Desde 1845, Marx e eu defendemos a concepção de que *uma* das consequências finais da revolução proletária futura será a gradual dissolução da organização política chamada *Estado*. A principal função dessa organização sempre foi assegurar, por meio de violência armada, a opressão econômica da maioria trabalhadora pela minoria detentora exclusiva dos bens. Com o desaparecimento dessa minoria detentora exclusiva dos bens, desaparece também a necessidade da violência armada estatal opressora. Ao mesmo tempo, sempre fomos da opinião de que, a fim de realizar esse e outros objetivos muito mais importantes da futura revolução social, a classe trabalhadora teria, primeiro, de se apropriar da violência política organizada do Estado, massacrando, por meio dela, a resistência da classe capitalista, e teria de reorganizar a sociedade. É possível ler isso já no *Manifesto Comunista*, de 1848, capítulo II, parte final[11].
>
> Os anarquistas viram as coisas de cabeça para baixo. Para eles, a revolução proletária deveria *começar* com a eliminação da organização política do Estado. No entanto, a única organização que o proletariado encontrará pronta para uso, após sua vitória, será justamente o Estado. É provável que esse Estado precise passar por mudanças muito importantes antes de desempenhar sua nova função. Não obstante, destruí-lo em um momento desses significaria destruir o único organismo por meio do qual o proletariado vitorioso poderia exercer o poder recém-conquistado, manter seus oponentes capitalistas sob controle e impor a revolução econômica da sociedade, sem a qual todo o triunfo acabaria em uma nova derrota e em um abate em massa dos trabalhadores, parecido com o que se seguiu à Comuna de Paris.
>
> É necessário que eu garanta expressamente que Marx se opunha a esse disparate anarquista desde o primeiro dia em que este foi apresentado na forma atual por Bakúnin? Toda a história interna da Associação Internacional dos Trabalhadores é testemunha disso. Desde 1867, os anarquistas tentaram, pelos meios mais infames, ganhar a direção da Internacional; o principal obstáculo no caminho deles foi Marx. O fim da batalha de cinco anos se deu no Congresso de Haia, em setembro de 1872, quando os anarquistas foram expulsos da Internacional; o homem que mais agiu para que essa expulsão se realizasse foi Marx. Nosso velho amigo *F[riedrich].*

[11] Ver Karl Marx e Friedrich Engels, *Manifesto Comunista* (trad. Álvaro Pina, São Paulo, Boitempo, 1998), p. 58-9. (N. E.)

A[dolph]. Sorge, de Hoboken[12], que estava presente como delegado, pode dar-lhe mais detalhes, se assim desejar.

Agora a respeito de Johann Most.

Se alguém afirmar que Most, desde que se tornou anarquista, teve qualquer relação com Marx ou recebeu qualquer auxílio de Marx, esse alguém acreditou em uma mentira ou está mentindo de propósito. Depois da publicação do primeiro número do *Liberdade*[13], em Londres, Most não visitou Marx nem a mim mais de uma vez, no máximo duas. Tampouco nós fomos até ele – nem sequer o encontramos por acaso, de modo algum, em momento algum. Por fim, até cancelamos a assinatura de seu jornal, pois não havia, "de fato, nada" nele. Desprezávamos seu anarquismo e sua tática anarquista da mesma forma que a pessoa com que Most havia aprendido ambos.

Na época em que ainda estava na Alemanha, Most publicou um resumo "popular" de *O capital*. Ele solicitou que Marx revisasse esse resumo para a publicação de uma segunda edição. Marx e eu fizemos essa tarefa juntos. Achamos que seria impossível eliminar algo além dos piores erros de Most; afinal, não queríamos reescrever a coisa toda do início ao fim. Marx só permitiu que suas correções fossem utilizadas com a condição expressa de que seu nome não fosse nunca, de modo algum, relacionado à tosca obra de Johann Most – nem mesmo em relação à edição revisada.

Se for de sua vontade, pode publicar esta carta.

Da América à Itália.

Há uns dois anos, um jovem italiano, o senhor *Achille Loria*, de Mântua, enviou a Marx um livro que ele havia escrito sobre a renda da terra[14], além de uma carta em alemão, na qual se dizia seu discípulo e admirador; eles ainda trocaram correspondências por algum tempo. No verão de 1882, ele veio a Londres e me visitou duas vezes; na segunda, acabei lhe dando minha opinião sincera sobre o fato de ele ter publicado um panfleto em que acusava Marx de ter feito, intencionalmente, citações incorretas.

---

[12] Cidade na região metropolitana de Nova York. (N. T.)

[13] Periódico criado por Johann Most, publicado pela primeira vez em 4 de janeiro de 1879. O veículo, ponto-chave da virada anarquista de Most, defendia, entre outras ações, o terrorismo, o que levou seu editor a ser expulso do Partido Social-Democrata. (N. E.)

[14] Trata-se de *La rendita fondaria e la sua elisione naturale* [A renda fundiária e sua elisão natural] (Milão, Hoepli, 1880); o volume foi enviado a Marx em 23 de novembro de 1879, mesmo ano em que foi escrito. O destinatário acusa recebimento em resposta enviada em 23 de dezembro de 1879; ver MEW, v. 34, p. 427. (N. E.)

Agora, esse homenzinho, que obteve sua sabedoria dos socialistas de cátedra[15] alemães, escreveu um artigo sobre Marx na *Nuova Antologia*[16] e teve a insolência de enviar a mim, "seu venerado amigo" (!!), uma versão avulsa. A seguinte tradução de minha resposta mostrará por que se trata de insolência (respondi em sua língua; afinal, o alemão dele é ainda mais instável que meu italiano).

> Recebi seu textinho sobre Karl Marx. Você é livre para criticar os escritos dele com toda contundência e também para interpretá-los equivocadamente; você é livre para elaborar uma biografia de Marx que seja pura fantasia. Agora, o que você não pode fazer, e eu nunca permitirei que ninguém faça, é caluniar o caráter de meu falecido amigo.
>
> Em obra anterior, você já ousara acusar Marx de ter feito citações erradas de propósito. Quando Marx leu aquilo, ele foi comparar suas citações e as dele com os originais; ele me disse que havia citado corretamente e que, se alguém estava citando errado de propósito, esse alguém era você. Agora, observando como você cita Marx, como você tem o descaramento de afirmar que ele fala de "*lucro*", quando, na realidade, está falando de "*mais-valor*" – sendo que ele já havia, diversas vezes, demonstrado que seria um erro tratar as duas coisas como iguais (a respeito do que, por sinal, o senhor *Moore*[17] e eu já havíamos discutido com você aqui em Londres) –, com isso em mente, sei bem em quem devo acreditar e quem é que cita errado de propósito.
>
> No entanto, isso não é nada em comparação com sua "convicção firme e profunda (...) de que todos eles" (os ensinamentos de Marx) "seriam dominados por um *sofisma consciente*"; de que Marx "não se deixava deter por conclusões equivocadas, *mesmo sabendo que eram equivocadas*"; de que, "com frequência, ele foi um sofista que queria, em detrimento da verdade, alcançar a negação da sociedade atual"; e de que ele, como diz Lamartine, "brincava com mentiras e verdades como uma criança brinca de cinco-marias".
>
> Na Itália, país de civilização antiga, isso talvez seja visto como elogio. Também entre os socialistas de cátedra, talvez seja um grande mérito, pois esses comportados professores jamais teriam elaborado seus inúmeros sistemas senão "em detrimento da verdade". Nós, comunistas revolucionários, vemos as coisas de outro modo. Consideramos esse tipo de afirmação denúncias difamatórias; e, por sabermos que se trata de

[15] *Kathedersozialisten*, denominação pejorativa para a depois denominada escola historicista alemã de economia política. (N. T.)

[16] Achille Loria, "Karl Marx", *Nuova Antologia*, Florença, v. 7, n. 1, p. 510-42, abr. 1883. (N. E.)

[17] Samuel Moore (1838-1911), amigo próximo de Engels. (N. E.)

mentiras, nós as lançamos de volta a seu criador, que, por conta própria, difamou-se com tais invenções.

Parece-me que seria sua obrigação demonstrar ao público o que seria, exatamente, esse famigerado "sofisma consciente" que domina todos os ensinamentos de Marx. No entanto, eu o procuro em vão. *Nagott!* (Palavrão lombardo para: absolutamente nada.)

Que mente fraca chega a imaginar que um homem como Marx teria "sempre ameaçado seus opositores com um segundo livro" que "na verdade, nem sequer pretendia" escrever; que esse segundo volume não seria mais que "uma solução esperta de Marx a fim de evitar os argumentos científicos". Esse segundo volume existe e será publicado em breve. Talvez, então, você finalmente compreenda a diferença entre mais-valor e lucro.

Esta carta será traduzida para o alemão e publicada na próxima edição de *O Social-Democrata*, de Zurique.

Tenho a honra de saudá-lo com todos os sentimentos que você merece.

Com isso, basta por hoje.

Londres, 12 de maio de 1883

Retrato de Jenny von Westphalen c. 1830-1840.

Em homenagem a Karl Marx: um esboço biográfico e lembranças (excertos, 1896)[1]

Wilhelm Liebknecht

"O ótimo é inimigo do bom" é um lugar-comum que, como todo lugar-comum, carrega em si uma verdade, por trás da qual busco guarida para este pequeno texto. Mais de uma centena de vezes me pediram para escrever sobre *Marx* e minha relação pessoal com ele, e sempre recusei o desafio. E o recusei – como se pode dizer? – em função de certa timidez ou – como devo me expressar ao certo? – de certa reverência a Marx. *Noblesse oblige.*[2] E um *Marx* impõe obrigações pesadas. *Conseguiria* eu fazer justiça a ele? Teria eu habilidade para tanto? Teria eu tempo para isso? Sob a crescente pressão pelo trabalho, eu estava condenado, em razão da pressa, a um trabalho superficial. E um trabalho malfeito, tendo Marx como objeto, seria uma tremenda falta de respeito.

Contudo, fui cada vez mais pressionado a assumir a tarefa; contrapondo-se a meus receios, alguns argumentos pareceram válidos: o de que um rápido e breve esboço não necessariamente tem que ser raso e vulgar; o de que eu teria coisas a dizer sobre Marx que ninguém mais teria; o de que tudo que trouxesse Marx para mais perto de nossos trabalhadores e de nosso partido já seria muito valioso; e o de que é preferível uma publicação incompleta sobre o assunto, como a que eu poderia oferecer, a não haver *nenhuma* – ou seja, dos males, o menor.

---

[1] Publicadas originalmente como parte do livro *Karl Marx zum Gedächtnis: ein Lebensabriss und Erinnerungen* (Nuremberg, Wörlein, 1896), 120 p. Os trechos selecionados para este volume foram traduzidos do alemão por Luiz Felipe Osório a partir de *Mohr und General* (Berlim, Dietz, 1982). (N. E.)

[2] Em francês, no original: "A nobreza obriga". (N. E.)

E definitivamente eu precisava dizer isso a mim mesmo. Nesse meio-tempo, Engels também morreu – ele havia sido a única pessoa, além de mim, a manter tão estreito contato com Marx e a família durante o exílio em Londres até o começo dos anos 1860. Do verão de 1850 ao início de 1862, quando precisei retornar à Alemanha, eu estive quase diariamente, por anos a fio, na casa de Marx, fazendo parte de sua família. Claro que, além de mim, muitos outros frequentavam seu lar. Naturalmente, a casa de Marx – que, antes de ele mudar-se para o chalé na rua Maitland Park, consistia em um modesto apartamento na modesta rua Dean, praça Soho – era um pardieiro, onde uma multidão de viajantes, fugitivos e exilados entravam e saíam, sem parar – peixes pequenos, grandes e ainda maiores. Lá era, além disso, o ponto de encontro dos camaradas residentes na cidade. Era possível encontrar ali abrigo. Em Londres, era extremamente difícil conseguir moradia fixa, e a fome mandava a maioria dos exilados para o interior ou para os Estados Unidos. Sem contar os casos em que os pobres diabos até conseguiam estadia duradoura em Londres, mas no cemitério. Eu sobrevivi a isso tudo e fui, com exceção do fiel *Lessner* e do não menos fiel *Lochner*[3], apesar de este nem sempre poder estar presente, o único da "comunidade" londrina que em todo esse tempo – com apenas uma pequena interrupção que será ainda mencionada nos esboços – frequentou a casa do *Mouro* (como Marx era chamado por nós) como membro da família. Logo, foi possível aprender e ver o que muitos não puderam.

Marx, homem de ciência, editor da *Gazeta Renana*, um dos fundadores dos *Anais Franco-Alemães*, um dos elaboradores do *Manifesto Comunista*, editor da *Nova Gazeta Renana*, autor de *O capital* – *esse* é o Marx que pertence ao grande público, que está à disposição de todo o mundo, que é alvo de críticas, sempre desafiando os críticos a não pouparem nem uma ruga de seu rosto; e se eu quisesse escrever sobre *esse* Marx, então, naturalmente, teria um objetivo por demasiado presunçoso, uma vez que é impossível fazer em curtos minutos um trabalho que sem dúvidas demanda muitos dias e muitas horas. Tal tarefa requer aprofundamento científico, e de onde eu poderia tirar tanto tempo? Já tive a doce ilusão – quase um surto de loucura – de que a carreira científica poderia estar unida à vida de lutas e, em função disso, tracei grandes planos; no entanto, não tardou para descobrir que não se consegue servir a dois senhores, tampouco a duas senhoras – e a *política* é uma senhora extremamente severa, que não tolera outros deuses a seu lado. Precisei, então, escolher ou uma ou outra – e os grandes planos dissiparam-se como

[3] Assim como Friedrich Lessner, Georg Lochner foi um trabalhador alemão que, exilado na Inglaterra, integrou a Liga dos Comunistas. (N. E.)

as brumas da manhã. *E essa* escolha foi a mais difícil, para a qual nunca estive, de fato, preparado! Ainda hoje tenho momentos de remorso.

Marx também teve uma escolha a fazer logo após a queda da *Comuna* de Paris, quando a *Associação Internacional dos Trabalhadores*, à qual ele deu vida, exigiu tanto esforço de sua parte que o trabalho científico acabou sofrendo consequências. A conclusão de sua obra principal, o trabalho de uma vida, estaria fora de questão, caso ele permanecesse na condução da Associação Internacional dos Trabalhadores. Ele teve de se decidir e acabou deixando a direção da Associação Internacional dos Trabalhadores, a qual, além de ter cumprido sua missão ainda na velha estrutura, agora se encontra maior e de envergadura mundial, em uma configuração que não teria sido possível sem Marx[4]. Dado que a *dissolução* da Associação Internacional dos Trabalhadores teria parecido uma saída covarde, e uma vez que a associação (que teve muitas de suas grandes ações impedidas por força das circunstâncias) estava suscetível a ser transformada em um covil de pequenas e baixas intrigas, ficou decidida, em 1872, no Congresso de Haia, a transferência para os Estados Unidos, onde não haveria perigo de tais práticas indignas contaminarem os grandes objetivos[5]. Eu mesmo não estava satisfeito com essa solução, que lembrava a cura proposta pelo *doutor Eisenbart*[6]. Junto com Bebel, eu servia naquela época em Hubertusburg[7], mas, mais tarde, fui convencido de que essa decisão era necessária para Marx, e, uma vez que ele não estaria mais na liderança, a Internacional não poderia permanecer na Europa.

Logo, não vou tratar nestes esboços do Marx cientista nem do Marx político, a não ser lateralmente. A imagem *desse* Marx está clara para todos; vou, sim, tentar reproduzir a figura do *Marx pessoa*, ser humano, como o conheci.

---

[4] Embora Marx não tenha comparecido a todos os congressos da Primeira Internacional nem ocupado o posto de presidente – do qual declinou resolutamente quando da fundação da entidade –, é inquestionável sua centralidade na condução tanto dos trabalhos quanto dos debates mais polêmicos. Marx foi autor de diversas importantes resoluções apresentadas ao Conselho Geral, do qual participou intensamente, de forma direta ou indireta, até 1872. Para um breve estudo do envolvimento de Marx na Primeira Internacional, ver George C. Comninel, "Marx and the Politics of the First International", *Journal of the Research Group on Socialism and Democracy*, 19 jul. 2015, disponível *on-line* em <http://sdonline.org/65/marx-and-the-politics-of-the-first-international>. (N. E.)

[5] Referência à disputa entre as alas ligadas a Marx e a Bakúnin, na qual a primeira acabou por se impor, determinando a transferência da sede da associação e a saída dos anarquistas. (N. E.)

[6] Johann Andreas Eisenbart (1663-1727), médico bávaro, notório charlatão (N. T.)

[7] Palácio barroco do século XVIII na Saxônia, transformado em prisão em 1840. August Bebel e Wilhelm Liebknecht cumpriram ali pena de dois anos de detenção, após serem condenados por traição em função de suas posições contra a Guerra Franco-Alemã e a favor da Comuna de Paris. (N. E.)

E acredito que, ainda que o faça com incompletudes, parcial, incoerente e precipitadamente, será melhor que se nada fizesse. E isso me encoraja, pensando sempre no melhor, a fazer algo que não posso realizar de forma plena, por mais que tente, mas dando o máximo que *posso*. Ainda que não seja suficiente, ao menos é melhor que manter enterrada em minhas lembranças essa pequena contribuição para montar uma imagem completa de Marx.

E não seria essa, afinal, também uma *obrigação* que ora cumpro?

Lembranças

Relatei, há mais de um ano, em um pequeno texto para o *Folhetim do Povo*, de Fuchs, como me tornei amigo de Marx: "Desagradáveis quinze minutos"[8]. Então, escrevi:

> A amizade com as duas filhas mais velhas de Marx, então com 6 e 7 anos de idade, começou alguns dias após eu ter chegado a Londres, no verão de 1850, saído da Suíça, de uma prisão da "livre Suíça", e transportado à força por toda a França[9]. Encontrei a família Marx em um *festival de verão da Associação Educacional dos Trabalhadores Comunistas*[10], em algum lugar próximo a Londres – não lembro bem se em Greenwich ou em Hampton Court. "*Père* Marx"[11], que eu via pela primeira vez, logo me submeteu a um rígido exame, olhando bem em meus olhos e inspecionando minha cabeça com precisão – procedimento com o qual eu já estava acostumado em função de meu amigo Gustav Struve, que, duvidando obstinadamente de meu "fundamento moral", me transformou em cobaia favorita de seus estudos frenológicos. Contudo, fui aprovado com méritos, mantendo o olhar do leão de juba preta; a provação tornou-se um bate-papo animado e divertido, e logo estávamos no meio da maior festa – Marx era o mais entusiasmado –, na qual conheci a senhora Marx e suas crianças, que estavam junto com Lenchen, que reluzia a juventude de uma fiel assistente doméstica. Em outro momento, quando tiver tempo, contarei mais sobre a família Marx – é uma dívida

---

[8] Wilhelm Liebknecht, "Eine böse Viertelstunde: ein Lebensabriss", *Volks-Feuilleton*, Munique, n. 24, 1896. A publicação era tocada por Eduard Fuchs (1870-1940) em paralelo ao famoso jornal satírico *Süddeutscher Postillon*. (N. E.)

[9] Com a derrota dos levantes de 1848-1849 em Baden, Liebknecht foi preso e, depois, exilou-se na Suíça. Em 1850, acabou banido de Genebra por tentar organizar ali o movimento dos trabalhadores. (N. E.)

[10] O relato de Friedrich Lessner traz mais detalhes sobre a relação de Marx com essa associação; ver, neste volume, p. 89-92.

[11] Em francês, no original: "pai Marx". (N. E.)

de gratidão que carrego e também um dever em relação a meus camaradas, que têm o direito de exigir o máximo de ajuda de cada um que possa contribuir para a completude da imagem de um único Marx e de seu entorno. Basta narrar que, dali em diante, estava em casa com Marx – e nunca perdia um dia no seio de sua família, que, então, vivia na rua Dean, rua transversal à rua Oxford, enquanto eu morava nas redondezas, na rua Church. Não pretendo falar aqui de Marx. Sua mulher teve, talvez, influência tão grande quanto a de Marx em meu desenvolvimento. Minha mãe faleceu quando eu tinha três anos de idade, e eu tive uma educação rígida. Não estava acostumado a me relacionar com mulheres. E nela encontrei uma mulher linda, nobre, cheia de vida, que, meio irmã, meio mãe, cuidava do solitário guerrilheiro lançado às margens do Tâmisa. O relacionamento com esta família – acredito piamente nisso – salvou-me de sucumbir em meio à miséria do exílio!

Minha primeira conversa mais longa com Marx ocorreu um dia após nosso citado encontro na Associação Educacional dos Trabalhadores Comunistas. Lá, naturalmente, não houve oportunidade para uma boa conversa, e Marx convidou-me para ir no dia seguinte à associação, onde eu provavelmente também encontraria Engels. Cheguei um pouco antes da hora marcada; Marx ainda não estava lá, mas encontrei uma série de conhecidos e estava envolvido em uma conversa animada quando Marx, cumprimentando-me calorosamente, me bateu nos ombros e me convidou a descer as escadas para encontrar Engels em um ambiente mais reservado, um *private parlour*, onde poderíamos ficar mais à vontade. Eu não sabia o que era um *private parlour* e tive o pressentimento de que o "grande" teste estava por vir; ainda assim, eu o segui, cheio de confiança. Marx, que me causou a mesma impressão de simpatia no dia anterior, tinha a qualidade de inspirar confiança. Ele me pegou pelo braço e me levou ao *private parlour*; em outras palavras, à sala privada do anfitrião – ou seria uma anfitriã? –, onde Engels, que já se servira de um copo cheio de cerveja escura, me recebeu já com piadas. Em pouco tempo, fizemos o pedido a Amy (ou "Emma", como os refugiados a haviam rebatizado em alemão, em função da similaridade do som), a ágil garçonete – logo que a conheci melhor, ela casou-se com um de meus camaradas da tropa de Becker[12] –; logo pedimos "algo" para beber e comer – para os exilados, o estômago desempenhava papel central –, e logo a cerveja nos foi trazida, e nos sentamos: eu de um lado, Marx e Engels em frente a mim. A enorme mesa de mogno, os brilhantes canecos de estanho, a cerveja espumosa, a espera por um genuíno bife inglês com

[12] Johann Philipp Becker liderou o agrupamento de que Liebknecht participou nos conflitos em Baden. (N. E.)

acompanhamentos, os longos cachimbos de barro, convidando a fumar – era realmente uma confortável e animada imagem que recordava as ilustrações inglesas de Boz[13]. Na verdade, era mesmo um *teste*! Então, vamos em frente! A conversa fluía mais e mais. Logo descobri que meus examinadores já haviam reunido informações suficientes sobre mim. Um longo artigo sobre a *Batalha de Junho* que eu escrevera para o jornal *Amigo do Povo*, de Hecker, em Muttenz[14], no verão de 1848, sob as imediatas impressões da tragédia que marcou a nova era histórica, foi lido por Marx e Engels, chamando-lhes a atenção. Eu não havia travado relações com eles até meu encontro com Engels em Genebra, no ano anterior. De Marx eu só conhecia os artigos publicados nos *Anais Parisienses* [*Anais Franco-Alemães*] e *A miséria da filosofia*; e, de Engels, *A situação da classe trabalhadora na Inglaterra*. O *Manifesto Comunista* somente vim a obter – sendo comunista desde 1846 – um pouco antes de meu encontro com Engels após a campanha constitucional[15], embora já tivesse ouvido sobre ele antes e, claro, conhecesse seu conteúdo; com a *Nova Gazeta Renana*, mal tive contato: durante os onze meses de sua publicação eu estava no exterior, na prisão ou na caótica vida de tempestade e ímpeto [*Sturm und Drang*] da guerrilha revolucionária.

Meus examinadores suspeitavam que eu estivesse contaminado pela "democracia" pequeno-burguesa e pelo "sentimentalismo do sul da Alemanha". E algumas afirmações que eu fazia sobre pessoas e coisas recebiam severas críticas. Apesar disso, consegui afastar-me da desconfiança. Precisei apenas relatar como me relacionei com a democracia burguesa em Baden, como Brentano, na esteira do segundo levante (o "golpe Struve")[16], recusou-se, após violenta discussão, a defender-me, perante o tribunal, da acusação que recebi de alta traição e de outros crimes, por ter me recusado a negar minha convicção comunista; como o mesmo Brentano, dois meses depois, em meio à revolta, mandou-me para a prisão de Rastatt sob a acusação de ter planejado um atentado contra ele; e como, em seguida, ele foi

---

13 Referência a *Sketches of Boz* [Esboços de Boz], sequência de cenas londrinas escritas sob pseudônimo, entre 1833 e 1836, por Charles Dickens (1812-1870) – trata-se de seus primeiros textos publicados –, com ilustrações de George Cruikshank (1792-1878). (N. E.)

14 Líder do primeiro levante republicano democrático de Baden, Friedrich Karl Franz Hecker (1811-1881) refugiou-se nessa cidade fronteiriça suíça após ser derrotado, em abril de 1848. (N. E.)

15 Referência ao levante pelo reconhecimento da Constituição promulgada pela Assembleia de Frankfurt, em 1849. Os acontecimentos foram relatados por Engels em "Die deutsche Reichsverfassungskampagne" [A campanha constitucional alemã], MEGA-2, III/3, p. 37-118. (N. E.)

16 Em 21 de setembro de 1848, Gustav Struve provocou o segundo levante democrático em Baden, do qual também Wilhelm Liebknecht participara. Ao fim, o movimento fracassou. (N. E.)

duramente criticado por seu amigo Hecker por não ter me executado sumariamente perante um tribunal de exceção.

No todo, o teste não tomou um curso desfavorável, e o foco da conversa gradativamente se ampliou. Logo estávamos falando de *ciência natural*, e Marx ridicularizava a vitoriosa reação na Europa, que imaginava ter barrado a revolução e não suspeitava de que a ciência natural estivesse preparando uma nova revolução. O Rei Vapor, que revolucionara o mundo no século anterior, deixou de reinar, e quem tomou seu lugar deu um enorme passo na direção revolucionária: *a energia elétrica*. E, então, Marx, todo animado e agitado, me contava que durante os últimos dias o modelo de um motor elétrico, pensado para um trem, estava em exibição na rua Regent. "Agora, o problema está resolvido – e as consequências são imprevisíveis. A revolução política vai necessariamente seguir a econômica, uma vez que esta é apenas expressão daquela." Desse modo, Marx discutia o progresso da ciência e da mecânica, sua concepção de mundo e, em especial, aquela parte mais tarde chamada de *concepção materialista da história*, a qual se tornou tão evidente que algumas dúvidas específicas que eu tinha até então derreteram como a neve sob o sol da primavera. Naquela noite, não voltei para casa – nós andamos, rimos e bebemos até a manhã do dia seguinte, estando o sol quase a pino quando me deitei. E não fiquei muito na cama. Não conseguia dormir. Minha cabeça estava cheia de tudo o que ouvira; os pensamentos iam e voltavam, levando-me para fora novamente, então corri para a rua Regent a fim de ver a invenção, esse moderno cavalo de Troia que a sociedade burguesa, tal como ocorreu com os homens e as mulheres de Troia, conduziu efusivamente a uma cegueira suicida, que fatalmente a levaria à destruição. *Essetai hemar* – chegará o dia em que a sagrada Ílion irá sucumbir.

Uma multidão mostrava-me a janela pela qual se podia ver o modelo em exibição. Forcei passagem por entre as pessoas, com o intuito de certificar-me de que lá estavam o motor e o trem – e o motor e o trem funcionavam alegremente.

Era, então, 1850, início de julho. E hoje é 1896, início de abril. Quarenta e cinco anos e meio se passaram, e nenhum trem que circule pelas estradas de ferro utiliza motor elétrico. Os poucos bondes e o que mais era operado pela eletricidade não significam muito, no todo, embora não pareça. Apesar de todas as revolucionárias invenções, ainda levará algum tempo até que a energia, completamente domada, se deixe atrelar ao jugo do trabalho humano e destrone o Rei Vapor. Revoluções não ocorrem em um passe de mágica. É exatamente nisto que acreditam os devotos das assim chamadas peças de espetáculo político. E quem *profetiza* as revoluções fatalmente erra a data.

Agora, mesmo quando Marx era um profeta, mirando o futuro no olhar e com uma percepção muito mais arguta que os seres humanos ordinários, ele nunca foi de fazer profecias; e, quando os senhores Kinkel, Ledru-Rollin e outros revolucionários, em cada chamado a seu público, anunciavam o típico "Amanhã, irá começar", ninguém era tão impiedosamente satírico com eles quanto Marx.

Somente no tema das crises econômicas ele algumas vezes foi vítima do ímpeto profetizador e, como consequência, foi submetido a nosso carinhoso escárnio, o que o deixava irado. No ponto principal, contudo, ele estava mais correto que qualquer um. As profetizadas crises econômicas vieram – ainda que não no tempo determinado. E as causas dos períodos prolongados foram demonstradas por Marx com o máximo rigor científico.

No que diz respeito a esse assunto, deixe-me mencionar que o verso contra os profetas da revolução no famoso poema de *Freiligrath* para Weydemeyer[17] foi inspirado quase literalmente em Marx, quando nos sentávamos juntos em uma noite com os "Tirteus da *Nova Gazeta Renana*"[18], que tinham ouvido aberto para as observações disponíveis e em geral logo as transcreviam em seus cadernos.

O enorme poder e a força vital da sociedade burguesa foram identificados por Marx melhor que por qualquer outro. E a Inglaterra é o lugar certo para adquirir esse conhecimento. Aqui a sociedade burguesa desenvolveu-se de forma mais pura, ou melhor, desenvolveu-se de um modo verdadeiramente clássico e, sem deixar de lado todas as formas anteriores, superou e excretou, no essencial, todos os resquícios dos séculos passados e de suas formas sociais.

Um alemão (que gostaria muito de ser, mas não é estadista), senhor Von Bennigsen[19], trouxe recentemente ao Parlamento alemão o sábio dizer: o *Exército* é o pilar mais forte da sociedade burguesa. Estivesse ele na Inglaterra ou tivesse ele alguma noção das relações na Inglaterra, não teria soltado tal pérola, que é música

17 Trata-se de "Zwei poetische Episteln", escrito por Ferdinand Freiligrath em janeiro de 1852, para publicação na imprensa de língua alemã nos Estados Unidos, na qual Weydemeyer trabalhava desde que se instalara em Nova York, no ano anterior. Disponível em: <https://gutenberg.spiegel.de/buch/neuere-politische-und-soziale-gedichte-5005/34>. Marx encaminhou o poema a Weydemeyer com instruções específicas de como publicá-lo e responder a seu autor em agradecimento; ver carta de Karl Marx a Joseph Weydemeyer de 16 de janeiro de 1852, em MEGA, III/5, p. 12-3. (N. E.)

18 Em seus versos, o poeta espartano Tirteu (séc. VII a. C.) louvou a ação militar de sua cidade contra Messênia. (N. E.)

19 O líder liberal Karl Wilhelm Rudolf von Bennigsen (1824-1902), à época presidente provincial de Hannover. (N. E.)

para os ouvidos da caserna. A Inglaterra não tem Exército, e a sociedade lá reside sobre a fundação material, composição tão sólida que o *rocher de bronze*[20] do militarismo, em comparação com as condições materiais, poderia servir de alimento para vermes, seria lixo mofado. Por outro lado, esse *rocher de bronze*, com o chumbo absolutista da Idade Média, pesa absurdamente como adorno de um colar no pescoço da sociedade burguesa, impedindo-a de nadar e tragando-a para o fundo, uma vez que, sem ele, seria possível aguentar na superfície por muito tempo. O nervosismo da burguesia alemã buscando salvação junto ao doutor Eisenbart, como o faz o príncipe [*Fürst*] Bismarck, e vendo o remédio necessário nos soldados, nos policiais e nos juristas do *Si duo faciunt idem non est idem**, é prova cabal de que, na Alemanha, a sociedade não mais acredita em si mesma; e quando ela, em seu desespero, aumenta o peso responsável por tragá-la para o abismo, é como se imitasse os vãos esforços do homem em perigo que opta *por* descartar as últimas chances de salvação e acelera o processo da catástrofe.

*

Após contar como me tornei próximo a Marx, deixe-me relatar como *não* me tornei amigo dele – ou seja, como não cheguei a travar amizade mesmo quando a vassoura de ferro da revolução me varreu para bem perto dele.

Por um fio de cabelo eu deveria tê-lo encontrado, em fevereiro de 1848, imediatamente após o *crec*[21]. Nós estávamos a alguns passos de distância um do outro, sem que eu soubesse. Saí apressado da Suíça, de Zurique, para Paris assim que ouvi as notícias do início da insurreição popular nas ruas da capital francesa; fui recomendado por *Julius Fröbel* a *Herwegh*, a quem logo procurei. "A cotovia de ferro" (Herwegh) estava ocupada com a organização da legião alemã e com a ideia de levar a república da França para a Alemanha, a qual parecia adequada e viável a meu cérebro de ainda não exatamente 22 anos, e, apesar da dificuldade aparente, me deixei levar por tal aventura. Enquanto eu caminhava para a armadilha, alguém mais esperto, que podia também *antever* as cenas seguintes, esforçava-se ansiosamente para impedir a bobagem. Segundo o entendimento dele, o plano de organizar "legiões

---

20 Em francês no original: "rocha de bronze". A expressão foi cunhada no século XVIII por Frederico Guilherme I, da Prússia, ao falar da necessidade de estabilização de seu reinado. (N. E.)

* "Se dois fazem a mesma coisa, não é a mesma coisa", famoso provérbio que substituiu aquele que fez parecer ultrapassado e em contraste com a realidade: *Justitia fundamentum regnorum* – "A justiça é o fundamento do reino".

21 No original, *Februar-Kladderadatsch. Kladderadatsch*, onomatopeia alemã para o espatifar ou estilhaçar de um objeto, foi também o título adotado em 1848 por um periódico satírico berlinense. (N. E.)

estrangeiras" com o propósito de levar a revolução a outros países emanava da *burguesia republicana* francesa, e esse "movimento" tinha sido artificialmente inspirado com a intenção ambígua de se livrar de elementos problemáticos e de findar a competição entre trabalhadores estrangeiros, a qual se fez sentir ainda mais durante essa crise econômica. Esse alguém era Marx, cuja presença não notei em meio ao turbilhão de sentimentos. E ainda que eu *soubesse* disso, Herwegh teria feito de tudo para nos separar. Bom, não encontrei Marx; caso contrário, ele teria me levado consigo, sem dúvida alguma. Eu não deveria ter seguido para o sul da Alemanha, mas provavelmente para a Prússia renana e, talvez, para a redação da *Nova Gazeta Renana*. Bem, não era para ser. E nós ficamos mais dois anos sem nos vermos.

Havia outro homem que não encontrei em Paris à época, que não pude encontrar mais tarde. E não o encontrei *apesar* de saber que ele estava em Paris. Falo de *Heinrich Heine*. Eu adorava seus poemas, mas, por saber que ele recebia pensão de Luís Felipe [rei da França] e contribuía para a *Gazeta Geral* de Augsburgo – ambos crimes capitais para mim –, dado todo o romantismo social revolucionário que me contaminava, não havia como visitar o "Mercenário da Reação". Como sofri de remorso nos dias seguintes! Foi uma oportunidade única perdida. E a ironia do destino decretou que mais tarde eu me tornaria correspondente da *Gazeta Geral*.

Notas educacionais e outras: Marx como professor

Marx procurou assegurar-se de seus homens e protegê-los dele mesmo. Ele não era zeloso devoto da frenologia, como Gustav Struve, mas acreditava em alguma medida nela e, quando fui a seu encontro pela primeira vez – como já contei –, examinou-me lá não somente com perguntas, mas também com os dedos, fazendo-os percorrer sobre meu crânio tal como um conhecedor. Depois, arrumou um exame regular feito pelo frenologista do partido, o bom e velho pintor *Carl Pfänder*, um dos "antigos" que ajudaram a fundar a *Liga dos Comunistas*, presente no memorável conselho a que o *Manifesto Comunista* foi submetido e que discutiu e aprovou o texto na forma original. Nessa ocasião, houve um incidente pitoresco. Um membro da "velha guarda" da Associação Educacional dos Trabalhadores Comunistas estava muito entusiasmado com o manifesto que foi lido por Marx com uma apaixonada emoção – talvez semelhantemente à leitura de *Os bandoleiros*[22]

[22] Peça do filósofo, poeta e dramaturgo Friedrich Schiller, também conhecida no Brasil sob o título *Os bandidos*. O texto, de 1781, é um marco da dramaturgia alemã, por suas inovações formais e sua crítica às instituições do Antigo Regime. (N. E.)

quando feita por Schiller –, estava até bem fora de si; como os outros, aplaudia e gritava "Bravo!" tão alto quanto podia; mas sua expressão pensativa deixava transparecer que havia algo incomodando sua mente. Ao deixar o recinto, ele chamou Pfänder de lado: "Aquilo foi magnífico, mas uma das palavras eu não entendi – o que Marx quis dizer com *Achtblätter* [oito folhas]?" "*Achtblätter, Achtblätter*, já ouvi sobre trevo de quatro folhas, mas de oito folhas?". Pfänder estava intrigado. Por fim, o enigma foi solucionado. Em sua juventude, Marx tinha alguma trava na língua e àquela época ainda falava um genuíno dialeto renano; o misterioso trevo de oito folhas [*Achtblätter*], por trás do qual o velho cabetista havia farejado uma fórmula mágica, era um simples e honesto trabalhador [*Arbeiter*][23]. Rimos muito dessa confusão, a qual foi, entretanto, benéfica a Marx, no sentido de que a partir de então ele tentou cortar os laços com seu dialeto renano.

Assim, meu crânio foi oficialmente examinado por Carl Pfänder, e não foi encontrado nada que impedisse minha admissão na mais sagrada liga comunista. Os exames não cessaram, todavia. O Mouro, com uma dianteira de cinco ou seis anos em relação aos demais, estava consciente de sua completa superioridade de homem plenamente maduro sobre nós, "jovens rapazes", e usava cada oportunidade para nos testar – especialmente a mim. Com esse objetivo, em posse de uma colossal erudição e uma fabulosa memória, ele podia transformar o teste em um verdadeiro inferno para nós. Como se regozijava quando tentava um "estudantezinho" a seguir sobre o gelo e demonstrava pelo infeliz a inadequação de nossas universidades e de nossa cultura acadêmica.

Contudo, ele *também ensinava*, e sistematicamente. Posso falar dele por duas razões, no sentido mais estrito e no mais amplo da palavra: *ele era meu professor*. E era preciso acompanhá-lo em *todos* os campos do conhecimento. Em economia política, nem preciso comentar. No palácio papal, é supérfluo falar do papa. A respeito das palestras sobre economia política na Associação Comunista comentarei mais tarde. Nas línguas antigas e modernas, Marx estava igualmente confortável quanto à proficiência. Eu era filólogo, e ele sentia um prazer pueril quando conseguia me deixar em dificuldades quanto ao conhecimento de alguma passagem de Aristóteles ou de Ésquilo, para a qual eu não encontrava resposta de pronto. E como ele me repreendeu um dia porque eu não conhecia nada de *espanhol*! Rapidamente

---

[23] Segundo Franziska Kugelmann, a confusão teria acontecido com a emblemática frase "Trabalhadores de todo o mundo, uni-vos"; ver, neste volume, p. 118. Os cabetistas, ou icarianos, eram socialistas utópicos que seguiam as ideias de Étienne Cabet (1788-1856). (N. E.)

sacou *Dom Quixote* de uma pilha de livros e, sem perder tempo, me deu uma lição. Da *Gramática comparativa de línguas românicas*, de Diez[24], eu conhecia apenas as linhas gerais da gramática e da etimologia, então fomos levados pela excelente condução e pela ajuda cuidadosa do Mouro, quando eu tropeçava ou hesitava. E como ele era paciente ao ensinar, logo ele, que em outras situações era tão impaciente. Nossa aula só chegava ao fim quando um visitante adentrava o recinto. E todo dia eu era testado e tinha de traduzir *Dom Quixote* ou outros livros de autores espanhóis até provar que minha capacidade já parecia suficientemente sólida.

Marx era um excelente filólogo, é verdade; contudo, mais das línguas modernas que das antigas. A gramática do alemão de Grimm ele conhecia com precisão; e no dicionário de alemão dos irmãos Grimm, assim que foi publicado, Marx já se tornou mais versado que eu, o filólogo. Ele escreveu em inglês e francês como nativo, apesar de ter algumas dificuldades na pronúncia. Seus artigos para o *New York Daily Tribune* foram escritos em inglês clássico; seu *Miséria da filosofia*, contra *A filosofia da miséria* de Proudhon, é escrito em francês rebuscado. Seu amigo francês que revisou o manuscrito antes de o texto ser publicado quase não encontrou erros a corrigir.

Marx, tendo *familiaridade* com o espírito das línguas e tendo se ocupado ele mesmo com a origem delas, seu desenvolvimento e sua organicidade, não encontrou dificuldades em aprender idiomas. Em Londres, ainda estava aprendendo russo e, durante a Guerra da Crimeia, até teve a intenção de aprender árabe e turco, mas a abandonou. Como todo aquele que de fato deseja dominar uma língua, atribuía valor central à leitura. Quem tem boa memória – e Marx tinha uma rara memória, que nunca parava de trabalhar – poderá encontrar facilmente, ao ler muito, os tesouros da palavra e da expressão. A prática faz a perfeição.

*

Durante os anos 1850 e 1851, Marx ministrou *aulas sobre economia política*. Ele convenceu-se da empreitada com muita má vontade; mas, após dar aulas para um pequeno círculo de amigos, cedeu e concordou em nos ensinar ante um público maior. Nesse curso, que foi um raro deleite para todos aqueles que tiveram a sorte de participar, Marx já tinha desenvolvido seu sistema em todas as bases mais fundamentais, tal como nos apresentou em *O capital*. No auditório da Associação Comunista, ou melhor, da Associação Educacional dos Trabalhadores Comunistas, à época ainda localizado na rua Great Windmill, no mesmo espaço onde um ano

[24] Friedrich Christian Diez (1794-1876), filólogo alemão. (N. E.)

e meio antes apresentara o *Manifesto Comunista*, Marx exibiu excepcional talento para a popularização. Ninguém odiava mais que ele a vulgarização da ciência, ou seja, adulterá-la e torná-la sem espírito; ao mesmo tempo, ninguém tinha tão alto nível na qualidade de expressar-se claramente quanto ele. Clareza de discurso é fruto do raciocínio claro, e um pensamento claro necessita de uma forma clara.

Marx atuava metodicamente. Ele apresentava uma proposição – quanto menor, melhor – e então a demonstrava em uma longa explanação, tratando-a com o maior cuidado para evitar expressões incompreensíveis aos trabalhadores. Assim, incentivava o público a lhe fazer perguntas. Se isso não ia adiante, ele começava a interpelar os presentes – e o fazia com tal habilidade pedagógica que nenhuma lacuna nem nenhum mal entendido lhe escapavam. Descobri, ao expressar minha surpresa com sua destreza, que Marx já ministrara aulas sobre economia política na Associação dos Trabalhadores, em *Bruxelas*[25]. Seja como for, ele tinha as qualidades de um bom professor. E usava o quadro-negro, no qual escrevia fórmulas, entre as quais aquelas conhecidas de todos, expostas no começo de *O capital*.

Uma pena que o curso tenha durado somente cerca de seis meses ou até menos. Havia certos elementos ingressando na Associação Comunista que não combinavam com Marx. Depois que as ondas com enxurradas de exilados escassearam, a associação encolheu junto e assumiu um caráter sectário – os antigos weitlingianos[26] e cabetistas retomaram seu espaço, e Marx, que não se satisfazia com uma reduzida esfera de ação e tinha mais a fazer que varrer teias de aranha, manteve-se afastado da Associação Comunista. De minha parte, não segui seu exemplo, mas considerei meu dever manter o vínculo com a única associação de trabalhadores alemã em Londres. Eu havia sido membro da Associação de Trabalhadores Alemães, em *Zurique*, de 1847 a 1848; entretanto, fiz pouco pela associação – qualquer malandro teria feito mais –, mesmo tendo me beneficiado muito dela. E, assim, considerei também, para mim mesmo, a Associação Comunista de Londres uma verdadeira *Associação Educacional de Trabalhadores* – como bem consta em seu nome. Eu sentia que tinha muito a aprender, o que somente aconteceria no relacionamento com os trabalhadores, e, embora desejasse ter uma esfera de maior alcance e influência, me contentei com uma pequena, pois não poderia ser diferente. E nunca me arrependi disso. Com exceção de um ano qualquer em que

[25] Associação de Trabalhadores Alemães, em Bruxelas, criada por Marx e Engels no fim de 1847. (N. E.)

[26] Seguidores do alfaiate alemão Wilhelm Christian Weitling (1808-1871), de atuação revolucionária destacada nos anos 1830 e 1840; no período referido no texto, já estava exilado nos Estados Unidos. (N. E.)

acabei impedido por diferenças políticas, fui um membro regular da Associação Comunista até o dia em que deixei Londres, tendo ministrado lá palestras e aulas de alemão, inglês, francês e outros estudos.

A associação foi também a causa de um conflito com Marx. Mesmo o tendo em alta conta e o adorando – não existe infalibilidade, e, se não tiver convicção de que estou errado, não me deixo ser vencido por nenhuma outra opinião. Marx era – dentro dos limites de sua perspectiva comunista – o mais tolerante dos homens. Ele até podia suportar oposição, embora não raro se enervasse com isso; e depois podia mesmo se alegrar quando recebia uma resposta dura. Agora, por gente que era mais marxista que Marx – o qual não gostava de ser chamado de "marxista" e ridicularizava fervorosamente os "marxistas"[27] –, armadilhas foram tramadas contra mim, e, num belo dia, fui acusado por crime de violação de nossos princípios em razão de ações na Associação Comunista de Londres, quais sejam: ter feito, aos weitlingianos e a outros sectários, concessões táticas e estratégicas inadmissíveis, ou seja, tentar obter um contrapeso não ortodoxo à ortodoxia da Associação Comunista; e ter desviado do caminho correto por meio da tentativa de desempenhar papel de "mediador" entre a teoria comunista pura e a prática, em especial entre Marx e os trabalhadores. Os ânimos acirraram-se. Marx rechaçou de pronto a "história de mediadores"; se tivesse que dizer algo aos trabalhadores, falaria ele mesmo. Isso não neguei, claro, mas mantive meu direito de servir ao partido da maneira que me parecia mais apropriada e considerei loucura, para um partido de trabalhadores, a tática de isolar-se, de ficar por cima dos trabalhadores, no castelo da teoria; sem os trabalhadores, não há partido de trabalhadores, e eles precisam encontrar o caminho a tomar. Veja você, isso foi uma celeuma que se repetiu mais tarde. Por instigações pessoais, esse pequeno incidente foi inflado até se tornar conflito, e permaneci em minoria, o que me chateou; e por muitos meses evitei a casa de Marx. Num belo dia, as crianças me encontraram na rua; elas me cobraram por ter passado tanto tempo longe; mamãe, disseram, estava muito brava comigo, e acabei indo para a casa delas, fui recebido como de costume, e Marx mesmo, cujo olhar de início sério se desfez quando me aproximei, riu e apertou efusivamente minha mão. E o conflito não foi mais mencionado entre nós.

Discussões, eu tive muitas com Marx – *desentendimentos*, só tive *duas vezes*. A primeira vez foi *essa*. A segunda ocorreu cerca de vinte anos mais tarde e,

---

[27] O autor usa, aqui, primeiro "*marxischer*" e, depois, "*Marxianer*" – a segunda forma, cunhada pejorativamente por Weitling. (N. T.)

curiosamente, tinha o mesmo assunto. Era o ano 1874: o desejo de uma unidade duradoura entre os lassallianos e os "honrados" foi sentido na mesma intensidade dos dois lados, e as condições políticas fizeram da união uma *necessidade*[28]. Ainda havia, contudo, alguns prejulgamentos a esse respeito, e no programa que traçamos para a união nós mesmos tivemos que nos submeter a algumas concessões. Marx, que desde o exterior não podia pesquisar as condições das coisas como nós na Alemanha, não queria nem ouvir quais eram as tais concessões; e depois de uma prolongada troca de ideias comigo, foi escrita aquela famosa carta, sobre a qual muito foi dito alguns anos atrás[29]. Marx ficou altamente indignado comigo por muito tempo, mas em nome do interesse do movimento na Alemanha não tive outra escolha. Se fosse questão de sacrificar um princípio, Marx com certeza estaria correto; mas era apenas um problema de ceder temporariamente com a finalidade de assegurar grandes vantagens táticas para o partido. E não se pode chamar de sacrifício o princípio quando o sacrifício é feito *em favor do princípio*. Que eu não fiz um cálculo errado a esse respeito foi brilhantemente demonstrado pelas consequências e pelos sucessos. A declaração de princípios foi cumprida no interior dos partidos, unidos tão rápida e tão incrivelmente que, se durante o período de sua validade a "lei de exceção"[30] não tivesse forçado a questão do programa ao segundo plano, poderíamos ter procedido com a explicação do programa tão cedo quanto no início da década de 1870, sem nenhuma oposição que valesse a pena mencionar. Como foi isso que aconteceu, esse mal-estar precisou ser adiado para o início dos anos 1890[31].

---

[28] "Honrados" era como se autodenominavam os membros do Partido Operário Social-Democrata (SDAP), fundado em agosto de 1869, em Eisenach, em oposição aos membros da Associação Geral dos Trabalhadores Alemães. O primeiro grupo, favorável à luta de classes e apoiado por Marx e Engels, era liderado por Liebknecht e August Bebel; o segundo, comandado pelos continuadores do lassallianismo. Apesar da oposição de Marx e Engels a uma união entre os dois grupos, Liebknecht manobrou para viabilizá-la, o que foi selado em 27 de maio de 1875, em Gotha. (N. E.)

[29] Referência à carta de Karl Marx a Wilhelm Bracke de 5 de maio de 1875, que introduzia o texto que ficou conhecido como "Glosas marginais ao programa do Partido Operário Alemão". Marx – assim como Engels – mostrava-se crítico à postura de Liebknecht, que não os mantinha informados na Inglaterra a respeito das conversas pela unificação das duas agremiações de trabalhadores. Na carta, tornada pública por Engels em 1891 (em *Die Neue Zeit*, n. 18, v. 1, 1890-1891), o Mouro também passara a orientação de que seu documento deveria ser lido por alguns líderes do SDAP, o que, no entanto, não chegou a ocorrer, por intervenção de Liebknecht. Ver, em Karl Marx, *Crítica do Programa de Gotha* (trad. Rubens Enderle, São Paulo, Boitempo, 2012), carta de Karl Marx a Wilhelm Bracke de 5 de maio de 1875, p. 19-22, e carta de Friedrich Engels a August Bebel de 12 de outubro de 1875, p. 65, nota 1. (N. E.)

[30] A esse respeito, ver, neste volume, p. 166, nota 6. (N. E.)

[31] Em 1891, o partido dos trabalhadores alemães passou a se chamar Partido Social-Democrata Alemão (SPD), orientando-se por um novo documento, conhecido como programa de Erfurt. Também nos

Marx finalmente reconheceu isso. Ele ficou encantado com o progresso do movimento do partido na Alemanha e, pouco antes de sua morte, me disse: "Estou orgulhoso dos trabalhadores alemães: sem nenhuma dúvida, estão liderando o movimento operário internacional". Na mesma direção, expressou-se Engels, apesar de ter guardado por um longo tempo sua animosidade em relação ao programa da união.

Marx não era um orador, não era de sua natureza. Em Haia, no último congresso da Associação Internacional dos Trabalhadores, disseram que falou muito bem. Eu estava à época junto de Bebel na "fortaleza" Hubertusburg. Eu mesmo nunca o ouvi proferindo um discurso; e não houve oportunidade para que discursasse enquanto estivemos lado a lado.

[...]

"Genialidade é dedicação"

Alguém disse isso, e, apesar de não ser inteiramente verdade, ao menos em grande medida é.

Não há gênio sem um extraordinário poder de trabalho e um extraordinário montante de trabalho. O assim chamado gênio que carece desses dois atributos é apenas uma bolha de sabão brilhante ou uma perda de tempo em busca de tesouros na lua. Porém, onde são encontrados poder de trabalho e montante de trabalho acima da média, há também um gênio. Cruzei com muitos homens que eram tidos por si mesmos e por outros como gênios, mas que não contavam com poder de trabalho e eram apenas figuras com muita persuasão e autopromoção. Todos os grandes homens que conheci eram muito diligentes e trabalhavam duro. Era o caso de Marx, no mais alto grau. Ele trabalhava tremendamente pesado; e, levando em conta que, especialmente no primeiro período do exílio, era com frequência impedido de trabalhar durante o dia, ele buscava refúgio na noite. Quando voltávamos para casa de alguma reunião ou alguma sessão, ele regularmente sentava-se e trabalhava por algumas horas. E essas algumas horas se estendiam mais e mais, até que, por fim, ele trabalhasse durante toda a noite e dormisse pela manhã do dia seguinte. Sua companheira o repreendia com franqueza, mas ele dizia rindo que aquilo era de sua natureza. Eu me acostumei durante a época de colégio a executar os exercícios mais difíceis à noite ou pela madrugada, quando

debates sobre esse programa, Liebknecht e Engels se desentenderam; ver carta de Friedrich Engels a August Bebel de 1º-2 de maio de 1891, em Karl Marx, *Crítica do Programa de Gotha*, cit., p. 71-6. (N. E.)

me sentia mentalmente mais ativo; não via, portanto, a questão sob a mesma perspectiva da senhora Marx. Ela estava certa, contudo. E, ainda que seu porte físico fosse extremamente forte, Marx começou a reclamar de todo tipo de desordens em funções corporais já no fim dos anos [18]50.

Ele teve que procurar um médico. Uma ordem peremptória *proibindo todo trabalho noturno* foi o resultado, e muito exercício, ou seja, exercícios físicos, corporais: longas caminhadas foram prescritas. Durante esse tempo, eu com frequência caminhava com Marx nos arredores de Londres, em especial no norte montanhoso. Ele logo se recuperou, uma vez que tinha um corpo admiravelmente adaptado a grandes esforços e que demonstrava enorme força. Tão logo passava a sentir-se melhor, porém, já voltava ao relapso hábito de trabalhar à noite, até que outra crise lhe acometesse, forçando-o a adotar um modo de vida mais sensato, mas sempre no limite em que a necessidade se impusesse. As crises tornaram-se mais violentas, uma dor no fígado desenvolveu-se, e úlceras virulentas apareceram. E aos poucos a compleição física de aço foi minada. Eu estava convencido, e isso também era o diagnóstico dos médicos que o trataram por último, de que Marx, se pudesse ter imposto a si mesmo uma vida mais saudável, ou seja, que correspondesse às exigências de seu corpo ou, por assim dizer, do bem-estar, estaria vivo ainda hoje. Em seus últimos anos, quando já era tarde demais, até parou de trabalhar à noite, concentrando seus afazeres durante o dia. Ele trabalhava sempre que lhe era possível. Mesmo nessas caminhadas carregava seu caderno e fazia anotações de tempos em tempos. E seu trabalho nunca era superficial. Era trabalho e trabalho. Ele trabalhava intensamente. De sua filha Eleanor, recebi uma tabela histórica que ele rascunhara a fim de fazer um resumo sobre algum assunto secundário. Naturalmente, nada era secundário para Marx, e essa tabela para seu rápido uso privado foi feita com tanta dedicação e esmero que poderia ter servido para impressão e publicação.

Marx trabalhava com um empenho que eu admirava. Ele não conhecia o cansaço. Ele precisou sucumbir e nem assim manifestou sonolência.

Se o valor do homem é computado de acordo com o trabalho que ele cumpre, como o valor dos produtos pela quantidade de trabalho que eles representam, então, Marx, *desse* ponto de vista individualizado, representa um alto valor que a somente alguns poucos gigantes intelectuais se equiparariam.

E o que a *sociedade burguesa* dá em troca dessa enorme soma de trabalho?

Em *O capital* ele trabalhou por quarenta anos – e como trabalhou! Somente um Marx pode trabalhar assim. E não estou exagerando quando digo que a jornada mais mal paga na Alemanha recebe mais em quarenta anos que Marx recebera como remuneração; em outras palavras, nem um *soldo honorífico* para uma das duas maiores criações científicas deste século. A outra é representada pela obra de Darwin.

A ciência não segue o valor de mercado. E poderíamos nós esperar que a sociedade capitalista pagasse um preço decente pela execução de sua própria *pena de morte*?

[...]

Marx e as crianças

Marx, como todo ser forte e saudável, tinha uma incomum afeição por crianças. Ele era não somente o pai mais carinhoso, que poderia por horas ser mais uma criança em meio aos filhos, como era magneticamente atraído em direção a crianças desconhecidas, particularmente por aquelas mais carentes, na miséria, que por acaso cruzassem seu caminho. Vez ou outra, ele se separava de nós, caminhando pelos distritos mais pobres para fazer cafuné no cabelo de algumas crianças sentadas na calçada ou deixar uma moedinha nas pequenas mãos. Ele desconfiava de pedintes, uma vez que, em Londres, a esmola se tornara um ofício regular – do qual se poderia fazer ouro mesmo que a partir de uns cobres. Logo, ele não se deixava enganar por muito tempo por mendigos ou mendigas, apesar de no início, sempre que tinha algum trocado, não lhes negar. Em relação a alguns que o haviam enganado com exibições performáticas de doenças e sofrimentos artificiais, ficava até com bastante raiva, uma vez que considerava a exploração da compaixão humana um golpe baixo e um roubo da pobreza. Quando um mendigo ou uma mendiga, com um *filho* choramingando, abordava Marx, ele se via sem saída e contribuía com algo, embora a artimanha estivesse clara no rosto do mendigo ou da mendiga. Ele não resistia ao olhar das crianças implorando por algo. A fraqueza física e a carestia sempre lhe ativavam fortemente a solidariedade e a simpatia. A um homem batendo em sua mulher – e a violência contra a mulher era quase moda em Londres –, ele seria capaz de ordenar sem nenhuma misericórdia uma surra até a morte. Em função de sua personalidade impulsiva em tais ocasiões, ele com frequência se colocava e nos colocava em situações embaraçosas. Certo dia eu estava me dirigindo à rua Hampstead com ele, no assento de um ônibus, quando percebemos em uma parada em frente a um bar [*gin palace*] uma multidão, no meio da qual uma voz feminina penetrante gritava: "Assassino! Socorro!". Tão rápido quanto um raio, Marx desceu do ônibus, e fui atrás dele. Até tentei puxá-lo de volta – tão em vão quanto tentar pegar uma borboleta com minhas próprias mãos. Em poucos segundos, estávamos no meio da multidão, e a onda de seres humanos logo atrás de nós. "O que houve?" Logo entendi o que ocorrera. Uma mulher embriagada discutira com o marido, que a queria levar para casa, e resistira e o atacara como um animal. Até aí, tudo certo. Não havia necessidade de intervenção de nossa parte, era possível perceber. O animoso casal, percebendo nossa presença, logo fez as pazes e de pronto começou a nos atacar, enquanto a multidão se aproximava mais e mais de nós, desenhando-se um cenário assustador contra os "malditos estrangeiros". A mulher foi com toda raiva para cima de Marx e concentrou seus esforços na brilhosa barba preta dele. Eu tentei apaziguar os ânimos, em vão. Não fosse pela aparição certeira de dois fortes policiais, nós teríamos pagado com a vida pela tentativa filantrópica de intervenção. Estávamos felizes em ter saído de lá sem um arranhão e em estar novamente sentados no ônibus que nos levaria para casa. Depois disso, Marx se tornou mais cauteloso em empreender tentativas similares de intervenção.

É necessário ter visto Marx com suas crianças para compreender plenamente a profundidade de sentimento e o afável coração desse herói da ciência. Em seus minutos de descanso ou em suas caminhadas, ele brincava com elas dos jogos mais agitados – ou seja, era uma criança entre crianças. Em Hampstead Heath, brincávamos de "cavalaria": eu colocava uma filha sobre meus ombros, e Marx, a outra, e então pulávamos e trotávamos, enfrentando um ao outro – e as meninas engalfinhavam-se como meninos, aguentando os solavancos sem chorar.

Para Marx, relacionar-se com as crianças era uma necessidade – a partir disso, recuperava suas energias e se renovava. E quando seus filhos cresceram ou morreram, os netos ocuparam o espaço. Jennychen, que se casou com Longuet, um dos refugiados da Comuna, no início dos anos 1870, levou para a casa de Marx alguns garotos muito levados. Especialmente o mais velho, Jean ou Johnny, agora já em idade de "servir" na França como voluntário "involuntário", era o queridinho do vovô. Ele podia fazer o que fosse que já era suficiente para agradar Marx, e ele sabia disso. Certo dia, enquanto eu estava em visita a Londres, Johnny, que fora enviado de Paris por seus pais, como acontecia várias vezes ao ano, concebeu a engenhosa ideia de transformar o Mouro em um *veículo*, em que o assento do motorista era nos ombros; ele sentou-se, enquanto Engels e eu fomos escolhidos como cavalos de carroça. E, quando estávamos exauridos, ainda veio uma incessante caçada – em outras palavras, uma incursão no pequeno jardim atrás da casa de Marx na rua Maitland Park. Ou talvez tenha sido na casa de Engels, na Regent's Park. As casas comuns em Londres são todas muito parecidas, sobretudo no tocante aos jardins. Alguns metros quadrados de grama e cascalho – ambos cobertos por uma camada do preto londrino ou da "neve preta": ou seja, a fuligem da indústria, que tudo permeia tão intensamente que não se pode diferenciar onde começam e terminam a *grama* e o *cascalho* –, assim são os "jardins" de Londres.

Então, era só "Levante-se!", com umas exclamações internacionais em alemão, francês e inglês: *Go on!* [Vamos!] *Plus vite!* [Mais rápido!] *Hurrah!* [Urra!]. E Marx tinha de trotar a ponto de o suor escorrer de sua testa, e, quando Engels ou eu tentávamos diminuir sua velocidade, vinha o sarrafo abaixo do cruel condutor: "Cavalo miserável! *En avant!* [Avante!]". E daí em diante, até que Marx não conseguisse mais brincar, e nós começássemos a negociar com Johnny uma trégua.

*

Era impressionante e, por vezes, cômica a maneira como Marx se impunha como o mais forte nas discussões políticas e econômicas, com as mais satíricas expressões e frases, e se comportava na presença de mulheres e crianças com uma gentileza de fazer inveja a uma governanta inglesa. Quando a conversa passava por um tema polêmico, ele ficava nervoso, agitado, contorcia-se na cadeira e ruborizava-se como uma adolescente. Nós, jovens exilados, éramos livres e nos divertíamos, entre outras coisas, cantando músicas fortes, de protesto; um dia, um de nós, que tinha uma voz muito bela, o que não se poderia dizer de outros de nós – políticos, e especialmente comunistas e socialistas, parecem viver em conflito com a musa da arte do som –, começou a cantar na sala de Marx uma linda canção, que não era, porém, exatamente de protesto: "*Jung, jung Zimmergesell*" [Jovem, jovem carpinteiro][32]. A senhora Marx não estava em casa, senão nós não teríamos a ousadia de fazê-lo; como não se via sinal de Lenchen nem das crianças, acreditávamos estar sozinhos. De repente, Marx, que de início estava a cantar, quando não a gritar, ficou preocupado – e, ao mesmo tempo, ouvi alguém adentrar o recinto ao lado –; Marx, que com certeza também ouviu, se mexeu na cadeira, com expressão de constrangimento, até que subitamente pulou da cadeira e cochichou ou sussurrou com a face cada vez mais ruborizada: "Silêncio, silêncio! As garotas!".

As garotas eram tão infantis que o cantar do "Jovem, jovem carpinteiro" não ameaçaria sua moralidade. Nós rimos um pouco, e ele alertou que não era correto cantar tais canções na presença de crianças. E "Jovem, jovem carpinteiro", como outras canções similares, não foi mais entoada por nós na casa de Marx.

[32] Trata-se da canção popular "War einst ein jung, jung Zimmergesell" [Era uma vez um jovem, jovem carpinteiro]. A letra fala de um carpinteiro que constrói um castelo para um margrave e, em sua ausência, acaba por deitar-se com a esposa dele. (N. E.)

Nesse quesito, a *senhora Marx* era mais séria. Ela tinha um olhar que fazia a palavra congelar em sua boca caso se demonstrasse sinal de insolência.

A senhora Marx talvez exercesse sobre nós um poder silencioso, maior que o do próprio Marx. "Essa dignidade, essa elevação", que mantém distante não a confiança, mas tudo aquilo que é indesejável, agia como mágica sobre nós, companheiros selvagens e até um pouco rudes. Eu ainda me lembro de como ela aterrorizou "Wolff vermelho" – não confundir com o Lupus "Wolff Casamata"[33]. Aquele, que adquiriu trejeitos parisienses e era bastante míope, notou, em uma noite, na rua, uma graciosa figura feminina e a seguiu. Apesar de ter circundado a velada dama por várias vezes, ela não o notou até que ele, tomado de ousadia, aproximou-se tanto de seu rosto que poderia distinguir seus traços faciais, apesar de sua miopia, e – "que o diabo me livre – era a senhora Marx", contou-me, agitado, na manhã seguinte. "Bem, o que ela disse?" "Nada, aí que está o diabo!" "E o que você disse a ela? Desculpou-se?" "Que o diabo me livre, saí correndo!" "Mas você deve se desculpar! O caso nem é tão preocupante."

Mas "que o diabo me livre": o Wolff vermelho, que desfruta de certa reputação em razão de seu imperturbável cinismo, ficou por seis meses sem ir à casa de Marx, e não iria nem à força, apesar de eu lhe ter dito que no dia seguinte a senhora Marx, quando eu a sondei cuidadosamente, riu de forma efusiva ao recordar a cara envergonhada e assustada do Wolff vermelho, fracassado em seu papel de Don Juan.

A senhora Marx foi a primeira mulher que me fez reconhecer a força da educação e do poder da mulher. Minha mãe morreu tão cedo que dela somente retive memórias longínquas, confusas; depois disso, com exceção de um período bem curto de tempo em minha primeira infância, eu me encontrava excluído de uma companhia feminina que pudesse ter me elevado e contribuído para suavizar, lapidar, minha natureza. Antes de conhecer a senhora Marx, eu não entendia o verdadeiro significado das palavras de Goethe:

> Se quiser descobrir exatamente o que é o certo,
> então pergunte a uma nobre mulher![34]

---

[33] Referência, respectivamente, a Ferdinand Wolff (1812-1895) e Wilhelm Friedrich Wolff (1809-1864) – este último, homenageado por Marx na dedicatória do Livro I de *O capital*, era chamado "Casamata" pelos artigos que escreveu sobre sua prisão entre 1834 e 1838. A palavra alemã *Wolf* significa "lobo", donde o apelido Lupus – tradução do termo para o latim. (N. E.)

[34] No original, "*Willst Du genau erfahren was sich ziemt,/ So frage nur bei edlen Frauen an!*", trecho da peça *Torquato Tasso*, inspirada na vida do poeta homônimo. (N. E.)

Ela era para mim meio Ifigênia, suavizando e educando os bárbaros, meio Eleonora, dando paz ao homem insatisfeito e inseguro consigo mesmo; mãe, amiga, confidente, conselheira[35]. Ela era para mim o ideal de mulher – e ainda o é. E repito isso aqui: se não me perdi em Londres, de corpo e alma, devo isso em grande medida a *ela*, que apareceu para mim como Leucoteia surgiu para o náufrago Odisseu – quando pensei que poderia afundar no revolto oceano da miséria do exílio, ela me deu coragem renovada para nadar.

Uma atribulada partida de xadrez

Marx era um excelente jogador de damas. Ele adquiriu tamanha habilidade no jogo que era difícil batê-lo nas partidas. Também gostava de jogar xadrez – nisso, sua arte não era muita. Ele tentava compensar sua falta de destreza com entusiasmo, com impetuosidade no ataque e com surpresas.

No início da década de 1850, frequentemente se jogava xadrez nos círculos de exilados; nós tínhamos mais tempo e, ao contrário do adágio "tempo é dinheiro", menos dinheiro do que desejávamos; sob a direção do Wolff vermelho, que teve a chance de acessar os melhores círculos de jogadores de xadrez de Paris e de aprender algo, o "jogo dos sábios" foi efusivamente praticado. Tivemos acaloradas disputas. O perdedor não precisava se preocupar, pois a zombaria estava garantida; mesmo enquanto a partida estava em andamento, a graça era sempre muito grande e, às vezes, muito alta. Quando Marx se sentia bem pressionado, ele perdia a calma, e, quando perdia um jogo, ficava furioso. Na *Model Lodging House*[36] da rua Old Compton, onde vários de nós vivemos por muito tempo com três xelins e seis *pence* por semana, estávamos sempre cercados por um círculo de ingleses que assistiam a nosso jogo – o xadrez é muito praticado na Inglaterra, particularmente entre trabalhadores – com grande atenção e se divertiam com nossos gritos e ruídos. Dois alemães faziam mais barulho que seis dúzias de ingleses.

Certo dia, Marx anunciou de modo triunfal que havia descoberto um novo lance que o faria ganhar de todos. O desafio foi aceito. E de fato ele nos derrotou, um

---

[35] Ifigênia e Eleonora também são referências a peças teatrais de Goethe: Eleonora d'Este é personagem em *Torquato Tasso*; Ifigênia, protagonista de *Ifigênia em Táuride*. (N. E.)

[36] Em inglês no original. Espécie de pensionato para trabalhadores tornado comum na Londres do século XIX, no qual era possível se alojar por período curto ou por tempo indeterminado a custo relativamente baixo. Erguidos e geridos por entidades supostamente filantrópicas, os edifícios dispunham de quartos e, às vezes, salas individuais, sendo os demais cômodos de uso compartilhado. (N. E.)

após o outro. Aos poucos, todavia, aprendemos com as derrotas e consegui aplicar um xeque-mate em Marx. Já era tarde, e ele ferozmente exigiu uma revanche para a manhã seguinte, em sua casa.

Às onze da manhã em ponto, muito cedo para Londres, eu estava lá, à disposição. Não encontrei Marx na sala, mas ele logo apareceria. A senhora Marx estava invisível, e Lenchen fez cara de poucos amigos. Antes de eu poder perguntar se algo havia ocorrido, Marx entrou, apertou-me a mão e de pronto abriu o tabuleiro de xadrez. A batalha começou. Marx estudou de madrugada um aperfeiçoamento de seu lance, e não tardou para que eu estivesse em apuros, em uma posição da qual não podia escapar. Fui derrotado, e Marx ficou radiante – seu bom humor repentinamente voltou, e ele pediu algo para beber e uns sanduíches. E uma nova batalha começou – desta vez, fui eu o vencedor. E, assim, nos enfrentamos com alternâncias de sorte e de humor sem ter tempo para comer, satisfazendo a fome ao devorar do prato que Lenchen nos trouxe carne, queijo e pão. A senhora Marx *manteve-se* sem ser notada, enquanto nenhuma das filhas ousou entrar no quarto, e, então, a batalha prosseguiu com altos e baixos, até que apliquei dois xeques-mates em Marx na sequência – e bateu meia-noite. Ele insistiu em jogarmos mais, porém Lenchen, ditadora da casa sob a supremacia da senhora Marx, informou categoricamente: "Agora chega!". Com isso, fui embora.

Na manhã seguinte, assim que me levantei, alguém bateu em minha porta: era Lenchen.

"Biblioteca [*Library*]" – as crianças me batizaram assim, e Lenchen acatou, pois o título de "senhor" não era usado entre nós –, "Biblioteca, a senhora Marx pediu para que não jogue mais xadrez com o Mouro à noite. Quando ele perde, fica insuportável." Contou-me que o mau humor dele estava tão incômodo que a senhora Marx perdeu a paciência.

A partir de então, passei a não aceitar mais os convites de Marx para jogar xadrez à noite. O jogo, ademais, foi forçosamente colocado de lado à medida que pudemos voltar a priorizar nossas ocupações regulares. Eu, que consegui certa reputação como jogador em nosso círculo, com o passar do tempo convenci-me da correção da crítica de Lessing ao xadrez: "É muito honesto para um jogo e muito jogo para um honesto". Fui convidado por proeminentes jogadores; e, na companhia de profissionais, logo descobri que os lances que inventei e dos quais me orgulhava já eram aplicados séculos antes de minha existência; assim, vi-me no lugar do fazendeiro dos Pirineus que descobriu, durante o reino de Luís Felipe, o relógio de torre, que já tinha sido descoberto havia quatro séculos. Aprendi que uma literatura volumosa sobre xadrez já existia e que, se eu esperasse ter excelência, deveria ter estudado mais essa literatura e ter me dedicado inteiramente à modalidade. E considerar o xadrez uma vocação era algo que eu não tinha em mente. Então, desisti. Não joguei mais xadrez, ainda que me deliciasse vendo bons jogadores sempre que possível.

Por falar da missão diplomática de Lenchen, deixe-me mencionar que ela com frequência era empregada nas missões familiares, especialmente em missões relativas ao enfurecido chefe da família. Desde a fundação da família na casa de Marx, Lenchen se tornou a alma da casa, conforme relatou uma das filhas, e, no sentido mais nobre do termo, na "dama de todos os trabalhos". Havia algo que ela não pudesse fazer? Havia algo que ela não fizesse de boa vontade? Eu somente me lembro das muitas viagens até aquele parente profundamente odiado e ainda assim cortejado com assiduidade e benevolente: o misterioso "tio" de três globos[37]. Vibrante, ela estava sempre pronta a ajudar, sempre sorridente. Na verdade, não! Ela podia ficar furiosa, principalmente com os inimigos do Mouro, os quais ela odiava com força.

Quando a senhora Marx estava doente ou indisposta, Lenchen tomava o lugar da mãe, como uma segunda mãe para as crianças. E ela tinha uma *vontade*, uma forte, intensa *vontade*. O que ela julgava necessário era feito.

*

Lenchen exercia, como dito, uma espécie de ditadura – a fim de definir corretamente a relação, devo dizer: Lenchen exercia a ditadura na casa; a senhora Marx, a soberania. E Marx era subordinado como uma ovelha a essa ditadura. Como se diz por aí: perante sua camareira, nenhum homem é suficientemente grande. Ante Lenchen, Marx com certeza não era grande. Ela teria se sacrificado por ele, pela senhora Marx, pelas crianças, se fosse necessário e possível – e ela *realmente* deu a vida por eles, mas Marx não conseguia impressioná-*la*. Ela o conhecia em seus humores e em suas fraquezas e o tinha nas mãos. O temperamento dele era sempre tão exasperado, sempre suscetível a tempestades e trovoadas, mantendo as pessoas distantes, e Lenchen sempre ia à cova dos leões; nesse caso, se ele rugisse, ela o reprendia a ponto de o leão se tornar um carneirinho.

---

[37] Os três globos são um símbolo tradicional das casas de penhores na Europa. Para mais a este respeito, ver, neste volume, p. 154-5. (N. E.)

No campo e no parque

Nossas idas a Hampstead Heath! Mesmo se eu chegasse aos mil anos, não as esqueceria. A "charneca" de Hampstead, para lá de Primrose Hill e, como este, conhecida mundo afora graças aos papéis de Pickwick, de Dickens[38], é hoje, na maior parte, uma charneca, ou seja: um lugar ondulante, não cultivado, coberto por urzes e amontoados de árvores, com montanhas e vales em miniatura, onde é possível ficar à vontade sem medo de ser preso nem multado por *trespassing*, ou seja, por adentrar algum local proibido por um segurança de uma sagrada propriedade privada. Hoje Hampstead Heath ainda é o local favorito de passeio dos londrinos, e em um domingo de sol tudo se enche do negro dos seres masculinos e do multicolorido dos seres femininos da tribo humana, estes últimos sempre testando com particular preferência a paciência de cavalos e burros, notoriamente pacientes. Há quarenta anos Hampstead Heath era muito mais extenso, mais natural e primitivo. E passar um domingo lá era o maior prazer para nós. As crianças falavam do passeio a semana toda, e nós, adultos, também – velhos e novos planejando o dia com alegria. O caminho era uma festa. As meninas eram boas pedestres, alertas e incansáveis como gatos. A partir da rua Dean, onde Marx morava, perto da rua Church, onde eu havia me ancorado, levava-se, ao menos, uma hora e quinze, e, via de regra, saíamos por volta de onze da manhã. Em geral, é preciso admitir, começávamos o trajeto mais tarde, uma vez que não era costume acordar cedo em Londres, e algumas vezes se perdia muito tempo até que as crianças estivessem arrumadas e a cesta se encontrasse devidamente pronta.

Que cesta! Ela está, ou melhor, permanece pendurada em minha "mente", tão vívida, tão real, tão sedutora e tão apetitosa como se eu a tivesse visto ainda ontem no braço de Lenchen.

Era nosso depósito de mantimentos, e quando um homem tem um estômago forte e saudável e quase nunca tem à disposição uns trocados minguados (trocados *polpudos* nem passavam por nossa cabeça), então a questão da provisão desempenha papel fundamental. A boa Lenchen sabia disso e nos tinha, como hóspedes famintos e, portanto, sempre com apetite, em seu simpático coração. Uma poderosa carne assada era a peça central, consagrada tradição de domingo em Hampstead Heath. Uma cesta de capacidade desconhecida em Londres, a qual Lenchen conseguiu salvar em Trier, serviu como o mais sagrado dos sagrados, como um tabernáculo, por

[38] Charles Dickens, *As aventuras do senhor Pickwick* (trad. Otávio Mendes Cajado, São Paulo, Globo, 2004). (N. E.)

assim dizer. Depois disso, chá com açúcar e ocasionalmente frutas. Pão e queijo eram comprados na charneca, onde era e ainda é possível obter pratos, água quente e leite, à semelhança dos cafés nos jardins de Berlim, e pão, manteiga e queijo, além de camarões locais, agrião e caramujos, a depender das necessidades e do poder de compra de cada um. Também cerveja, exceto durante um curto período de tempo em que a sociedade de aristocratas hipócritas, que estocaram em casa e em seus clubes todo tipo de bebida alcoólica imaginável e para quem todo dia é domingo ou feriado, tentou impor sua virtude e sua moral às pessoas comuns, proibindo a venda de bebidas aos domingos. As pessoas de Londres não entendem a piada, todavia, quando o ataque é feito à *barriga* delas; milhares marcharam até o Hyde Park no domingo seguinte à aprovação da lei e trovejaram nos ouvidos dos puros aristocratas homens e mulheres, que estavam curtindo passeios em carruagens e sobre os cavalos, um sonoro "Vá para a igreja", tão alto que os tais puros homens e mulheres ficaram aterrorizados. No outro domingo, a multidão se transformou em meio milhão de pessoas, e o "Vá para a igreja" ficou mais forte e mais sério. E no terceiro domingo, a medida já estava revogada.

Nós, exilados, ajudamos, com o máximo de nossas forças, a "revolução" do "Vá para a igreja", e Marx, que não escondia seu entusiasmo crescente em tais ocasiões, quase foi preso por um policial e levado a um magistrado, mas seu caloroso apelo à sede do bravo guardião da lei foi bem-sucedido.

Contudo, como eu dissera, o triunfo da hipocrisia não durou muito e, com exceção desse interregno, podíamos nos consolar pela quase insólita marcha até Hampstead Heath com o pensamento em uma merecida bebida gelada.

A marcha em geral era cumprida na seguinte sequência. Eu conduzia o cortejo com as duas garotas à frente, ora fazendo acrobacias, ora caçando flores do campo, que cada vez mais rareavam. Atrás de nós, alguns amigos. E, então, vinha o corpo principal desse exército: Marx com sua esposa e, em alguns domingos, convidados que demandavam especial atenção. Atrás deles, Lenchen, com o mais faminto dos convidados, que a ajudava a carregar a cesta. Se mais visitantes estivessem junto, eles tomavam diferentes posições entre as várias divisões do exército. E a ordem da batalha ou da marcha mudava de acordo com o humor e a necessidade, nem é preciso reiterar.

Uma vez na charneca, primeiro escolhíamos um canto onde estender nossos tentáculos e, ao mesmo tempo, ficar o mais próximo possível dos locais de venda de chá e de cerveja.

Autar epei posios kai edetios ex eron hento – após saciarem-se de comida e bebida, como Homero diria[39], camaradas homens e mulheres buscavam os lugares mais confortáveis para deitar-se ou sentar-se; quando encontravam, ele ou ela, se não fosse tirar um cochilo, aproveitava o jornal de domingo comprado no caminho e começava a leitura e a discussão de política, enquanto as crianças, que logo encontravam os camaradas, brincavam de esconde-esconde por trás dos arbustos.

Essa calmaria, entretanto, precisava ser temperada com um pouco de diversão; então, apostávamos corrida e, algumas vezes, lutávamos ou atirávamos pedras ou praticávamos algum outro esporte. Num domingo descobrimos uma árvore próxima com nozes maduras: "Vamos ver quem consegue derrubar o maior número de nozes", alguém gritou, e com um enorme entusiasmo fomos ao desafio. Mouro comportou-se como louco, e derrubar nozes, seguramente, não era seu forte. Ele se mostrou incansável, como todos nós. E só quando a última noz foi abatida em meio a gritos selvagens de triunfo o bombardeio cessou. Marx não conseguiu mexer o braço direito por oito dias. E eu fiquei tão mal quanto ele.

A maior "travessura" foi dar uma volta em um burro. Foi uma experiência louca e divertida. E que cenas ridículas! E como Marx divertiu-se e a nós também. *A nós* ele divertiu em dois aspectos: por sua mais que rudimentar arte de montaria e pelo entusiasmo com que afirmava ter tal habilidade. A habilidade consistia em ter feito aulas de montaria em algum momento enquanto estudante. Engels contestava que ele não tinha ido além da terceira aula e que cavalgara alguns anos antes durante sua visita a Manchester, na companhia de Engels, no lombo da mula Rocinante, provavelmente o bisneto da égua – que mais parecia um cordeiro – com que o velho Fritz outrora presenteara o bom Gellert.

A volta de Hampstead Heath era sempre muito alegre, embora o prazer que nós sentíamos não despertasse, em geral, sentimentos tão agradáveis quanto os esperados. Contra a melancolia, embora houvesse muitas razões para isso, nós nos armávamos com um incorrigível humor. A miséria do exílio não existia para nós. Quem começava a reclamar logo era lembrado de seus deveres sociais da maneira mais impressionante.

A ordem da marcha para casa era diferente daquela da marcha de ida. As crianças, que voltavam cansadas de tanto correr, formavam a retaguarda junto com Lenchen, que, após ter a cesta completamente esvaziada, podia levá-la sem esforço. Em geral,

---

[39] Os versos em grego transliterado são da *Ilíada* (canto 7, verso 14). (N. E.)

alguém começava uma canção. Raramente eram canções políticas, a maioria era de músicas populares, em especial as sentimentais e – isso não é história de pescador – as músicas "patrióticas", da "pátria-mãe". Por exemplo, "Ó, Estrasburgo; ó, Estrasburgo, cidade linda". Essa era a favorita. Ou as crianças cantavam músicas dos negros para nós e dançavam, se as pernas já estivessem plenamente recuperadas. Política era um tabu na marcha, assim como a miséria do exílio. Literatura e arte eram mais discutidas, entretanto, e, com isso, Marx tinha a oportunidade de mostrar sua fabulosa memória. Ele declamava longas passagens de *A divina comédia*, que conhecia quase de cor; e cenas de Shakespeare, que sua esposa, também excelente estudiosa de Shakespeare, com frequência complementava. Quando ele estava com o mais elevado dos espíritos, representava Seydelmann no papel de Mefistófeles[40]. Ele adorava Seydelmann, a quem tinha visto e escutado em Berlim, quando era estudante, e *Fausto* era seu poema alemão favorito. Não posso dizer que Marx recitava bem – ele exagerava demais –, mas nunca perdia um ponto e sempre se expressava no tom correto. Em suma, ele era efetivo, e a impressão cômica causada pela primeira explosão de palavras logo passava, quando ficava claro que ele tinha penetrado profundamente na alma da personagem e dominado o papel.

Jennychen, a mais velha das duas meninas (Tussy, também conhecida como senhora Eleanor Marx-Aveling, na época ainda não estava nos planos), era a imagem do pai: tinha os mesmos olhos pretos, a mesma testa e, algumas vezes, o mesmo arrebatamento profético – "o espírito vinha sobre ela", assim como o fazia com a Pitonisa; seus olhos começavam a brilhar e a inflamar-se, e ela passava a declamar, com frequência fantasias das mais singulares. Certa feita, no caminho de casa, ela teve um ataque: falava da vida nas estrelas, e o que disse tomou a forma de um poema. A senhora Marx, com a ansiedade de uma mãe que perdeu muitos filhos, ficou alarmada e impactada: "Nenhuma criança da idade dela deve falar assim, o desenvolvimento prematuro não é sinal de saúde". Mouro a repreendeu, e eu apontei para a garota, que, como Pitonisa, despertada de seu transe, brincava, rindo alegremente – o retrato da saúde. É verdade que Jennychen morreu jovem, mas ao menos a dor de sobreviver a ela foi poupada à mãe.

Com o crescimento das meninas, esses domingos mudaram de aspecto, mas, com a chegada de uma nova geração, o elemento juventude nunca faltava.

Muitas crianças morreram; entre elas os dois filhos homens de Marx – um, nascido em Londres, muito pequeno; o outro, nascido em Paris, após uma doença fulmi-

[40] Karl Seydelmann (1793-1843), ator alemão consagrado principalmente em papéis de vilão. (N. E.)

nante. Bem, eu me lembro das tristes semanas de febre sem esperança. A morte desse menino foi um golpe terrível para Marx. O garoto, chamado "Musch" (de *mouche*[41]) – em verdade Edgar, como seu tio –, era muito talentoso, mas doentio desde o nascimento; um genuíno filho da tristeza esse menino, com olhos magníficos e uma cabeça promissora, que era, todavia, grande demais para seu fraco corpo. Se o pobre "Musch" pudesse ter desfrutado de vivência tranquila, tratamento constante e estada na calmaria do campo ou da beira do mar, talvez sua vida tivesse sido salva. Com a vida no exílio, na mudança de lugar para lugar, na miséria de Londres, isso seria impossível; nem mesmo o amor mais tenro de seus pais e o cuidado de sua mãe tornariam a doce planta suficientemente forte para a luta da existência. "Musch" morreu; jamais vou esquecer esta cena: a mãe silenciosamente chorando sobre a criança morta, Lenchen soluçando ao lado dela, Marx em uma terrível agitação, quase com raiva, rejeitando qualquer consolação, as duas meninas agarradas à mãe, chorando baixinho, a mãe segurando-lhes com força, como se fosse necessário segurá-las e defender-lhes da morte que lhe roubou o filho.

Dois dias depois, no enterro, Lessner, Pfänder, Lochner, Conrad Schramm, o Wolff vermelho e eu seguimos juntos – eu na carruagem com Marx. Ele ficou ali sentado, segurando a cabeça com as mãos. Eu passei a mão em sua testa: "Mouro, você ainda tem sua esposa, suas meninas e eu, e nós todos o amamos muito!". "Você não pode me dar meu garoto de volta", grunhiu, e silenciosamente nós rodeamos o cemitério na rua Tottenham Court. Quando o caixão, singularmente grande, pois a criança, outrora mirrada, crescera muito durante a doença, foi baixado à cova, Marx estava tão nervoso que me aproximei dele, temendo que ele pulasse junto.

Trinta anos depois, quando sua fiel companheira foi sepultada no cemitério de Highgate, a própria vida ele teria jogado na cova se Engels o não tivesse segurado pelos braços, como me contaram mais tarde.

Quinze meses depois ele a seguiu.

*

Mais tarde, veio Tussy, aquela coisinha alegre, rechonchuda como uma bola e como leite e sangue – primeiro em um *perambulator*, na Alemanha chamado de carro de bebê, depois ora carregada, ora tropeçando por aí –; ela tinha seis anos quando retornei à Alemanha, metade da idade de minha filha mais velha,

---

[41] "Mosca", em francês. (N. E.)

que durante os dois últimos anos se juntara a nós nas jornadas de domingo a Hampstead Heath.

Era como leite e sangue, e até hoje o é Tussy, agora senhora Eleanor Marx-Aveling. E há boas razões para o "leite e sangue", cujo conhecimento pode beneficiar muitas pessoas.

A senhora Marx perdera todas as suas crianças nascidas em Londres. Quando Tussy anunciou sua chegada, houve uma grande consulta, e o médico da família, doutor *Allen*, excelente homem em quem Marx confiava piamente, diagnosticou que havia apenas *uma* possibilidade de manter a criança saudável e viva: alimentá-la *somente* com leite até seu quinto ano de vida; e *fundamentalmente com leite* até o décimo. E assim foi feito. Logo, não é de admirar que Tussy tenha se tornado leite e sangue, pois o leite é como seu sangue. E muitos seres humanos poderiam ser assim se tivessem pais tão sensíveis quanto os dela.

Quando, do fim da década de 1850 em diante, morávamos no norte de Londres, em Kentish Town e Haverstock Hill, nossas caminhadas favoritas eram pelas planícies e pelas colinas entre e além de Hampstead e Highgate. Aqui flores eram colhidas e plantas eram analisadas, o que era um duplo deleite para as crianças da cidade, para quem o frio, avassalador e barulhento mar de pedras da metrópole criava uma verdadeira fome por natureza verde. E que alegria para nós descobrir em caminhadas um pequeno lago, sombreado por árvores; eu podia mostrar às crianças os primeiros não-me-esqueças "selvagens"; e ainda maior era a felicidade quando encontrávamos *jacintos*, entre outras flores da primavera, em um canto ocupado por uma luxuriante mistura de prados verde-escuros aveludados, os quais adentramos após um cuidadoso exame do território, a despeito dos avisos prevenindo o *trespassing* (não ultrapassar). Eu mal podia acreditar em meus olhos. Os jacintos, como eu aprendera, cresciam naturalmente apenas nos países do sul, como no lago Léman, na Suíça, ou na Itália e na Grécia, mas não no distante norte. No entanto, lá testemunhei a prova do contrário e um inesperado relato em favor da disputa inglesa em favor do argumento de que a Inglaterra tem clima italiano para a flora. Sem dúvida, eram jacintos, *simples* flores azuis-acinzentadas, nem tantas nem tão grandes, em altura, como os jacintos cultivados, mas com odor semelhante, apenas um pouco menos intenso.

Ao estudar Homero, aprendi que o campo de asfódelos pelo qual os heróis mortos tomaram seu caminho foi um prado de narcisos e jacintos. E agora nosso prado entre Highgate e Hampstead transformara-se em um campo de *asfódelos*, e nós caminhamos entre jacintos tão felizes quanto os abençoados heróis e nos consideramos mais afortunados que Aquiles, pois estávamos *vivos*, e com a feroz sinceridade o finado algoz de Heitor exclamou ao muito versado e muito experiente sofredor Odisseu: "Melhor ser agricultor na terra e trabalhar para os outros que ser no reino das sombras o rei da morte".

Nós estávamos *vivos* e não precisávamos olhar saudosamente para um mundo superior – nós olhávamos com orgulho para *baixo*, no mundo de nosso campo de asfódelos, de doce aroma – na metrópole sem fim, poderosa, que é o mundo e que inevitavelmente se alarga perante nós, envolto em um incômodo e misterioso nevoeiro.

[...]

Patriotismo e suas consequências

Durante os piores anos do exílio, tivemos, todavia, frequentes momentos de alegria – claro que apenas quem era sortudo a ponto de não ter morrido de fome. A tristeza não nos derrubava. E se o mundo se apresenta diante de nós fechado por um muro de madeira, adotamos o lema do trabalhador de *Sheffield*: *a short life and a merry one* – uma vida curta e divertida. E quem pensou em morrer? *Never say die!* Não vale morrer. E funcionava bem isso – quanto pior, mais alegria. Só havia um remédio contra o sofrimento da miséria: sorrir! Quem se entregou a pensamentos sombrios foi infectado pela doença e por ela tragado. Antes de uma gargalhada alegre e efusiva, porém, a miséria voa como o diabo diante do canto do galo.

E esse é o remédio que recomendo para todos, para seu bem-estar: ficar bem enquanto o mundo durar. O momento em que mais ríamos era quando estávamos nas piores circunstâncias.

E o que nós não fazemos com nosso humor satírico!

Algumas vezes acontecia de retrocedermos até as piadas do tempo de estudante. Numa noite, Edgar Bauer, conhecido de Marx da época de Berlim e que ainda não era seu inimigo pessoal apesar de *A sagrada família*[42], chegara à "cidade", saindo de seu retiro, em Highgate, com o intuito de fazer um

[42] Um dos principais alvos da crítica de Marx e Engels naquela obra de 1844, ao lado de seu irmão Bruno, Edgar Bauer (1820-1886) apenas rompeu em definitivo com Marx e qualquer tipo de perspectiva revolucionária em meados dos anos 1850. (N. E.)

"passeio cervejeiro". O desafio era "provar alguma coisa" em cada bar entre a rua Oxford e a Hampstead, o que fazia dessa "alguma coisa" uma árdua tarefa, até mesmo restringindo um mínimo para si, considerando o enorme número de bares naquela parte da cidade. Fomos destemidos na empreitada e conseguimos alcançar o fim da rua Tottenham Court sem acidentes. Lá, um som alto se ouvia de uma boate; entramos e descobrimos que se tratava de uma comemoração da Odd Fellows – sociedade de seguros-saúde e de auxílio-funeral que se expandia por toda a Inglaterra. Conhecemos alguns "associados", convidados, que nos chamaram, os "forasteiros", com a sincera hospitalidade britânica, a segui-los até um dos ambientes. Nós os seguimos com a melhor das intenções, e a conversa naturalmente se voltou para a política – fomos facilmente reconhecidos como exilados alemães; e os ingleses, boas e antiquadas pessoas que queriam nos divertir um pouco, sentiram-se na obrigação de hostilizar os príncipes alemães e os *Junkers* "*russos*". Por "russos" eles queriam dizer *prussianos*. *Rússia* e *Prússia* com frequência são confundidas na Inglaterra, e não à toa, em razão da similaridade do nome. Por um momento, tudo estava correndo nos conformes. Tivemos de fazer e ouvir vários brindes efusivos.

Então, algo inesperado aconteceu.

O patriotismo é uma doença que só ataca o homem racional em países *estrangeiros*; quando em casa há tanta miséria que todo aquele que não sofre de paralisia cerebral ou de meningite está protegido do bacilo da vertigem política, também chamado de chauvinismo ou jingoísmo, tornado ainda mais perigoso quando aqueles atacados, hipocritamente, reviram os olhos e levam o nome de deus a seus lábios.

"Na Saxônia, louvo a Prússia; na Prússia, louvo a Saxônia", disse Lessing. E esse é um patriotismo racional que procura no exemplo – real ou imaginado – do país estrangeiro, que tem tudo de melhor, a cura para as doenças do país de origem. Eu havia tomado partido das palavras de Lessing em um primeiro momento, e a única surra que levei desde os anos de juventude foi em razão do ataque de patriotismo quando eu estava fora. Foi na Suíça. Em certa ocasião, quando no Häfelei[43], em Zurique, a Alemanha foi tão violentamente criticada que me levantei da cadeira e disse aos senhores: "Em vez de falar mal da Alemanha, vocês deveriam felicitar a miséria alemã, pois é ela a razão de existir da Suíça. Uma vez que as rusgas forem resolvidas na Alemanha, na Itália e na França, a Suíça deixará

[43] Ponto de encontro de estudantes, artistas e revolucionários. (N. E.)

de existir: a Suíça alemã voltará a ser Alemanha. E a Suíça francesa regressará à França, assim como a Suíça italiana, à Itália".

Foi mesmo uma previsão política boba, a que esposei lá, mas eu estava em um ano "doido", e meu patriotismo se encontrava exacerbado. Meu discurso não encontrou aprovação, como pude atestar no rosto dos ouvintes. Enfrentei uma violenta oposição, mas a conversa pouco a pouco perdeu força e, como já estava tarde demais, tomei o caminho de casa. Quase chegando, perto de minhas instalações, algumas sombras apareceram repentinamente em minha frente e, antes que eu pudesse me dar conta, me derrubaram, caí e, sem nem conseguir me levantar, recebi muitos golpes, até que meus algozes desapareceram. Nunca descobri quem eram, mas não tinha dúvidas de que fora minha patriótica fala no Häfelei que providenciara essa surra anônima.

E agora, em Londres, na companhia dos gentis companheiros da Odd Fellows, com dois companheiros "sem pátria", cheguei a uma situação bastante semelhante. Edgar Bauer, ressentido por algum comentário aleatório, voltou à mesa e ridicularizou os esnobes* ingleses. Marx iniciou um entusiástico elogio à ciência e à música germânica: nenhuma outra nação, disse ele, seria capaz de produzir mestres da música como Beethoven, Mozart, Händel e Haydn, e os ingleses, que não tinham música, estavam, em realidade, muito abaixo dos germânicos, que eram impedidos até então por condições políticas e econômicas miseráveis de alcançar uma grande obra prática, mas que agora iriam superar todas as nações[44]. Eu nunca o ouvira falar inglês tão fluentemente. De minha parte, demonstrei em palavras duras que as condições políticas na Inglaterra não eram muito melhores que na Alemanha (aqui as palavras de ordem de *Urquhart* me vieram de imediato à mente), a única diferença era que os alemães *tinham consciência* do estado de miséria de seus assuntos públicos, enquanto os ingleses *não* tinham noção disso, o que era uma evidência cabal de que estávamos muito acima da inteligência política inglesa. Nossos anfitriões começaram a fechar a cara, como ocorrera no Häfelei; e quando Edgar Bauer usou argumentos ainda mais pesados e entoou canções inglesas, um baixo "malditos estrangeiros" saído do fundo do estabelecimento logo foi seguido por repetições em um tom mais elevado. Ameaças foram feitas,

* O *snob*, que fora retratado por Thackeray, em uma magnífica obra satírica, comporta-se como "britânico viril e livre", que rasteja diante de título, posição social e dinheiro. [ed. ing.: William Makepeace Thackeray, *The Book of Snobs*, Londres, Punch, 1848 – N. E.]

[44] Haydn e Mozart eram austríacos – portanto, viveram em um império de posição destacada –, mas foram listados por serem considerados integrantes da cultura germânica. (N. E.)

e o clima começou a esquentar, os punhos estavam cerrados no ar, e nós fomos suficientemente sensíveis para usar a melhor parte da coragem e empreender, não sem algumas dificuldades, uma retirada digna.

Agora, já estávamos fartos de nosso "passeio cervejeiro" e, para esfriar o sangue, começamos uma corrida, até que Edgar Bauer tropeçou em uma pilha de paralelepípedos. "Ah, tenho uma ideia!" Lembrando sua época de estudante baderneiro, pegou uma pedra e a arremessou. Acertou uma lanterna de gás, que se despedaçou no ar. Como o absurdo é contagioso – Marx e eu não ficamos para trás e quebramos quatro ou cinco lâmpadas públicas –; eram, talvez, duas da manhã, e as ruas estavam desertas. O barulho atraiu, contudo, a atenção de um policial, sozinho, que com um rápido gesto deu sinal a seus colegas, que imediatamente responderam. Nossa posição tornou-se crítica. Entendemos tudo já de relance – felizmente conhecíamos a localidade. Saímos correndo, com três ou quatro policiais atrás. Marx mostrou um lado que eu não deveria atribuir a ele. E, após uma caçada brutal que durou alguns minutos, conseguimos virar em um beco e pegar uma "alameda" – um "quintal" entre duas ruas; então ficamos para trás dos policiais, que nos perderam de vista. Estávamos seguros. Eles não tinham nossa descrição e nós chegamos em casa sem maiores aventuras. Em Marburgo, uma aventura similar não teve o mesmo desfecho feliz para meus camaradas e gerou incômodos para mim, mesmo não tendo sido capturado de pronto. Aqui em Londres, onde não há a mínima comiseração para brincadeiras dos estudantes alemães, o problema teria sido muito mais sério que em Marburgo, Berlim ou Bonn; e devo confessar que na manhã seguinte – não, já no mesmo dia – eu estava muito aliviado de me encontrar em meu quarto, e não em uma cela de prisão londrina, ao lado do membro da "*Sagrada Família*", Edgar Bauer, e do futuro autor de *O capital*, Karl Marx. Nós ríamos muito sempre que nos lembrávamos daquela noite de aventura.

Tabaco[45]

Marx era um fumante inveterado. Como em tudo, ele fumava com impetuosidade. Tabaco inglês era muito forte para ele, que providenciou para si, sempre quando tinha a chance de fazê-lo, charutos, os quais mastigava até a metade para potencializar ou dobrar o prazer. Como charutos são muito caros na Inglaterra, ele

[45] Esta seção, por um equívoco de composição, não entrara na primeira edição do texto; ver *Mohr und General*, cit., p. 561, nota 47. (N. E.)

ficava permanentemente à caça de marcas baratas. E que tipo de material ele conseguia desse modo pode até ser imaginado; "*cheap and nasty*" [barato e nojento] (que Reuleaux com eufemismo traduziu como barato e ruim[46]) é uma expressão *inglesa*, e os charutos de Marx eram temidos por seus amigos. E com esses abomináveis charutos ele arruinava o gosto e o cheiro do fumo. Ele acreditava, entretanto, e brigava por isto, que era um excelente conhecedor de charutos, até que numa noite armamos uma armadilha para ele. Um visitante da Alemanha trouxe alguns charutos finos importados durante o ano da exposição de 1851, e nós começamos a acendê-los e fumá-los com ar de ostentação, quando Marx chegou. O incomum aroma atiçou seu faro. "Ah, isso cheira muito bem!" "Bem, esses são havanas genuínos trazidos pelo fulano! Aqui, prove um." E o interlocutor ofereceu ao inocente Marx, que aceitou com muito gosto, um exemplar de uma das marcas mais horríveis de charutos que podíamos encontrar em Saint Giles, o pior bairro proletário do subúrbio de West End, que lembra vagamente o genuíno artigo na forma e na cor. O horrível exemplar em forma de charuto foi aceso, Marx o baforou, soltando a deliciosa fumaça ao ar com uma expressão arrebatadora: "Suspeitei um pouco, de início; geralmente, eles trazem uma erva miserável da Alemanha, mas este é realmente bom!". Nós concordamos com a expressão séria, apesar de estarmos prestes a explodir em risos. Alguns dias depois, ele descobriu a verdade. Não perdeu a calma, mas sustentou obstinadamente que o charuto era um genuíno havana e que *agora* estávamos tentando enganá-lo. E não foi convencido do contrário.

A paixão de Marx por charutos também estimulara seu talento para a economia política – não na teoria, mas na prática. Ele fumou, por um longo tempo, certa marca de charutos que era mais barata de acordo com os padrões ingleses – e proporcionalmente nojenta –, até que descobriu, pelos lados de Holborn, uma marca ainda mais barata. Algo em torno de um xelim e meio (um marco alemão e meio) por caixa. Isso aguçava seu talento político-econômico para a poupança: a cada caixa que consumia, economizava um xelim e meio. Logo, quanto mais fumava, mais "economizava". Se consumisse uma caixa por dia, poderia dar um impulso em suas "economias". E, para esse sistema de poupança, que ele nos apresentara numa noite em um discurso hilário, dedicou tanta energia e sacrifício pessoal que, passados alguns meses, o médico da família precisou intervir e proibir Marx peremptoriamente de enriquecer por meio desse sistema de "poupança".

---

[46] O engenheiro Franz Reuleaux (1829-1905) usou essa expressão durante a Feira Mundial da Filadélfia, em 1876, para definir a produção industrial alemã – que, a seu ver, fundava sua competitividade em preços baixos, e não em qualidade. (N. E.)

Nós rimos muito dessa teoria marxiana. Teorias praticamente iguais de poupança foram difundidas e levadas a sério como solução de muitos problemas sociais pela "nação de pensadores" por anos, algo que nós não percebíamos à época. Constatei esse fato somente após meu retorno à Alemanha. Na Inglaterra, sempre que alusões semelhantes eram feitas em jornais ingleses, eu as considerava anedotas.

[...]

Recordações pessoais sobre Karl Marx (1890)[1]

Paul Lafargue

"Era um homem, de todo um homem; jamais reverei seu semelhante."

Hamlet, Shakespeare

1

Foi em fevereiro de 1865 que vi Karl Marx pela primeira vez. A Internacional havia sido fundada em 28 de setembro de 1864, na reunião de Saint-Martin's Hall, e saí de Paris para informá-lo a respeito dos progressos de nossa jovem associação. O senhor Tolain, atualmente senador da República burguesa e um de seus representantes na Conferência de Berlim[2], havia me dado uma carta de recomendação.

Eu estava, então, com 24 anos. Enquanto viver, não hei de esquecer a impressão que tive nesse primeiro encontro. Marx estava indisposto e trabalhava no Livro I de *O capital*, que só foi lançado dois anos depois, em 1867. Ele temia não levar a obra a bom termo e sempre acolhia os jovens com simpatia, pois, dizia, "é preciso preparar aqueles que, depois de mim, continuarão a propaganda comunista".

Karl Marx é uma daquelas raras personalidades capazes de ocupar ao mesmo tempo lugar de destaque nas ciências e na atividade pública; unia-os de maneira tão íntima que é impossível compreendê-lo ao separar o erudito do lutador socialista. Embora estimasse que toda ciência devesse ser desenvolvida para si mesma e que nunca se devessem temer as conclusões a que a pesquisa científica pudesse chegar,

[1] Texto escrito em francês e publicado inicialmente em tradução para o alemão em *Die Neue Zeit*, v. 9, 1890-1891, pp. 10-17, 37-42. Traduzido do francês por Régis Mikail Abud Filho com base na versão publicada em Paul Lafargue e Wilhelm Liebknecht, *Souvenirs sur Marx* (Paris, Bureau d'Éditions, 1935). (N. E.)

[2] Henri Tolain, ex-líder sindical francês e membro da AIT, fora afastado da organização ao se opor à Comuna de Paris, em 1871, época em que era deputado. Como senador, representou o governo da França na Conferência de Berlim sobre o Trabalho, convocada pelo imperador alemão Guilherme II. (N. E.)

ele tinha a opinião de que o erudito, para não decair, jamais deve cessar de participar ativamente da vida pública, tampouco permanecer confinado em seu gabinete ou em seu laboratório, como um verme no queijo, sem se envolver na vida, nas lutas sociais e políticas de seus contemporâneos.

"A ciência não deve ser um prazer egoísta", dizia Marx. "Aqueles que têm a oportunidade de dedicar-se aos estudos científicos devem ser os primeiros a colocar seus conhecimentos a serviço da humanidade." "Trabalhar para a humanidade" era uma de suas expressões favoritas.

Ele não chegara ao comunismo por considerações sentimentais – embora tenha se sensibilizado profundamente com os sofrimentos da classe operária –, mas pelo estudo da história e da economia política. Afirmava que todo espírito imparcial, que não fosse influenciado por interesses privados tampouco cego por preconceitos de classe, necessariamente chegaria às mesmas conclusões que ele. No entanto, se ele estudava o desenvolvimento econômico e político da sociedade humana sem ideias preconcebidas, escrevia apenas no intuito bem definido de divulgar amplamente o resultado de suas pesquisas e com a vontade firme de dar base científica ao movimento socialista, que, até então, errava nas brumas da utopia. Ele só ia a público para contribuir para o triunfo da classe operária, cuja missão histórica é instaurar o comunismo a partir do momento em que tiver tomado em mãos a direção política e econômica da sociedade. Da mesma maneira, a burguesia que chegara ao poder teve a missão de arrebentar os grilhões feudais que detinham o desenvolvimento da agricultura e da indústria, de instaurar a livre circulação de mercadorias e de homens, bem como o livre contrato de trabalho entre empregadores e trabalhadores, de centralizar os meios de produção e de troca e, assim, sem ter isso em vista, de preparar os elementos intelectuais e materiais da futura sociedade comunista.

Marx não limitava sua atividade ao país em que nascera: "Sou um cidadão do mundo", dizia ele, "e trabalho onde bem estiver". De fato, onde quer que os eventos e as perseguições políticas o conduzissem – França, Bélgica e Inglaterra –, ele ocupou posição das mais ativas nos movimentos revolucionários que ali se desenvolviam.

Não foi, porém, o agitador socialista incansável, incomparável, e sim o erudito que me apareceu de pronto naquele gabinete da rua Maitland Park, ao qual os camaradas de todos os cantos do mundo civilizado afluíam para se consultar com o mestre do pensamento socialista. Aquele cômodo tornou-se histórico, e é preciso conhecê-lo para adentrar a intimidade da vida intelectual de Marx. Situava-se no primeiro andar, e a ampla janela através da qual a luz entrava, abundante, dava para o parque. Dos dois lados da chaminé e diante da janela, encontravam-se prateleiras abarrotadas de livros, no alto das quais pacotes de jornais e manuscritos subiam até o teto. Diante da chaminé e de um dos lados da janela, havia duas mesas cobertas de papéis, livros e jornais. No meio do cômodo, no canto mais bem iluminado, encontrava-se uma pequena mesa de trabalho, bastante simples, de quase um metro de comprimento por sessenta centímetros de largura, com uma poltrona toda de madeira. Um divã de couro havia sido posto entre a poltrona e as prateleiras, de frente para a janela; Marx deitava-se ali de tempos em tempos para descansar. Sobre a chaminé, mais livros se misturavam a charutos, fósforos, caixas de tabaco, balanças de pesar cartas e fotografias das filhas, da mulher, de Wilhelm Wolff e de Friedrich Engels. Marx fumava muito. "*O capital* nunca me fará recuperar o que me custaram os charutos que fumei ao escrevê-lo", dizia-me. E ele desperdiçava mais ainda os fósforos: esquecia o cachimbo ou o charuto com tamanha frequência, tendo de reacendê-los tantas vezes, que esvaziava as caixas de fósforos com inacreditável rapidez.

Marx não permitia que ninguém colocasse em ordem – ou melhor, em desordem – seus livros e seus papéis. Sua desordem, afinal, era apenas aparente: na realidade, tudo estava no devido lugar, e ele sempre encontrava facilmente o livro ou o caderno de que precisava. Mesmo durante uma conversa, interrompia-se com frequência para mostrar no livro uma passagem ou um número que acabara de citar. Eram um só, ele e seu escritório, onde livros e papéis obedeciam-no como os membros de seu corpo.

Na maneira de colocar os livros, não fazia caso da simetria formal: os volumes in-quarto, os in-octavo e as brochuras apertavam-se uns contra os outros. Organizava-os não de acordo com as dimensões, mas de acordo com o conteúdo; eram seus instrumentos de trabalho, não objetos de luxo. "São meus escravos", dizia, "e devem me servir como eu bem entender". Maltratava-os sem consideração pelo formato, pela encadernação, pela beleza do papel ou da impressão; dobrava o canto das páginas, cobria as margens de traços a lápis, sublinhava uma passagem ou outra; não fazia anotações, mas marcava com um ponto de exclamação ou de interrogação trechos em que o autor havia exagerado. Seu hábito de sublinhar permitia que encontrasse facilmente a passagem procurada. Lia e relia, com anos de intervalo, seus cadernos de anotações e as passagens destacadas em livros para guardá-los com fidelidade na memória, que era de clareza e precisão extraordinárias. Ele a havia exercitado desde a infância, segundo conselho de Hegel, aprendendo de cor versos em línguas que ele desconhecia.

Sabia de cor Henri Heine[3] e Goethe, nomes que frequentemente citava em conversas. Lia poetas de todas as literaturas europeias. Todos os anos, relia Ésquilo no original grego. Admirava Ésquilo e Shakespeare, que considerava os dois maiores gênios dramáticos já produzidos pela humanidade. Havia se embrenhado em estudos aprofundados sobre Shakespeare, por quem nutria infinita admiração e cujos personagens conhecia na totalidade, mesmo os mais insignificantes. Toda a família Marx professava um verdadeiro culto pelo grande dramaturgo inglês; as três filhas sabiam suas obras de cor. Depois de 1848, desejando aperfeiçoar-se no conhecimento do inglês, que lia bem, pesquisou e organizou todas as expressões próprias de Shakespeare; fez o mesmo com parte da obra polêmica de William Cobbett, que tinha em altíssima estima. Dante e Robert Burns estavam entre seus poetas preferidos, e Marx tinha grande prazer em escutar suas filhas declamarem ou cantarem as sátiras ou os poemas de amor do poeta escocês.

Cuvier, trabalhador incansável e um dos grandes mestres da ciência, havia instalado no Museu de Paris, do qual era diretor, certo número de gabinetes para seu uso pessoal. Cada um deles, destinado a uma ocupação específica, continha livros, instrumentos e material anatômico necessários. Quando se cansava de um trabalho, Cuvier passava a outro gabinete, entregando-se a outro tipo de estudo. Alega-se que essa simples mudança de ocupações intelectuais era um descanso para ele. Marx era tão incansável quanto Cuvier, mas não tinha condições de providenciar vários gabinetes de trabalho. Para descansar, percorria seu quarto; da porta à janela, seu trajeto estava marcado sobre o tapete mais que gasto por um traço tão claro quanto uma trilha em uma pradaria. De tempos em tempos, deitava-se no divã e lia um romance: lia até dois ou três ao mesmo tempo, passando de um para o outro. Como Darwin, era grande leitor de romances. Gostava, sobretudo, daqueles do século XVIII, especialmente *Tom Jones*, de Fielding. Os autores modernos que mais lia eram Paul de Kock, Charles Lever, Alexandre Dumas (pai) e Walter Scott, cujo [The Tale of] *Old Mortality*[4] [O conto da antiga mortalidade] ele considerava obra magistral. Tinha predileção por narrativas de aventura e contos divertidos. Colocava Cervantes e Balzac acima de todos os outros romancistas. Via em *Dom Quixote* a epopeia da cavalaria em seu declínio, cujas virtudes viriam a se tornar, no nascente mundo burguês, objeto de chacota e ridículo. Tinha tamanha admiração por Balzac que se propôs a escrever um trabalho crítico sobre *A comédia humana* assim que terminasse sua obra sobre economia. Balzac, o

[3] Lafargue afrancesa o nome do escritor alemão Heinrich Heine. (N. E.)

[4] Para mais a respeito de Walter Scott, ver, neste volume, p. 131, nota 16. (N. E.)

historiador da sociedade de seu tempo, foi também o criador de tipos que, na época de Luís Felipe, não existiam senão em estado embrionário – e que só se desenvolveriam completamente sob Napoleão III, após a morte do escritor.

Marx lia fluentemente em todas as línguas europeias e escrevia em três: alemão, francês e inglês, e o fazia tão bem que causava admiração a quem dominasse tais línguas. "Uma língua estrangeira é uma arma para as lutas na vida", costumava dizer. Tinha grande facilidade para línguas, habilidade que suas filhas herdaram. Aos 50 anos, começou a estudar russo e, embora essa língua não tivesse relação etimológica com as línguas antigas e modernas que conhecia, após seis meses de estudo ele a dominava a ponto de desfrutar os poetas e escritores russos que mais amava: Púchkin, Gógol e Schédrin. Se começou a estudar russo, foi para ler os documentos redigidos pelas comissões de inquéritos oficiais, cuja divulgação era impedida pelo governo do tsar em razão de suas terríveis revelações. Amigos fiéis enviavam-lhe esses documentos, e ele certamente foi o único economista da Europa Ocidental que pôde tomar conhecimento deles.

À parte poetas e romancistas, Marx tinha um meio original de se distrair: a matemática, pela qual tinha particular predileção. A álgebra chegava a lhe proporcionar consolo ao espírito; ela lhe deu suporte nos momentos mais dolorosos de sua movimentada existência. Durante a última doença de sua mulher, foi-lhe impossível cuidar dos trabalhos científicos habituais; ele só conseguia sair do estado terrível em que os sofrimentos de sua companheira o colocavam mergulhando na matemática. Foi durante esse período de sofrimentos morais que escreveu uma obra sobre o cálculo infinitesimal, obra de grande valor, atestam os matemáticos que a conhecem... Marx encontrava na matemática superior o movimento dialético em sua forma mais lógica e simples. Ele dizia que uma ciência só é de fato desenvolvida quando pode utilizar a matemática.

Sua biblioteca, que contava com mais de mil volumes cuidadosamente reunidos ao longo de uma extensa vida de estudos, não lhe bastava: por anos, foi visitante assíduo do Museu Britânico, cujo catálogo apreciava deveras. Até mesmo seus adversários foram obrigados a reconhecer a extensão e a profundidade de seus conhecimentos, que abrangiam não apenas sua área de atuação, a economia política, mas também a história, a filosofia e a literatura universal.

Embora se deitasse tarde da noite, estava sempre de pé entre oito e nove horas da manhã; sorvia seu café preto, percorria os jornais e passava para seu escritório, onde trabalhava até duas ou três horas da madrugada. Só parava para fazer as refeições e dar, à noite, quando o tempo permitia, um passeio por Hampstead Heath; durante o dia, dormia uma hora ou duas no sofá. Na juventude, ocorria-lhe de passar noites inteiras trabalhando. Para ele, o trabalho havia se tornado uma paixão que o absorvia a ponto de fazê-lo esquecer as refeições. Amiúde era preciso chamá-lo várias vezes até que descesse à sala de jantar – e, nem bem havia engolido a última garfada, já subia de volta ao escritório. Comia pouco e esforçava-se para remediar a falta de apetite consumindo iguarias fortemente condimentadas, como presunto, peixe defumado, caviar e pepino em conserva; fatalmente, seu estômago pagava o preço de sua formidável atividade cerebral. Sacrificava o corpo inteiro em nome do cérebro: pensar era seu maior regozijo. Eu frequentemente o escutava repetir as palavras de Hegel, seu mestre de filosofia nos tempos de juventude: "Mesmo o pensamento criminoso de um bandido é maior e mais nobre que todas as maravilhas do céu"[5].

Era preciso uma constituição física vigorosa para levar esse modo de vida atípico e para alimentar o trabalho intelectual exaustivo. Marx era de fato solidamente constituído: de altura acima da média, ombros largos e peito bem desenvolvido, tinha o corpo bastante proporcional, embora o tronco fosse um pouco longo demais em relação às pernas, o que é frequente entre os judeus. Se houvesse feito ginástica na juventude, teria se tornado extremamente forte. O único exercício físico que praticava com regularidade era a caminhada; podia caminhar ou subir colinas durante horas, batendo papo e fumando, sem sentir qualquer cansaço. Pode-se afirmar que trabalhava caminhando no escritório, sentando-se apenas por curtos instantes, a fim de escrever o que o cérebro tinha elaborado enquanto ia e vinha no cômodo. Até mesmo conversando ele gostava de caminhar, parando de tempos em tempos, quando a discussão se inflamava ou a conversa ganhava importância. Por anos eu o acompanhei em passeios noturnos a Hampstead Heath; foi ao longo dessas caminhadas pelas pradarias que ele me educou em economia. Marx desenvolvia diante de mim, talvez sem se dar conta, todo o conteúdo do Livro I de *O capital*, à medida que o escrevia. Todas as vezes, assim que eu voltava, anotava da melhor maneira possível aquilo que havia acabado de escutar; no início, tive de fazer um esforço enorme para seguir o raciocínio de Marx, tão completo e profundo. Infelizmente, perdi essas preciosas anotações; depois da Comuna, a polícia pilhou meus

---

[5] Ainda que o desprezo de Hegel pelos fenômenos celestes esteja bastante documentado, em particular nas *Confissões* de Heinrich Heine, não foi possível localizar esta frase em obras de Hegel. Comentadores do filósofo alemão, como György Lukács (em *Para uma ontologia do ser social I*, São Paulo, Boitempo, 2012, p. 208-9) e Karl Löwith (em "Hegels Aufhebung der christlichen Religion", *Hegel-Studien*, v. 1, Bonn, Bouvier, 1964, p. 233), ao mencionar a frase, remetem à própria citação de Lafargue. (N. E.)

papéis em Paris e Bordeaux. Arrependo-me, sobretudo, de ter perdido as anotações escritas em uma noite em que Marx havia exposto a mim, com a riqueza de provas e de reflexões que lhe era própria, sua teoria genial do desenvolvimento da sociedade humana. Tive a impressão de que um véu havia se rasgado diante de meus olhos. Pela primeira vez, percebi claramente a lógica da história mundial e pude reconduzir a suas causas materiais os fenômenos, aparentemente tão contraditórios, do desenvolvimento da sociedade e do pensamento humanos. Fiquei como que ofuscado e mantive aquela impressão ao longo dos anos. Essa impressão também foi sentida pelos socialistas de Madri quando, com recursos limitados, desenvolvi diante deles aquela teoria[6], a mais genial das teorias de Marx e, sem dúvida alguma, uma das mais geniais que um cérebro humano já concebeu.

O cérebro de Marx era munido de um monte de fatos da história e das ciências naturais, bem como de teorias filosóficas, conhecimentos e observações recolhidos ao longo de um extenso trabalho intelectual e que ele sabia usar de maneira admirável. Ele podia ser questionado a qualquer momento sobre qualquer coisa: tinha-se a certeza de receber a resposta mais satisfatória, sempre acompanhada de reflexões filosóficas de alcance geral. Seu cérebro era como um navio de guerra ainda no porto, mas sob pressão, sempre pronto para rumar a qualquer direção no oceano do pensamento. Sem dúvida, *O capital* revela uma inteligência de vigor magnífico e de saber extraordinário, mas, para mim, assim como para todos aqueles que conheceram Marx de perto, nem *O capital* nem qualquer outro de seus escritos revela toda a envergadura de sua genialidade e de seu saber. Ele estava muito acima de suas obras.

Eu trabalhei com Marx; era apenas o secretário a quem ele ditava, mas tive com isso a oportunidade de observar sua maneira de pensar e escrever. O trabalho era para ele, ao mesmo tempo, fácil e difícil: fácil, porque de pronto os fatos e as ideias a respeito do assunto abordado apresentavam-se aos montes em sua mente; difícil precisamente em razão dessa abundância, que complicava e alongava a exploração total de suas ideias.

Vico dizia: "A coisa é um corpo apenas para Deus, que sabe tudo; para os homens, que só veem o exterior, ela é apenas uma superfície". Marx captava as coisas à maneira do Deus de Vico. Não via apenas a superfície delas; ele penetrava em seu interior, estudando todos os elementos em ações e reações recíprocas, isolava cada

---

[6] Lafargue exilou-se na Espanha de 1871 a 1872, entre a derrota da Comuna de Paris e o colapso da Primeira Internacional. Buscou difundir o marxismo em meio ao movimento operário local, no qual os anarquistas tinham maior força. (N. E.)

um desses elementos e seguia a história de seu desenvolvimento. Depois, passava da coisa ao meio que a circundava, observava o efeito deste sobre aquela, e vice-versa. Voltava à origem do objeto, às transformações, às evoluções e às revoluções pelas quais havia passado e chegava, enfim, a seus efeitos mais distantes. Não via uma coisa isolada, um fenômeno sem relação com o meio, mas um mundo complexo em perpétuo movimento. E ele queria expressar toda a vida deste mundo, em ações e reações tão variadas e em constante mudança. Os escritores da escola de Flaubert e Goncourt reclamavam da dificuldade em restituir exatamente aquilo que se vê; no entanto, aquilo que querem descrever é apenas a superfície, a impressão que têm das coisas. Seu trabalho literário não passa de um jogo quando comparado àquele de Marx. Era preciso uma potência de pensamento extraordinária para entender a realidade – e uma arte não menos extraordinária para restituir o que ele via e o que queria que fosse compreendido. Marx nunca esteve satisfeito com seu trabalho, sempre fazia mudanças e sempre achava que a expressão era inferior à concepção. Um estudo psicológico de Balzac, lamentavelmente plagiado por Zola, *A obra-prima ignorada*[7], marcou Marx profundamente, pois descrevia, em parte, sentimentos que ele mesmo experimentava: um pintor genial está tão condoído pelo ímpeto de reproduzir as coisas tal qual elas se espelham em seu cérebro que acaba sempre polindo e dando os últimos retoques em seu quadro, a ponto de nada ter criado no fim senão uma massa de cores amorfa, que, no entanto, a seus olhos viciados, é a mais perfeita reprodução da realidade.

Marx unia as duas qualidades do pensador genial. Não havia quem se comparasse a ele em dissociar um objeto em seus diversos elementos para em seguida reconstituí-lo, magistralmente, com todos os detalhes e as diferentes formas de desenvolvimento, descobrindo, assim, sua conexão interna. Sua demonstração não se baseava em abstrações, como lhe censuraram os economistas incapazes de pensar. Ele não aplicava o método dos geômetras que, depois de pegar as definições do meio a seu redor, fazem total abstração da realidade quando se trata de extrair as consequências. Não se encontrará em *O capital* uma definição única, uma fórmula única, mas uma série de análises do maior refinamento, que distinguem as mais sutis nuances e as mínimas diferenças.

Marx começa pela constatação do fato evidente de que a riqueza da sociedade na qual domina o modo de produção capitalista aparece como imensa acumulação

---

[7] Também conhecido em português como *A obra-prima desconhecida* (ed. bras.: trad. Teixeira Coelho, São Paulo, Iluminuras, 2012). Críticos literários apontaram em *L'Oeuvre* [A obra], de Émile Zola, semelhanças com o texto de Balzac. (N. E.)

de mercadorias. A mercadoria – fato concreto, não abstração matemática – é, portanto, o elemento, a célula, da riqueza capitalista. Marx toma a mercadoria, vira-a e revira-a em todos os sentidos, atualiza seu interior, revela todos os seus segredos, um atrás do outro, segredos esses dos quais os economistas oficiais nem sequer tinham ideia, embora sejam mais numerosos e mais profundos que os mistérios da religião católica. Depois de examinar a mercadoria sob todos os aspectos, expõe suas relações com outras mercadorias na troca e remete em seguida a sua produção e às condições históricas dessa produção. Ao levar em conta as diferentes formas de mercadoria, mostra como ela passa de uma a outra, como uma produz necessariamente a outra. O desenvolvimento lógico dos fenômenos é apresentado com tão perfeita destreza que se pode acreditar que Marx o imaginou; no entanto, ele é extraído da realidade, é a expressão da dialética real da mercadoria.

Marx trabalhava sempre com uma consciência extrema. Não apresentava fato nem número algum sem tomar como referência as melhores autoridades. Não se contentava com informações de segunda mão, indo sempre à fonte, independentemente do esforço que isso lhe custasse. E era capaz de correr até a biblioteca do Museu Britânico até mesmo para verificar um fato secundário. Seus críticos nunca foram capazes de encontrar em sua obra a menor inexatidão nem de provar que suas demonstrações se baseavam em fatos que não resistiriam a um exame sério. Esse hábito de remeter às fontes o levou a ler autores entre os menos conhecidos, citados apenas por ele. A julgar pela quantidade dessas citações em *O capital*, alguém poderia sentir-se tentado a acreditar que o autor tivesse prazer em exibir seu conhecimento. Ora, decerto não se trata disso: "Eu exerço a justiça histórica", dizia Marx, "eu concedo a cada um o que lhe cabe". De fato, ele acreditava dever citar o nome do escritor que primeiro exprimiu determinada ideia, ou que havia encontrado a expressão mais exata, mesmo que fosse um nome de pouca importância e quase desconhecido.

Sua consciência literária era tão severa quanto sua consciência científica. Jamais se apoiaria em um fato do qual não tivesse total certeza; tampouco se permitiria tratar um assunto sem o estudar a fundo. Não publicava nada sem reformular o texto várias vezes, até encontrar a expressão que mais lhe conviesse. A simples ideia de dar ao público um estudo insuficientemente elaborado lhe era insuportável. Mostrar seus manuscritos antes de dar o último retoque teria sido um martírio para ele. Esse sentimento era tão forte que preferiria – assim me disse um dia – queimar seus manuscritos a deixá-los inacabados.

Seu método de trabalho impunha-lhe tarefas das quais seus leitores dificilmente imaginam. Assim, para escrever as quase vinte páginas de *O capital* sobre a legislação inglesa relativa à proteção do trabalho, teve de ler toda uma biblioteca de livros azuis contendo os relatórios das comissões de inquérito e dos inspetores de fábricas da Inglaterra e da Escócia[8]. Leu-os do começo ao fim, como mostram as várias marcações a lápis feitas por ele. Considerava-os entre os documentos mais importantes e mais consideráveis para o estudo do regime de produção capitalista, e tinha em tão alta estima aqueles que o redigiram que duvidava ser possível encontrar em outro país da Europa "homens tão competentes, tão imparciais, tão claros quanto os inspetores de fábricas da Inglaterra". Expressou a eles profundos agradecimentos no prefácio de *O capital*[9].

Marx obteve uma documentação considerável desses livros azuis, que eram utilizados por membros tanto da Câmara dos Comuns quanto da Câmara dos Lordes, aos quais eram distribuídos, apenas como alvos sobre os quais se atira para medir, com base no número de páginas que a bala atravessa, a força de alcance da arma. Outros entregavam-nos por peso – e não poderiam ter feito melhor, pois isso permitiu a Marx comprá-los, a baixo preço, de um vendedor de velhos papéis em Long Acre, aonde ele ia de tempos em tempos examinar livros e papeladas. O professor [Edward] Beesly disse uma vez que Marx era o homem que mais utilizara os inquéritos oficiais da Inglaterra e que os tornara mundialmente conhecidos. O professor Beesly, sem dúvida, ignorava que, antes de 1845, Engels já havia extraído dos livros azuis uma rica documentação, utilizada por ele para escrever seu livro sobre a situação das classes trabalhadoras na Inglaterra[10].

2

Para aprender a conhecer e amar o coração que batia dentro do invólucro erudito, era preciso ver Marx no seio de sua família, depois de ter fechado seus livros e seus cadernos, e, no domingo à noite, em meio aos amigos. Ele era naqueles momentos o mais agradável, o mais espirituoso, o mais contente dos companheiros. Ria com todo seu coração, e em seus olhos negros sombreados por espessas sobrancelhas a alegria e a ironia jocosa brilhavam sempre que escutava uma palavra certa ou uma réplica bem lançada.

---

[8] Os *blue books* são relatórios com estatísticas e análises sobre diversos temas, em especial atividade econômica, produzidos pelo Parlamento do Reino Unido desde o século XVII. Levam esse nome em razão da cor de sua capa. (N. E.)

[9] Ver Karl Marx, *O capital: crítica da economia política*, Livro I: *O processo de produção do capital* (trad. Rubens Enderle, São Paulo, Boitempo, 2013), p. 80. (N. E.)

[10] Referência a *A situação da classe trabalhadora na Inglaterra*. (N. E.)

Era um pai doce, carinhoso e indulgente. "As crianças devem prover a educação de seus pais", assim costumava dizer. Nunca fez suas filhas, que o amavam loucamente, sentirem o peso da autoridade paterna. Nunca lhes dava ordens, mas pedia-lhes o que desejava como se fosse um favor ou as persuadia a não fazer o que ele não queria que fizessem. Mesmo assim, era obedecido como poucos pais foram. As filhas viam nele um amigo e comportavam-se com ele como se fosse um colega. Não o chamavam de "pai", mas de "Mouro", apelido que lhe haviam dado em função de sua tez escura, sua barba e seus cabelos, negros como ébano. Por outro lado, ainda antes de 1848, os membros da Liga dos Comunistas chamavam-no de "pai Marx", embora ele ainda não tivesse chegado aos 30 anos.

Às vezes brincava com as filhas durante horas. Elas ainda se lembram das batalhas navais e dos incêndios em frotas inteiras de barcos de papel, que ele fabricava para elas e em seguida lançava às chamas, para grande alegria delas, em uma cuba. Aos domingos, as filhas não o deixavam trabalhar: ele era só delas durante o dia todo. Quando o tempo estava bom, a família partia para um grande passeio pelo campo. Eles paravam na estrada em um albergue para beber gengibirra e comer pão e queijo. Na época em que suas filhas ainda eram pequenas, para que o caminho lhes parecesse mais curto, narrava-lhes contos de fadas que não tinham fim, contos que ele inventava enquanto caminhava e cujo desfecho retardava ou antecipava conforme a distância a ser percorrida. E as pequenas, ao escutá-lo, esqueciam o cansaço. Marx contava com uma imaginação poética de riqueza incomparável; suas primeiras obras literárias foram poesias.

A senhora Marx guardava cuidadosamente essas obras da juventude do marido, mas não as mostrava a ninguém. Os pais de Marx haviam projetado para ele uma carreira de homem de letras e de professor. Julgavam que se rebaixava dedicando-se à agitação socialista e tratando de economia política, ciência que na época era pouco prezada na Alemanha. Marx havia prometido às filhas que escreveria para elas uma peça sobre os Graco. Infelizmente, não pôde cumprir a palavra – teria sido interessante ver como aquele que era chamado de "cavaleiro da luta de classes" trataria esse trágico e grandioso episódio da luta de classes no mundo antigo[11]. Marx alimentava um monte de projetos que não pôde realizar. Ele se propunha, entre outras coisas, escrever uma lógica e uma história da filosofia, que fora sua área de estudos favorita

[11] Os irmãos Tibério (169?-133 a.C.) e Caio (154?-121 a.C.) Graco foram políticos da Roma republicana que propuseram reformas visando à redistribuição de riqueza e poder dos patrícios para os plebeus. Ambos perderam a vida após serem perseguidos pela nobreza. (N. E.)

durante a juventude. Teria sido preciso viver cem anos para executar seus planos literários e dar ao mundo uma parte dos tesouros que seu cérebro guardava.

Durante toda a vida, sua mulher foi para ele uma companheira no sentido verdadeiro e completo da palavra. Conheceram-se ainda crianças e cresceram juntos. Marx tinha menos de 17 anos quando ficaram noivos. Casaram-se em 1843, depois de terem esperado sete anos, e nunca mais se separaram. A senhora Marx morreu pouco tempo antes do marido. Ninguém tinha maior sentimento de igualdade que ela, embora houvesse nascido e sido educada em uma família de aristocratas alemães. Para ela, as diferenças e as classificações sociais não existiam. Em sua casa e à mesa, recebia operários em seus uniformes de trabalho mostrando a mesma polidez e atenção com que os teria recebido se fossem príncipes. Um grande número de operários de todos os países desfrutaram de sua amável hospitalidade. Estou convencido de que nenhum deles nunca suspeitou de que aquela que os recebia, com tão simples e franca cordialidade, descendia, pela linhagem feminina, da família dos duques de Argyll e que seu irmão havia sido ministro do rei da Prússia... Ela largara tudo para seguir seu Karl e nunca, nem nos dias de extrema privação, se arrependeu disso.

Ela tinha um espírito divertido e brilhante. As cartas que endereçou a amigos, em gracioso estilo, são pequenas obras-primas e atestam uma mente viva e original. Era uma festa receber uma carta da senhora Marx. Johann Philipp Becker publicou várias delas[12]. Heine, o impiedoso satirista, temia a ironia de Marx, mas tinha grande admiração pela inteligência sutil e penetrante de sua mulher. Na época em que os Marx viviam em Paris, foi um convidado assíduo da casa. Marx tinha a inteligência e o espírito crítico de sua mulher em tão alta estima que me disse, em 1866, sempre ter-lhe transmitido seus manuscritos e atribuído grande valor a seu juízo sobre eles. Era ela quem transcrevia os textos do marido para impressão.

A senhora Marx teve muitos filhos. Três morreram com pouca idade, durante o período de privações pelo qual a família passou depois da Revolução de 1848[13], quando, refugiada em Londres, viveu em dois pequenos cômodos na rua Dean, perto da praça do Soho. Conheci somente as três filhas. Quando estive pela primeira vez na casa dos Marx, em 1865, a caçula, que se tornou a senhora Aveling, era uma criança encantadora com índole de menino. Marx dizia que sua mulher

---

[12] As cartas tornadas públicas foram depois reproduzidas em diferentes volumes da MEW. Parte delas pode ser encontrada, em formato digital, no *site* da MEGA, disponível em: <http://megadigital.bbaw.de/briefe/index.xql?person=pdrPo.001.004.000003075&view=k>. Acesso em 22 mar. 2019. (N. E.)

[13] Referência ao movimento ocorrido na Alemanha em 1848, cujo ápice foi a Revolução de Março, em Berlim, na qual os trabalhadores acabaram derrotados pelo Exército prussiano. (N. E.)

se enganara de sexo ao colocar no mundo uma filha. As outras duas formavam o contraste mais encantador e harmonioso que se poderia admirar. A mais velha, a senhora Longuet, tinha, como o pai, a pele bronzeada que mostra saúde, os olhos escuros e os cabelos negros como um corvo. A mais jovem, a senhora Lafargue, era loura e rosada, sua cabeleira opulenta e ondulada tinha brilho de ouro; parecia que o sol poente se refugiara ali: assemelhava-se à mãe.

A família Marx incluía ademais um membro importante: a senhorita Hélène Demuth[14]. Originária de uma família de camponeses, havia começado bem jovem, quase criança, a servir a senhora Marx, muito tempo antes do casamento desta – e, quando a patroa se casou, não quis deixá-la. Hélène se dedicara à família Marx com tamanho zelo que se esquecia de si mesma. Acompanhou a senhora Marx e o marido em todas as suas viagens pela Europa, seguindo-os a cada vez que eram expulsos.

Ela era o gênio bondoso da casa, sabia sair das situações mais difíceis. Foi graças a seu espírito organizado e econômico, graças a sua engenhosidade, que nunca faltou à família o mínimo necessário. Ela entendia de tudo: cozinhava, cuidava da casa, vestia as crianças, cortava as roupas e costurava com a ajuda da senhora Marx. Era, ao mesmo tempo, administradora e governanta da casa que tocava. As crianças amavam-na como a uma mãe, e ela exercia sobre eles uma autoridade materna, pois tinha afeição completamente maternal por elas. A senhora Marx considerava Hélène uma amiga muito próxima, e Marx demonstrava-lhe uma amizade bastante particular: jogava xadrez com ela e muitas vezes ocorria-lhe de perder a partida.

O amor de Hélène pela família Marx era cego: tudo o que eles faziam estava bom e só poderia estar bom. Quem criticasse Marx haveria de se ver com ela. Ela tomava sob sua proteção maternal quem quer que fosse admitido na intimidade da família. Adotara, por assim dizer, toda a família Marx. A senhorita Hélène sobreviveu a Marx e à esposa dele e transferiu à casa de Engels, que ela conhecera na juventude, a afeição que nutrira pelos Marx.

Aliás, Engels também era da família. As filhas de Marx chamavam-no de segundo pai. Era o *alter ego* de Marx. Por muito tempo, na Alemanha, não se separaram os dois nomes que a história reunirá para sempre. Marx e Engels realizaram, em nosso século, o ideal de amizade retratado pelos poetas da Antiguidade. Desde a juventude, desenvolveram-se juntos e, paralelamente, viveram na mais íntima comunhão de ideias e de sentimentos, participaram da mesma agitação revolu-

[14] No original, o nome de Helena Demuth foi afrancesado. (N. E.)

cionária e trabalharam juntos enquanto puderam assim permanecer. Eles teriam sem dúvida levado essa atividade comum por toda a vida, se as circunstâncias não os houvessem separado por quase vinte anos. Depois da derrota da Revolução de 1848, Engels teve de ir a Manchester, enquanto Marx foi obrigado a permanecer em Londres. Continuaram, contudo, a ter uma vida intelectual comum, escrevendo um ao outro rotineiramente sobre o que pensavam dos eventos políticos e científicos do dia, participando um do trabalho do outro. Assim que Engels se liberou, apressou-se em deixar Manchester para se estabelecer em Londres, a apenas dez minutos da casa de seu caro Marx. De 1870 à morte de seu amigo, não houve um dia em que os dois não se vissem, ora na casa de um, ora na casa do outro.

Era uma verdadeira festa para os Marx quando, de Manchester, Engels anunciava-lhes sua vinda. Falava-se de sua visita por muito tempo antes desta e, no dia de sua chegada, Marx ficava tão impaciente que não conseguia trabalhar. Os dois amigos passavam a noite fumando e bebendo, contando um ao outro todos os eventos sucedidos desde o último encontro.

Marx considerava a opinião de Engels mais que qualquer outra: via nele um homem capaz de ser seu colaborador. Engels era, para ele, como se fosse um público inteiro. Para persuadi-lo, para ganhá-lo com suas ideias, nenhum trabalho lhe parecia longo demais. Assim, eu o vi percorrer novamente livros inteiros a fim de encontrar os fatos de que precisava para modificar a opinião de Engels a respeito de uma questão secundária, que esqueci desde então, a respeito da cruzada política e religiosa dos albiginenses[15]. Ganhar a adesão de Engels era um triunfo para ele.

Ele se orgulhava de Engels. Enumerava-me com satisfação todas as qualidades morais e intelectuais de seu amigo e me levou a Manchester especificamente a fim de nos apresentar. Era repleto de admiração pela extraordinária variedade dos conhecimentos científicos de Engels e temia a toda hora que ele fosse vítima de um acidente. "Eu tremo", dizia-me, "só de pensar que lhe aconteça uma desgraça no decorrer de uma dessas caças de montaria das quais ele participa com paixão, galopando de rédeas soltas pelos campos e atravessando todos os obstáculos".

Marx era tão bom amigo quanto bom esposo e bom pai. É preciso dizer que ele via na mulher e nas filhas, em Hélène e Engels, seres que mereceriam ser amados por um homem como ele.

---

[15] Seita originada no século XIII em Albi, no sul da França, que combatia a pompa das cerimônias católicas e a hierarquia eclesiástica. (N. E.)

3

Marx, que começara como um dos líderes da burguesia radical, viu-se abandonado assim que a oposição se tornou decidida e foi declarado inimigo a partir do momento em que se tornou comunista. Após o terem insultado, caluniado, acuado e expulsado da Alemanha, organizou-se contra ele e contra seus trabalhos a conspiração do silêncio. O *18 de brumário*[16] – prova de que, entre todos os historiadores e os homens políticos de 1848, Marx foi o único a compreender as causas e prever as consequências do golpe de Estado de 2 de dezembro de 1851 – permaneceu ignorado. Nem um jornal burguês sequer o mencionou, não obstante seu caráter atual. *Miséria da filosofia*, resposta a *Filosofia da miséria*, de Proudhon, bem como a [*Contribuição à*] *Crítica da economia política*, tiveram a mesma sina. No entanto, a Internacional e a publicação do Livro I de *O capital* romperam essa conspiração do silêncio, que durara quase quinze anos. Não era mais possível ignorar Marx. A Internacional crescia e preenchia o mundo com os ecos de suas ações. Marx se mantinha em segundo plano, fazendo os outros agirem; no entanto, em pouco tempo, ninguém mais haveria de ignorar que ele era seu mentor. Na Alemanha, o Partido Social-Democrata havia sido fundado e crescera rapidamente, a ponto de tornar-se uma força com a qual Bismarck flertou antes de passar à repressão. Schweitzer, partidário de Lassalle, publicou uma série de artigos que Marx apreciava muito e nos quais fez repercutir *O capital* ao público operário[17]. Por iniciativa de Johann Philipp Becker, o congresso da Internacional adotou uma decisão que chamava a atenção dos socialistas de todos os países para essa obra, considerada por ele "a bíblia da classe operária"[18].

Depois da insurreição de 18 de março de 1871, na qual se quiseram ver indícios da Internacional, e após a derrota da Comuna [de Paris], que o Conselho Geral da Internacional defendeu da campanha difamatória promovida pela imprensa burguesa de todos os países, o nome de Marx ganhou fama no mundo inteiro. Reconheceu-se nele o teórico irrefutável do socialismo científico e o organizador do primeiro movimento operário internacional. *O capital* tornou-se o manual dos socialistas de todos os países: todos os jornais socialistas e operários popularizaram suas teorias. Na América, durante uma greve importante que estourara em Nova

---

16 Marx redigiu *O 18 de brumário de Luís Bonaparte* no calor do momento, entre dezembro de 1851 e março de 1852. (N. E.)

17 Embora desprezasse Schweitzer pessoalmente, Marx reconheceu, em carta a Engels de 23 de março de 1868, a qualidade dos artigos escritos pelo correligionário a respeito de sua principal obra, publicados em *Der Social-Demokrat* entre janeiro e fevereiro de 1868. Ver MEW, v. 32, p. 50. (N. E.)

18 Referência ao congresso da Primeira Internacional, realizado em Bruxelas, em setembro de 1868. (N. E.)

York, difundiram-se trechos da obra em forma de panfletos para incentivar os operários a resistir e provar-lhes que suas reivindicações eram justas. *O capital* foi traduzido para as principais línguas da Europa: russo, francês e inglês; publicaram-se trechos dele em alemão, italiano, francês, espanhol e holandês. A cada vez que na Europa ou na América os adversários da teoria de Marx tentavam refutar suas teses, os economistas socialistas encontravam uma resposta que os calava. Atualmente, *O capital* tornou-se de fato "a bíblia da classe operária", conforme o congresso da Internacional designara.

Com a contribuição ativa de Marx no movimento socialista internacional, contudo, sobrava-lhe menos tempo para trabalhos científicos. Para estes, a morte de sua mulher e de sua filha primogênita, a senhora Longuet, devem ter sido funestas.

Um profundo apego unia Marx e sua mulher estreitamente. A beleza dela fora para ele motivo de alegria e orgulho, a doçura e a dedicação que ela exprimia aliviaram sua agitada vida de socialista revolucionário, necessariamente sujeita a privações. A doença que levou a senhora Marx acabou por encurtar também os dias dele. No decorrer dessa doença longa e dolorosa, os cuidados, as emoções, a falta de ar e de exercícios cansaram a mente e o corpo de Marx. Ele contraiu uma bronquite que quase o levou.

A senhora Marx morreu em 2 de dezembro de 1881, como comunista e materialista, do mesmo modo que sempre vivera. A morte não a assustava. Ao sentir que o fim estava próximo, gritou: "Karl, minhas forças estão esgotadas". Estas foram suas últimas palavras inteligíveis. Foi enterrada em 5 de dezembro, no cemitério de Highgate, na seção dos "condenados" (*unconsecrated ground*, ou "em terra profana"). Em conformidade com os costumes de toda sua vida e os da vida de Marx, seu funeral não foi anunciado... Apenas alguns amigos íntimos acompanharam-na ao local de seu último descanso... Antes de se separarem, Engels pronunciou um discurso diante do túmulo.

A partir de então, a vida de Marx não passou de uma sequência de sofrimentos físicos e morais que suportou estoicamente e que se agravaram mais ainda quando, um ano depois, sua filha mais velha, a senhora Longuet, subitamente morreu. Isso o deixou despedaçado, e ele nunca mais se recuperou. Expirou sentado diante de sua mesa de trabalho[19], no dia 14 de março de 1883, aos 65 anos.

---

[19] Na realidade, Marx faleceu em sua poltrona. Ver neste volume, p. 21, o depoimento de Engels redigido logo após o falecimento do amigo. (N. E.)

Lembranças de um trabalhador sobre Karl Marx: em homenagem aos dez anos de sua morte, em 14 de março (1893)[1]

Friedrich Lessner

Desde a morte de nosso grande expoente, muito já foi escrito sobre ele, sobre sua vida e sua obra, tanto por defensores quanto por detratores.

Os autores desses textos, na quase totalidade, não eram, como diria certa classe sindicalista na "livre" Inglaterra, "trabalhadores autênticos [*bona fide*]", mas pertenciam, na maioria, de origem ou conforme sua condição de vida, à chamada "classe média".

Não me parece, assim, inapropriado que eu, trabalhador, um alfaiate plebeu, em meio à oportunidade de celebração deste décimo ano do aniversário de morte de nosso imortal baluarte, relate a meus camaradas mais jovens algumas lembranças de meu relacionamento pessoal de anos com Karl Marx, que retratam, em parte, as impressões que Marx deixou em mim e em outros e, em parte, como ele era na vida em geral.

Eu era ainda muito jovem quando soube de Karl Marx pela primeira vez, nas colunas da *Gazeta Alemã de Bruxelas*, em meados dos anos 1840. Pude conhecer mais detalhadamente seus ensinamentos em 1847, por ocasião da discussão e da aceitação do histórico *Manifesto Comunista*[2]. Eu trabalhava à época em Londres e

---

1 Publicado originalmente em alemão como "Erinnerungen eines Arbeiters an Karl Marx. Zu dessen zehnjährigem Todestage, 14 März 1893", *Die Neue Zeit*, v. 1, n. 24, ano 11, 1892-1893, p. 745-54. Traduzido por Luiz Felipe Osório a partir de *Mohr und General* (Berlim, Dietz, 1982), p. 163-76. (N. E.)

2 Embora o manifesto tenha sido publicado apenas em fevereiro de 1848, as discussões sobre a necessidade de um documento que sintetizasse a posição dos comunistas haviam se iniciado em meados do ano anterior. À época, Engels ficara encarregado de esboçar os princípios de atuação. Ver, a esse

era membro da Associação Educacional dos Trabalhadores Comunistas[3], cuja sede era na alameda Drury, 191. Lá foi realizada, entre os últimos dias de novembro e o início de dezembro de 1847, uma conferência dos membros do Comitê Central da Liga dos Comunistas, à qual compareceram, vindos diretamente de Bruxelas, Karl Marx e Friedrich Engels a fim de desenvolver, perante os membros presentes, sua concepção sobre o comunismo moderno e sua relação com os movimentos políticos e dos trabalhadores[4]. Nessa reunião, que só ocorreu à noite, estiveram presentes apenas os dirigentes, grupo a que eu não pertencia, mas nós, ao menos, ficamos sabendo de algo por eles e, assim, não nos sentimos tão deslocados das discussões empreendidas. Logo descobrimos também que o congresso, após longos debates, se mostrou de acordo com os fundamentos apresentados por Marx e Engels, e os delegados, assim, acordaram que um manifesto nesse sentido deveria ser trabalhado e publicado[5]. Quando, no início de 1848, o manuscrito do manifesto chegou a Londres, eu acabei por dar ao menos uma modesta contribuição na publicação desse documento histórico; carreguei o manuscrito à gráfica, de onde levei as provas impressas a Karl Schapper, fundador da Associação Educacional dos Trabalhadores Comunistas, que atuou como revisor do trabalho.

Em 1848, após a eclosão da revolução, surgiu a *Nova Gazeta Renana*, publicada em Colônia e editada por Karl Marx e Friedrich Engels, com a colaboração de diversos membros da Liga dos Comunistas e de democratas convictos. Fui naquela época de Londres a Colônia e fiz tudo o que estava a meu alcance para ajudar nossos camaradas na divulgação e na propaganda do periódico. Em todos os lugares em que trabalhei, eu distribuía a *Nova Gazeta Renana* e frequentemente lia em voz alta, durante a jornada de trabalho, os artigos jornalísticos, que eram, na maioria das vezes, recebidos com entusiasmo pelos trabalhadores. Em maio de 1849, após ter impetrado uma dúzia de processos contra a *Nova Gazeta Renana*, o governo prussiano resolveu usar a força, e ela foi violentamente reprimida, forçan-

---

respeito, Oswaldo Coggiola, "150 anos do *Manifesto Comunista*", em Karl Marx e Friedrich Engels, *Manifesto Comunista* (trad. Álvaro Pina, São Paulo, Boitempo, 1998), p. 26-7. (N. E.)

[3] Entidade fundada em 1840 sob a liderança de Karl Schapper (1812-1870) e Joseph Moll (1813-1849), dois alemães residentes em Londres e membros da Liga dos Justos, sob o nome Associação Educacional dos Trabalhadores Alemães. Marx e Engels tiveram contato com a associação a partir de 1845, estreitando o vínculo a partir de 1847; naquele ano, Marx fundou uma entidade homóloga em Bruxelas. A palavra "comunista" substituiu o gentílico quando se decidiu ampliar a abrangência da ação. (N. E.)

[4] Engels viera, na realidade, de Paris, onde escrevera os mencionados *Princípios básicos do comunismo*, para o Congresso Geral da Liga dos Comunistas. (N. E.)

[5] A redação ficou a cargo, principalmente, de Marx, que a finalizou sob grande pressão para que concluísse o trabalho rapidamente. Ver Oswaldo Coggiola, "150 anos do *Manifesto Comunista*", cit., p. 9. (N. E.)

do Marx a emigrar de Colônia. Logo tive o mesmo destino. Em 1851, fui preso em Mainz. Depois de passar dois anos encarcerado, fui condenado no infame processo dos comunistas de Colônia[6] a mais três anos de reclusão, os quais passei em Graudenz e em Silberberg[7] (na divisa silésia).

Marx empenhou grandes esforços, durante sua investigação em Londres, para nos salvar, mas, junto com seus amigos, fracassou perante o uso da sacralidade do juramento (como garantia de autenticidade dos fatos) pelo comissário policial Stieber e por outros funcionários, salvadores do Estado, perante o preconceito de classe dos jurados e, como infelizmente preciso acrescentar, perante a grosseira patifaria de outras pessoas, que nos levaram a ser responsabilizados por agitação.

Havia, então, um relativo número dos chamados "homens de ação", ultrarrevolucionários, para os quais nunca se era suficientemente radical e que alimentavam a ilusão de que se poderia fazer a revolução a qualquer momento, por golpes ou outros meios. Para nove entre dez de nós, eles eram somente heróis da retórica, que nunca fizeram nada certo no movimento, e aqueles que gritavam em mais alto volume e de maneira mais fanática, querendo pegar pessoalmente pelo colarinho todo explorador, fosse como fosse, acabaram se tornando os exploradores mais irritantes. Alguns tanto fizeram em Londres que não tardou para que andassem pelas ruas em carruagens.

Após minha saída da prisão, em 1856, voltei a Londres e aqui me encontrei pessoalmente pela primeira vez com Marx.

Em 1850, Marx, com seus camaradas, deixara a Associação Educacional dos Trabalhadores Comunistas, porque lá o movimento mais revolucionário, liderado por Willich, havia predominado[8]. Após a retirada de Kinkel da associação, em

---

[6] Transcorridos entre outubro e novembro de 1852, os processos julgaram onze membros da Liga dos Comunistas, acusados de alta traição. Na arguição, os réus foram atacados até com alegações de tentativa de destruir a religião católica. A acusação recorreu a documentos forjados e a provas roubadas por agentes secretos, que se espalhavam não só em território prussiano, como em Londres e outras cidades europeias. A denúncia obstinada desses métodos empreendida por Marx em *Revelações sobre o processo dos comunistas de Colônia* auxiliou na absolvição de quatro dos acusados. Os demais sete foram condenados de três a seis anos de prisão. Ver Karl Marx, *Enthüllungen über den Kommunistenprozeß zu Köln*, MEGA I/11, p. 363-422. Há um evidente erro de datação no relato de Lessner, pois, como a condenação ocorreu no fim de 1852, ele não poderia ter aguardado o julgamento no cárcere durante dois anos. (N. E.)

[7] Nomes alemães de Grudziądz e Srebrna Góra, atualmente na Polônia. (N. E.)

[8] Após a derrota dos movimentos de 1848 na Alemanha, August Willich (1810-1878) e Karl Schapper insistiram na continuidade dos levantes, no que Marx divergiu. Para ele, como a crise econômica

cujo tempo de mandato a ala radical continuou tendo grande proeminência, eu franqueei a Marx um espaço no órgão para frequentá-lo e proferir palestras sobre as questões políticas e econômicas[9]. Também Liebknecht e outros camaradas do partido vincularam-se, então, novamente à associação.

Como instrumento de oposição ao periódico fundado por Kinkel, *Hermann*, que no tempo da guerra italiana difundia as palavras de ordem de Bonaparte, ganhou vida, no início de 1859, a gazeta operária *O Povo*. Convocado para colaborar, Marx escreveu artigos interessantes sobre a conduta do governo da Prússia[10] e, além disso, reuniu, entre seus amigos, recursos financeiros para o jornal. No mesmo ano foi lançado o primeiro caderno de *Contribuição à crítica da economia política*, e, em 1860, Marx publicou o escrito *Senhor Vogt*, no qual expõe a atuação bonapartista desse senhor e de seus "patrões e copatifes". Esse livreto, que Marx se viu obrigado a elaborar devido à difamação descarada difundida por Vogt e seus amigos, contém muito material sobre a história da emigração de 1848, assim como reflexões altamente sofisticadas sobre as intrigas diplomáticas dos gabinetes europeus.

Em 1864, a Internacional enfim ganhou vida e, dado que participei de forma ativa de sua fundação e tornei-me membro do Conselho Geral, pude estreitar imediatamente os vínculos de amizade com Marx.

Marx sempre conferiu imenso valor a estar e conversar com os trabalhadores. Procurava a companhia daqueles que o contrariavam abertamente e que lhe poupavam elogios. A ele sempre foi muito importante ouvir o ponto de vista dos tra-

---

havia sido debelada, o momento não era propício à ação revolucionária, devendo-se dar preferência à organização dos trabalhadores. Isso levou à cisão da Liga dos Comunistas. A questão é exposta resumidamente, por exemplo, em Henri Lefebvre, *Para compreender o pensamento de Karl Marx* (trad. Laurentino Capela, Lisboa, Edições 70, 1981), p. 218-20. (N. E.)

9 Condenado nos processos de Colônia, o poeta alemão Johann Gottfried Kinkel (1815-1882) refugiou-se em Londres após escapar da prisão. Lá, alinhou-se a Willich e, por isso, caiu em desgraça diante de Marx, que o ironizava assiduamente por sua vaidade e por cobrar remuneração pelas aulas dadas a trabalhadores. Sua promissora viagem aos Estados Unidos, em 1852, para angariar apoio à causa dos alemães refugiados acabou sem resultados concretos; de volta à Inglaterra, desgastado, afastou-se aos poucos da política, concentrando-se na atividade docente. Ao voltar para a Inglaterra, em 1856, Lessner empenhou-se em sua expulsão da associação educacional. Ver Christine Lattek, *Revolutionary Refugees: German Socialism in Britain, 1840-1860* (Nova York, Routledge, 2006). (N. E.)

10 O título do primeiro artigo, "Spree und Mincio" [Spree e Mincio] (*Das Volk*, n. 8, 25 jun. 1859), faz referência a rios da Prússia e da Itália, respectivamente, numa clara alusão a "Po und Rhin" [Pó e Reno], escrito por Engels meses antes. Mais tarde, Marx publicou a série "Quid pro quo" (*Das Volk*, n. 13-16, 30 jul., 6, 13 e 20 ago. 1859). Reproduzidos, respectivamente, em MEW, v. 13, p. 391-3 e p. 450-67. (N. E.)

balhadores sobre o movimento. A todo momento, mostrava-se pronto a discutir com eles as questões políticas e econômicas mais relevantes; assim, logo descobria se eles estavam entendendo devidamente as colocações – e quanto maior o grau de compreensão, mais feliz ele ficava. No período da Internacional, ele não faltou a nenhuma das reuniões do Conselho Geral, e, após o término das sessões, em geral íamos nós, Marx e a maioria dos membros do órgão, a um restaurante bem honesto para tomar um copo de cerveja e conversar descontraidamente. No caminho de volta, Marx falava muito sobre a jornada de trabalho, em especial sobre aquela com duração de oito horas, que nós já reivindicávamos em 1866 e havíamos colocado na pauta do congresso internacional em Genebra (setembro de 1866)[11]. Marx com frequência dizia: "Queremos uma jornada de trabalho de oito horas, mas nós mesmos em geral trabalhamos duas vezes mais que isso ao longo de 24 horas". Sim, Marx infelizmente trabalhava em demasia. Quem vê de fora não pode mensurar o tanto de força e tempo de trabalho que a Internacional lhe custou. Além disso, Marx precisou, para seu sustento, se entrincheirar por horas a fio no Museu Britânico a fim de reunir seu material de estudo historiográfico e econômico. No caminho de volta a seu apartamento, localizado no norte de Londres – rua Maitland Park, Haverstock Hill –, ele passava com frequência em minha casa, que não ficava muito longe do museu, para conversar e consultar-me sobre algum ponto tocante à Internacional. Quando em sua casa, ele fazia a refeição, descansava brevemente e voltava ao trabalho – com frequência, demasiada frequência, ele varava a noite até a manhã, além de ter o curto período de descanso interrompido pela visita de um camarada do partido.

A casa de Marx esteve sempre aberta a todo camarada de confiança. As agradáveis horas que eu e muitos outros passamos junto a seu círculo familiar são inesquecíveis. Brilhava ali, acima de tudo, a notável senhora Marx, uma mulher alta, de rara beleza, elegante na aparência externa, assim como incrivelmente dócil, muito gentil e despida de todo orgulho e toda rigidez, a ponto de nos fazer sentir como se lidássemos com nossa própria mãe ou nossa irmã no conforto de nosso lar. Sua essência encantadora lembra as palavras do poeta popular escocês Robert Burns:

[11] A luta pelo estabelecimento de uma jornada de trabalho máxima de oito horas diárias, regulada pelo Estado, era um dos pontos defendidos nas "Instruções para os delegados do Conselho Central Provisório", redigidas por Marx para o I Congresso da Associação Internacional dos Trabalhadores. A posição da ala alinhada a ele saiu vitoriosa em relação à dos mutualistas (proudhonistas), que recusava qualquer tipo de intervenção estatal. Ver Marcello Musto, "Introdução", em *Trabalhadores, uni-vos: antologia política da Primeira Internacional* (trad. Rubens Enderle, São Paulo, Boitempo/Fundação Perseu Abramo, 2014), p. 31-3. (N. E.)

"*Woman, lovely woman, heaven destined you to temper man*"[12] [Mulher, amada mulher, o paraíso a destinou a moderar o homem]. Ela se entusiasmava muito com o movimento dos trabalhadores, e cada sucesso na luta contra a burguesia, mesmo os pequenos, gerava nela enormes satisfação e alegria.

Também as três filhas de Marx se interessaram profundamente, desde a tenra idade, pelo movimento dos trabalhadores moderno, que sempre foi o principal tema no seio da família. A relação entre Marx e suas filhas era a mais profunda e informal que se possa imaginar. As meninas tratavam o pai mais como irmão ou amigo, dado que Marx desdenhava dos atributos externos da autoridade paternal. Em assuntos sérios, ele era o conselheiro das crianças – e, quando tinha tempo livre, era amigo de brincadeiras. Marx tinha definitivamente um enorme carinho por crianças. Aquilo mais lhe agradava em Cristo na Bíblia era sua grande amizade com os pequenos. Quando não tinha nada para fazer na cidade e passeava em Hampstead Heath, o autor de *O capital* era frequentemente visto brincando com um monte de crianças.

Marx era, como todo homem verdadeiramente grande, despido de qualquer vaidade; ele valorizava cada atitude sincera e cada reflexão baseada em opiniões independentes e fundamentadas. Como mencionado, mostrava-se sempre ávido por escutar a perspectiva do trabalhador, desde o mais humilde, sobre o movimento operário. Assim, frequentemente surgia em minha casa à tarde, me levava para um passeio e de imediato começava a falar comigo sobre tudo. Eu o deixava com a palavra pelo maior tempo possível, uma vez que, para mim, era um verdadeiro prazer ouvir o desenvolvimento de seu raciocínio e suas conclusões. Eu me sentia sempre muito preso à conversa e detestava ter de deixá-lo. Definitivamente, era uma excelente companhia, e todo mundo que tinha contato com ele ficava não apenas atraído como, pode-se dizer, encantado. Seu humor era indestrutível, seu sorriso era totalmente acolhedor. Quando algum camarada de partido de uma região qualquer se dava bem, conquistava uma vitória, ele demonstrava sua alegria sem restrições, em um alto grito de comemoração, de modo a contagiar a todos à volta. E como se alegrava com cada sucesso eleitoral de nossos camaradas na Alemanha, com cada greve vencida, como se regozijaria se tivesse vivenciado

---

[12] Em inglês, no original. Trata-se, na realidade, de um verso de *Venice Preserved* [A salvação de Veneza], peça do inglês Thomas Otway (1652-1685). É possível que Lessner tenha se confundido porque o poema "She's fair and fause" [Ela é bela e falsa], de Burns, também tem um verso iniciado com "*Woman, lovely woman*". (N. E.)

os gigantescos protestos de maio[13]. Quanto aos ataques dos inimigos, ele apenas debochava, com uma ironia e um sarcasmo deliciosos de ouvir. Estranha era a tranquilidade com que encarava os próprios trabalhos uma vez que já estivessem publicados. Quando se falava de seus primeiros escritos, ele me acalmava e dizia: "Se você quer ter meus escritos completos, deve ir ao Lassalle, que os tem todos reunidos. Eu mesmo não possuo quase nenhum exemplar". Isso tanto é verdade que ele muitas vezes me pedia emprestado por um tempo um ou outro exemplar de suas obras.

Boa parte dos escritos de Marx ficou durante décadas completamente desconhecida do grande público e ainda hoje não foi suficientemente revelada – destaque para aqueles redigidos por ele antes e durante a Revolução de 1848[14], e mesmo alguns escritos anos depois, que somente com muita dificuldade puderam ser divulgados. O restante da obra de Marx tampouco é conhecido em outros círculos, visto que Marx nunca chamou atenção para suas ações. Para aqueles que se relacionaram com ele e Engels desde o início, soa muito estranho que a fundação da Associação Geral dos Trabalhadores Alemães[15] seja tida como o começo do atual movimento dos trabalhadores. Essa associação foi criada somente no início dos anos 1860, quando Marx, Engels e outros já propagandeavam e debatiam o movimento entusiasticamente havia pelo menos vinte anos. Digo isso, naturalmente, não por inimizade a Lassalle, a quem conheci com muito mais proximidade em 1848, 1849 e 1850 e cuja notável força tanto estimo, bem como reconheço com muito gosto o poderoso efeito de sua agitação, que logrou avanços significativos para o movimento. A última vez que vi Lassalle foi entre outubro e novembro de

---

[13] Em reunião realizada em Paris, em 14 de julho de 1889, a Segunda Internacional instituíra o 1º de maio como Dia Internacional do Trabalho, instruindo que se realizassem manifestações na data a partir do ano seguinte. Já no primeiro ano, os atos reuniram dezenas de milhares de trabalhadores, muitos deles acompanhados de suas famílias, nas ruas de diversas cidades europeias. Ver Eric Hobsbawm, "The Birth of a Holiday: the First of May", em Chris Wrigley e John Shepherd (orgs.), *On the Move: Essays in Labour and Transport History* (Londres, Hambledon, 1991), p. 104-22. (N. E.)

[14] Muitos dos escritos de Marx desse período só vieram a público mais de trinta anos depois da publicação deste relato, graças ao trabalho de edição e publicação das obras completas do filósofo e de seu principal colaborador pelo Instituto Marx-Engels, em Moscou, sob o comando de David Riazánov. Para uma história resumida da constituição da Marx-Engels Gesamtausgabe (MEGA), ver Hugo Eduardo da Gama Cerqueira, "David Riazanov e a edição das obras de Marx e Engels", *EconomiA*, v. 11, n. 1, jan.-abr. 2010, p. 199-215. (N. E.)

[15] Fundada em 23 de maio de 1863, em Leipzig, a associação foi dirigida e presidida por Ferdinand Lassalle até sua morte, um ano depois. Apenas em 1875 ela e o Partido Social-Democrata Operário da Alemanha, criado em 1869 e liderado por Wilhelm Liebknecht e August Bebel, alinhados a Marx, acordaram em formar um partido unificado dos trabalhadores alemães. (N. E.)

1852, durante as negociações do processo dos comunistas de Colônia, que ele acompanhou como espectador. Em suas visitas a Londres, nunca o vi. Ele não foi à associação dos trabalhadores nem à casa de Marx.

No início de outubro de 1868, Marx contou-me com grande alegria que o Livro I de *O capital* fora traduzido para o russo e estava para ser impresso em São Petersburgo[16]. Ele tinha grande apreço pelo movimento na Rússia e falava com bastante respeito das pessoas que lá foram perseguidas por levar estudo e difundir obras teóricas e por sua compreensão das ideias modernas. Então, quando o exemplar em russo de *O capital* chegou de São Petersburgo, foi um acontecimento marcante para ele, sua família e seus amigos, motivo de grande comemoração.

A cada derrota dos trabalhadores na luta contra a classe exploradora, Marx protegia os vencidos com grande força e defendia os oprimidos, com brilhantismo, das hostilidades e dos xingamentos dos vencedores. Foi assim após a insurreição de junho em Paris, em 1848[17], foi assim após a derrota da Revolução de 1848 na Alemanha e também foi assim após a queda da Comuna de Paris, em 1871, quando reacionários de todo o mundo, incluindo grande parte do proletariado pouco esclarecido, voltaram-se com virulência contra os defensores da Comuna. Marx, de imediato, foi o primeiro a se pôr, com o Conselho Geral da Associação Internacional dos Trabalhadores, ao lado dos abatidos e dos perseguidos comunistas, e o livro *A guerra civil na França* mostra com que força e energia ele fez isso. Pura verdade! É na derrota que o homem conhece seus verdadeiros amigos!

Após a derrota da Comuna, a atividade na Internacional tornou-se ainda mais cansativa e cada vez menos prazerosa para Marx. Toda revolução traz à superfície, junto à massa de bravos guerreiros, uma quantidade de elementos indignos, aventureiros de todos os tipos, aqueles que de uma forma ou de outra pensam somente em seu benefício pessoal. Há algumas pessoas desse tipo entre os refugiados da Comuna; por não se encontrarem satisfeitas, aproveitam cada oportunidade para criar confusão. O que contribui ainda mais para esse cenário é a desunião nas próprias fileiras dos *communards*. Blanquistas, proudhonistas, autonomistas, anarquistas e todos os outros "istas" possíveis estão sempre à flor

[16] Na realidade, a tradução estava para ser iniciada: em outubro de 1868, Marx acabara de receber de Nikolai Danielson a proposta de publicar sua obra no Império Russo. Ver carta de Karl Marx a Nikolai Danielson de 7 de outubro de 1868, em MEW, v. 32, p. 563. O trabalho, empreendido por Danielson, Bakúnin e Lopátin, foi por fim publicado em 1872, por N. I. Poliákov. (N. E.)

[17] Ver, neste volume, p. 180. (N. E.)

da pele[18]. Isso acontece também nas reuniões do Conselho Geral. Nos frequentemente tumultuados encontros, Marx esforçava-se para trazer todos de volta à razão. A paciência que ele em geral demonstrava era motivo de zombaria. Não raro, ele também perdia a linha com as posições desequilibradas e os planos lunáticos dos *communards* desapontados.

De todas as correntes lá presentes, a mais difícil de lidar era a dos blanquistas. Eles já tinham a revolução como dada e distribuíam sentenças de morte à direita e à esquerda.

Até então era possível levar tudo como chacota. Contudo, a agressividade entre os franceses contagiou os dirigentes de outras nacionalidades. Junto se deram também as intrigas instigadas por Bakúnin – os encontros em High Holborn, onde todo o Conselho Geral se reuniu, foram muito mais movimentados e cansativos do que se poderia imaginar. Em meio ao caótico falatório, às gigantescas diferenças de temperamento, à variedade de opiniões, houve um enorme trabalho para superar tudo isso. Aqueles que julgam Marx intolerante teriam visto como lá sua voz foi fundamental para que entrasse na cabeça das pessoas a falácia das conclusões e das impressões que se aventavam.

A partir de um momento específico, todo ponto de vista político naturalmente se apresenta como intolerante e, para mim, Marx deve ser bastante elogiado pelo esforço que fez para, dentro do possível, manter afastados das discussões os elementos mais ambíguos e problemáticos. Houve, em um primeiro momento, todo tipo de gente, até mesmo o clérigo ateu Bradlaugh[19]. O que se deve agradecer a Marx, fundamentalmente, é ter conseguido convencê-los de que a Associação Internacional dos Trabalhadores não seria um viveiro para seitas religiosas.

Para sua grande satisfação, Marx viu suas duas filhas mais velhas, Jenny e Laura, se casarem com dois bons camaradas. Jenny uniu-se a Charles Longuet, e Laura, ao doutor Paul Lafargue. Quando a filha mais nova, Eleanor, se juntou a um igualmente talentoso social-democrata, o doutor Edward Aveling, infelizmente nem a gentil senhora Marx nem Marx estavam vivos para presenciar. De alguma maneira,

---

[18] Esses movimentos eram particularmente fortes na França, país de origem de Proudhon e Blanqui – este último, um dos líderes da Comuna de Paris (cujos participantes, de diferentes orientações, eram chamados de *communards*). Na esteira da derrota desse movimento, a divergência entre anarquistas e seguidores de Marx no Congresso de Haia, em 1872, levou à expulsão dos primeiros. (N. E.)

[19] Charles Bradlaugh (1833-1891), político liberal inglês favorável à republica, ao secularismo e ao ateísmo. (N. E.)

as filhas herdaram o engajamento na difusão da luta pela emancipação da classe trabalhadora e o seguiram, sempre saudando com enorme alegria os grandes avanços que o moderno movimento dos trabalhadores fizera nos últimos dez anos!

Em 1883, a morte de sua filha mais velha, que tinha todos os atributos da mãe – e todos eram bons –, acertou nosso amigo Marx em cheio, em um momento particularmente duro e desastroso para ele. Pouco mais de doze meses antes, em 2 de dezembro de 1881, ele perdera sua brava companheira de vida, Jenny. Ambos os acontecimentos foram golpes severos, dos quais ele não mais se recuperou. Marx, então, já sofria de fortes tosses; quando alguém o ouvia tossir, acreditava que sua imponente figura se despedaçaria. As tosses agravaram ainda mais sua debilitada saúde, que exibia havia anos os sinais de trabalho excessivo. Em meados dos anos 1870, o médico o proibiu de fumar. Marx era um fumante inveterado e acreditava que parar seria um sacrifício insuportável. Quando o visitei pela primeira vez após as restrições, ele não estava nem um pouco orgulhoso nem feliz em me comunicar que já estava havia alguns dias sem fumar e que não o faria até o médico novamente o liberar. Então, toda vez que lhe impunham uma nova restrição ele me contava sobre a quantidade de dias e semanas desde que largara o tabaco e que durante todo esse tempo não havia fumado nem uma única vez. A ele era inacreditável que pudesse resistir por tanto tempo. Sua alegria foi ainda maior quando o médico, depois de algum tempo, o liberou para fumar, ainda que um charuto por dia.

Não há outra forma de concluir que não dizendo que Marx, infelizmente, morreu muito cedo. Aqueles que com ele tiveram uma leal relação de amizade havia tempos já estavam apreensivos com sua saúde, visto que, quando vinham à tona em conversas seus trabalhos científicos e seu interesse no movimento dos trabalhadores, Marx reagia irreconhecivelmente desanimado. Nenhum de seus amigos – nem mesmo de seus parentes – podia fazer algo a respeito. A abundância de conhecimento que com ele foi enterrada pode ser testemunhada pelos escritos encontrados após sua morte, os quais não perfaziam nem um décimo do que ele planejava desenvolver. Ao menos seu espólio permanece acessível a nós e disponível ao grande público.

Nossa sorte é que o velho companheiro e melhor amigo de Karl Marx, Friedrich Engels, permanece, entre nós, fisicamente ágil e mentalmente saudável. Por meio da edição e da reunião dos textos, o partido terá contato com muitos trabalhos deixados por Marx.

Enquanto isso, Marx, mesmo após a morte ainda nos oferece sempre um novo conhecimento, um novo ponto de vista, e expande suas lições dentro da luta proletária; sobretudo, o movimento dos trabalhadores ainda está sob a influência de seus ensinamentos. Marx não apenas lançou às massas o lema "Trabalhadores de todo o mundo, uni-vos" como logrou ensiná-las o fundamento sobre o qual a união pode e deve ser concretizada. A Internacional, cuja alma era Karl Marx, ressuscitou[20], mais forte e com mais energia que outrora, e a bandeira que reúne os batalhões de trabalhadores do movimento internacional é aquela que Marx levantou em 1848, a mesma que, por uma geração, foi carregada pela luta proletária. Sob essa bandeira, marcha adiante, agora, o exército de trabalhadores, vitória a vitória.

[20] A Segunda Internacional fora fundada quatro anos antes, em julho de 1889, no Congresso Internacional Socialista dos Trabalhadores, em Paris. (N. E.)

Wiki Commons

Reprodução de daguerreótipo de 1860 retratando Friedrich Engels (à direita) e Karl Marx com as filhas deste: da esquerda para a direita, Jenny, Eleanor e Laura.

Um breve percurso pela grande personalidade de Karl Marx[1]

Franziska Kugelmann

Tal como um jovem estudante empolgado, meu pai escreveu a Karl Marx, tendo conseguido seu endereço londrino por intermédio de Miquel, a quem conhecia por terem pertencido à mesma associação, a Normannia[2]. A associação tinha como cores o laranja, o branco e o preto, e todos os integrantes anunciavam os novos ideais de liberdade; poucos anos depois, a associação foi dissolvida, mas os antigos colegas se mantiveram vinculados ao longo de toda a vida pela mais leal amizade.

Para grande alegria de meu pai, Marx respondeu, e, assim, pouco a pouco, eles estabeleceram uma troca contínua de cartas[3]. O destinatário oficial era A. Williams, pois o governo estava controlando as correspondências de Marx; elas eram abertas e com frequência não eram entregues[4]. Por isso, preventivamente, meu pai evitava mencionar seu nome e anunciava seu interlocutor no cabeçalho das cartas como "meu grande e querido amigo".

---

1 Texto redigido em 1928, a pedido do Instituto de Marxismo-Leninismo de Moscou. Traduzido do alemão por Guilherme Habib Santos Curi, a partir de Franziska Kugelmann, "Kleine Züge zu dem grossen Charakterbild von Karl Marx", em *Mohr und General: Erinnerungen an Marx und Engels* (Berlim, Dietz, 1982). (N. E.)

2 Associação estudantil em Hannover. Depois de participar da Normannia e antes de vincular-se aos nacional-liberais alemães, Johannes Miquel (1828-1901) integrou a Liga dos Comunistas, onde conheceu Marx. (N. E.)

3 A troca de missivas entre Marx e Ludwig Kugelmann iniciou-se no fim de 1862. (N. E.)

4 Marx recorreu intermitentemente a esse pseudônimo durante boa parte do período em que viveu em Londres. (N. E.)

Quando, anos mais tarde, Marx lhe escreveu informando que estava prestes a viajar para o continente[5], meu pai, que nesse meio-tempo havia se casado, o convidou para ser seu hóspede. Marx aceitou o convite para ficar alguns dias em sua casa.

Minha mãe, uma jovem e alegre renana, via a visita com certa preocupação. Ela esperava encontrar um grande estudioso cheio de ideias políticas e que se contrapunha duramente à ordem social moderna. Dado que meu pai trabalhava como médico durante toda a manhã e parte da tarde, ela se perguntava de que maneira poderia entreter tal tipo de sujeito. Meu pai lhe garantira que ela passaria o resto da vida pensando nesses dias com alegria – e, de fato, nunca uma profecia se realizou tão rapidamente.

Quando os senhores chegaram da estação, ela saudou não o esperado revolucionário sombrio, mas um alto, bem-disposto e elegante cavalheiro, cujo familiar sotaque renano lhe era especialmente acolhedor. Os olhos negros brilhavam sob os cabelos brancos e espessos, e o frescor juvenil estava em seus movimentos e em seu jeito de falar.

Marx não permitiu que meu pai fizesse qualquer alusão a considerações políticas diante de nós; rejeitou-as ponderando que "isso não é para jovens damas, outro dia falaremos sobre essas questões".

Logo na primeira noite, Marx começou uma conversa tão estimulante, animada e alegre que fez as horas voarem.

Eram os primeiros dias da Semana Santa, e meus pais pediram-lhe que os acompanhasse de todo jeito para ouvir *Paixão segundo são Mateus*, de Bach, na Sexta-Feira da Paixão. Marx acabou, com pesar, recusando o convite, pois, embora fosse grande entusiasta da música e, principalmente, devoto de Bach, precisava seguir viagem, no mais tardar, na Quinta-Feira de Endoenças.

Ainda assim, ele ficou quatro semanas em Hannover. Meus pais sempre gostaram de pensar sobre essa época, de relembrar demoradamente todas as conversas e cada detalhe, como se fosse a mais elevada luz surgindo do simples cotidiano. Esses dias jamais foram encobertos pelo véu cinza do esquecimento – nem mesmo para aqueles que não tiveram a oportunidade de presenciar aqueles momentos.

---

[5] No caso, a Europa continental – em abril de 1867, quando se encontrou pela primeira vez com Ludwig Kugelmann, Marx já vivia na Inglaterra há tempos. (N. E.)

Marx não aproveitava apenas o convívio do lar, ele também usufruía do círculo de conhecidos de meus pais com despretensiosa amabilidade. Participava de tudo e, quando sentia algo de especial em alguém ou ouvia algum comentário original, colocava seu monóculo e observava o interlocutor com alegria e interesse.

Ele era um pouco míope, mas usava óculos apenas quando precisava ler e escrever por muito tempo.

Meus pais relembram, com especial alegria, das conversas das primeiras horas da manhã, momento em que as pessoas estão menos atarefadas. Minha mãe levantava-se bem cedo para cumprir os afazeres antes do café da manhã, e eles muitas vezes passaram horas sentados à mesa de café – meu pai sempre se queixava de precisar levantar para atender às obrigações que o esperavam.

As conversas, salvo quando tratavam das vivências pessoais desse nobre e amável homem, moviam-se, sem qualquer tom professoral, por todos os campos da arte, da ciência, da poesia e da filosofia. Minha mãe se interessava muito, em especial, por este último assunto, ainda que não haja tido a oportunidade de estudá-lo a fundo. Marx conversava com ela sobre Kant, Fichte, Schopenhauer e fazia insinuações [*andeutungsweise*] sobre Hegel, de quem fora, na juventude, entusiasmado partidário.

Por falar em Hegel, Marx afirmou que o filósofo havia dito que nenhum de seus seguidores o entendera, exceto Rosenkranz – e nem ele estava correto. Schopenhauer, tão decidido adversário de Hegel, era em geral acusado de modo rasteiro por tantos outros que, frequentemente, jamais haviam lido seus escritos. Alguns de seus contemporâneos ficavam chocados com sua personalidade peculiar; segundo Marx, descreviam-no como misantropo, embora ele anuncie, como ideia fundamental de sua ética, o preceito que reconhece na unidade essencial de todos os organismos o dever de não provocar nenhum sofrimento nem ao homem nem ao animal. Não se faz maldade a nenhum ser vivo, dizia Schopenhauer. Afirmava ainda que, a partir da necessidade de ajudar todos os seres existentes, chega-se à compaixão e à máxima: "Ajude a todos, tanto quanto puder"[6]. Nenhuma comoção sentimental teria apresentado um preceito de amor ao próximo tão profundo, ético e social.

Ao sentimentalismo, essa caricatura do verdadeiro sentimento, Marx se contrapunha mediante a mais profunda razão. Ocasionalmente citava a seguinte passagem

[6] A máxima completa, que, na obra de Schopenhauer, aparece em latim, é: "*Neminem laede, immo omnes, quantum potes, iuva*" [Não prejudique ninguém, em vez disso, ajude a todos, tanto quanto puder]. Ver Arthur Schopenhauer, *Sobre o fundamento da moral* (São Paulo, Martins Fontes, 1995), p. 41. (N. E.)

de Goethe: "Dos sentimentalistas nunca conservei nada; dali, caso surja a oportunidade, vêm apenas maus companheiros"[7]. Com exagerada explosão de sentimento, ele sempre repetia os versos de Heine:

> A senhorita junto ao mar
> suspira em longo estupor,
> só a podia impressionar
> a visão do sol a se pôr[8] etc.

Marx conhecia Heine pessoalmente e visitou o desafortunado poeta em Paris quando este enfrentava o sofrimento de seus últimos dias[9]. Heine acabara de ser transportado quando Marx chegou; estava em tal condição de miséria que mal admitiria que encostassem nele, as enfermeiras o levaram para o leito o segurando pelo lençol. Heine, que também nunca perdeu o senso de humor, cumprimentou Marx e disse, com a voz fraca: "Veja você, querido Marx, as senhoras sempre me conduzem com as mãos".

Marx acreditava que Heine tirava da fantasia suas belas e esplêndidas canções de amor. Ele nunca teve sorte com as mulheres e não encontrou mais que graça em seu casamento[10].

> Às seis horas, foi enforcado;
> Às sete, à cova arriado;
> Ela, às oito, já tomava,
> Vinho tinto e gargalhava.[11]

Seus versos pareciam bem adequados à própria morte.

---

[7] No texto em alemão: "*Auf die Sentimentalen habe ich nie etwas gehalten, es werden, kommt die Gelegenheit, nur schlechte Gesellen daraus*", com uma pequena variação ("*Sentimentalen*" em vez de "*empfindsame Volk*" – "pessoas sensíveis") em relação aos versos originais de "Herbst" [Outono], terceira parte do poema "Vier Jahreszeiten" [Quatro estações], de Goethe. (N. T.)

[8] Primeira estrofe de "Das Fräulein stand am Meere" [A senhorita junto ao mar], de Heine. No original: "*Das Fräulein stand am Meere / Und seufzte lang und bang, / Es rührte sie so sehre / Der Sonnenuntergang*". A segunda estrofe, omitida por Franziska Kugelmann, ironiza o sentimento da mocinha comovida, lembrando-lhe de que o sol sempre aplica esse velho truque, voltando a aparecer do lado oposto: "*Mein Fräulein! Sein Sie munter, / Das ist ein altes Stück; / Hier vorne geht sie unter / Und kehrt von hinten zurück*". (N. T.)

[9] O poeta morreu em Paris, em 1856. (N. T.)

[10] A palavra *Glück* aparece aqui em dois sentidos: "sorte" e "graça". (N. T.)

[11] Última estrofe de "Ein Weib" [Uma mulher], de Heine. No original: "*Um sechse des Morgens ward er gehenkt,/ Um sieben ward er ins Grab gesenkt;/ Sie aber schon um achte/ Trank roten Wein und lachte.*". (N. E.)

Marx julgava o temperamento de Heine de maneira bastante negativa. Ele condenava sua ingratidão em relação às provas de bondade e de amizade. Por exemplo, nada justificava a poesia jocosa lançada sobre Christiani: "Não há veneração à altura desse jovenzinho gentil"[12] etc.

A amizade era sagrada para Marx. Certa vez, um amigo do partido que o visitava por parte de Friedrich Engels permitiu-se observar que este, como homem de posses, poderia ter feito mais para aliviar as pesadas obrigações financeiras de Marx. Nesse momento, Marx o interrompeu bruscamente com as seguintes palavras: "A relação entre mim e Engels é tão íntima e delicada que ninguém tem o direito de se meter".

Normalmente Marx repudiava algo que lhe desagradasse com uma piada. Em geral, não utilizava armas grosseiras, mas carregava para sua defesa uma lâmina afiada, que sabia lançar com precisão.

É provável que não tenha havido campo do conhecimento em que ele não tivesse ido a fundo, nenhuma arte com que não tivesse se entusiasmado, nenhuma beleza natural em que não tivesse mergulhado.

Eram-lhe odientos a inverdade, a superficialidade, a ostentação e qualquer falso sentimento.

Ele respondia a cartas por uma ou duas horas antes da refeição, trabalhava e lia jornais na sala que, além de seu quarto, tinha inteiramente à sua disposição. Lá também revisava o Livro I de *O capital*[13].

Nesta sala havia uma estatueta de Minerva Médica com seu símbolo, a pequena coruja. Marx, que ficou bastante encantado com minha mãe, com seu bom coração, seu humor sagaz e sua rica e jovem sabedoria nos campos da poesia e das belas-letras, disse certa vez em tom de brincadeira que ela seria a própria jovem deusa da sabedoria. "Ó, não", retrucou minha mãe, "sou apenas a corujinha que escuta sentada a seus pés". A partir de então, ele passou a chamá-la ocasionalmente

---

[12] No original: "*Diesen liebenswürdigen Jüngling/ Kann man nicht genug verehren*". Rudolf Christiani (1797-1858) foi um político liberal nascido na Dinamarca e estabelecido no então Reino de Hannover. Casou-se com a prima de Heine, Charlotte, e manteve uma relação de amizade com o escritor. A generosidade de Christiani para com ele, descrita e louvada nos demais versos do poema, chega a parecer bajuladora. (N. E.)

[13] Otto Meissner, editor do livro – publicado alguns meses mais tarde, em setembro –, enviara de Hamburgo a prova para revisão do autor. Ver David McLellan (org.), *Karl Marx: Interviews and Recollections* (Londres, Palgrave-McMillan, 1981), p. 94. (N. E.)

de sua querida corujinha[14]. Algum tempo depois, transferiu esse apelido a uma menininha pela qual tinha bastante carinho – ela brincava com ele durante horas e conversava com ele sentada em seu colo.

Ele deu a minha mãe o apelido Senhora Condessa, por sua encantadora crença na assistência social e porque ela dava valor às boas maneiras. Rapidamente ele deixou de chamá-la de outro modo, independentemente de quem estivesse presente. Dar apelidos era um costume da família de Marx. O próprio Marx era conhecido como Mouro não apenas por seus amigos como também por suas filhas. Sua segunda filha, Laura, a senhora Lafargue, era chamada de "a Laura" ou Mestre Cacatua, em referência a um fino alfaiate de um velho romance, pois sabia da importância de se vestir com bom gosto e elegância[15]. Jenny, a mais velha, era mais chamada pelo pai de Jennychen [Jennyzinha]; não me recordo, todavia, de seu apelido, o qual minha mãe também havia me contado. Eleanor, a caçula, era conhecida simplesmente como Tussy.

Meu pai recebera dele o nome Wenzel [Venceslau]. Meu pai havia contado uma vez que um líder em Praga o entediara com informações detalhadas sobre os dois governantes boêmios – o mau e o bom Venceslau. O mau afogou são Nepomuceno no rio Moldau[16]; o bom era excessivamente piedoso. Justamente porque meu pai tinha simpatias e antipatias muito pronunciadas, conforme ele mesmo dizia, Marx o chamava de o bom e o mau Venceslau.

Algum tempo depois, Marx enviou uma fotografia sua com a seguinte dedicatória: "a seu Venceslau". Ele também dava nomes a amigos e conhecidos de meus

---

[14] Marx tinha Gertrude Kugelmann em alta conta, tanto pessoal como intelectualmente. Como Gertrude manifestara interesse em *O capital*, Marx aconselha, em carta de 30 de novembro de 1867 ao esposo dela, que ela inicie a leitura por capítulos de mais fácil compreensão – os referentes à jornada de trabalho, à cooperação, à divisão do trabalho, à maquinaria e à acumulação primitiva. Ver MEW, v. 31, p. 575-6. Embora o conselho possa implicitamente trazer certa subestimação da capacidade feminina, a mera indicação da leitura revela como Marx era aberto, para os padrões da época, à expansão das possibilidades à disposição das mulheres. Marx progressivamente intercede em favor dos interesses e das atividades de Gertrude, que encontravam constante resistência por parte do marido. Ver Heather Brown, *Marx on Gender and the Family: A Critical Study* (Leiden, Brill, 2012), p. 116-8 (N. E.)

[15] Referência à personagem Crispin, da ária "Ich bin der Schneider Kakadu" [Eu sou o alfaiate Cacatua], da ópera *Die Schwestern von Prag* [As irmãs de Praga], de Wenzel Müller. A cacatua, pássaro tornado conhecido na Alemanha no fim do século XVIII, aparece já em poemas de Gottlieb Konrad Pfeffel (1736-1809) como "mestre Cacatua". A composição de Müller, apresentada pela primeira vez em 1794, inspirou as *Variações Kakadu* (1802), de Ludwig von Beethoven. (N. E.)

[16] Nome dado, em alemão, ao rio Vltava, que corta a atual República Tcheca. (N. E.)

pais quando não estavam presentes e pensava que eles deveriam ser chamados daquela maneira – não por características particulares, mas por apelidos que muitas vezes simplesmente lhe ocorriam.

Por isso meu pai, após cada apresentação a seu círculo de conhecidos, perguntava em tom de brincadeira: "Então, Marx, como eles deveriam ser chamados?".

Marx estava sempre contente, fazendo piadas e provocações, e nada lhe era mais entediante que quando alguém lhe perguntava, sem o menor tato, algo sobre sua doutrina, o que ele nunca discutia. Ele chamava isso, em seu círculo familiar, de curiosidades sobre sua *travelling opinion*[17]. Tudo isso, porém, raramente acontecia.

Certa vez um senhor o indagou sobre quem, no Estado futuro, limparia suas botas. Irritado, ele reagiu: "Cabe ao senhor fazer isso". O inquisidor importuno ficou calado – essa foi, possivelmente, a única vez que Marx perdeu a paciência. Quando a visita partiu, minha mãe disse, sincera: "Senhor doutor, não quero proteger aquele cavalheiro e seu questionamento impertinente e tolo, mas penso que, em resposta, tenha sido melhor ele ficar calado que talvez lhe responder que não se vê limpando botas". Após Marx assentir, ela acrescentou: "Eu não posso pensar no senhor em uma época de nivelamento, pois o senhor tem inclinações e hábitos aristocráticos". "Eu também não", respondeu Marx. "Esses tempos virão, mas teremos então de desaparecer."

Todo tipo de camarada do partido, alguns de cidades distantes, aparecia em busca de Marx, que os recebia em sua sala. Travavam-se longos debates políticos, que continuavam no escritório de meu pai.

Uma vez, um de seus seguidores apareceu e ainda o acompanhava bem na hora do almoço, tendo sido, portanto, obviamente, convidado para se sentar à mesa. Ele não se distinguia nem pela conversa agradável nem pelas boas maneiras. Marx ficou contente quando ele finalmente se despediu; já minha mãe divertia-se com algumas de suas cômicas observações. Meu pai, por sua vez, disse: "Você não precisa rir desse homem. Essas pessoas que tomam parte das questões de seu século são as melhores de seu tempo". "Ah", respondeu minha mãe, com um divertido suspiro, "se ver os melhores de seu tempo é assim…". Foi aí que Marx começou a rir alegremente e a proclamar uma variante das palavras de Schiller: "Quem viu o

---

[17] Em inglês, no original. O sentido é semelhante ao de "opinião de quem vem de fora". (N. E.)

melhor de seu tempo tem o suficiente para todos os tempos!"[18]. Essa observação passou a fazer parte de nosso vocabulário e a ser frequentemente evocada.

A melhor amiga de minha mãe, a senhora Tenge, nasceu na família Bolongaro--Crevenna de Frankfurt-am-Main. Ela era uma mulher admirável em todos os aspectos, distinta no verdadeiro sentido do termo. Casou-se com o latifundiário Tenge-Rietberg, da Vestfália, e viviam em seu condado em Rietberg, próximo a Rheda. As amigas se visitavam com frequência. A senhora Tenge chamava o pequeno quarto de hóspedes que ocupava quando ficava conosco de "meu quarto". Dessa vez, minha mãe escreveu a ela sobre a interessante visita [Marx] e pediu a ela que viesse a Hannover conhecê-la. A senhora Tenge aceitou de bom grado o convite e anunciou sua visita para os dias seguintes. Como o até então quarto de Marx era "o quarto dela", minha mãe pediu a ele que ocupasse outro quarto durante sua estadia.

Marx gostava especialmente dessa amável senhora que tocava piano com primor. Esses dias foram maravilhosos, e as estimulantes conversas e as espirituosas situações permanecem inesquecíveis. Não apenas em relação aos ensinamentos científicos e artísticos, mas também em relação ao nobre bom gosto que Marx possuía para a poesia – também sua erudição e sua memória eram extraordinárias. Ele compartilhava do entusiasmo de meu pai não só pela boa poesia da Antiguidade clássica grega como por Shakespeare e Goethe. Entre seus autores favoritos encontravam--se igualmente Chamisso e Rückert[19]. Do primeiro citava o impressionante poema "Der Bettler und sein Hund" [O mendigo e seu cachorro]. De Rückert, admirava a arte da palavra e gostava de sua tradução dos *Maqamat* de Hariri[20] a partir do persa, realizada com maestria, cujo estilo único dificilmente poderá ser igualado. Anos depois, em memória dessa época, ele presenteou minha mãe com esses trabalhos.

Marx tinha raro talento para línguas. Além do inglês, ele dominava o francês, como mostra sua própria tradução francesa de *O capital*[21]. Estava tão familiarizado

---

[18] O verso original de Schiller, que se encontra no prólogo da trilogia *Wallenstein*, é "*Denn wer den Besten seiner Zeit genug/ Getan, der hat gelebt für alle Zeiten*" [Pois quem fez do melhor de seu tempo o suficiente/ viveu por todos os tempos]. (N. T.)

[19] Nascido na França, Adelbert von Chamisso (1781-1838) viveu a maior parte da vida na Alemanha e foi um destacado nome do romantismo alemão; Friedrich Rückert (1788-1866), poeta e importante tradutor alemão. (N. T.)

[20] Conjunto de histórias em prosa poética escrito pelo poeta árabe Al-Hariri de Basra (1054-1122). (N. E.)

[21] Na realidade, o Livro I de *O capital* foi traduzido para o francês por Joseph Roy. No entanto, a tradução foi revisada e retrabalhada por Marx. (N. E.)

com grego, latim, espanhol e russo que os traduzia diretamente para o alemão sem grandes dificuldades. Ele estudou russo por conta própria enquanto era torturado pelas dores provocadas pelo carbúnculo – aprendeu a língua "para se distrair".

Marx achava que Turguêniev, por meio de sua dissimulada sensibilidade eslava, exprimia com particular fidelidade o caráter singular da alma do povo russo. Ele dizia que as descrições da natureza feitas por Lérmontov dificilmente seriam superadas e apenas raramente seriam alcançadas.

Entre espanhóis, Calderón era seu favorito. Marx andava naquele tempo com vários de seus poemas e lia-os frequentemente em voz alta. À noite e, em especial, ao amanhecer, eles costumavam admirar a senhora Tenge tocar piano magistralmente.

Ela havia levado seu livro de hóspedes para Hannover a fim de ser reencadernado, algo que não poderia ser feito nem na pequena Rheda nem em Bielefeld, ali próxima – ao menos não tão bem quanto em uma grande cidade. A senhora Tenge, quando teve de voltar para casa, pediu a Marx que se registrasse em seu livro, uma vez que ficou em seu quarto e logo foi, também ele, seu hóspede. Marx realizou o desejo dela e escreveu:

> *La vida es sueño, un frenesie, una ilusión,*
> [A vida é um sonho, um frenesi, uma ilusão,]
> Assim nos ensina mestre Calderón.
> Sim, consto na ilusão mais bela e amena,
> Moro no livro de hóspedes de Tenge-Crevenna.

Depois que a senhora Tenge partiu, minha mãe por acaso encontrou um pedaço de papel com versos dos quais foram retiradas as palavras citadas. Lá estava escrito:

> *La vida es sueño, un frenesie, una ilusión,*
> Assim nos ensina mestre Calderón.
> Quando nas mãos dissolvem as nuanças do mar,
> Quero por toda a eternidade sonhar.
> Doma o frenesi selvagem em que se vivia
> A magia feminina da preciosa harmonia,
> Sim, consto na ilusão mais bela e amena,
> Moro no livro de hóspedes de Tenge-Crevenna.

Meus pais lamentaram bastante por apenas um fragmento desses belos pensamentos ter sido registrado, mas Marx respondia que essa estrofe era muito para um livro de hóspedes.

Em nossa residência havia uma enorme sala com cinco janelas que também era usada para música. Nós a chamávamos de salão, mas os amigos de casa lhe deram o nome de "Olimpo", pois foram instalados nas paredes bustos antigos de deuses gregos. O todo-poderoso Zeus de Otricoli[22] ocupava o posto mais alto.

Meu pai achava que Marx tinhas muitas semelhanças com esse busto – e vários amigos concordavam.

Ambos tinham uma cabeça poderosa envolvida por volumosos cabelos, bem como uma suntuosa testa de pensador e uma expressão que era simultaneamente imperiosa e benevolente. Também a vivacidade calma e serena dos seres que se mantêm distantes de qualquer distração e alvoroço, meu pai via tanto em Marx quanto em seu querido deus do Olimpo. Ele sempre se referia à resposta apropriada à acusação de que "os deuses clássicos são a ordem eterna sem paixão": ao contrário! Eles são a paixão eterna sem desordem. Assim, quando se falava em agitação político-partidária, meu pai podia condenar exaltadamente aqueles que arrastavam Marx à desordem. Ele desejava que Marx, tal como o pai dos deuses do Olimpo e de toda a humanidade, apenas lançasse na terra seus raios luminosos e, ocasionalmente, interviesse com estrondosos trovões, mas que o fizesse sem desperdiçar seu precioso tempo com as idas e vindas cotidianas. Os dias fluíam rápido entre momentos sérios e divertidos. O próprio Marx chamou repetidamente esses dias de "oásis no deserto de sua vida"[23].

Dois anos depois, meus pais tiveram a felicidade de rever Marx por algumas semanas. Dessa vez em companhia de sua filha mais velha, Jenny. Ela era esbelta e elegante, tinha cabelos negros encaracolados e assemelhava-se ao pai tanto na aparência quanto na essência. Jenny era alegre, feliz e amável, tinha os mais finos e educados modos; achava antipático tudo o que era barulhento e chamativo.

Minha mãe logo fez amizade e teve muito carinho por ela ao longo de toda a vida. Com frequência contava como Jenny havia lido muito, como seus horizontes eram amplos e como era intenso seu entusiasmo por tudo o que é nobre e belo. Ela era uma grande admiradora de Shakespeare, aliás devia ter grande talento para o drama, pois certa vez representou Lady Macbeth em uma peça em Londres. Uma vez ela se apresentou para nós, diante de meus pais e de Marx, no papel daquela personagem,

---

[22] Trata-se de uma réplica do busto encontrado em Otricoli, na Itália, durante escavações realizadas em 1775. (N. T.)

[23] Ver, por exemplo, a carta de Karl Marx a Ludwig Kugelmann de 10 de junho de 1867, enviada pouco tempo após seu retorno da Alemanha à Inglaterra; em MEW, v. 31, p. 550-1. (N. E.)

a diabólica cena da carta. Jenny gastou o dinheiro que conseguiu na época em que foi atriz em Londres com um casaco de veludo, a ser dado a sua antiga e fiel criada, que seguiu de Trier para a Inglaterra com sua família e se manteve ao longo da vida, na alegria, no sofrimento e na tristeza, com amor e carinho, como parte da família.

O talento de ser econômico e prático com o dinheiro faltava a toda a família. Jenny disse que sua mãe recebera uma pequena herança pouco antes de se casar. O jovem casal sacou todo o dinheiro, colocou-o em um baú com duas alças e o levou consigo num cupê[24]. Em posse do baú, eles desembarcaram da carruagem e passaram a lua de mel em distintos hotéis. Quando recebiam a visita de amigos ou camaradas necessitados, colocavam o baú aberto sobre a mesa da sala de tal modo que todos pudessem se aproveitar dele – naturalmente logo ficou vazio.

Mais tarde, em Londres, Marx e Jenny passaram por dificuldades constantes e sérias. Marx contava que várias vezes eles foram obrigados a penhorar ou a vender tudo o que tinham de valor. A família Von Westphalen tinha um distante parentesco com os duques ingleses de Argyll. Quando Jenny von Westphalen casou-se com Karl Marx, moedas de prata com o brasão dos Argyll, que provavelmente já estavam na família havia muito tempo, compuseram seu dote. O próprio Marx levou algumas pesadas colheres de prata para a casa de penhores, onde foi forçado a explicar como conseguira objetos com o notável brasão da distinta família, o que, naturalmente, não lhe gerou maiores problemas[25].

Quando seu primeiro filho homem faleceu, a família passava por dificuldades tão grandes que não podia arcar com as despesas do funeral, e assim eles mesmos tiveram de enterrá-lo no pátio da casa[26]. Naquela noite, os cabelos de Marx ficaram brancos.

Aquele a que foi negado o dom de lidar com o dinheiro parece difícil que aprenda sozinho essa arte, mesmo que passe pela mais dura escola. Por tudo isso, Liebknecht também dizia que ele, Marx, e os seus viveram em grande miséria. As mulheres da família Marx queriam preparar um Natal alegre para as crianças e, assim, as presentearam com grandes bonecas para as quais haviam feito lindas roupas. As crianças ficaram muito felizes; entretanto, a senhora Liebknecht teria preferido usar esses tecidos para costurar para as próprias crianças, que estavam precisando de roupas.

---

[24] Originalmente, tipo de carruagem leve, rápida e de quatro rodas. (N. T.)

[25] A esse respeito, ver, neste volume, p. 154. (N. E.)

[26] O filho de Marx, Edgar (Musch), foi enterrado não no pátio da casa de Marx, mas em um cemitério convencional; ver, neste volume, p. 65. (N. E.)

Na época em que eles nos visitaram em Hannover, Jenny presenteou minha mãe com um assim chamado *confession book* [livro de confissões], que surgira naquele tempo na Inglaterra e depois chegou à Alemanha sob o nome "Conhece-te a ti mesmo". Marx devia começar o livro, então Jenny escreveu na primeira página para seu pai as perguntas prescritas. No entanto, esta folha permanece vazia, pois ele não chegou a respondê-las[27]. Jenny escreveu na segunda página, e meus pais acharam essas confissões tão características dela e de sua idiossincrasia que as reproduzo aqui.

Jenny em geral escrevia em inglês, pois tinha maior familiaridade com a escrita dessa língua que com o alemão; contudo, suas cartas eram redigidas em francês. Ela acreditava que era possível escrever em uma página em inglês o mesmo conteúdo que em alemão ocuparia quatro; o inglês era mais curto, preciso e objetivo. Ao mesmo tempo, escrevia seus testemunhos íntimos em francês, pois essa língua lhe parecia mais afetuosa, mais adequada ao calor de pensamentos e sentimentos. Sua pronúncia alemã era bastante renana, tal como a de seu pai, ainda que nunca tenha estado no Reno e que a tenha apenas escutado durante a infância de seus pais e da criada de confiança de Trier.

Para que se entendam as confissões, preciso adiantar algumas outras informações. Jenny dizia que a característica feminina de que mais gostava era a "piedade"; contudo, à noite, antes de ela preenchê-lo, a conversa chegou à religião. Marx, Jenny e meu pai tinham uma posição bastante confortável, enquanto minha mãe, embora repudiasse qualquer pietismo e qualquer estreiteza dogmática, não partilhava de seus sentimentos. Segundo meu pai, ela não falou muito, apenas citou os versos de Goethe:

> Em nome daquele que a Si mesmo se criou!
> De toda eternidade em ofício criador;
> Em nome daquele que toda a fé formou,
> Confiança, atividade, amor, vigor;
> Em nome daquele que, tantas vezes nomeado,
> Ficou sempre em essência imperscrutado:
> Até onde o ouvido e o olhar alcançam,
> A Ele se assemelha tudo o que conheces,
> E ao mais alto e ardente voo do teu espírito
> Já basta esta parábola, esta imagem;
> Sentes-te atraído, arrastado alegremente,

---

[27] Ele já o havia feito antes, porém, no *confession book* da própria filha, em 1º de abril de 1865; ver Karl Marx, "The Confessions of Karl Marx", em *Monthly Review*, v. 4, n. 11, mar. 1953. (N. E.)

E, onde quer que vás, tudo se enfeita em flor;
Já nada contas, nem calculas já o tempo,
E cada passo teu é já imensidade.[28]

Tão simples, profunda e sincera; minha mãe falava sem qualquer *páthos* e, assim, acabou mexendo com todos. Por isso Jenny colocou *devotion* [devoção, piedade] como característica feminina de que mais gostava. Napoleão I, conhecido simplesmente como Bonaparte, odiava tanto seu pai quanto sua filha; por sua vez, Napoleão III desprezava tanto os seus que nem mesmo gostava de pronunciar seus nomes. Por conseguinte, Jenny colocou como os personagens históricos que mais desprezava apenas "Bonaparte e seu sobrinho". Aproveito a oportunidade para mencionar o que Marx dizia a esse respeito: *Napoléon le premier a eu génie – Napoléon le troisième a Eugénie* [Napoleão I era um gênio – Napoleão III teve Eugênia][29].

Jenny partilhava do entusiasmo do pai pela música clássica. Achava a obra de Händel expressamente revolucionária.

Wagner ainda lhe era um total desconhecido. Ela só foi ouvir *Tannhäuser* pela primeira vez em Hannover. A execução dessa obra foi realizada com tal brilhantismo que ela passou a dizer que Wagner era seu compositor favorito.

Sua "máxima", apresentada nas *confessions*, parece ser uma citação, pois está entre aspas[30]. Ela não colocou seus ideais de felicidade e de infelicidade. Sem traduzir, copio do original:

My favourite virtue: humanity
My favourite quality of man: moral courage
My favourite quality of woman: devotion
Idea of happiness:
Idea of misery:
The vice I excuse: prodigality
The vice I detest: envy
My aversion: knights, priests, soldiers
Favourite occupation: reading
Characters of history I most dislike: Buonaparte and his nephew

---

28 Trata-se da primeira parte de "Prooemion" [Proêmio], de 1816. Ver Johann Wolfgang von Goethe, *Poemas: antologia* (trad. Paulo Quintela, Coimbra, Centelha, 1979). (N. E.)

29 Eugênia de Montijo (1826-1920), esposa de Napoleão III. (N. T.)

30 De fato, trata-se de uma fala de Polônio em *Hamlet*, de Shakespeare. (N. E.)

Favourite poet: Shakespeare
Favourite prose writes: Cervantes
Favourite composer: Haendel, Beethoven, Wagner
Favourite colour: red
Favourite maxim: "To thine ownself be true"
Favourite motto: Todos por um, um por todos![31]

Um distinto cantor lírico, Joseph Rissé, frequentemente cantava em nossa companhia. Era dono de um extraordinário tom de barítono, extenso e poderoso, e, em termos musicais, extremante dotado. Rissé produziu, entre outras coisas, traduções e adaptações musicais próprias de um grande número de canções populares irlandesas de Thomas Moore, um intitulado *Erins Harfe* [A harpa de Erin][32]. Um desses livretos foi dedicado a meu pai.

Marx gostava muito de ouvir essas tocantes canções, pois ele, bem como toda a família, tinha profunda solidariedade com a desafortunada e oprimida Irlanda. Durante muito tempo, Tussy procurou expressar esse sentimento dizendo que o verde era sua cor favorita e se vestindo muitas vezes com essa cor.

Um irlandês combatente pela liberdade, O'Donovan Rossa, foi preso pelos britânicos e tratado na prisão de modo bastante vergonhoso. Jenny, que nunca o conheceu pessoalmente, escreveu-lhe, sob o pseudônimo de J. Williams, cheia de admiração por sua firmeza. Marx se divertiu bastante quando a senhora O'Donovan ficou enciumada por ouvir dizer que o remetente era na realidade uma jovem garota.

Se não me engano, O'Donovan foi mais tarde para os Estados Unidos, onde não se destacou por grandes feitos[33].

---

[31] Tradução: "Minha virtude favorita: humanidade. Característica favorita no homem: coragem moral. Característica favorita na mulher: devoção. Ideal de felicidade: Ideal de infelicidade: O vício que perdoo: prodigalidade. O vício que condeno: inveja. Minha aversão: cavaleiros, sacerdotes, soldados. Minha ocupação favorita: ler. Personagens históricos que mais me desagradam: Bonaparte e seu sobrinho. Poeta favorito: Shakespeare. Escritor de prosa favorito: Cervantes. Compositor favorito: Händel, Beethoven, Wagner. Cor favorita: vermelho. Máxima favorita: 'Seja fiel a ti mesmo'. Lema favorito: Todos por um, um por todos!"

Também em alemão costuma-se a traduzir o conhecido lema de *Os três mosqueteiros*, de Alexandre Dumas (1802-1870), por "Um por todos, todos por um!" ("*Einer für alle, alle für einen*"); aqui, todavia, Jenny escreve em alemão de maneira invertida: "*Alle für Einen, Einer für Alle!*". (N. T.)

[32] Thomas Moore (1779-1852) foi um poeta e músico irlandês que compunha canções em inglês. *Erin* é uma declinação de *Eire*, nome de sua terra natal em irlandês. (N. E.)

[33] Jenny escreveu ao líder independentista irlandês em 1870 e, sob o mesmo pseudônimo, passou a colaborar para o jornal francês *La Marseillaise*, enviando artigos sobre a situação da Irlanda sob domínio

No círculo de conhecidos e de amigos de meus pais não havia ninguém que compartilhasse do interesse de meu pai pelo socialismo. Alguns de seus amigos chegaram a comprar *O capital* por iniciativa própria, mas não foram além de folheá-lo e, às vezes, nem mesmo isso fizeram. Como meu pai se afastou de toda atividade de agitação e se opunha duramente aos congressos socialistas, era considerado por eles um idealista ou um utópico, o que era bastante interessante, pois em vez de estar no terreno real do pensamento e do agir, ele tinha apenas um excelente juízo sobre a ciência e a arte. Não sem motivo ficaram surpresos ao conhecer Marx e sua elegante filha, os quais foram reconhecidos como muito interessantes e simpáticos.

Apesar de terem se aproximado, as poucas semanas não foram suficientes para estabelecer ali um vínculo estreito.

Longe de condenar qualquer ponto de vista, Marx procurava apreciar cada um de acordo com as próprias características. Ele gostava de conversar com Giniol, de Bruchsal, tenente da ordem dos dragões que à época estava na escola de cavalaria em *Hannover*. Ele tinha, como seu nome revela, ascendência francesa e era ainda casado com uma francesa, embora fosse um entusiasmado oficial alemão que se destacou durante a guerra de 1870. Giniol deve ter prestado, como espião favorecido por sua língua materna, o francês, um excelente serviço ao se deslocar no interior do exército inimigo sob todo tipo de disfarce. Certa vez ele se salvou da detenção ao pular no Loire e chegar a nado à outra margem do rio. Ele e a esposa foram os primeiros, depois de Jenny, a preencher o *confession book*. Ambos escreveram em francês.

Marx deu uma prova de sua aguçada percepção em relação à psicologia do mais tarde ministro Maybach, o qual, creio, viu apenas uma vez[34]. Maybach era, naquele período, presidente da companhia ferroviária em *Hannover*, e também tinha uma personalidade muito agradável; era um homem culto, sério e versátil. Os dois senhores haviam conversado muito, até que Marx lhe disse: "Esta é a madeira com a qual se esculpem os ministros". Certamente eles não tinham conversado sobre política, pois as ideias socialistas eram para os Maybach algo excessivamente assustador, a ponto de eles romperem de imediato o contato conosco ao saberem que meu pai participou do congresso socialista em Haia, o que só aconteceu

britânico. Jeremiah O'Donovan Rossa (1831-1915) foi anistiado em janeiro de 1871, com a condição de não retornar à Irlanda, e exilou-se nos Estados Unidos. (N. E.)

[34] Albert von Maybach (1822-1904) havia sido nomeado em 1867 o primeiro presidente da companhia ferroviária estatal que controlava o trecho de Hannover. Ele assumiu em 1878 o Ministério do Comércio da Prússia e, no ano seguinte, o de Obras Públicas. (N. T.)

por ele ter encontrado com Marx e ali ter conhecido a senhora Marx e o casal Lafargue – para meu pai, era um sacrifício, dada sua mencionada aversão a esse tipo de evento. "Sinto muito por vocês", manifestaram os Maybach, "mas seria ir longe demais". Eles pareciam pensar que se reuniria ali uma corja de criminosos e traidores da nação para traçar planos e enredar ideologias que seriam conduzidas pelos mais atrozes caminhos por meio de frases bem entoadas.

Jenny estava naturalmente familiarizada com todas as obras de seu amado pai; ela mesma escrevia, como mencionamos, artigos para jornais sob o pseudônimo J. Williams. Acredito, aliás, que tenha chegado a colaborar para jornais franceses. Quando, depois de um pequeno almoço de confraternização, meus pais, Marx e Jenny sentaram-se para conversar, minha mãe lamentou por não conhecer nenhum escrito de Marx e perguntou a meu pai se não deveria ao menos procurar entender algo de seus trabalhos. Marx ponderou ser da opinião de que ela tinha instintiva sensibilidade social – nesse instante, veio da sala de jantar um grande estrondo acompanhado por um grito. Minha mãe saiu apressada e, como somente uma cortina os separava do local do incidente, os demais ouviram-na perguntar assustada: "Você se machucou?". A resposta incompreensível veio aos soluços, seguida de palavras tranquilizadoras: "Acalme-se. Você está muito pálida! Sente-se aqui que vou pegar para você uma taça de vinho". Logo depois, as portas foram fechadas. Algum tempo depois minha mãe retornou à sala e disse: "Luise tropeçou na soleira e caiu com uma grande bandeja cheia de cristais. Eles ficaram em pedaços. Ela poderia ter se machucado inteira! Mas, graças a Deus, a única dor que está sentindo é a de nos ter trazido danos". Jenny abraçou minha mãe e lhe disse: "E nesses danos, você não pensa?". "Claro!", respondeu ela, "ali tinha coisas lindas e insubstituíveis, mas a pessoa é para mim muito mais importante que qualquer coisa". "Se, de um jeito ou de outro, todos pensassem assim", disse Marx, "conseguiríamos o que buscamos. Isso foi, no verdadeiro sentido do termo, uma prova cabal do que eu agora há pouco conjecturava. Nossa Senhora Condessa pode ocupar seu tempo tanto com poesia e com a alegria quanto com os estudos de economia política".

Nesse período alguns amigos do partido frequentemente visitavam Marx. Um deles era o senhor Dietzgen, homem quieto e delicado a quem Marx e Jenny prezavam muito[35]. Seu perfil calmo era especialmente interessante, e isso, junto com

[35] Quando desse encontro, o filósofo Josef Dietzgen (1828-1888) há pouco retornara à Alemanha, após ter vivido durante anos nos Estados Unidos e na Rússia. (N. E.)

seu grande empenho no trabalho e sua energia, favoreceu que eles se aproximassem. Em tom de brincadeira, eles só o chamavam de "Diezchen", pois as palavras terminadas em *-chen* e *-lein* são neutras[36].

Quando certo dia um desses visitantes comportou-se de maneira teimosa e autocrática, Marx observou, depois de ele partir, que, "se alguém o escutasse, iria se surpreender com o fato de os soberanos não serem ainda piores para sua educação e para o ambiente".

Uma vez, surgiu a conversa sobre o infeliz imperador Maximiliano do México, que havia sido vergonhosamente abandonado por Napoleão[37]. Marx declarou que "ele deveria ter sido mais esperto, deveria ter fugido logo que viu que boa parte do povo não o queria. Tal como fez Gottlieb da Espanha". Ele brincava com o nome do príncipe Amadeu de Savoia[38], que abdicou do trono da Espanha quando experimentou a resistência revolucionária e, com isso, mostrou que as pessoas não precisavam se insurgir, pois ele não pensava em se contrapor a elas. De certo modo, Marx parecia não ter uma boa impressão a respeito desse príncipe consciente e racional; e, se assim fosse, Marx não o teria chamado de "Gottlieb".

Havia sempre um tom zombeteiro quando Marx dizia somente o primeiro nome de alguém. Kinkel, por exemplo, foi chamado por ele apenas de "Gottfried" [Paz de Deus]. Marx tinha bem pouca consideração por ele e achava que sua prisão – após a participação aventuresca na insurreição de Baden, que interrompeu seu irrelevante trabalho docente e que foi seguida por uma romântica libertação realizada pelo fiel e corajoso Carl Schurz[39] – servira certamente para seu belo e sublime papel, não em razão de um extraordinário talento poético, mas, sem dúvida, pela graça da providência, à qual deveria apenas ter eterna gratidão.

---

36 O alemão tem três gêneros, masculino, feminino e neutro. Algumas terminações definem o gênero das palavras: os sufixos *-chen* e *-lein*, por exemplo, são próprios ao gênero neutro. (N. T.)

37 Maximiliano de Habsburgo-Lorena ascendeu ao poder no México em 1864 graças a Napoleão III, que, por sua vez, após o fim da Guerra Civil Estadunidense, sugeriu-lhe que abdicasse e retornasse à Europa. Ao não seguir a proposta, Maximiliano viu-se isolado e acabou fuzilado por forças republicanas em 1867. (N. T.)

38 De origem italiana, Amadeu I (1845-1890) abdicou do trono espanhol em 1873 ao ver o crescimento do movimento republicano. Tanto "Amadeu", em italiano, como "Gottlieb", em alemão, são nomes formados pela junção das palavras "amado" e "Deus". (N. T.)

39 Na esteira do fracasso das insurreições populares pelo reconhecimento da Constituição estabelecida pela Assembleia Nacional de Frankfurt, ocorridas entre maio e julho de 1849 na Saxônia, na Renânia, no Palatinado e em Baden, Kinkel foi condenado à morte, pena depois comutada pela prisão perpétua. Schurz, que escapara da derrota na fortaleza de Rastatt, conseguiu resgatar o amigo na prisão de Spandau, em Berlim, em 1850. (N. E.)

Liebknecht – a quem Marx tinha grande apreço, ainda que não partilhasse do talento dele para reformas e, por isso, encarasse tal atitude como herança de sua descendência direta de Lutero – era chamado, mesmo que raramente, da mesma maneira. Em vez de uma repreensão pontual, Marx dizia, sorrindo, "Sim, sim, o Wilhelm!".

De Bruno e Edgar Bauer, pensava que haviam fundado uma *mutual admiration society* [sociedade para a admiração mútua]. Sua censura nunca ocorria no decurso da conversa de modo impetuoso ou grosseiro; ele derrubava os opositores tal como um cavalo em um torneio, embora nunca batesse diretamente neles.

Quando alguém falava sobre o entusiasmo dos trabalhadores, ele se mantinha bastante cético. "Essas pessoas têm apenas um desejo, que é compreensível: querem sair de sua miséria. Poucos compreendem qual é a possibilidade de isso acontecer."

Uma vez ele fez um discurso na Renânia. Depois disso, um trabalhador foi até ele e disse: "O senhor falou bem, senhor doutor". "Fico feliz que isso lhe tenha agradado." "E o doutor não teria um trocado?" Noutra oportunidade, também uma delegação chegou a Marx com o pedido para que ele resolvesse logo a questão social, pois estavam todos em situação de grande necessidade.

Para ele, Bonaparte soube, de modo geral, avaliar corretamente o entusiasmo das massas, ao responder a um seguidor atencioso a respeito do povo que se juntava a ele: "Se eu fosse executado, muitos outros se juntariam". Uma divertida experiência aconteceu depois de uma grande assembleia em que Marx falou sobre a necessidade de associação dos trabalhadores. Seu famoso clamor feito em Londres, cidade para a qual fugiu em consequência da reação à Revolução de 1848, foi: "*Proletarians of all countries, unite!*" [Proletários de todos os países, uni-vos!]. Após a conferência, recebida com muito entusiasmo, um trabalhador pediu a ele que esclarecesse se a associação das oito folhas era uma sociedade secreta. Em razão do sotaque renano de Marx, ele acabou entendendo, em vez de "trabalhadores" [*Arbeiter*], "oito folhas" [*Achtblättler*][40]. Essa mesma causa gerou, também, um mal-entendido quando Marx falava sobre os democratas e em vez disso entendeu-se que deveria se criar um partido timocrata.

A respeito do primeiro episódio, minha mãe teve a brilhante ideia de bordar um tronco de carvalho entrelaçado com oito folhas de hera na capa de seda de um caderno de notas que se encontrava em uma pequena bolsa de Marx. O carvalho

---

[40] Para outro relato, ver, neste volume, p. 47. (N. E.)

era, naturalmente, o símbolo de Marx, daquele que mantinha as oito folhas sempre verdes. Ao lado do carvalho havia uma lápide com a inscrição: *Unite*. Marx ficou muito feliz com toda essa história.

Diferentemente do modo cuidadoso como em geral considerava as pessoas, Marx foi bastante depreciativo em relação a Bakúnin. O lema deste seria: "Tudo deve ser arruinado". É um completo absurdo destruir os valores, fugir e derrubar a casa sem saber para onde vai e como se poderá reconstruí-la.

Marx de fato apreciava o talento de Lassalle, embora ele lhe fosse, sem dúvida, desagradável. Até mesmo sua eloquência soava para Marx de modo cômico. Ele contou como certa vez Lassalle declamou ardentemente *Antígona*, de Sófocles. Dizia ele:

> Rebelde aparece o caráter rebelde do pai
> em sua própria criança.
> Pelo encobrimento de seu infortúnio
> ela nada aprendeu.[41]

O comportamento de Lassalle com Helene von Dönniges era, em todos os aspectos, despropositado. O duelo provocado por uma pessoa que ele expressamente designava como desprezível é algo sem nenhum sentido. Ele teria desejado explorar a aristocracia em todas as nuanças; de todo modo, provou apenas que ele teria assumido, com uma péssima imitação, um personagem inteiramente falso. Se tivesse levado a sério sua missão, não teria arriscado sua vida por tal espécie de farsa[42].

Graças à excessiva vaidade de Lassalle, não poderíamos saber como ele se comportaria se tivesse vivido mais tempo. Seu sonho de invadir Berlim ao lado da ruiva Helene e à frente dos batalhões de operários se adequaria bem a ele.

Marx, esse verdadeiro apóstolo do amor humano, era exemplo de que era possível fazer uso das maravilhas do Evangelho para falar a cada um em sua própria língua, tal como faziam os apóstolos da luz do amor universal do Espírito Santo.

---

41 "*Wild tritt des wilden Vaterß Art/ Am eig'nen Kind hervor./ Dem Mißgeßick ßu weißen/ Hat sie nißt gelernt.*" Franziska Kugelmann reproduz aqui tanto a paródia elaborada por Marx a partir de Sófocles quanto a estrutura fonética que ele utilizou para depreciar Lassalle. (N. T.)

42 De origem aristocrática bávara, Helene von Dönniges (1843-1911) tornara-se objeto de devoção de Lassalle – que era não apenas socialista como também judeu. Diante da oposição da família dela, Lassalle desafiou o outro pretendente à mão de Helene a um duelo e acabou sendo morto. (N. T.)

Como a mãe de meu pai morava conosco, era natural que todos que visitassem meus pais fossem cumprimentá-la. Também Engels a visitou quando estava de passagem por Hannover. Ele não tinha muito jeito para conversar com uma velha senhora, além do mais, não gostava dela. Já Marx a encantava, bem como Jenny, que a agradava muito. Ela estava em viagem durante a primeira visita de Marx, por isso ele só a conheceu depois. Ele gostava muito de conversar com ela e, todos os dias, a procurava em seu quarto. Ela ficava encantada com as flores que tanto Marx quanto Jenny costumavam levar para ela. Foi sem estar doente que minha avó faleceu, inesperadamente, enquanto dormia.

A mencionada menininha de que Marx tanto gostava e a quem ele dera o apelido de corujinha, que era de minha mãe, sentou-se ansiosa e com medo em um canto do cômodo preparado para o funeral. Sem que ela tivesse noção precisa da morte, em seu pequeno coração pesava a profunda tristeza da casa. Marx pegou a menina nos braços e a levou à sua sala; deu-lhe a água de colônia de que a pequena tanto gostava e leu para ela um conto de um livro espanhol que traduzia, à própria maneira, de improviso. Ela ficou tão distraída e empolgada que depois de alguns dias o contou a meus pais, dizendo que era o mais lindo dos contos e que todos deveriam ouvi-lo. Também meus pais gostavam muito daquele conto, por isso procuravam repeti-lo quando estavam entre amigos. Eles o recitavam com muito prazer; gostaria de poder reproduzi-lo em seu simbolismo peculiar tal como eu o ouvi.

Com a volta de Marx e Jenny a Londres, naturalmente, graças à extensa convivência, a troca de cartas ganhou vida.

Jenny preferia, como já disse, escrever correspondências em francês, ao passo que usava o inglês para pequenas anotações. Eleanor escrevia sempre em inglês, já Marx e a senhora Marx optavam pelo alemão. A senhora Marx escrevia cartas muito elegantes, nas quais não só descrevia com clareza sua vida como se envolvia com a vida de meus pais com tal gentileza que era possível ver como se informara bem por meio dos relatos de seu marido e de Jenny e como tomava carinhosamente parte de tudo o que nos preocupava.

Minha mãe falava e lia tanto em inglês quanto em francês; contudo, para ela, era mais natural e confortável escrever em seu idioma materno.

Marx, certa vez, comentou sobre um garoto renano estúpido que sempre falava queixosamente: "Ah! Se eu tivesse, em vez de latim, aprendido francês". Marx retrucou: "Bem, meu jovem, você mal consegue declinar *mensa* [mesa]". "O que *mensa* tem a ver com isso?", perguntou o garoto. "Já aprendi *tabula* [mesa]".

Em certa ocasião minha mãe escreveu para Jenny agradecendo por uma carta: "*Vivat sequens*"[43]; em seguida, escreveu entre aspas: "Ah! Se eu tivesse, em vez de latim, aprendido francês!". Ao fim da carta seguinte de Jenny, Marx escreveu: "*Je prie Madame la Comtesse de ne point regretter d'avoir préféré le latin au français. Cela ne revèle pas seulement un goût classique et hautement développé, mais explique aussi pourquoi Madame ne se trouve jamais au bout de son latin*"[44].

Toda a família de Marx nos enviou no Natal carinhosos votos de felicidade e belos presentes feitos à mão. Entre os quais, um chapéu de teatro feito por eles mesmos – era de seda e tinha flores, mas, por não ser adequado para usar na Alemanha, minha mãe o guardou por muito tempo como recordação. O enorme *plum pudding* que eles mesmos faziam chegou à nossa mesa diversas vezes[45].

Para rever Marx e para conhecer sua esposa e os Lafargue, meu pai venceu sua aversão a eventos e confraternizações e foi ao congresso social-democrata em Haia.

A senhora Lafargue foi descrita por ele como uma bela, elegante e adorável senhora. Por sua vez, a senhora Marx, esbelta e de aparência quase jovem, seguia com um interesse fervoroso a vida partidária, que parecia absorvê-la por completo.

Aquilo de que meus pais suspeitavam se confirmou: Jenny era muito importante para que Marx entrasse nesses movimentos. Sem dizer nomes, Jenny revelou isso ao dizer: "infelizmente, alguém sempre agita Mouro; podem até considerar essa pessoa odiosa".

O fato de Jenny estar correta a esse respeito, bem como meu pai, em seu contínuo e enérgico esforço para conter Marx, evidenciou-se na seguinte ocasião. A alvoroçada multidão atiçou Marx de modo sujo. Meu pai ficou fora de si de tanta indignação não por causa da gentalha que, como sempre, hoje grita *Hosana!* [Salve-nos!] e amanhã *Pereat!* [Pereça], mas porque Marx se expôs de tal modo que acabou cedendo à pressão de camaradas do partido sem nenhuma visão.

Alguns anos depois, meus pais encontraram Marx e Eleanor em Karlsbad, quando por fim a conheceram pessoalmente, apesar de já terem conversado por escrito

43 "Viva o que virá" em latim. (N. E.)

44 Em francês, no original. Tradução: "Peço à Senhora Condessa que não se arrependa de ter escolhido o latim em vez do francês. Isso revela não apenas um gosto clássico e altamente refinado, mas também o motivo pelo qual a senhora nunca gasta todo o seu latim." (N. T.)

45 O *plum pudding* é uma sobremesa inglesa tradicionalmente preparada semanas antes do Natal e reaquecida para a ceia. (N. E.)

com ela. Naquele tempo, Jenny já era a senhora Longuet e não podia se afastar de seu esposo e de seu filho.

Eleanor, ou Tussy, como era conhecida, era bastante diferente da irmã mais velha, tanto física quanto psicologicamente. Ela tinha traços menos finos que os de Jenny, mas, sem dúvida, herdara os olhos castanhos sagazes do pai e tinha, mesmo sem ser muito bonita, aparência atraente e era especialmente apreciada pelos cavalheiros. Ela tinha um maravilhoso cabelo louro-escuro, que reluzia como ouro; um dia ela o usou solto, o que era para ela realmente muito confortável, mas também chamava bastante a atenção. Quanto a isso, ela não ligava. Ela se vestia de maneira elegante e com bom gosto, mas também de forma chamativa. Seu pai a deixava fazer o quisesse, mas pensava: *Jovens garotas precisam se arrumar*.

Minha mãe tinha a impressão de que essa jovenzinha, como toda caçula, fora muito mimada e, como toda criança desse tipo, seguia as próprias ideias. Sua efusiva admiração pelo pai era idêntica à de Jenny. Ela era muito inteligente e amorosa, dona de uma ilimitada sinceridade; dizia o que pensava sem maiores cerimônias, mesmo que não fosse do agrado do interlocutor. Ficava sentada nos restaurantes fumando cigarros e lendo jornais, algo que, à época, chamava bem mais atenção que hoje.

Ela tinha, naquele tempo, imagino eu, por volta de 19 anos e se considerava a noiva de Lissagaray[46], com quem trocava cartas avidamente.

Uma vez ela mostrou uma correspondência dele para minha mãe, em que se lia: "*Ma petite femme*" [Minha pequena mulher].

Meu pai viu Lissagaray em Haia e não teve uma impressão muito agradável. Era inexpressivo no aspecto físico e parecia significativamente mais velho que Tussy. Era conde; contudo, perdera seu título e, graças a ideais socialistas, ele e sua família ficaram totalmente arruinados. Marx, que nunca reconheceu esse noivado, nem tocava nesse assunto.

Marx continuava o mesmo de antes; também fisicamente não havia mudado. Ele observava com interesse a "a rotina de um balneário internacional" [*internationale Kurleben*] e dava aos transeuntes, bem a seu estilo sarcástico, apelidos mais ou menos maliciosos. Duas senhoras asseadas e de nariz curvo eram vistas com a

---

[46] Prosper-Olivier Lissagaray (1838-1901) era um revolucionário e escritor francês. Escreveu *A história da Comuna de 1871* (trad. Sieni Maria Campos, São Paulo, Ensaio, 1991), cuja tradução para o inglês foi de Eleanor Marx. (N. T.)

mãe por todos os lados, de banho em banho. Marx as apelidou de "aves de rapina" [*Raubvögel*], pois elas, evidentemente, saíam para conquistas furtivas. Uma jovem soberana russa, sempre vestida de preto, com um punhal na cintura e singelos cabelos louros não muito longos, agradava Marx. Ela não olhava para ninguém, andava rápido, ficava sempre sozinha e era sempre seguida por seu criado, um circassiano enorme de barba negra e envolto em um rico uniforme negro. Suas características seriam: raça e energia.

Os diversos passeios pelos bosques montanhosos, especialmente o passeio romântico de Egertal, encantavam Marx. Em Egertal, com as peculiares formações rochosas conhecidas como rochas de Hans Heiling, a lenda ganha vida[47].

Hans Heiling teria sido um jovem pastor que conquistara a bela ninfa do rio Eger; contudo, ela teria exigido que ele fosse eternamente fiel a ela, caso contrário, se vingaria cruelmente. Hans Heiling prometeu nunca a deixar, mas, alguns anos depois, esqueceu-se da promessa e se casou com uma jovem aldeã. Foi então que a colérica ninfa, bem no dia do tal casamento, irrompeu das águas do rio e transformou todo o cortejo nupcial em pedra.

Marx se deleitou em ver ali os músicos do casamento, com cornetas e trompetes, e uma solene senhora de idade avançada levantando cuidadosamente o vestido para entrar na carruagem matrimonial; ao mesmo tempo, ouvia-se o rápido e espumante riacho cujo sussurro deveria representar ali, naquele vale encantado, as eternas lágrimas de uma imortal, lançadas sobre as vacilações humanas.

Em Dallwitz[48], visitaram os carvalhos de Körner, sob os quais o convalescente poeta, enquanto se recuperava de sua grave ferida, idealizava o belo poema "Die Eichen" [Os carvalhos][49].

Com grande interesse, Marx visitou em Aich[50] uma famosa fábrica de porcelanas, onde observou com atenção a produção. Tudo começava com uma massa cinzenta mole, que era cortada em fios; estes, então, eram moldados em diferentes formatos. Um trabalhador operava um fuso estranho, semelhante a um truque de trem, e esculpia taças bastante delicadas.

---

47 Atual Cheb, na República Tcheca, cidade vizinha à então Karlsbad (hoje Karlovy Vary) e banhada pelo rio Eger (em tcheco, Ohře). As formações rochosas são hoje conhecidas como pedras de Svatoš – Jan Svatoš é o nome tcheco para o personagem Hans Heiling. (N. E.)

48 Atual Dalovice, República Tcheca. (N. E.)

49 Carl Theodor Körner (1791-1813) escreveu "Die Eichen" no ano anterior a sua morte. (N. T.)

50 Atual Doubí, República Tcheca. (N. E.)

"O senhor faz isso sempre ou tem alguma outra função?", perguntou Marx. "Não", respondeu o homem, "não trabalho com nenhuma outra coisa já faz alguns anos. É apenas com a prática que se consegue operar a máquina de modo satisfatório, a fim de conseguir essas formas difíceis, lisas e irretocáveis".

"Assim, por meio da divisão do trabalho, o homem torna-se extensão da máquina", disse Marx, indo em direção a meu pai, "e a força do pensamento é absorvida pela memória muscular".

A queima e outros pormenores, como pintura, douramento e finalização do objeto, eram realizados em um salão grande e claro, depois havia uma nova queima e, então, finalmente, a triagem definitiva do material procurava separar as peças livres de qualquer defeito e aquelas que não foram tão bem produzidas. Tudo estava extraordinariamente bem organizado, até mesmo o local onde as mercadorias ficavam estocadas. Compramos, como recordação, uma peça de cada modelo.

Marx ouviu com muito gosto a extraordinária orquestra das termas sob a direção do maestro Labitzky[51] e restringiu ao mínimo possível as conversas sérias sobre política e sobre questões ligadas ao partido; elas ocorriam apenas durante os curtos passeios matinais que fazia com meu pai e com outros senhores que já conhecia. Entre eles encontrava-se um revolucionário polonês, conde Plater[52], tão cheio de ideias que visivelmente tinha dificuldade de acompanhar as conversas leves que Marx desejava ter quando estava em grandes grupos ou na companhia de senhoras. O conde era daquelas figuras atarracadas de cabelos negros e com algo de pesado; desse modo, Otto Knille[53], que retratava a história em suas pinturas, achava que, caso se perguntasse a alguém "qual dos dois seria o conde, Marx ou Plater", sem dúvida alguma o primeiro seria escolhido. Marx conversava prazerosa e frequentemente com Knille sobre arte; e assim os dias corriam cheios de novidades e de alegres estímulos.

De repente, em um dos últimos dias, após Marx e meu pai fazerem um longo passeio, surgiu entre eles uma barreira que nunca mais foi transposta. Meu pai só falava indiretamente a respeito do que havia acontecido. Ao que parece, ele tentou convencer Marx a se afastar de toda propaganda política e se dedicar particularmente à redação do Livro III de *O capital*. Meu pai acreditava que Marx não

---

[51] Josef Labický (na grafia alemã, Joseph Labitzky – 1802-1881), compositor, violinista e regente tcheco. (N. E.)

[52] Władysław Plater (1808-1889), líder nacionalista polonês exilado desde o Levante de 1830 contra o domínio russo. (N. E.)

[53] Otto Knille (1832-1898) foi um pintor histórico alemão da escola de Düsseldorf. (N. T.)

só estava desperdiçando um tempo valioso, mas também que ele não tinha talento para a organização política. "Marx estava um século à frente de seu tempo", dizia, "e, para os êxitos momentâneos, os mais adequados são aqueles que estão em meio a seu próprio tempo. Aos que enxergam longe, escapam as coisas próximas, ao passo que essas são claramente distinguidas pelos de curta visão".

Talvez meu pai fosse demasiadamente empenhado àquela época, um tanto como o "mau Venceslau", e, tal como ocorreu com outros amigos mais jovens, Marx não suportou a aparente ingerência dele sobre questões relativas a sua liberdade. Também em função do ocorrido, a troca de cartas entre eles cessou. Tussy escrevia de vez em quando, mas não saberia dizer nada a respeito de Jenny[54]. Tussy encaminhava sempre cumprimentos de seu pai, que também enviava livros em memória das boas conversas de antigamente: a tradução de Ruckert do *Maqamat* de Hariri, obras de Chamisso e *O pequeno Zacarias*, de E. T. A. Hoffmann, cuja sátira disfarçada sob as vestes de um conto divertia muito Marx. Ele próprio nunca mais escreveu, provavelmente não queria magoar meu pai ao ignorá-lo e tampouco era capaz de esquecer o passado.

Meu pai nunca superou a dor da separação daquele amigo que tanto admirava; todavia, nunca tentou reaproximação, pois não podia negar aquilo que de fato tinha como convicção.

Depois da morte de Marx, muito pouco de Tussy chegava a minha mãe. Ela enviou a Tussy, como memória da amizade, a muito usada bolsa das oito folhas que ela havia elaborado para seu pai. Minha mãe também enviou uma caixa entalhada para cartas – na tampa, fez um belo bordado; sobre o fundo vermelho, a cor revolucionária, foi colocada a fotografia de Marx envolta por uma coroa de louros que se entrelaçavam a suas iniciais.

No fim, minha mãe já não tinha mais notícias de Tussy, e achava que sua aproximação a Aveling era um desastre para a família; infelizmente isso acabou se provando verdadeiro[55].

---

[54] Eleanor Marx admirava Gertrude Kugelmann, mas não se pode dizer que sentia o mesmo a respeito de Ludwig. Em uma viagem das duas famílias a Karlsbad, em 1874, Franziska lhe teria confidenciado que seu pai era um tirano com as mulheres da casa, e Marx teria pedido para trocar de quarto no hotel porque não suportava ouvir as discussões do casal no cômodo ao lado. Ver carta de Eleanor Marx a Jenny Longuet, 23 de março de 1874, citada em Rachel Holmes, *Eleanor Marx: a Life* (Londres, Bloomsbury, 2014), e também Heather Brown, *Marx on Gender and the Family*, cit., p. 116-7 (N. E.)

[55] Eleanor descobriu que Edward Aveling se casara em segredo com outra mulher em 1898 e acabou se suicidando; naquele mesmo ano, Edward faleceu. Ver, neste volume, p. 144-5. (N. T.)

A respeito da relação entre meus pais e Marx, que foi tão valiosa para eles e que sempre foi lembrada em detalhes e com muito carinho, podem-se apenas empregar as palavras de Schiller:

> "Implacável divisão do tempo." – Ela procura a estabilidade.
> Seja fiel e assim colocará nela eternos grilhões.[56]

[56] Trata-se do poema "Das unwandelbare" [O imutável], de 1796: "*'Unaufhaltsam enteilet die Zeit.' – Sie sucht das Beständge. / Sei getreu, und du legst ewige Fesseln ihr an*". (N. E.)

Karl Marx: folhas avulsas (1895)[1]

Eleanor Marx

Meus amigos austríacos esperam de mim memórias de Karl Marx. Não poderiam ter me dado tarefa mais difícil. Entretanto, os trabalhadores e as trabalhadoras austríacos lutaram tão maravilhosamente pela causa vivida e trabalhada por Marx que não posso lhes negar isso. Por isso, envio-lhes algumas folhas avulsas.

Muitas histórias estranhas envolvem o nome de Karl Marx, desde aquela dos "milhões" (de libras esterlinas, naturalmente; não poderia ser menos que isso) até a da subvenção concedida a ele por Bismarck, que o teria visitado constantemente em Berlim nos tempos da Internacional. Para aqueles que conheceram Karl Marx, não há narrativa mais engraçada que as que o retratam como rabugento, amargurado, inflexível e inacessível, como uma espécie de deus do trovão solitário que, de seu trono no Olimpo, incessantemente lança raios e jamais sorri. Tal caracterização do mais divertido e alegre de todos os homens que já viveram, daquele cujo humor transbordava e cujo riso conquistava irresistivelmente os corações, do mais amável, gentil e simpático de todos os companheiros é fonte permanente de espanto e diversão para quem o conheceu.

A bondade de Marx se expressava tanto no âmbito familiar quanto com amigos e conhecidos, de tal modo que certa vez um refugiado da Comuna [de Paris], um velho e insuportável tagarela, o deteve por três longas, enfadonhas e inúteis horas,

[1] Traduzido por Guilherme Habib Santos Curi do texto publicado originalmente em alemão no jornal austro-húngaro *Österreichischer Arbeiter-Kalender für das Jahr 1895*, Brno, 1895, p. 51-4, em que a autora assina Eleanor Marx-Aveling. O manuscrito em inglês, com pequenas diferenças, pode ser encontrado em David McLellan (org.), *Karl Marx: Interviews and Recollections* (Londres, Palgrave-Macmillan, 1981), p. 98-103. (N. E.)

até que, quando Marx finalmente lhe falou que o tempo urgia e que ainda havia muito a fazer, ele condescendentemente se permitiu dizer: "Querido Marx, não tem problema".

Assim como se comportou diante daquele homem enfadonho, Marx agia diante de qualquer um que considerasse decente. Ele nunca perdia a paciência – e não foram poucos os que abusaram dela –, fosse qual fosse o assunto a tratar. Sua arte de integrar homens e mulheres à conversa, de fazê-los sentir que ele se interessava por tudo aquilo que os movia, era simplesmente fascinante. Quantas vezes pessoas das mais diversas posições e profissões exprimiram espanto diante da capacidade de conhecimento que Marx manifestava a respeito deles e de seus interesses particulares! Se ele acreditasse que alguém de fato desejava aprender, sua paciência não tinha limites – para ele, nenhuma pergunta era trivial, nenhuma argumentação era infantil demais[2].

O lado mais delicioso da personalidade de Marx, no entanto, era seu vínculo com as crianças. Elas não poderiam desejar amigo melhor. Lembro que, quando eu tinha por volta de três anos, Mouro (esse velho apelido está sempre na ponta da língua) me carregava nos ombros em nosso pequeno jardim na travessa Grafton e colocava anêmonas[3] em meus cachos castanhos. Nas brincadeiras, ele representava um cavalo magnífico; certa vez me contaram que meus irmãos mais velhos, incluindo aquele que morreu pouco depois de meu nascimento – o que foi fonte de profunda tristeza para meus pais pelo resto da vida –, encilhavam o Mouro em alguma poltrona e o faziam conduzi-los. É fato que ele escreveu alguns capítulos do *18 de brumário* [*de Luís Bonaparte*] na rua Dean, Soho, enquanto servia de cavalinho[4] a seus três filhos, que se sentavam atrás dele e o ficavam chicoteando. De minha parte, talvez por não ter irmãos da mesma idade para conversar, preferia Mouro como cavalo de sela. Sentada sobre seus ombros, com as mãos enfiadas em sua densa crina, que à época ainda era negra com poucas mechas cinza, eu galopava por nosso pequeno jardim e pelos campos em que naquele tempo ainda não se havia construído nada. Apenas algumas palavras sobre o apelido Mouro.

---

2 Estes dois parágrafos são os que revelam mais discrepâncias entre o manuscrito e o texto publicado, ainda que apenas na estrutura e na ordem das frases, e não no conteúdo. (N. E.)

3 Também conhecida como flor-da-páscoa ou flor-do-vento, a anêmona é assim chamada em alusão à ninfa grega Anemone, cujo nome significa "filha do vento". (N. T.)

4 No original alemão, *Hühpferd* – em tradução livre, "upa, cavalinho". No manuscrito em inglês, *steeplechaser*, ou seja, cavalo de corrida de obstáculos. (N. E.)

Em casa, todos tinham apelidos[5], e Mouro era como costumávamos chamá-lo, era quase um nome oficial; aliás, não só nós, mas todos os amigos íntimos o chamavam assim. Ele também era conhecido como Challey (provavelmente por causa de Charley, corruptela de Charles, que é Karl em inglês) e como Old Nick[6] (o diabo). Nossa mãe era chamada sempre de Möhme [mamãe], e nossa querida e velha amiga Helena Demuth, depois de tantos nomes, ficou finalmente conhecida como Nym. Lina Schöler, uma das melhores amigas da família, era a Old Mole, ou "velha toupeira"[7]. Engels era desde 1870 nosso General. Minha irmã Jenny era Qui-qui, imperador da China ou Di; e minha irmã Laura, Hotentote[8] ou Cacatua[9]. Eu era chamada de Quo-quo, príncipe da coroa da China e de Anão Alberich, da *Saga dos nibelungos*[10]; por fim, tornei-me Tussy, que é como até hoje costumam se referir a mim.

Vale dizer que Mouro não era apenas um cavalo extraordinário, mas tinha uma qualidade ainda mais nobre: era um contador de histórias único, inigualável. Minhas tias frequentemente me contavam que ele fora, quando jovem, um tirano terrível: ele as obrigava a cavalgar Markusberg abaixo, em Trier[11], e, ainda por cima, exigia que comessem o bolo que ele havia feito com suas mãos imundas usando massa ainda mais imunda. Elas, porém, toleravam tudo isso sem protestar, pois Karl depois contava maravilhosas histórias como recompensa. Muitos, muitos anos depois, ele passou a contar histórias para os filhos. Para minhas irmãs – eu era na época muito nova –, ele contava, durante os passeios, histórias que não se dividiam em capítulos, mas em milhas. "Conte para a gente mais uma milha",

---

5 No manuscrito em inglês, há um comentário entre parênteses: "os leitores de *O capital* sabem como ele era bom em atribuí-los". (N. E.)

6 "Velho Nick", em inglês, apelido para demônio. (N. E.)

7 Esta referência ao primeiro ato de *Hamlet* de Shakespeare também aparece em um dos trechos mais célebres de *O 18 de brumário de Luís Bonaparte*, em que fala sobre a discreta espera da revolução, após ter derrubado o Parlamento, pelo auge do Poder Executivo, quando enfim poderá miná-lo: "E quando ela [a revolução] tiver consumado essa segunda metade dos seus trabalhos preparatórios, a Europa se porá em pé e exultará: bem cavoucado, velha toupeira!". Ver Karl Marx, *O 18 de brumário de Luís Bonaparte* (trad. Nélio Schneider, São Paulo, Boitempo, 2011), p. 140. (N. E.)

8 Nome usado à época para os povos khoi, que vivem onde hoje são a África do Sul e a Namíbia. Ironicamente, dentre as filhas de Marx, Laura era a que tinha a tez mais clara. (N. T.)

9 A esse respeito, ver, neste volume, p. 106, nota 15. (N. E.)

10 Poema épico alemão do século XIII, de título às vezes imprecisamente traduzido por *Canção dos nibelungos*. (N. T.)

11 Markusberg (literalmente "Monte de [são] Marcos") é um monte a oeste da cidade natal de Marx. (N. E.)

insistiam as duas garotas. De minha parte, das incontáveis maravilhosas narrativas que Mouro me contou, a que mais me encantava era a de Hans Röckle[12]. A contação dessa durou meses e mais meses, pois era uma aventura longa, muito longa, que nunca terminava. Hans Röckle era um feiticeiro – ao estilo dos criados por [E. T. A.] Hoffmann[13] – que tinha uma loja de brinquedos e contraíra muitas dívidas. Na loja havia os mais maravilhosos itens: homens e mulheres de madeira, gigantes e anões, reis e rainhas, mestres e artesãos, animais de quatro patas e pássaros tão numerosos quanto os da arca de Noé, mesas e cadeiras, elegantes carruagens e caixas pequenas e grandes. Ah! Embora fosse um feiticeiro, também lhe faltava dinheiro, e então ele precisava, contra sua vontade, vender todos os lindos itens para o diabo. Depois de muitas e muitas aventuras, de diversos percalços, os objetos sempre acabavam voltando à loja de Hans Röckle. Algumas dessas aventuras eram terríveis e arrepiantes, como nos contos de Hoffmann; outras eram cômicas – todas, porém, eram contadas com inesgotáveis criatividade, fantasia e humor.

Mouro também lia para as crianças. Para mim, leu toda a obra de Homero, a *Saga dos nibelungos*, *Gudrun*, *Dom Quixote* e *As mil e uma noites*, tal como lera antes para minhas irmãs. Em casa, Shakespeare era a bíblia; com seis anos, cheguei a decorar cenas completas de sua obra.

Também quando eu completei seis anos de idade, Mouro me deu de presente meu primeiro romance: o imortal *Peter Simple* [Pedro Simplório][14]. Então,

[12] No manuscrito inglês, Eleanor lamenta: "Pena que ninguém registrou aqueles contos tão cheios de poesia, de sagacidade, de humor!". Criada por Marx na época em que escrevia o Livro I de *O capital*, a história apresentava, implicitamente, os elementos básicos de suas teorias sobre o valor, a alienação e o modo de produção capitalista. Hans Röckle pode ser visto tanto como alegoria do trabalhador quanto como *alter ego* do próprio Marx, constantemente obrigado a penhorar seus bens para garantir a subsistência. Ver, por exemplo, Rachel Holmes, *Eleanor Marx: A Life* (Londres, Bloomsbury, 2014), p. 19-20, e Jacques Rancière, *The Philosopher and his Poors* (Durham, Duke University Press, 2004), p. 104. Na República Democrática Alemã, chegou-se a produzir um livro infantil com base nas personagens dessa história: Ilse Korn e Vilmos Korn, *Meister Hans Röckle und Mister Flammfuß* [Mestre Hans Röckle e o senhor Pé de Chama] (Berlim, Der Kinderbuchverlag, 1968). A obra foi, mais tarde, adaptada para o cinema: *Hans Röckle und der Teufel* [Hans Röckle e o diabo] (dir. Hans Kratzert, 1974). (N. E.)

[13] O escritor, compositor e desenhista alemão Ernst Theodor Amadeus Wilhelm Hoffmann (1776--1822), mais conhecido como E. T. A. Hoffmann, é autor de vários contos de horror e fantasia, como *O homem da areia* (trad. Fernando Sabino, Rio de Janeiro, Rocco, 2010) e *Die Elixiere des Teufels* [O elixir do diabo]. (N. E.)

[14] Obra cômica de Frederick Marryat (1792-1848), publicada em 1834, que tem como protagonista um oficial da Marinha que, por sua limitada inteligência, se envolve em desventuras. (N. E.)

vieram Marryat e Cooper[15]. Meu pai lia comigo todos esses livros e depois debatia seriamente o conteúdo com sua filhinha. E quando a garotinha – entusiasmada com as viagens marítimas das histórias de Marryat – contou que também queria se tornar capitão do mar [*Postkapitän*] e lhe perguntou se era possível se vestir de menino e se alistar em um navio de guerra, ele assegurou que sim, mas apenas se ela não dissesse nada a ninguém até que o plano estivesse totalmente maduro. No entanto, antes mesmo de esse plano amadurecer, veio a paixonite por Walter Scott[16], e fiquei horrorizada ao saber que eu mesma era parente distante do odiado tronco dos Campbell. Então, surgiram os planos para a revolução das Terras Altas [escocesas] e para repetir o levante de 1745[17]. Devo acrescentar que Marx lia Walter Scott repetidamente; ele o admirava e o conhecia quase tão bem quanto Balzac e Fielding. Quando falava sobre esses livros, ele mostrava a sua filha onde ela encontraria o que há de mais belo e de melhor nessas obras; ele a ensinava – sem que ela percebesse – a pensar e a entender.

Desse mesmo jeito, o homem "amargo" e "amargurado" falava com os filhos sobre política e religião. Eu me lembro bem de ter incertezas religiosas quando criança. Uma vez ouvimos em uma igreja católica romana uma música magnífica, que me marcou tão profundamente que me confidenciei a Mouro; com seu jeito tranquilo, ele explicou-me tudo com tanta clareza que daquele dia em diante não fui acometida nem sequer pela menor dúvida a respeito. E ele me contou de maneira tão simples e sublime a história do filho do carpinteiro que os ricos mataram! Com muita frequência ouvi-o dizer: "Apesar de tudo, devemos perdoar a cristandade, pois ela nos ensinou a amar as crianças".

O próprio Marx poderia ter dito "Vinde a mim as criancinhas", pois aonde quer que fosse estava sempre rodeado por crianças. Quando ele estava em Hampstead Heath – uma ampla e aberta charneca ao norte de Londres, próxima a nossa antiga casa – ou em um dos parques da cidade, imediatamente juntava-se um bando de crianças ao redor do grande homem de cabelos longos, barba espessa e olhos castanhos bondosos. Pequenos desconhecidos iam em sua direção e frequente-

---

15 James Fenimore Cooper (1789-1851), escritor estadunidense. (N. E.)

16 Em alemão, "Walter-Scott-Schwärmerei", um possível trocadilho com *Die Schwärmer* [O entusiasta], título dado, naquele idioma, a *The Tale of Old Mortality* [O conto da antiga mortalidade], de 1816, segundo volume da série *Tales of my Landlord* [Contos do meu senhorio]. A saga de Walter Scott era ambientada na Escócia, onde vivia um ramo familiar materno de Eleanor. (N. T.)

17 Referência ao levante dos jacobitas, que tentaram restaurar o trono da Grã-Bretanha à dinastia Stuart – católica e de origem escocesa –, deposta na Revolução Gloriosa de 1688. (N. E.)

mente o detinham na rua, e também os animais confiavam nele. Lembro-me de que uma vez um garotinho de uns dez anos, sem nenhuma razão aparente, deteve o "chefe da Internacional" em Maitland Park e disse: "*Swop knives*". Depois disso, ele esclareceu a Marx que *swop*, na linguagem dos garotos do colégio, significava "trocar". Ambos pegaram suas facas e as compararam. A faca do garoto tinha apenas um gume, a de Marx, dois, terrivelmente cegos. Depois de algumas idas e vindas, finalmente a troca das facas foi concluída; o "temido chefe da Internacional" ainda deu ao garoto um *penny*, afinal, a faca estava totalmente cega.

Com tamanha paciência e ternura, Mouro respondeu a todas as minhas perguntas quando as histórias da guerra americana e os livros azuis[18] suplantaram por algum tempo Marryat e Scott. Passei dias debruçada sobre relatórios do governo inglês e mapas da América. Ele nunca reclamava de minhas interrupções, embora decerto haja sido bem desgastante ter uma criança comunicativa sempre consigo enquanto se dedicava a sua grande obra; ainda assim, jamais deu a entender que eu o atrapalhava. Nessa mesma época, lembro bem, passei a ter a inabalável convicção de que Abraham Lincoln (então presidente dos Estados Unidos) nunca teria sido bem-sucedido sem o conselho que eu lhe dera em longas cartas que escrevi e que passaram pelo crivo de Mouro antes de seguir ao correio. Muitos e muitos anos depois, meu pai me mostrou as correspondências infantis que tanto o divertiram e que ele guardou por todo o tempo.

E, assim, ele se mostrou um amigo ideal durante meus anos de juventude. Em casa, todos éramos bons camaradas, e ele, o melhor e o mais divertido – mesmo na época em que suportava as várias dores provocadas pelo carbúnculo e em seus últimos anos de vida.

Falei de Marx e de sua relação com os filhos. Seu contato com os animais era igualmente divertido; se o espaço e o tempo permitissem, eu poderia apresentar muitas histórias sobre nossa *ménagerie*[19] – gatos, cães, pássaros e tartarugas – em Maitland Park.

*

Essas memórias avulsas se mostrariam incompletas caso eu não acrescentasse algumas palavras sobre minha mãe. Não é exagero dizer que, sem Jenny von

---

[18] Ver, neste volume, p. 82, nota 8. (N. E.)

[19] Coleção particular de animais vivos, em geral exóticos, comum entre a aristocracia europeia dos séculos XVIII e XIX. (N. T.)

Westphalen, Karl Marx jamais teria sido quem ele foi. Os dois se completavam. Com uma beleza fora do comum, a qual provocara a admiração de Heine, Herwegh e Lassalle, e com talento e sagacidade reluzentes, Jenny von Westphalen se destacava na multidão. Karl e Jenny brincaram juntos quando crianças, ficaram noivos quando jovens – ele com 17 anos e ela com 21 – e, como Jacó a Raquel[20], Marx serviu a Jenny por sete anos antes de levá-la para casa. Então, ao longo de todos esses anos de tempestade e ímpeto [*Sturm und Drang*], de exílio, pobreza, difamação e luta, os dois, junto à fiel amiga Helena Demuth, enfrentaram incansável e destemidamente o mundo, sempre de acordo com as exigências da tarefa. Ele poderia, de fato, dizer a ela as palavras de Browning:

> Ela será, por isso, sempre minha noiva;
> o acaso não pode alterar meu amor, nem o tempo debilitá-lo...[21]

Às vezes penso que havia um vínculo que era tão forte em uni-los um ao outro quanto a dedicação deles à causa dos trabalhadores: o inesgotável e indestrutível humor. É difícil encontrar duas pessoas que gostem tanto de gracejos e piadas quanto eles. Muitas e muitas vezes – principalmente quando a ocasião exigia decoro e moderação –, eu os vi chorar de rir a ponto de contagiar aqueles que se sentiriam tentados a torcer o nariz. Com que frequência os vi evitando se encarar, pois sabiam que um simples olhar desencadearia insaciáveis risadas. A lembrança de como direcionavam o olhar a tudo e a todos, não apenas um ao outro, e como reprimiam o riso que por fim sempre irrompia com vitalidade é algo que eu não gostaria de perder jamais – nem mesmo por todos os milhões que eu supostamente teria herdado. Sim, apesar de todas as dores e as lutas, eles foram um casal feliz. O amargurado "deus do trovão" é uma construção da imaginação burguesa. E, embora ao longo dos anos de luta o casal tenha experimentado amargas decepções, sem dúvida eles tinham algo que poucos têm: amigos de verdade. Se alguém menciona o nome de Marx, evoca-se o de Friedrich Engels; quem conhece a vida familiar de Marx, lembra-se também de Helena Demuth.

---

[20] Segundo o Gênesis judaico-cristão, Jacó trabalhou durante sete anos para obter permissão de Labão, pai de Raquel, para se casar com ela. Diferentemente do ocorrido com Karl e Jenny, no relato bíblico, Labão não cumpre a promessa e oferece, em vez de Raquel, sua filha mais velha, Lia, obrigando Jacó a trabalhar mais sete anos para poder tomar Raquel como sua segunda esposa. (N. E.)

[21] "*Therefore she is immortally my bride/ Chance cannot change my love, nor time impair*". Versos do poema "Any Wife To Any Husband" [Uma esposa qualquer a um marido qualquer], de Robert Browning, publicado em inglês em 1855. O eu lírico do poema é uma mulher, mas, neste trecho, ela cita as palavras que espera do esposo. (N. E.)

Àqueles que se dedicam ao estudo da natureza humana, não parecerá estranho que tal lutador tenha sido, ao mesmo tempo, o mais doce e tenro dos homens. Entenderão que ele só podia odiar tanto por ter sido capaz de amar de forma profunda; se sua afiada pena podia levar alguém ao inferno como apenas Dante fizera, era justamente por ele ter sido fiel e terno; se seu humor sarcástico corroía como ácido, era por ser também um bálsamo para aqueles que se encontravam em desgraça e em necessidade.

Minha mãe faleceu em dezembro de 1881. Quinze meses depois, aquele que não saiu de seu lado ao longo de toda a vida a seguiu. Após tantas e variadas lutas, eles descansaram: se ela foi uma mulher ideal, ele foi um homem que "*Take him for all in all, we shall not look upon his like again*"[22].

[22] Em inglês na edição alemã, conforme original de Shakespeare. Na edição brasileira de *Hamlet*, "pelo seu todo, não mais verei ninguém igual a ele". Ver William Shakespeare, *Hamlet* (trad. Barbara Heliodora, São Paulo, Abril Cultural, 1976), p. 50.

Minhas lembranças de Karl Marx (1922)[1]

Marian Comyn

Tenho uma lembrança vívida de meu primeiro encontro com o doutor Karl Marx, cujo nome tem estado recentemente na boca de muitos homens e cujo evangelho, por meio da ação de seus expoentes russos, adquiriu significado tão sinistro[2].

Sobre seu credo político e as tremendas questões que resultaram disso, não tenho nada a dizer. Muito já foi dito, sem que se chegasse à última palavra. É sobre seu lar que eu gostaria de falar – o homem como eu o vi em meio a família e amigos, com quem conversei na intimidade da vida cotidiana durante seus últimos anos e a quem devo muitas lembranças de palavras gentis e generosa hospitalidade.

Isso foi no início da década de 1880, quando, como refugiado político, ele encontrara na Inglaterra um lar; morava na rua Maitland Park, N. W.[3] Fui apresentada a ele em sua própria sala de estar, durante uma reunião de um clube de leitura de Shakespeare chamado "Dogberry"[4], do qual sua filha mais nova, Eleanor (Tussy,

---

[1] Traduzido do inglês por Pedro Davoglio a partir de "My Recollections of Karl Marx", publicado originalmente em *The Nineteeth Century and After*, v. 91, jan. 1922, p. 151-69. Para as notas, também foram consultadas as observações de Frank T. Wright para a edição alemã do texto; ver Marian Comyn, "Meine Erinnerungen an Karl Marx", *Schriften aus dem Karl-Marx-Haus*, Trier, n. 5, 1970. (N. E.)

[2] Como muitos reformistas britânicos, Comyn se opôs aos rumos do governo soviético após a consolidação da Revolução Russa de 1917. A escolha da palavra não parece casual, considerando que ela também designa o uso preferencial da mão esquerda. (N. E.)

[3] Setor noroeste, na divisão postal londrina de então. (N. E.)

[4] Referência à personagem cômica homônima de *Muito barulho por nada*, peça do dramaturgo inglês. O clube foi criado em agosto de 1877, segundo outra amiga de Eleanor Marx, Clara Collet, anotou em seu diário. Ver Rachel Holmes, *Eleanor Marx: A Life* (Nova York, Bloomsbury, 2014). (N. E.)

para os amigos), era o espírito dominante. Entre os membros desse clube estavam Edward Rose, o dramaturgo; a senhora Theodore Wright, cuja atuação em *Espectros*, de Ibsen, ainda será lembrada[5]; a linda Dollie Radford, poeta; *sir* Henry Juta; Frederick[6] Engels; e outros a quem alguma fama chegou. Pediram-me para ler a parte juvenil do príncipe Artur em *Vida e morte do rei João*, mas o papel era muito pequeno, e minha atenção se fixou menos em minhas palavras principescas que na figura de nosso anfitrião, que estava sentado na ponta do longo aposento – uma personalidade extraordinariamente forte e dominante.

Sua cabeça era grande, coberta por longos fios grisalhos, que combinavam com uma barba e um bigode desgrenhados; os olhos negros, embora pequenos, eram aguçados, penetrantes, sarcásticos, com reflexos de humor. O nariz era indefinido, mas, ao cabo, em nada semítico. Na figura, era de estatura mediana, mas um tanto robusto. Atrás dele, em um pedestal no canto, havia o busto de um Júpiter Olímpico ao qual ele em tese se assemelharia[7].

Perto dele estava sentada sua esposa – uma mulher amável e encantadora. Dizia-se que havia sido bonita na juventude, mas a saúde fraca e, talvez, tempos turbulentos cobraram seu preço. A pele se desbotara para uma palidez de cera e havia manchas castanho-arroxeadas sob seus olhos, mas ainda contava com um ar de polidez e certa distinção nos modos. Seu nome de solteira era Jenny von Westphalen, e em suas veias corria sangue escocês – por parte da mãe, acho, que fora uma Campbell[8].

Essas leituras de Shakespeare deveriam acontecer quinzenalmente na casa dos diferentes integrantes do grupo, mas na verdade eram realizadas com mais frequência na residência dos Marx que em qualquer outro lugar. Karl Marx, em comum com o resto de sua família, era devoto admirador do poeta e adorava ouvir suas peças. Como raramente saía à noite, o único lugar em que podia ouvi-las era na própria casa. Ele nunca interpretou um papel sequer, o que, pelo bem da peça, talvez fosse melhor, pois tinha uma voz gutural e um nítido sotaque alemão. Ele

---

[5] A peça do dramaturgo norueguês também é conhecida no Brasil sob o título *Fantasmas*. Jane Alice Wright, esposa de Theodore Wright, embora fosse amadora, teve reconhecidas atuações no teatro londrino. Para mais informações sobre as relações entre socialistas britânicos e o meio teatral, ver Ian Britain, "A Transplanted *Doll's House*: Ibsenism, Feminism and Socialism in Late-Victorian and Edwardian England", em Ian Donaldson (org.), *Transformations in Modern European Drama* (Londres, Macmillan, 1983), p. 14-53. (N. E.)

[6] Anglicizado no original. (N. E.)

[7] A réplica do busto do Júpiter Olímpico, Júpiter de Otricoli ou Zeus de Otricoli, fora presenteada por Ludwig Kugelmann. Ver, neste volume, p. 101. (N. E.)

[8] Na realidade, a avó paterna de Jenny descendera de famílias da nobreza escocesa. (N. E.)

estava interessado em falar da popularidade de Shakespeare na Alemanha e de como ela se estabelecera; Eleanor sempre sustentou que o ideal dramático alemão se aproximava muito mais dos ingleses que dos franceses e tornava-se eloquente ao falar de Lessing e Wieland[9], que tanto haviam feito para tornar Shakespeare conhecido em seu próprio país. E, de fato, o "Cisne de Avon" dificilmente teria devoto mais apaixonado que Wieland, que escreveu a um de seus correspondentes: "Tremo com a veneração mais profunda e sagrada só de falar seu nome; curvo-me à terra e rezo quando sinto a presença do espírito de Shakespeare".

Acho que essa declaração fervorosa incorpora algo dos sentimentos de Eleanor Marx – senão de seu pai –, embora seja improvável que qualquer um deles formulasse suas ideias nesses mesmos termos.

Poderia parecer um pouco incongruente a um espectador sem preconceitos que, depois de concluir sua leitura séria, os dogberrianos terminassem a noite com jogos e passatempos como charadas e "*dumb-crambo*"[10], principalmente – em vista do extremo gozo que demonstrava – para o deleite do doutor Marx. Como público, ele era encantador, nunca criticava, sempre embarcava no espírito da diversão, rindo quando qualquer coisa lhe parecesse particularmente cômica, até que lágrimas escorressem pelo rosto – o mais velho em idade, mas, em espírito, tão jovem quanto qualquer um de nós. E seu amigo, o fiel Frederick Engels, era igualmente espontâneo.

Engels parecia muito mais jovem que Marx – e provavelmente era[11]. Ele era um homem agradável, de cabelo ainda não grisalho, que ele penteava jogando uma mecha negra para trás, a qual às vezes caía sobre sua testa. Ele tinha uma casa na rua Regent Park, onde vivia com uma sobrinha e era, creio, viúvo[12]. Para esta sobrinha, certa vez ele ofereceu um pequeno baile.

"Você virá?", perguntou Engels ao doutor. "Todas elas estarão lá", continuou, indicando um pequeno grupo de meninas ao redor.

O doutor Marx olhou para o grupo de forma matreira e balançou a cabeça.

"Não vou. Seus convidados são muito velhos."

---

9 Christoph Martin Wieland (1733-1813) e Gotthold Lessing (1729-1781), dois dos principais expoentes literários do Iluminismo alemão. (N. E.)

10 Jogo de adivinhação em que as tentativas de resposta devem ser dadas em forma de mímica. (N. E.)

11 Na realidade, pouco mais de dois anos separavam o nascimento dos dois. (N. E.)

12 Mary Ellen (Pumps) Burns, sobrinha da então já falecida companheira de Engels, Lizzie Burns, casou-se poucos meses depois, mudando-se para a casa do marido. (N. E.)

"Muito velhos aos 17 anos?"

"Eu gosto de jovens, jovens mesmo", disse Marx, seriamente.

"Ah, entendo. Da idade de seus netos!"

O doutor Marx assentiu, e os dois riram como se fosse uma piada de todo agradável.

(O baile aconteceu e foi encantador. Como anfitrião, *Herr* Engels também era agradabilíssimo.)

O doutor Marx defendia que a velhice era, sobretudo, questão de vontade. Ele mesmo deve ter sido um homem forte, pois trabalhava incessantemente em seu escritório – uma sala frontal de bom tamanho e bem iluminada no primeiro andar da casa, forrada de estantes de madeira simples e com uma grande mesa de trabalho posicionada em ângulo reto em relação à janela. Ali ele lia e escrevia o dia todo, fazendo exercícios ao anoitecer, no exato momento em que o crepúsculo começava a cair. Muitas vezes, quando Eleanor Marx e eu estávamos sentadas no tapete em frente à lareira da sala de visitas, conversando enquanto o sol se punha, ouvíamos a porta da frente fechar-se com suavidade, e logo em seguida a figura do doutor, vestido com um manto negro e um chapéu de feltro macio (o que passava a todos, como sua filha observou, a impressão de um coro de conspiradores), passava pela janela e não voltava até que a escuridão se cerrasse.

Neste momento, imagino que seu trabalho envolvesse enormes responsabilidades. Ele tinha nas mãos os fios daquela vasta rede do socialismo europeu, da qual era reconhecidamente o líder. Apesar de tudo isso, porém, encontrava tempo para estudar russo – língua que não tentou aprender até os sessenta anos[13]. Antes de ele morrer, tomei conhecimento, por Eleanor, de que ele a dominara bastante bem.

No que diz respeito à aparência exterior, a casa da rua Maitland Park era uma vila suburbana bastante comum; o charme da residência, no entanto, de modo algum era ordinário. Suponho que fosse boêmia em sua hospitalidade generosa, sua graciosa acolhida aos desconhecidos que adentrassem seus portões. E os desconhecidos eram numerosos e partilhavam do charme clássico da grande variedade. Havia um ponto de semelhança entre eles – na maior parte, eram despossuídos. Pobres de roupas, furtivos nos movimentos, mas interessantes, sempre interessantes.

---

[13] Na realidade, Marx começou a estudar russo pouco após completar cinquenta anos de idade, em 1869. (N. E.)

Um bom número deles sem dúvida achara sua terra natal quente demais para abrigá-los – conspiradores inteligentes para os quais Londres era um centro escolhido, prisioneiros políticos que conseguiram livrar-se dos grilhões, jovens aventureiros seguindo a ideia de que "se há um governo, sou contra".

Entre eles houve um cortês jovem russo que tentara explodir o tsar e era certamente um dos homens mais gentis a aterrorizar seu país[14]. Ele gorjeava deliciosamente canções russas de amor e as pontuava com olhares lânguidos. Disse-nos que passara mais de um ano preso em São Petersburgo, numa cela em que não havia espaço para ficar em pé nem deitar-se completamente, e que a neve entrava pela janela descoberta até a altura do peito. Ele foi acusado de ser anarquista – acusação que provavelmente não era verdadeira no início do encarceramento, mas que estava bastante correta no fim.

Outro desconhecido que vi por acaso era um homem bizarro, de aparência estrangeira, que vestia uma sobrecasaca, com maravilhosa abotoadura no lenço, e tinha uma barba grande e bigode. Seu nome terminava em "ski", e me foi dado a entender que saíra da Polônia, ou de alguma outra região conturbada, em uma missão envolvendo Karl Marx. Uma semana depois, Eleanor aludiu a ele e lhe perguntei se havia voltado para a terra de seus pais.

"Por que não?", respondeu ela. "Desde a primeira visita dele, há uma semana, nunca mais o vimos. Perguntamos nos aposentos que lhe foram reservados e tentamos por todos os meios sob nosso alcance encontrá-lo. Mas não conseguimos. Não há sinal dele. E a parte estranha é que os negócios de que veio tratar estão parados."

Fiquei horrorizada. Visões de roubos, crimes – e mesmo *assassinato* – tomaram minha mente.

"Por que não comunicar à polícia?", perguntei.

Ela olhou para mim com ar malicioso.

"É exatamente o que queremos evitar."

"O que o doutor Marx diz?", foi minha pergunta seguinte, ao que ela respondeu secamente: "*Cherchez la femme*!" [Procurem a mulher!], acrescentando: "Ele vai aparecer quando estiver cansado dela" – e com certeza ele o fez.

---

[14] Trata-se de Liev Nikolaiévitch Hartmann, a respeito de quem Henry Hyndman tivera opinião bastante distinta; ver, neste volume, p. 156. (N. E.)

Domingo era o dia oficial de os Marx ficarem em casa, dia em que eles mantinham "casa aberta" e o doutor ocasionalmente abandonava os estudos por um tempo para entreter as visitas. Ele em geral descia para as refeições, que eram servidas na sala de jantar que ficava um pouco abaixo do nível da rua e que pareciam durar mais ou menos todo o dia sabático. Ele tinha um bom apetite e apreciava a comida que lhe era servida, preparada por Helena, cozinheira e governanta alemã velha e de boa aparência, que acompanhou os destinos da família Marx até a morte do doutor. Depois disso, ela foi para a casa de Frederick Engels. Helena era uma excelente cozinheira – suas tortas me trazem uma lembrança doce e duradoura até hoje. Era uma mulher de tez fresca, que usava brincos de ouro e uma rede de chenile sobre o cabelo e reservava para si o direito de "falar o que dava na telha" até mesmo ao augusto doutor. Suas ideias eram respeitosa e até humildemente aceitas por toda a família, exceto por Eleanor, que com frequência a desafiava.

A propósito do almoço, lembro-me de chegar atrasada certo domingo e por isso ter sido severamente repreendida por meu anfitrião. Ele abanou a cabeça com firmeza diante de minhas desculpas.

"É perda de tempo falar às pessoas sobre seus erros, na esperança de que isso conserte a situação", murmurou, em seu tom gutural. "Se elas ao menos *pensassem*... mas não fazem isso. Qual é o maior bem de um homem, a coisa mais preciosa que lhe é dada? O *tempo*. E veja como isso é desperdiçado. Seu próprio tempo... Bem, isso não importaria. Mas o das outras pessoas, *meinem Himmel* [céus]! Quanta responsabilidade." Eu transpareci como me sentia: abjeta. Sua ferocidade desapareceu em um sorriso encantador.

"Venha, venha, você será perdoada. Sente-se que lhe contarei histórias dos dias em que estive em Paris e não dominava o francês tão bem como o domino agora."

Em uma história, ao sair do ônibus – ou do trem –, ele acidentalmente pisou no pé de uma senhora. Ela o olhou com raiva. Tirando o chapéu, ele lhe disse com grande *empressement*[15]: "Madame, *permettez-moi*".

Ela franziu o cenho ainda mais, e ele seguiu seu caminho com aquela convicção surrada de que as mulheres são criaturas esquisitas. Mais tarde, deu-se conta, por uma inspiração, de que "*pardonnez-moi*" teria sido mais apropriado[16].

---

[15] Afobação. (N. E.)

[16] *Permettez-moi* significa "permita-me"; *pardonnez-moi*, "perdoe-me". (N. E.)

Outra lenda da família era a de madame Marx indo a um leilão com a intenção de comprar certo livro, mas ficando confusa entre *livre* e *lievre*. Ela retornou triunfal com uma *lebre empalhada*.

Acredito que a primeira história seja absolutamente verdadeira. Quanto à segunda, suspeito de que tenha sido obra da imaginação.

Karl Marx gostava de cachorros, e três pequenos animais sem raça definida – uma mistura de muitas raças, na verdade – eram importantes membros do lar. Um deles se chamava Toddy; outro, Whisky; o nome do terceiro eu esqueci, mas imagino que também fosse alcoólico[17]. Eram três ferinhas sociáveis, sempre prontas para brincar e muito carinhosas. Um dia, após uma ausência de seis semanas na Escócia, fui ver Eleanor e a encontrei com o pai na sala de visitas, brincando com Whisky. Whisky imediatamente transferiu sua atenção a mim, cumprimentando-me com entusiasmo efervescente, mas correu quase de imediato para a porta e choramingou para que a abrissem.

Eleanor disse: "Ele foi até Toddy, que acaba de o presentear com alguns filhotes".

Ela mal terminou de falar antes que se ouvissem um arranhão e uma confusão no corredor, e Whisky retornasse pastoreando Toddy. A pequena mãe dirigiu-se diretamente a mim, trocou carinhos de maneira amistosa e então correu de volta para sua família. Enquanto isso, Whisky permaneceu no tapete, abanando o rabo contente, orgulhoso, e olhando de um para o outro, como quem dissesse: "Vejam como sei fazer a coisa certa".

O doutor Marx ficou muito impressionado com essa exibição de inteligência canina. Estava claro para ele que o cão havia descido para contar à pequena companheira que uma velha amiga chegara e que era seu dever ir cumprimentá-la sem demora. Toddy, como uma esposa exemplar, afastara-se de seus bebês, que guinchavam, para fazer o que ele pedia.

A julgar pelos livros amontoados nas estantes de estudo, o doutor Marx devia ter um amplo e variado conhecimento de literatura inglesa – não esquecendo os romances. Certa vez observei em sua mesa um livro de *sir* Charles Lyell e, perto dele, um *Pelham, or the Adventures of a Gentleman* [Pelham, ou as aventuras de

---

[17] *Toddy* é uma mistura de bebida destilada (em geral rum ou uísque), água quente (ou chá), açúcar, especiarias e, eventualmente, limão. (N. E.)

um cavalheiro], de Bulwer-Lytton[18]. Lembro-me de uma discussão no almoço sobre autores vitorianos e da admiração que toda a família expressou por Charlotte e Emily Brontë, ambas colocadas muito acima de George Eliot.

Os modos do doutor Marx para com toda a sua família eram agradáveis. Ele era terno e atencioso com a esposa, cuja morte, penso eu, apressou a dele. Tratava Eleanor com o carinho indulgente que se concede a uma criança amada, mas muito voluntariosa.

Voluntariosa ela era de fato, mas também era uma criatura brilhante, com um cérebro claro e lógico, um conhecimento perspicaz sobre os homens e uma memória maravilhosa. Por um tempo ela esteve trabalhando no Museu Britânico com o falecido doutor Furnival[19], nos primeiros fólios de Shakespeare. Tratava-se de um assunto pelo qual, como eu disse antes, ela se interessava imensamente. Ela, porém, se interessava imensamente por tantos assuntos. Integrava as sociedades Browning e Shelley[20], discursava com frequência em reuniões socialistas, era bastante versada em dramas antigos e modernos e raramente perdia uma "estreia". Ela tinha uma intensa admiração por [Henry] Irving, e nossas mensalidades ao Dogberry Club eram gastas na compra de ingressos para suas "estreias". Ele costumava deixar o clube ficar na primeira fila do primeiro mezanino nessas ocasiões – em minha opinião, o melhor lugar do teatro.

Certa vez, antes de minha admissão, o clube o presenteou com uma coroa de louros e, ao recebê-la, ele beijou a mão de Eleanor, que depois preservou a luva branca que seus lábios haviam tocado como uma propriedade preciosa, quase sagrada. Este traço era típico dela: ela admirava apaixonadamente ou desprezava desesperadamente, amava com fervor ou odiava com veemência; não havia meio-termo. Tinha vitalidade incrível e receptividade extraordinária, e era a criatura mais animada do mundo – quando não era a mais miserável. Sua aparência era impressionante. Ela não era realmente bonita, mas de alguma forma dava a impressão de beleza com seus olhos cintilantes, sua cor brilhante, seus fartos cabelos escuros encaracolados.

---

[18] Escrito em 1828, o segundo romance do político conservador Edward Bulwer-Lytton (1803-1873) fazia um retrato mordaz da vida de um dândi londrino, o que logo projetou o autor no meio literário inglês. O fato de estar ao lado da obra do importante geólogo escocês Charles Lyell (1797-1875) é revelador da diversidade de interesses de Marx. (N. E.)

[19] Frederic James Furnival (1825-1910), filólogo inglês. (N. E.)

[20] Sociedades dedicadas a estudar as obras dos poetas ingleses Robert Browning (1812-1889) e Percy Bysshe Shelley (1792-1822). (N. E.)

Naturalmente, suas simpatias estavam todas voltadas ao pai, cujo credo político adotou – ela talvez fosse um pouco impaciente com aqueles que diferiam dela. Derramava frascos de ira desdenhosa sobre os afazeres femininos dos dias vitorianos. "Trabalhos ornamentais", zombava; a costura lhe parecia supérflua em vista da permanência das máquinas de costura. Ainda me lembro de sua indignação quando foi resgatar um livro que me havia emprestado e fui descoberta com uma agulha na mão e o livro sobre a mesa ao lado – inacabado.

Esse lapso era para ela uma indicação de inaptidão mental, senão moral, e ela expressava sua opinião com vigor dramático. De fato, era dramática até as profundezas de seu ser, e acho que uma das decepções mais doloridas de sua vida foi nunca ter se tornado atriz. Ela estudou por algum tempo com a senhora Hermann Vezin[21], até aquela senhora lhe dizer relutantemente que ela nunca alcançaria grandeza real no palco – a glória ficaria sempre aquém do sonho. Ser o segundo violino estava fora de cogitação. Ela me procurou no dia em que a senhora Vezin dera seu ultimato – pálida, trágica, desesperada. Por algum tempo, sentou-se no tapete em sua posição favorita, acariciando os joelhos e encarando o fogo, e então disse: "Você não está *cansada* da vida?".

"Certamente não."

"Você estará quando for tão velha quanto eu." Na época ela estava na casa dos vinte anos.

"É incrivelmente difícil não conseguir a única coisa no mundo que você quer. Se você *de fato* tivesse compaixão por minha dor, se ofereceria para cometer suicídio comigo."

"Você *realmente* pretende cometer suicídio?"

"Eu o faria agora, não fosse a *solidão*."

Eu sugeri que, como a extinção total estava descartada no momento, poderíamos tentar outros métodos de reviver seu espírito abatido. Depois de refletir um pouco mais, ela se levantou, ansiosa e animada.

---

[21] Jane Elizabeth Vezin (1829-1902), que teve o ator estadunidense radicado na Inglaterra como segundo esposo, iniciara sua trajetória teatral ainda criança, destacando-se principalmente entre as décadas de 1860 e 1880. Nascida Jane Elizabeth Thompson, adotou nos palcos o cognome Mrs. Charles Young durante seu primeiro casamento. A correspondência de Marx permite inferir que Eleanor teria estudado com ela no primeiro semestre de 1882. (N. E.)

"Vou lhe dizer o que vamos fazer: pegar uma carruagem e rodar por Londres. A querida e suja Londres. Sempre consigo tirar alguma inspiração disso. Venha comigo."

"Eu não tenho como pagar."

"Claro que não tem. Nem eu, mas faremos isso mesmo assim."

Não havia táxis naqueles dias, apenas velhas "carroças" [*growlers*] e charretes [*hansoms*] aconchegantes e modernas, que eram mais atraentes por ser considerado um pouco impróprio que mulheres jovens passeassem nelas. Arriscamo-nos à indecência e logo nos lançamos pela rua Tottenham Court, pela rua Oxford, pela rua Regent, por Picadilly, pelo aterro do Tâmisa, e não sei mais onde, com o resultado animador de que Eleanor decidiu que as coisas boas da vida não estavam além de seu alcance.

Eram tais as queridas tristezas da juventude.

Essa não foi a única vez que ela falou em suicídio. Sua sombra profética a assombrava, especialmente quando os fardos da vida pressionavam pesadamente e o futuro lúgubre ameaçava. Sua história é pungente e triste. Ela dedicou ao homem que amava uma devoção digna de sua própria natureza boa e generosa; sua imaginação dotou-o de virtudes que ele não tinha. Com o passar do tempo, veio a desilusão e, num amargo momento de tristeza, ela procurou voluntariamente o "sono que encerra uma dor no coração". Seu epitáfio deveria ser "Amou demais". Supostamente suas experiências teriam sugestionado o enredo daquela fascinante peça de Bernard Shaw, *O dilema do médico*, e ela seria a heroína[22].

Das duas outras filhas de Karl Marx, a mais velha, Jenny, casou-se com *monsieur* Longuet, o conhecido jornalista francês. Vi-a uma vez na rua Maitland Park – uma mulher corpulenta e de natureza doce, parecendo mais francesa que alemã e com os filhos em seus joelhos. Um deles era o "pequeno Johnnie" – *monsieur* Jean Longuet –, que certamente herdou o talento da família e cumpre seu papel na política francesa contemporânea. Não o vi depois que cresceu, mas recebi uma carta de Olive Schreiner pouco antes da morte dela dizendo que, quando o encontrou, ele tirou do casaco um pequeno bilhete – o último que a tia Eleanor lhe escrevera,

---

[22] A menção ao dramaturgo irlandês não é gratuita, dada sua amizade com Eleanor Marx e Edward Aveling, iniciada em 1885. No entanto, o enredo de *O dilema do médico* permite inferir que a filha de Marx teria sido menos uma inspiração para a personagem Jennifer Dubedat que seu companheiro para Louis Dubedat – um homem talentoso, admirado pela esposa, mas bígamo. Ver Rachel Holmes, *Eleanor Marx*, cit., e A. Gibbs, "A Shaw's Who's Who", em *A Bernard Shaw Chronology* (Londres, Springer, 2001), p. 341. (N. E.)

o qual carregava na carteira havia mais de vinte anos. Que eloquente tributo ao charme da mulher e à fé do homem.

A segunda filha do doutor Marx, Laura, era tida como a bela da família. Quando a conheci, sua beleza já começara a minguar, mas ela ainda era adorável e tinha maneiras encantadoras. Era esposa de Paul Lafargue, membro da Câmara Francesa e também membro de uma das famílias francesas mais antigas. Eles moravam perto de Paris, e sua história tardia é dolorosamente trágica. Os anos, implacáveis, roubaram a juventude dela e ameaçaram o intelecto dele. Eles não tiveram filhos. A velhice solitária, como uma sombra negra, pairava sobre eles, bloqueando a luz do sol. Apenas seu amor permaneceu. Então, num domingo, em seu casarão em Draveil, com a ajuda da mesma droga que encaminhou Eleanor para seu longo sono, eles enfrentaram a "Morte tirana" de mãos dadas. Inconquistáveis – ou conquistados?

Na última vez em que vi o doutor Marx, ele estava deitado em seu caixão, com as mãos cruzadas sobre o peito – um guerreiro que lutara com bravura até que suas armas lhe fossem tiradas por uma força maior que a dele. A serenidade de seu rosto era maravilhosa, as rugas foram suavizadas, a velhice recuou, e todos os traços de sofrimento foram varridos. Um poder tranquilo e majestoso permaneceu.

Eu estava sozinha no quarto com sua filha e teria expressado minha compaixão, mas ela me interrompeu imperiosamente, dizendo:

> Não quero condolências. Se ele tivesse padecido de uma longa doença, e eu tivesse visto sua mente e seu corpo decaindo diante de meus olhos, precisaria de consolo. Mas não foi assim. Ele morreu montado em sua armadura, com o intelecto intocado. Ele ganhou seu descanso. Sejamos gratas por isso.

A impressão daquela cena de despedida, o olhar de Eleanor, nunca desapareceu de minha memória. Do credo comumente associado ao nome de Karl Marx, não tenho o que dizer, pois esta não é uma memória política. Sem dúvida, as ações de alguns de seus seguidores nos últimos anos o marcaram com infâmia. É possível, porém, questionar se algum evangelho é traduzido por seus discípulos exatamente como seu fundador o pregou. Ele ganha e perde no meio por que passa. Será que mesmo aquele riacho amoroso e límpido que veio do Monte Sagrado é tão cristalino quanto quando saiu dos lábios do Mestre? Não foi seu curso frequentemente desviado pelo ardente zelo daqueles que o amavam e também daqueles que o odiavam?

Sei pouco sobre os livros de Karl Marx. Nem mesmo li *Das Kapital*[23], mas penso que, para a justiça de sua memória, deve-se ter em mente que ele não era um líder demagogo, lutando com uma das mãos pelo proletariado e com a outra por si mesmo. Ele não era um homem que cobrava pedágio ou ganhava dinheiro com sua fé. Ao contrário, ele, por suas convicções, renunciou aos prêmios ordinários que coroariam uma carreira universitária brilhante, suportou o exílio, o mal falar e a relativa pobreza e trabalhou duro até o fim da vida.

Ele era judeu e filho de judeu – o qual, no entanto, fora batizado e ocupava altos cargos em Trier. Não se pode ao menos creditar a ele uma profunda compaixão por aqueles que julgou oprimidos, uma indignação apaixonada contra o trabalho suado daqueles malignos dias anteriores e um ardente desejo de que os direitos da humanidade fossem reconhecidos e cumpridos?

[23] Em alemão no original – trata-se de *O capital*. (N. E.)

Karl Marx (1911)[1]

Henry Hyndman

Era natural que, enquanto eu seguia com Karl Hirsch para conhecer Karl Marx em sua modesta residência em Haverstock Hill, minha mente retornasse à visita que tinha feito a Mazzini na rua Fulham anos antes[2]. Por mais diferentes e até antagônicos que fossem em muitos aspectos, e apesar da amarga luta pelo controle da Internacional – na qual Marx foi, no longo prazo, completamente bem-sucedido –, eles eram parecidos no fato de que haviam aberto mão de tudo mais na vida em nome de um ideal, subsistiram em péssimas condições mesmo quando o poder, o sossego e o conforto estavam à disposição e exerciam um efeito pessoal e intelectual sobre a juventude daquela geração sem dúvida alguma inigualável a quaisquer outros dois homens da época.

O fato de que Marx era de longe a mente mais poderosa é incontestável. Escrevendo agora, mais de um quarto de século após sua morte, fica claro para todo mundo não apenas que sua análise do sistema capitalista de produção não tem igual, sendo o único trabalho exaustivo sobre o assunto, mas também que suas teorias no que diz respeito à base materialista da história têm rapidamente suplantado todas as outras visões e sua influência geral aumenta a cada dia. De fato, nenhuma contribuição econômica ou sociológica para a ciência do

1 Traduzido por Pedro Davoglio do original em inglês, publicado como capítulo 16 de Henry Hyndman, *The Record of an Adventurous Life* (Nova York/Londres, MacMillan, 1911), p. 246-65. (N. E.)

2 O revolucionário genovês Giuseppe Mazzini, que havia se exilado em Londres em diferentes períodos antes da unificação italiana, em 1861, voltara à capital inglesa em 1871, período em que teria conhecido Hyndman. (N. E.)

desenvolvimento humano no presente momento estaria completa sem levar em conta as profundas investigações de Marx. Mazzini, por sua vez, que em vida desfrutou de reputação popular muito maior, deixou de produzir qualquer efeito vivificante no pensamento atual. Conhecendo bem os dois, devo dizer que, embora a influência de Mazzini sobre os que o rodeavam fosse pessoal e individualmente ética, a de Marx era quase totalmente intelectual e científica. Eu não me arriscaria, no entanto, a comparar dois grandes homens de personalidades e raças[3] tão diferentes tanto tempo depois de sua morte se eles não tivessem sido rivais em vida. Minha opinião é de que me aproximei de Mazzini por admiração a seu caráter e permaneci devoto a ele por sua elevação de pensamento e conduta, e de que fui até Marx compelido a reconhecer um gênio analítico supremo e sedento por aprender como estudante.

E assim me vi com Hirsch na rua Maitland Park, 41; então, conduzido por sua antiga e fiel criada, avistei Marx na ampla sala que ele usava como escritório, no primeiro andar, de frente para os jardins. Pergunto-me se algum grande homem sustenta presencialmente a concepção que dele formamos antes de conhecê-lo. Presumo que não. A primeira impressão que tive de Marx, quando o vi, foi a de um velho homem poderoso, desgrenhado e indomável, pronto, ou mesmo ansioso, para entrar em conflito e bastante desconfiado de um ataque iminente. No entanto, ele nos cumprimentou de maneira cordial, e seus primeiros comentários dirigidos a mim, depois de eu lhe ter dito sobre o deleite e a honra que sentia ao apertar a mão do autor de *O capital*, foram bastante agradáveis; ele me disse que lera meus artigos sobre a Índia com prazer e comentara favoravelmente sobre eles em sua correspondência ao jornal[4]. Estávamos juntos havia duas horas e não demorou muito para eu perceber que a conversa de Marx mantinha de fato o mesmo nível de sua escrita.

Ao falar com feroz indignação sobre a política do Partido Liberal, especialmente em relação à Irlanda, os pequenos olhos profundos do velho guerreiro se iluminaram, suas sobrancelhas grossas se arquearam, o nariz e o rosto fortes e largos estavam obviamente movidos por paixão, e ele despejou uma torrente de denúncias

---

[3] Termo usado comumente na Europa de então, sem base científica, inclusive para diferenciar judeus – como Marx – de populações consideradas indo-arianas. (N. E.)

[4] Hyndman se refere a seus artigos "The Condition of India", "Controversy" e "Bleeding to Death", publicados entre 1878 e 1880 no periódico mensal britânico *The Nineteenth Century*. Os textos foram depois reunidos e publicados, com acréscimos, em *The Bankrupcy of India* (Londres, Swan Sonnenschein, 1886). (N. E.)

vigorosas que exibiam o calor de seu temperamento e o maravilhoso domínio que tinha de nossa língua. O contraste entre seus modos e enunciados quando agitado pela raiva e sua atitude ao apresentar pontos de vista sobre os acontecimentos econômicos do período era muito marcado. Ele trocava o papel de profeta e denunciador veemente pelo de filósofo calmo sem nenhum esforço aparente, e senti desde o início que nesse último terreno muitos anos poderiam se passar antes que eu deixasse de ser um estudante na presença de um mestre.

Fiquei surpreso ao ler *O capital* e ainda mais ao examinar seus trabalhos menores, como o pronunciamento sobre a Comuna de Paris e *O 18 de brumário*, e ver como ele combinava o exame mais competente e desapaixonado de causas econômicas e efeitos sociais com o mais amargo ódio de classe e até de homens individuais, como Napoleão III e o senhor Thiers, que, de acordo com suas próprias teorias, eram pouco mais que moscas sobre as rodas da grande carreta do desenvolvimento capitalista[5]. Marx, é claro, era judeu, e a mim parecia que combinava em sua própria pessoa e natureza, com testa dominante e sobrancelhas pendentes, olhos ferozes e brilhantes, nariz largo e sensível e boca móvel, tudo cercado por um cenário de cabelo e barba não aparados, a fúria justa dos grandes videntes de sua raça, com os frios poderes analíticos de Espinosa e dos médicos judeus. Era uma combinação extraordinária de qualidades, a qual não conheci em nenhum outro homem.

Quando saímos – eu profundamente impressionado pela grande personalidade que encontráramos –, Hirsch perguntou-me o que achei. "Bem", respondi, "acho que ele é o Aristóteles do século XIX". No entanto, ao dizer isso, sabia que não era adequado. Afinal, era completamente impossível pensar em Marx agindo como cortesão de Alexandre enquanto realizava os enormes estudos que influenciaram tão profundamente as gerações posteriores; além disso, ele nunca se separou de tal maneira dos interesses humanos imediatos – não obstante muito do que foi dito em contrário – a ponto de considerar os fatos e coisas à luz fria e dura do maior filósofo da Antiguidade. Não pode haver dúvida de que seu ódio ao sistema de exploração e escravidão assalariada que o cercava não era apenas intelectual e filosófico, mas amargamente pessoal.

Lembro-me de lhe ter dito uma vez que, à medida que envelhecia, considerava ter me tornado mais tolerante. "Mesmo?", Marx comentou, "é *mesmo*?". Eu estava bastante certo de que ele não. Foram, penso, sua profunda animosidade à ordem

5 Karl Marx, *A guerra civil na França* (trad. Rubens Enderle, São Paulo, Boitempo, 2011), p. 40. (N. E.)

existente das coisas e sua crítica contundente aos oponentes que impediram muitos indivíduos das classes instruídas e abastadas de apreciar o magistral trabalho de vida de Marx em todo seu valor, que permitiram que diletantes e apologistas de terceira categoria, como Böhm-Bawerk, se tornassem heróis aos olhos deles, simplesmente porque o deturparam e tentaram "refutá-lo". Acostumados como estamos hoje, especialmente na Inglaterra, a sempre revestir com macios protetores a ponta de nossas lanças, as terríveis investidas de Marx com puro aço sobre os adversários pareciam tão impróprias que era impossível para nossos combatentes farsescos e cavalheirescos e homens de mentalidade ginasial acreditar que o implacável criador de controvérsias e furioso agressor do capital e do capitalismo era realmente o mais profundo pensador dos tempos modernos. Um conhecimento muito superficial dos controvertidos escritos de Thomas More ou John Milton lhes teria permitido entender Marx de um ponto de vista muito melhor. Ele lutou até o fim, por toda a vida, e esse fim será adiado, me arrisco a prever, até que a grandeza de Marx seja universalmente reconhecida.

Não é exagero, porém, dizer que, em 1880, Marx era praticamente desconhecido do público inglês, exceto como um perigoso e até mesmo desesperado defensor da revolução que organizara a Internacional, uma das causas da temível Comuna de Paris, diante da qual todas as pessoas decentes e respeitáveis estremeciam e na qual pensavam com horror. Pouquíssimos ingleses de renome o haviam visto, e, daqueles que o conheciam bem, acredito que meu velho amigo professor Beesly seja o único cujo nome seria reconhecido como o de formador de opinião. Por isso, considero-me afortunado por poder, naquele momento, conhecê-lo tão bem.

A saúde de Marx estava se debilitando então. Seus trabalhos mais que hercúleos em seu grande livro haviam minado sua constituição maravilhosamente forte. Não é de admirar. Ele já estava no Museu Britânico quando as portas se abriam pela manhã e só saía de lá quando se fechavam, à noite. Então, após voltar para casa, continuava trabalhando – dando-se apenas um breve descanso e tempo para comer – até as primeiras horas da manhã. Dezesseis horas por dia era uma jornada de trabalho bastante comum para ele, e não raramente ele adicionava uma ou duas horas. E que trabalho era este também! Não era de surpreender que agora estivesse proibido de escrever ou pensar depois da refeição noturna. Isso lhe era uma séria privação, mas foi o que me deu por alguns meses a oportunidade de encontrá-lo, quando sabia que ele estaria liberado, e de aprender com ele mais direta e pessoalmente do que teria sido possível de qualquer outra maneira. Foi assim que, no fim de 1880 e no início de 1881, tive o privilégio de manter conversas muito frequentes com o Doutor e formei uma visão dele e de seu gênio, de sua vasta erudição e de sua magistral pesquisa sobre a vida humana que, acredito, era acessível a bem poucos fora de seu círculo familiar imediato.

Nosso método de conversa era peculiar. Quando estava interessado na discussão, Marx tinha o hábito de caminhar vivamente para cima e para baixo no ambiente, como se andasse de um lado para o outro no convés de uma escuna para se exercitar. Eu havia adquirido, em minhas longas viagens, a mesma tendência de andar de um lado para o outro quando estava com a mente muito ocupada. Consequentemente, o mestre e o estudante podiam ser vistos caminhando para cima e para baixo em lados opostos da mesa por duas ou três horas seguidas, empenhados em discutir os assuntos do passado e do presente. Eu frequentemente falava com ele sobre o movimento cartista[6], cujos líderes ele conhecera bem e por quem, como mostram os escritos deles, era muito estimado. Mostrava-se inteiramente simpático a minha ideia de reviver a organização cartista, mas duvidava da viabilidade; e, ao tratar da probabilidade de provocar uma grande transformação econômica e social na Grã-Bretanha de maneira política e pacífica, disse: "A Inglaterra é o único país em que uma revolução pacífica é possível". E acrescentou, após uma pausa: "Mas a história não nos diz isso". "Vocês, ingleses", disse, em outra ocasião, "iguais aos romanos em tantas coisas, são mais parecidos com eles na ignorância sobre sua própria história".

Ocorreram grandes avanços quanto a isso desde que Marx proferiu tal dito; no entanto, mesmo hoje é humilhante comparar o conhecimento de um inglês instruído e inteligente sobre a história de seu país com o conhecimento que quase todos os irlandeses têm da história da Irlanda.

Sobre a Questão Oriental, Marx era um antirrusso no mais alto grau. Isso constituiu um elo entre nós. Ele inevitavelmente via a Rússia sob o tsarismo como o grande sustentáculo da reação em toda a Europa, tal como havia sido em 1848, e não entendia como era possível que qualquer parcela considerável do povo desta ilha, fora os políticos, considerasse o aumento do poder e da influência moscovita como algo além de um grave perigo para a civilização ocidental. Ele levou esse antagonismo justificável, talvez inconscientemente intensificado por sua hereditariedade e pelo atroz tratamento recebido por sua raça na Rússia, a uma dimensão anormal, e chegou a aceitar as opiniões de David Urquhart sobre o Oriente

[6] Movimento inglês de classe trabalhadora, expressivo entre as décadas de 1830 e 1840, que reivindicava mais direitos políticos para os trabalhadores. (N. E.)

com uma falta de investigação direta que me surpreendeu, vinda de um homem de mente tão crítica. No entanto, todos têm suas fraquezas, e as fraquezas desse grande pensador residem no juízo que fez de eventos correntes e medidas práticas, assim como de homens.

Os erros requintadamente engraçados cometidos por ele e por Engels durante o período mais bem-sucedido da Internacional e sua visão singularmente autocrática quanto à administração correta do que deveria ser um órgão democrático nunca foram totalmente registrados. Membros da Internacional, como Hermann Jung, Adolphe Smith, Cremer, Vésinier e outros, ainda que tivessem muito respeito pelo magnífico trabalho realizado por esses homens no âmbito da teoria, discorreram sobre seus defeitos ou suas deficiências na prática. No entanto, aqueles que estavam nos bastidores e sabiam tudo o que acontecia poderiam muito bem imaginar como um grupo tão estranhamente composto teria influenciado e exercido o efeito aterrorizador na sociedade que a Internacional inquestionavelmente causou em certo período. As ideias eram suficientemente sólidas, e a própria possibilidade de serem aceitas pelas pessoas fez soar o alarme. Marx, como se tem dito engenhosamente, introduziu a grande indústria no campo da revolução social internacional. Quase cinquenta anos depois, porém, esse sistema ainda não é fato real.

Quanto ao juízo sobre os homens, basta dizer que ele era, por um lado, tolerante demais em suas estimativas e, por outro, amargo demais. Veja-se que, mesmo nos assuntos da Alemanha, ele e Engels se opuseram à política de conciliação e consolidação de Liebknecht com o partido de Lassalle, quando isso era absolutamente essencial para o sucesso de nosso movimento naquele país[7]. Isso só mostra que, diante dos maravilhosos e inesquecíveis serviços que ele prestou à causa da humanidade e do socialismo, todos esses pequenos erros desapareceram da memória, e apenas seu esplêndido trabalho em economia política, história e internacionalismo é lembrado.

Perguntei a ele certa vez como lhe ocorrera a concepção de mais-valor e da troca com base no valor do trabalho social. Ele me disse que a ideia toda lhe veio enquanto estudava em Paris, como um lampejo, e que acreditava que a noção iluminadora das forças sociais e econômicas do tempo – trabalhando elas mesmas

[7] A esse respeito, ver, neste volume, p. 51, o relato do próprio Liebknecht e, p. 238, o comentário de Clara Zetkin. (N. E.)

inconsciente e descontroladamente para o monopólio e o socialismo, por baixo das competições anarquistas e dos antagonismos do sistema capitalista – surgiu pela primeira vez em uma forma coordenada a partir de sua leitura das obras dos primeiros economistas, socialistas e cartistas ingleses. Uma vez que a concepção se formara de maneira clara em sua mente e a visão materialista do desenvolvimento da história fora por completo compreendida e verificada, todo o resto se tornou mera questão de exposição da teoria e de junção de fatos de acordo com essa teoria – ou em aparente oposição a ela. É um grande erro imaginar que Marx desejava menosprezar suas obrigações para com os antecessores ou privá-los de qualquer crédito que lhes fosse devido. Ele mesmo chamou minha atenção para livros e panfletos, além daqueles por ele citados em suas obras, que provavam que a revolta contra o lucro capitalista em sua forma moderna nem sempre foi de todo inconsciente ou ignorante das causas reais em operação. Ele acolhia com prazer qualquer nova e estimulante investigação recém-publicada sobre seu próprio assunto e não estava muito preocupado com plágios de seu trabalho, dos quais ele poderia com razão ter reclamado[8].

Nesses assuntos, como em outros, Engels era muito mais exigente e arrogante que Marx. A prontidão de Marx para mudar seus pontos de vista quando havia evidências suficientes contra sua própria opinião também era muito maior do que se supõe comumente. Assim, quando Lewis H. Morgan provou, para satisfação de Marx, em *A sociedade antiga*[9], que as *gentes*[10], não a família, eram a unidade social do antigo sistema tribal e da sociedade antiga em geral, Marx abandonou de imediato suas opiniões anteriores baseadas em Niebuhr[11] e outros e aceitou o ponto de vista de Morgan. Em outras questões de menor importância, ele era igualmente aberto, como um homem de excepcional poder intelectual não poderia deixar de ser.

Minha proximidade com Marx nesse período naturalmente fez com que eu e minha esposa entrássemos em contato também com a senhora Marx e sua filha

[8] Longe de ser verdade, tal afirmação é notável pelo fato de Marx ter repreendido o próprio Hyndman – ainda que não publicamente – por copiar, sem o crédito devido, trechos inteiros do Livro I de *O capital* em uma obra sua. Ver o rascunho da carta de Karl Marx a Henry Mayers Hyndman, de 2 de julho de 1881, em MECW, v. 46, p. 102, e também Marcello Musto, *O velho Marx* (trad. Rubens Enderle, São Paulo, Boitempo, 2018), p. 91, além de, mais adiante neste volume, p. 158-60. (N. E.)

[9] Ed. bras.: Lewis Henry Morgan, "A sociedade antiga", em Celso Castro (org.), *Evolucionismo cultural* (trad. Maria Lúcia de Oliveira, Rio de Janeiro, Zahar, 2005). (N. E.)

[10] Aqui, como plural de *gens*. (N. E.)

[11] Barthold Georg Niebuhr (1776-1831), historiador germano-dinamarquês, especialista em Roma antiga. (N. E.)

Eleanor. Marx e Eleanor jantaram conosco mais de uma vez na rua Devonshire, mas a senhora Marx já estava doente demais para sair de casa. A senhora Marx era uma mulher refinada e de elevada inteligência, de grande charme em suas maneiras e suas conversas. Vinda de família aristocrática, sendo seu pai um estadista da mais alta distinção em Hannover, ela havia cometido uma ofensa imperdoável contra sua casta ao se casar com aquele homem de gênio. Pela senhora Marx, minha esposa ouviu falar muito sobre Marx, o que levou nossa mente a um contato muito mais profundo com a vida comum de mortais comuns.

Eles sofreram muito por suas opiniões e enfrentaram diversas reviravoltas. Em certa ocasião, o próprio Marx, estando em grande necessidade, saiu para penhorar itens de prataria doméstica. Ele não estava particularmente bem-vestido, e seu conhecimento de inglês não era tão bom quanto se tornou mais tarde. A prataria, infelizmente, como se descobriu, trazia o timbre da família do duque de Argyll, os Campbell, à qual a senhora Marx estava diretamente ligada. Marx chegou ao banco de três bolas e apresentou as colheres e os garfos. Sábado à noite, judeu estrangeiro, vestido em desalinho, cabelo e barba grosseiramente penteados, prata bonita, timbre nobre – evidentemente uma transação bastante suspeita. Assim pensou o penhorista. Ele, então, deteve Marx, sob algum pretexto, enquanto chamava a polícia. O policial teve a mesma opinião que o penhorista e, por isso, levou o pobre Marx à delegacia. Lá novamente as aparências estavam decisivamente contra ele: "Sábado à noite, judeu estrangeiro, prata bonita, timbre nobre etc.": o caso já estava decidido antes do início da investigação. Em vão Marx explicou, em vão se queixou. Suas explicações eram inúteis, suas expostulações, vãs. A quem ele poderia se referir para atestar sua respeitabilidade? De onde ele tinha tirado a bela prata de que estava tão ansioso para se livrar? Por que esperou anoitecer para penhorar a prataria? Não havia ninguém que pudesse chamar na hora. Sua declaração verdadeira sobre a origem das colheres e dos garfos foi recebida com incredulidade e galhofa. A apresentação do número da casa que habitavam não foi suficiente.

Assim, Marx recebeu a desagradável hospitalidade de uma cela de delegacia, enquanto sua ansiosa família lamentava seu desaparecimento e aguardava com ansiedade o marido e pai que não voltou e o tão necessário dinheiro. Então, a noite de sábado passou. E o domingo. Só na segunda-feira o fundador do socialismo científico foi capaz de mostrar de forma conclusiva, pela evidência de amigos "respeitáveis" residentes em Londres, que ele não era ladrão nem assaltante e que a prata com o timbre dos Campbell era de sua honesta propriedade. Essa história, que a senhora Marx nos contou, meio sorridente, meio pesarosa, já foi contada mais de uma vez; faço-o, porém, novamente a fim de mostrar o tipo de perigos a que o estrangeiro desavisado está exposto na Londres de penhoristas desconfiados e até mesmo da muito elogiável polícia e também como sugestão a outros refugiados cujas necessidades obriguem a recorrer ao "tio"[12] para que façam a transação à luz do dia, e não em um sábado à noite, quando as pessoas estão longe do centro.

A pobreza de Marx, contudo, o levou a outros problemas além da inconveniência temporária de ficar trancafiado por 36 horas. Eu talvez não devesse me referir a isso, a não ser pelo grave efeito que teve sobre minha própria relação com Marx. Engels, diferindo a esse respeito, tinha a capacidade de obter dinheiro bem desenvolvida; e, tendo assegurado para si uma fortuna razoável da fiação de algodão em Lancashire, ainda relativamente jovem, aposentou-se, tinha dinheiro à disposição e dedicou-se a estudos nos quais mostrava ser secundário, e apenas secundário, em relação a Marx. Não creio que Engels, com quem nunca conversei nem mesmo vi, fosse um homem mau, embora eu, pessoalmente, decerto não tenha razão alguma para formar outra visão que não a mais desfavorável a respeito de seu caráter; ele era exigente, desconfiado, ciumento e inclinado a dar todo o peso ao valor de troca de seu dinheiro em suas relações com aqueles a quem ajudava.

Marx tinha, para usar a linguagem corrente, "obrigações pecuniárias consideráveis" para com Engels. Nisso a senhora Marx não suportava pensar. Não que ela não reconhecesse os serviços de Engels ao marido, mas se ressentia e lamentava sua influência sobre o grande amigo. Ela falou dele à minha esposa mais de uma vez como o "gênio maligno" de Marx e desejava poder aliviar o marido de qualquer dependência em relação a esse coadjutor capaz e leal, mas pouco compreensivo. Eu mesmo dispunha de bons meios naquela época e, embora tenha certeza de que nem Marx nem a senhora Marx fizessem a menor ideia de que eu poderia ou aceitaria tomar o lugar de Engels se necessário, estou igualmente certo de que Engels pensava que eu poderia fazê-lo e, aborrecido com a amizade e até com a intimidade que crescia entre mim e Marx no inverno e na primavera de 1880-1881, decidiu destruir o que ele achava que poderia ser uma influência rival à dele. O efeito de tudo isso veio depois.

Nesse ínterim, como eu dizia, minha amizade e minha consideração por Marx cresciam rapidamente. Ele me contou muito sobre Heine, com quem teve uma

---

[12] Tradução literal do original inglês "*uncle*", termo que em Londres é usado como gíria para "penhorista". (N. E.)

longa correspondência que nunca foi publicada; sobre Lassalle, sua aparência, seu vigor, sua expressão atabalhoada quando animado; de sua própria luta contra Bakúnin e a triste queda da Internacional – tudo isso, naturalmente, era de meu maior interesse. Apresentei meus amigos Boyd Kinnear e Butler-Johnstone a ele; e lembro-me de, numa noite, enquanto discutíamos Freligrath, Heine, Hervegh e outros grandes homens de letras alemães da era moderna[13], ele ter insistido para que eu lesse a ele e Butler-Johnstone a tradução de Thompson (B. V.)[14] para algumas obras mais curtas de Heine, as quais ele disse que eram as melhores já feitas em qualquer idioma.

Tornei-me, de fato, tão habituado a encontrá-lo e a conversar com ele que os visitantes eram frequentemente recebidos como se eu não estivesse ali. Foi assim que conheci o desesperado anarquista russo Hartmann, que naquele mesmo dia procurara refúgio neste país. A criada anunciou seu nome, e Marx ordenou que ele comparecesse de imediato. Confesso que não gostava muito da aparência daquele homem e disse isso a Marx. Sua resposta, depois da partida de Hartmann, foi basicamente aquele velho provérbio aprendido com os equinocultores: "A cavalo dado não se olham os dentes". Pois bem. Mas eu certamente confiaria a sucessão da "linhagem" a um espécime diferente de Hartmann. E ainda assim cometi uma injustiça com o homem. Ele fez seu trabalho por completo e, sentindo-se inseguro diante dos bandidos moscovitas enviados para sequestrá-lo em Londres, esse conspirador judeu lançou-se à República Argentina, onde sei que foi seguido pelos sabujos do tsar e perseguido pela miséria e pela morte[15].

Nessa época, *Progresso e pobreza*, de Henry George[16], começou a ter grande efeito sobre o público, em parte como consequência da questão da terra na Irlanda e mesmo na Grã-Bretanha, à época mais proeminente do que havia sido antes ou do que tem sido em nossos dias; em parte pela maneira ativa como foi impulsionado primeiro no *Radical*[17], por William Webster, e depois na imprensa liberal; e em parte

[13] Assim como Heine, Ferdinand Freiligrath e Georg Friedrich Rudolph Theodor Herwegh conviveram com Marx na juventude e costumam ser considerados integrantes do grupo Jovem Alemanha. (N. E.)

[14] James Thomson – cujo sobrenome, na realidade, não leva "p" –, poeta e tradutor escocês (1834-1882). As iniciais B. V., retiradas de seu pseudônimo, Bysshe Vanolis, costumam ser usadas para distingui-lo do homônimo que viveu no século XVIII. (N. E.)

[15] Hyndman era um notório antissemita, o que se entrevê claramente neste parágrafo. (N. E.)

[16] Ed. bras.: trad. Americo Werneck Junior, Rio de Janeiro, Companhia Editora Nacional, 1935. (N. E.)

[17] Jornal fundado por Francis William Soutter (1844-1932), alinhado ao radicalismo liberal-social, cuja principal causa era a representação dos trabalhadores no Parlamento britânico. (N. E.)

por causa do brilhante mérito jornalístico do livro em si. Marx analisou e falou sobre isso com uma espécie de desprezo amigável: "A última vala dos capitalistas", disse. Não compartilhei tanto dessa visão. Vi as lacunas de fato extraordinárias da obra e seus notórios erros em economia, mas também reconheci, até certo ponto, que Marx não podia ver ou não admitiria a atratividade sedutora de seu brilhante estilo jornalístico de alta classe à turba complacente e semieducada. Eu acreditava, então, que isso induziria as pessoas que nunca teriam lido livros de economia pura e simples a refletir sobre problemas econômicos; e, embora tenha visto tão claramente como agora que a taxação dos valores da terra não é solução para nenhuma questão social, senti que a agitação contra qualquer forma de propriedade privada era melhor que a apatia estereotipada que prevalecia ao nosso redor.

Havia outra opinião que defendi e expus a Marx e que também repeti quando escrevi uma nota sobre George no *Saturday Review*, logo após sua lamentada morte[18]. Existe algo de aprendizado pelo erro. Era, ou assim parecia ser para mim, impossível para qualquer pessoa inteligente ler *Progresso e pobreza* sem detectar seus grosseiros erros econômicos. Pensei que a resplandecente superficialidade dos ataques de George à propriedade privada da terra certamente deveria levar o leitor menos atento a refletir sobre as desvantagens da propriedade privada do capital. Quando George afirmou que tudo o que não era salário era renda, parecia incrível que ninguém questionasse quem, então, obtém lucros e juros. O que aconteceu com eles? Por isso, argumentei, George ensinará mais inculcando o erro do que outros homens transmitiriam pela exposição completa da verdade. Marx não tomaria isso como argumento sólido. A promulgação do erro nunca poderia fazer bem algum ao povo, essa era a opinião dele. "Deixar um erro sem refutação é encorajar a imoralidade intelectual. A cada dez que vão mais longe, cem podem facilmente parar em George, e o risco disso é grande demais." Marx novamente. No entanto, ainda defendo que o sucesso temporário de George com suas falácias agitantes facilitou muito a divulgação das próprias teorias de Marx na Grã-Bretanha, pelo fato de a opinião pública ter sido estimulada a considerar a questão social, e a economia política em geral, graças à facilidade de leitura do livro de George. Ao mesmo tempo, não surpreende que a inconsequência fluente de George fosse incompatível com a mente científica de Marx. George era um menino com uma candeia brincando no raio de visão de um homem usando um holofote.

---

[18] Henry M. Hyndman, "Henry George", *The Saturday Review*, Londres, 6 nov. 1897, p. 485-6. (N. E.)

Quanto mais eu conhecia Marx, mais minha admiração e minha consideração aumentavam e mais eu apreciava o lado humano de seu caráter. Essa modificação da visão que eu tinha dele é, penso, involuntariamente aparente no que escrevi sobre sua pessoa até aqui. De início, o lado agressivo, intolerante e intelectualmente dominante preponderou; só mais tarde a simpatia e a boa natureza subjacentes a seu exterior áspero se tornaram aparentes. As crianças gostavam dele, e ele brincava com elas como amigo. Conforme compreendi as visões de Marx mais e mais detalhadamente e passei a apreciar não apenas sua precisão e sua profundidade, mas sua vasta amplidão e seu vasto alcance, decidi que faria o máximo para difundir suas obras e suas teorias no mundo de língua inglesa; ao mesmo tempo, tentava, por minha conta, aliar suas concepções mais ousadas a uma política mais imediata. Nunca me ocorreu, confesso, que o resultado de meu primeiro esforço nessa direção seria uma grave ruptura com o próprio Marx e que ele, entendendo minha ação de forma por completo equivocada, faria uma série de ataques do caráter mais vingativo contra mim, seguido por Engels, com entusiasmo ainda mais fervoroso, por anos[19]. No entanto, nossa amizade permaneceu, até onde sei, inabalada até meados de 1881. Devo falar de forma breve sobre o que a estremeceu. Infelizmente destruí a maioria das cartas de Marx no momento de nossa diferença, mas descobri uma que aparece a seguir[20].

> 8 de dezembro de 1880.
>
> MEU CARO SENHOR – A senhora Marx, como a maioria das pessoas enfermiças cuja doença assumiu um caráter crônico, às vezes torna-se subitamente incapaz de sair do quarto e depois se encaixar novamente no intercurso social. Acreditando que poderia em alguns dias fazer uma visita à senhora Hyndman, ela não escreveu imediatamente, mas, como estamos nesta semana inundados de visitantes do continente, ela me pede para lhe escrever informando que se dará o prazer de procurar a senhora Hyndman na próxima semana.
>
> Saúdo a perspectiva do periódico de que você fala. Se você diz que não compartilha da opinião de meu partido para a Inglaterra, só posso responder que esse partido considera uma revolução inglesa não algo *necessário*, mas *possível*, de acordo com precedentes

[19] Para uma exposição dos diferentes motivos que levaram Marx a romper com Hyndman – que passam por discordâncias de projeto político, uso indevido e não creditado de trechos de *O capital* e mesmo irritação com a personalidade do político inglês –, ver Marcello Musto, *O velho Marx*, cit., p. 91-4. (N. E.)

[20] Marx, no entanto, conservara rascunhos de algumas delas, o que permitiu aos historiadores e marxólogos reconstruir outros aspectos do entrevero. (N. E.)

históricos. Se a evolução inevitável se transformar em revolução, não seria apenas culpa das classes dominantes, mas também da classe trabalhadora. Toda concessão pacífica da primeira foi arrancada por "pressão de fora". Sua ação acompanhou essa pressão e, se a última se enfraqueceu cada vez mais, foi apenas porque a classe trabalhadora inglesa não sabe como exercer seu poder e usar suas liberdades, os quais detém legalmente.

Na Alemanha, a classe trabalhadora estava plenamente consciente, desde o início de seu movimento, de que não é possível livrar-se de um despotismo militar a não ser por uma revolução. Ao mesmo tempo, compreendeu que tal revolução, mesmo que inicialmente bem-sucedida, por fim se voltaria contra ela sem organização prévia, aquisição de conhecimento, propaganda e (palavra ilegível). Por isso, seus integrantes se moviam dentro de limites estritamente *legais*. A ilegalidade estava toda do lado do governo, que os declarou *en dehors la loi*[21]. Seus crimes não foram *atos*, mas *opiniões* desagradáveis a seus governantes. Felizmente, o mesmo governo que empurrou a classe trabalhadora para segundo plano com a ajuda da burguesia torna-se cada vez mais insuportável para esta última, a quem bate no ponto mais delicado, o bolso. Esse estado de coisas não pode durar muito tempo.

Favor apresentar meus cumprimentos à senhora Hyndman.

Muito sinceramente,

(Assinado) KARL MARX.

Suponho que todos os agitadores ativos e vigorosos tenham sérias diferenças com amigos e colegas de trabalho mais íntimos. Infelizmente, tive mais de uma experiência triste como esta e, infelizmente, na época em que mais o apreciei e o admirei, ocorreu uma ruptura entre Marx e mim. Basta dizer aqui que, quando publiquei meu pequeno *England for All*[22] [*Inglaterra para todos*], Marx sentiu, ou foi persuadido a sentir, que eu o havia prejudicado apropriando-me de certas ideias dele sem o devido reconhecimento e com vistas a minha vantagem pessoal. Como eu certamente não tinha nada a ganhar ao pôr o pé na Federação Democrática[23] e como também fiz imprimir o trecho a seguir no prefácio de meu livro, não vejo que motivo Marx teria para reclamar.

Neste período de mudança, em que a mente dos homens está muito preocupada com o futuro, e muitos parecem ter dúvidas sobre onde estamos, tentei sugerir ao partido

---

21 "Fora da lei" em francês. (N. E.)

22 Henry Hyndman, *England for All* (Londres, Gilbert & Rivington, 1881). (N. E.)

23 Renomeada Federação Social-Democrática em 1884. (N. E.)

democrata deste país uma política clara e definida. As visões expressas nesta pequena obra não estão, segundo sei, de acordo com a política e a economia comumente aceitas hoje. Mantendo, como faço, fortes opiniões quanto à capacidade das grandes democracias de língua inglesa de assumirem a liderança na reorganização social do futuro, penso que é correto declará-las e, ao mesmo tempo, mostrar com que gravidade o povo trabalhador sofre sob nosso atual e sombrio sistema capitalista.

Das classes luxuriosas, como um todo, espero pouco apoio. Elas têm muitos escritores prontos para defender sua causa. Apelo apenas ao povo, e sua aprovação será minha recompensa.

Foi para a Federação Democrática que escrevi originalmente este livro, e apresento hoje a seus membros os primeiros exemplares.

Para as ideias e muito do conteúdo dos capítulos 2 e 3, sou grato ao trabalho de um grande pensador e escritor original que, confio, em breve se tornará acessível à maioria de meus compatriotas.

H. M. H

8 de junho de 1881

Rua Devonshire, 10, largo Portland

Londres, O.

No entanto, este incidente causou uma ruptura entre nós, e não reatamos a amizade até pouco antes de sua lamentada morte. Nesse meio-tempo, Marx, com sua tendência habitual à personalidade amarga, escreveu algumas coisas sobre mim das quais creio que depois não teve satisfação em lembrar. Contudo, a doença prolongada da senhora Marx, sua própria saúde deteriorada e certos aborrecimentos e desapontamentos que quase com certeza viriam a um homem como Marx tinham, juntos, perturbado a regularidade de seu temperamento e o disposto a ver o pior lado das coisas.

Além disso, Marx não era um bom juiz dos homens, tampouco era inclinado a ceder, mesmo em pontos indiferentes, a fim de garantir um acordo e assegurar a coesão. O fato de ter dado confiança total a Maltman Barry, que certamente não era socialista[24], e a Edward Aveling, que, apesar de ter se tornado socialista e

---

[24] Além de ligado ao Partido Conservador, Barry era xenófobo e antissemita. No entanto, o próprio Hyndman teria confiado em Barry ao aceitar, em 1885 – após a morte de Marx, portanto –, recursos de campanha obtidos dos *tories*, a quem as candidaturas social-democratas interessavam por enfra-

marido de fato de sua filha Eleanor, não era confiável em nenhuma de suas relações, é evidência suficiente de que Marx estava mais propenso a julgar os homens de acordo com o que ele esperava encontrar que com os fatos como existiam. Além do mais, embora não fosse naturalmente inclinado a suspeitas, tornara-se extremamente desconfiado a respeito de muitos que não tinham nenhum traço de espião: característica que ele e Engels compartilhavam do modo mais curioso. Em uma ocasião importante, eles estavam certos de que um cavalheiro honesto, se não estúpido, tendo se separado da Internacional, da qual havia sido secretário, havia levado consigo o livro de atas e pretendia usá-lo contra a organização. Houve um terrível distúrbio, e Marx e Engels, em especial, ficaram enfurecidos. Um amigo foi designado a ameaçar o acusado. Ele encontrou o ex-secretário no caminho, trazendo de volta, debaixo do braço, o livro de atas. Este nunca teve a menor intenção de mantê-lo consigo.

Deve-se admitir também que, na prática política, Marx cometeu erros muito sérios, mesmo em relação a seu próprio país, e mostrou alguma falta de confiança no alcance do poder de suas próprias teorias quando em conflito, ou ao menos em combinação, com outras opiniões. Assim, ele sem dúvida encarou com desconfiança e até se opôs diretamente à consolidação do partido de Schweitzer ou Lassalle com o partido de Marx, o que era absolutamente indispensável e que fez mais para encaminhar o progresso do socialismo na Alemanha que qualquer outra coisa que tenha ocorrido antes ou depois. Isso foi o mais notável, na medida em que ambos os partidos eram socialistas, não mantendo nenhum tipo de tráfico com os liberais; no entanto, foi dito que o próprio Schweitzer havia negociado com Bismarck quando as tropas alemãs cercaram Paris. Também se falava de um levante revolucionário em concertação em Berlim e que Schweitzer até conseguira extrair promessas de reforma do chanceler em favor da classe trabalhadora. O partido de Schweitzer ou os lassalleanos eram, porém, sem dúvida, mais ou menos nacionalistas, e o partido Marx era internacionalista[25]. Essa foi a principal diferença.

---

quecerem os rivais do Partido Liberal. Ver Paul Adelman, *The Rise of the Labour Party, 1880-1945* (Londres, Routledge, 2014). (N. E.)

[25] É fato que a fração lassalleana, sob o comando de Schweitzer, tinha uma postura nacionalista e canais de interlocução com Bismarck nos períodos em que este foi chanceler da Alemanha do Norte (1867--1870) e do Império Alemão (a partir de 1870). Em contrapartida aos rumores mencionados por Hyndman, isso se expressou em cooperações pontuais com os interesses do governo, notadamente com votos a favor dos créditos de guerra para o conflito franco-prussiano, ao qual Marx e Engels se opuseram. (N. E.)

Liebknecht, principal agente da unidade das duas seções, me disse que tinha mais problemas com Marx e Engels e o pequeno grupo de extremistas que, talvez naturalmente, estava inclinado a deificar esses grandes pensadores do que com todos os outros socialistas alemães juntos. Eles não conseguiam entender que homens como Bebel e Liebknecht e seus camaradas mais íntimos, que estavam bem no meio da briga, seriam capazes de julgar melhor as necessidades da época que eles mesmos, que estavam muito confinados às bibliotecas e não podiam sentir para onde as coisas iam. A política dos locais, contudo, venceu, e nenhuma das seções jamais teve motivo para lamentar a convocação do esplêndido Congresso de Erfurt, que deu origem ao maior e mais disciplinado Partido Socialista do mundo[26].

Se falo desses erros de uma grande mente na vida prática, é porque observei aqui e ali uma disposição para estabelecer Marx como autoridade infalível quanto ao que deve ou não ser feito sob as condições de nossos dias. É óbvio que, se ele não podia julgar corretamente o que acontecia na Alemanha e com certeza não era muito bom nas opiniões sobre a política na Inglaterra quando vivo, é um grande erro citá-lo como autoridade em relação a eventos que ocorreram após sua morte. Ninguém estaria mais disposto a condenar essa tolice que o próprio Marx.

No entanto, estes assuntos são todos pequenos quando comparados às magníficas conquistas hoje admiradas até por seus oponentes. Se desejarmos compreender plenamente o que ele fez, temos apenas de olhar para o movimento socialista antes de suas teorias terem sido aceitas e, então, considerá-lo hoje. Dando o máximo crédito a todos os precursores de Marx – e de modo algum desconsiderando o excelente trabalho preparatório de Saint-Simon, Owen, Fourier, os agitadores católicos e os amigos do povo protestantes, os cartistas ingleses e os revolucionários franceses, bem como os economistas trabalhistas deste e de outros países –, não é demais dizer que Marx encontrou no socialismo um caos de ideias desordenadas, sentimentos inúteis e experimentos utópicos e, finalmente, o pôs sobre uma base científica. Sua análise do capitalismo e seu esboço sintético do socialismo sustentam uma posição. Eles formam a base de defesa dos partidos socialistas em todos os países. É espantoso o tanto que suas principais previsões se cumpriram. Se aqui e ali, como no caso do departamento da agricultura, suas previsões foram aparentemente falsificadas, um exame

---

[26] Ver, neste volume, p. 51, nota 30. (N. E.)

mais detalhado mostra que em outro plano elas foram totalmente realizadas. É certo também que os defensores das teorias opostas às de Marx no campo da economia e da história têm tido muito pouco sucesso, exceto na medida em que adotaram seus métodos sem reconhecer isso.

Ele foi, sem dúvida, um gênio – e considero um dos grandes privilégios de minha vida tê-lo conhecido bem.

Não posso deixar esse assunto sem abordar a concepção materialista da história, que talvez seja o maior motivo de fama de Marx – embora seu sistema, econômico e histórico, sustente-se como uma visão completa da sociedade humana, e não por acaso, nos últimos anos, todo trabalho realmente original feito na investigação histórica tenha tido como base suas teorias. Por sua vez, aqueles que supõem – como parecem fazer alguns de seus seguidores mais eminentes, como Kautsky e Lafargue – que Marx não viu nada na história a não ser a ação e a reação imediatas e diretas das condições materiais refletidas de forma precisa e contínua na guerra de classes, nas lutas políticas e nos desenvolvimentos sociais estão, em minha opinião, completamente errados.

Ninguém poderia ter sido menos dogmático a respeito do desenvolvimento social que ele. Julgo que ninguém contestaria a essa hora que as condições materiais, em geral e no longo prazo, dominam e guiam a evolução social. No entanto, afirmar que as investigações dos gregos sobre as propriedades das seções cônicas, ou dos hindus em álgebra, se devem a influências materiais imediatas e diretas é, a meu ver, uma proposição tão absurda quanto afirmar que todas as expansões matemáticas ou os números imaginários que admitidamente não têm aplicação material aos fatos reconhecidos que nos rodeiam surgem dessas condições materiais não reconhecidas e são inconscientemente impressos em nosso cérebro. No entanto, o mais recente escritor da escola material extrema, Paul Lafargue, genro de Marx, chega a esse ponto; e Karl Kautsky, em sua controvérsia com Bax na *Novos Tempos*, foi quase tão longe em seu argumento histórico[27]. O ponto é sério. Marx, confio eu, nunca excluiu de sua pesquisa a contra-ação do psicológico sobre o fator material principal da ação, fosse na sociedade, fosse no indivíduo.

---

[27] Referência a uma longa polêmica a respeito do conceito marxista de história, travada em 1896 entre Ernest Belfort Bax e Karl Kautsky nas páginas da revista que este último dirigia. (N. E.)

Marx/Engels Image Library

Exterior da residência de Karl Marx e sua família na rua Maitland Park, 41, Londres.

Algumas horas com Karl Marx (1933)[1]

Karl Kautsky

Fui convidado a reproduzir minhas impressões sobre Karl Marx. Isso, de fato, é algo que me podem demandar, pois, entre socialistas ainda vivos, certamente sou o único que era adulto quando viu Marx, e não criança, como Jean Longuet. No entanto, até então sempre me recusei a escrever sobre minhas lembranças de Marx, pois o conheci apenas de forma efêmera e tenho pouco a dizer sobre sua personalidade.

A fim de penetrar a essência de um ser humano, é necessário observá-lo enquanto trabalha – idealmente, deve-se trabalhar com ele – e enquanto descansa do trabalho, rodeado da família, dos amigos. E não apenas ocasionalmente, mas durante anos e nas mais diversas situações. A Wilhelm Liebknecht e Paul Lafargue foi concedida tal oportunidade em relação a Marx. A quem quiser conhecer a personalidade de Marx, recomendo a leitura do texto de Liebknecht sobre Karl Marx[2] e o artigo de Lafargue sobre Marx na revista *Novos Tempos**.

Meu encontro com Marx deu-se em circunstâncias bastante adversas. Quando vim a Londres, em 1881, a esposa de Marx já estava gravemente enferma havia mais de um ano, sofria de um mal (câncer) declarado incurável. Ela sucumbiu em 2 de dezembro de 1881. Ademais, nos meses que passei em Londres à época – fim de março a fim de junho –, o próprio Marx estava enfermo. Em 30 de junho, ele

---

1 Publicado em alemão, para o cinquentenário da morte de Marx, com o título "Einige Stunden bei Karl Marx", *Arbeiter-Zeitung*, Viena, 12 mar. 1933, p. 6. Traduzido por Renata Dias Mundt a partir do manuscrito datilografado, com acréscimos feitos à mão, mantido pelo Instituto Internacional de História Social (IISG, na sigla holandesa). (N. E.)

2 Ver, neste volume, p. 37-72. (N. E.)

* *Neue Zeit*, ano IX, n. 1, p. 10 e seg. e [n. 2] p. 37 e seg [ver, neste volume, p. 73-88 – N. E.].

escreveu a seu amigo Sorge que "uma tosse que já dura mais de seis meses, resfriamento, dores de garganta e reumatismos me permitem sair apenas raramente, mantendo-me alijado da sociedade"[3].

Isso não propiciava uma atmosfera alegre em sua casa.

Por outro lado, eu mesmo havia causado, pouco antes, alguns desagrados a Marx e Engels. Eu considerava Andreas Scheu meu guia para o socialismo na Áustria, e, embora ele vivesse desde 1874 na Inglaterra, mantínhamos uma ativa correspondência. Na Áustria, os partidários de Marx o consideravam suspeito de bakuninismo, o que com certeza não correspondia à realidade. Scheu, no entanto, tinha uma veia "antiautoritária" e não via com bons olhos o posicionamento algo autoritário que Marx já [ilegível] à época[4]. Scheu encorajou-me – eu, que ainda buscava e tateava – quando supus que Albert Lange e Schäffle[5] estariam na mesma posição elevada que Marx. Especialmente Schäffle teve grande importância em minha primeira obra a respeito da "Influência do aumento da população sobre o avanço da sociedade" (finalizada na primavera [europeia] de 1878 e, em consequência da Lei de Exceção contra os Socialistas, publicada apenas no fim de 1879 em Viena)[6]. Esta continha observações críticas contra Marx, as quais, naturalmente, não foram um crime, mas um erro, por serem infundadas – isso, porém, descobri apenas mais tarde, quando compreendi melhor *O capital*, de Marx.

Como sei, por experiência própria, que é mais fácil criticar Marx que compreendê-lo, ninguém que apareça como aniquilador de Marx me impressiona mais. No entanto, minha incompreensão à época não me valorizou perante os olhos dele.

Prejudicou-me ainda mais o fato de, depois – diferentemente de Scheu, que foi mais longe com o radicalismo de [Johann] Most do que eu queria –, eu ter es-

---

[3] Na realidade, este trecho faz parte da carta de 20 de junho de 1881. Ver MEW, v. 32, p. 198. (N. E.)

[4] A última parte da frase foi acrescida à mão no original e, por isso, não pôde ser totalmente decifrada. Embora, nos anos 1870, fosse visto com desconfiança por Marx, Andreas Scheu (1844-1927) tornou-se um importante aliado do grupo de Eleanor Marx e Edward Aveling na disputa com Henry Hyndman no interior da Federação Social-Democrata, em 1884. (N. E.)

[5] Friedrich Albert Lange (1828-1875), filósofo idealista neokantiano, exerceu grande influência sobre reformistas tanto entre os acadêmicos, como o sociólogo Albert Schäffle (1831-1903), quanto entre líderes políticos, como Karl Höchberg. (N. E.)

[6] Karl Kautsky, "Einfluss der Volksvermehrung auf den Fortschritt der Gesellschaft" (Viena, Bloch und Hasbach, 1880). Embora ainda vivesse em Viena em 1878, Kautsky pretendia publicar sua obra na Alemanha, pois já tinha relações com a social-democracia local. Foi impedido disso, porém, quando da imposição de uma legislação que tolhia a liberdade de expressão, de imprensa e de organização sindical dos grupos socialistas alemães. (N. E.)

crito a Höchberg, cujo débil posicionamento quanto à Lei de Exceção contra os Socialistas provocara amarga condenação por parte de Marx e Engels[7]. Eu também rejeitava tal posição, mas mesmo assim segui trabalhando para Höchberg, pois a mim fora assegurada liberdade total, promessa que foi, em linhas gerais, cumprida. Eu agi à época em total consonância com Bebel, o que os londrinos, porém, não sabiam.

Em dezembro de 1880, Bebel e Bernstein (secretário particular de Höchberg) foram a Londres e conseguiram uma reconciliação indubitável com nossos mestres ressentidos. Fui, então, enviado a Londres, de certa forma como "oficial de ligação" entre Londres e Zurique[8]. Quando soube, Liebknecht me disse para ter cuidado, pois os dois senhores estariam enraivecidos em relação a mim.

Pode-se imaginar que entrei na sala de Marx com o coração acelerado. Era um amplo cômodo. Uma abundância de livros não se apinhava apenas nas paredes, em prateleiras; havia também pilhas de exemplares sobre mesas. Em um canto, estava o molde do conhecido busto do Júpiter de Otricoli. Kugelmann presenteara Marx com o busto em 1868; talvez quisesse demonstrar, de forma chistosa, a semelhança do pai barbado de todos os deuses com seu caro amigo Marx.

Tudo isso percebi e soube apenas mais tarde. No momento em que entrei na sala, não estava preocupado com o deus do trovão da Antiguidade, mas com o senhor do trovão de nossa atualidade. Fiquei agradavelmente decepcionado ao vê-lo. Não encontrei nada do fanatismo obstinado e obscuro nem da fria insensibilidade de que as pessoas o acusaram tantas vezes.

Poucos meses antes de mim, Hyndman conhecera Marx. Ele escreve em suas memórias*: "A primeira impressão que tive de Marx, quando o vi, foi a de um velho homem poderoso, desgrenhado e indomável, pronto, ou mesmo ansioso, para entrar em conflito e bastante desconfiado de um ataque iminente"[9]. Se Hyndman despertou tais sentimentos bélicos em Marx, minha timidez teve efeito bastante

[7] Marx e Engels reagiram de maneira incisiva à publicação, em 1879, do artigo "Ruckblicke auf die sozialistische Bewegung in Deutschland" [Retrospecto do movimento socialista na Alemanha], que, embora não fosse nominalmente assinado, provinha do grupo estabelecido em Zurique sob a liderança de Höchberg. (N. E.)

[8] Kautsky instalara-se naquele ano na cidade suíça e trabalhava em *O Social-Democrata*, periódico bancado por Höchberg. (N. E.)

* *The Record of an Adventurous Life* ([Nova York/Londres, Macmillan], 1911), p. 269 [ver, neste volume, p. 147-63 – N. E.].

[9] Ver, neste volume, p. 148. (N. E.)

diverso. É certo que logo notei a força admirável e a soberania do homem. Nenhuma outra personalidade jamais causou em mim impressão tão profunda à primeira vista quanto Karl Marx. Quando vislumbramos pela primeira vez uma personalidade célebre, costumamos nos decepcionar. Somente com uma relação mais próxima percebemos a importância do homem ou da mulher. Com Marx isso era muito diferente, e também com Engels. Com este último, porém, em menor grau.

A fronte alta e os olhos inquisidores impunham respeito, mas não eram nem um pouco intimidadores. Marx não me recebeu de forma soturna, tampouco tesa, e sim com um sorriso amigável que me pareceu quase paternal. A apreensão que eu antes sentira desvaneceu de imediato.

Eu temera que me sentiria como o jovem Heine em seu encontro com outro deus do Olimpo, Goethe. Este aparentemente o recebeu de forma tão distante que a Heine, segundo seu próprio relato, não ocorreu nada além de elogiar as doces ameixas encontradas no caminho de Jena a Weimar[10].

Senti-me melhor. Logo encontramos um tópico de conversação: minha mãe. Ela escrevera, nos últimos anos antes da Lei de Exceção contra os Socialistas, os primeiros romances socialistas dignos de leitura para o jornal de entretenimento de nosso partido, os quais foram ali publicados, tornando-se bastante populares. Com isso, ela conquistara grande prestígio também na família Marx, muito mais que eu. Portanto, não me admirou o fato de ele logo ter falado de minha mãe[11].

Outro tópico de conversa surgiu quando Marx me perguntou em que áreas eu trabalhava no momento. O acaso quis que Höchberg tivesse conduzido meu interesse no ano anterior à pré-história, que me fascinava extraordinariamente, de forma que me lancei a esse tema com ardor. Então, fiquei sabendo que Marx também havia voltado na época seu interesse para os problemas da pré-história, assim como, consequentemente, Engels.

---

[10] A visita ocorreu em 1824 e foi relatada no fim do primeiro livro de *Die romantische Schule* [A escola romântica]. (N. E.)

[11] Nascida em uma família de artistas, Minna Kautsky (nascida Wilhelmina Jaich, 1837-1912) foi atriz durante a juventude e, depois, tornou-se escritora. Sua primeira obra, *Moderne Frauen* [Mulheres modernas] (1870), antecipava debates sobre a emancipação feminina. Por meio do filho, aprofundou o contato com as ideias socialistas, o que teve clara influência em romances como *Herrschen und Dienen?* [Comandar e servir?] (1882) e *Die Alten und die Neuen* [Os velhos e os novos] (1884). Em seu primeiro contato com Kautsky, de quem não tivera boa impressão, Marx aproveitou-se da referência à mãe para uma observação pessoal jocosa: "A primeira questão que me saiu foi: 'Você é igual à sua mãe?'. 'Nem um pouco', ele me garantiu, e parabenizei, em silêncio, a mãe dele". Ver carta de Karl Marx a Jenny Longuet de 11 de abril de 1881, MEW, v. 35, p. 177-8. (N. E.)

Apenas após longos debates chegamos ao campo da economia capitalista. Nesse momento, eu disse a Marx que nós, os mais jovens, não ansiávamos nada mais ardentemente que a rápida conclusão do Livro II de *O capital*.

"Eu também", comentou Marx brevemente e, me pareceu, não sem certa amargura.

Quando, mais tarde, lhe perguntei se não era hora de organizar uma edição das obras completas de Marx, ele respondeu que elas antes teriam de ser totalmente escritas. Nem ele nem eu imaginávamos que na realidade elas já haviam sido escritas, que ele não teria a oportunidade de completar *O capital*.

Rapidamente passamos mais de uma hora em uma conversa entusiasmada. Quando me despedi, Marx convidou-me a retornar em breve.

A imprensa comunista publicou um trecho de uma carta na qual ele contava à filha mais velha sobre minha visita[12]. Segundo esse excerto, Marx teria me recebido a contragosto. Eu não conheço o texto original, tampouco o conteúdo completo da carta; portanto, não sei se o trecho publicado reproduz uma imagem correta do comportamento de Marx para comigo. Ainda assim, fosse qual fosse sua opinião a meu respeito à época, ele realmente não deixou transparecer o menor contragosto. Eu me despedi de Marx bastante satisfeito.

E essa sensação tornou-se ainda mais forte na visita seguinte. Na primeira vez, cheguei à casa de Marx às quatro horas da tarde. Ele me pediu que na próxima fosse apenas às nove horas da noite. O dia era dedicado ao trabalho, e ele não queria ser incomodado. Apenas Engels lhe era bem-vindo a qualquer hora. Às seis horas da noite era servida a refeição, então Marx se deitava no sofá que ficava em seu escritório e descansava durante cerca de duas horas. A partir das nove horas, recebia amigos ou outros convidados. Em tempos anteriores, seguia trabalhando madrugada adentro[13]. Engels organizava seus horários da mesma forma.

Em minha primeira visita, Marx evitara o campo político; na seguinte, falou, sobretudo, da política do partido na Alemanha. Criticou duramente alguns de seus

---

[12] Referência à mencionada carta de Karl Marx à filha Jenny, cit., p. 177-81, em que ele também critica Hyndman, Carl Hirsch e Ewart Gladstone, entre outras figuras de variadas colorações políticas. O ácido documento fora revelado pelo Instituto Marx-Engels-Lênin de Moscou um ano antes da escrita deste texto, numa ação que servira para atacar não apenas Kautsky, mas também David Riazánov. Afastado da direção do órgão e preso em 1931, sob alegação de menchevismo, Riazánov foi acusado de ter escondido propositalmente a carta. Nela, o Mouro afirmava que Kautsky aproximara-se de Engels por ser um "bebedor de talento", "lida muito com estatísticas, mas delas retira pouca coisa inteligente" e "pertence à tribo dos filisteus", ainda que seja "decente à sua maneira". (N. E.)

[13] Anotado à mão no original datilografado. (N. E.)

líderes e, ao mesmo tempo, teceu grandes elogios à postura dos operários alemães. E não enalteceu menos August Bebel. Mostrou-se também bastante satisfeito com Bernstein, porém, a quem antes via com grande desconfiança em consequência da ligação deste com Höchberg[14]. Desde janeiro de 1881, Bernstein dirigia o jornal *O Social-Democrata*, de Zurique, e as poucas semanas de sua direção editorial bastaram para convencer Marx de que se tratava do homem certo para o cargo, um batalhador destemido, mas sempre cônscio de sua responsabilidade, pondo de lado qualquer provocação inútil. Ele deixava os fatos falarem por si e evitava qualquer retórica. Esses foram os elogios de Marx.

Eu ainda visitei Marx muitas vezes. Conheci também sua esposa, que me recebeu de forma extremamente amável e sempre com uma expressão alegre no rosto, parecendo disfarçar sua grave enfermidade como uma mentira. Ou ela não sabia nada sobre a gravidade de sua condição, ou era forte suficiente para não nos deixar entrever nada.

Em minhas visitas posteriores, Marx nem sempre se comportou de maneira tão pacífica quanto na primeira. Tive amostras de sua crítica corrosiva, assim como ímpetos de indignação fervorosa. Elas não eram dirigidas a mim, pois não lhe dei motivo para tanto. Diante de mim, ele sempre assumiu papel professoral.

Nunca o conheci como o deus do trovão. Ele podia ser terrível quando deparava com covardia, falsidade ou ignorância presunçosa. Foi o que me asseguraram seus amigos. No entanto, podia rir calorosa e incansavelmente, como nenhum outro, das fraquezas humanas, quando inofensivas, e de incidentes engraçados. Isso eu infelizmente tampouco pude observar, pois sua condição física e, em especial, a de sua esposa impediram. Suas filhas, contudo, nunca se cansaram de contar sobre sua tendência ao riso, assim como sobre sua bondade infinita não apenas para com os membros da família mas para com todas as pessoas desamparadas, vulneráveis, criancinhas, proletários, camaradas hostilizados.

Essa bondade era a base de seu ser, era a origem mais profunda do ímpeto com que ele se lançou na luta de classe do proletariado, a cujo serviço dispôs toda a

[14] Já em 1877 Marx demonstrava desconfiança em relação às tendências reformistas de Karl Höchberg; ver, por exemplo, a carta de Marx a Friedrich Engels de 1º de agosto de 1877, MEW, v. 34, p. 65-7. Bernstein tornara-se secretário de Höchberg em 1878, mas conseguiu construir boas relações com Marx até a morte deste, que não chegou a testemunhar a conversão do editor de *O Social-Democrata* ao reformismo, e também com Engels. Ver mais a esse respeito em Joana El-Jaick Andrade, *O revisionismo de Eduard Bernstein e a negação da dialética* (dissertação de mestrado em Sociologia, São Paulo, FFLCH/USP, 2006), p. 116-27. (N. E.)

imensa riqueza de seu conhecimento, a cujo serviço ele se exauriu a ponto de nos ser arrancado precocemente. Ele era uma força da natureza – não apenas moral, mas também fisicamente. E mesmo sua natureza de ferro sucumbiu aos efeitos do longo período de emigração que se seguiu à derrocada da Revolução de 1848, quando não apenas a fome e a miséria habitacional deterioraram sua saúde, mas, ao mesmo tempo, a constante sobrecarga – ou seja, os trabalhos durante a madrugada – teve esse mesmo efeito. Assim, a vela queimou dos dois lados e apagou-se precocemente.

Marx não sucumbiu nas barricadas, mas morreu pelo proletariado. Certamente milhares, além dele, também o fizeram. Nenhum, porém, foi capaz de dar tanto, em vida, ao proletariado, de multiplicar suas forças, de moldar sua batalha de forma tão vitoriosa quanto Karl Marx.

PARTE II
Panoramas

Marx e Engels na tipografia da Nova Gazeta Renana,
pintura (óleo sobre tela) de E. Capiro, 1849.

> O anseio fáustico de Marx não se contentava com o reconhecimento daquilo que existiu e existe na história do desenvolvimento do ser humano, tampouco com o reconhecimento de sua férrea regularidade. Ele queria "tocar os seios dos quais céu e terra pendem" a fim de sugar-lhes a força para trabalhar por aquilo que deveria existir socialmente. Ele pesquisava a fim de servir de forma deliberada às leis do desenvolvimento histórico com suas contribuições. Desejava o conhecimento para agir, para estar pronto para agir. Seu grande ato intencional, porém, foi armar a massa proletária explorada com o reconhecimento do ato descomunal que se deve realizar como eterno imperativo da história, mas que, todavia, deve vir da intenção dessas pessoas.
>
> *Clara Zetkin*

Pouco após sua morte, e mesmo ainda em vida, Karl Marx foi objeto de textos que percorriam panoramicamente sua vida e sua obra – fosse para enaltecê-las, fosse para aviltá-las. De autoria não de historiadores e biógrafos profissionais, mas de seus partidários ou oponentes, eram relatos que, por meio do exemplo de Marx, tinham como objetivo concreto fazer avançar o movimento dos trabalhadores, o socialismo científico e a economia política – ou, ao contrário, detê-los. Este volume, claro, concentra-se nos primeiros, que revelam quase sempre preocupações de cunho explicativo ao entrelaçar sua trajetória a seu contexto: a ascendência judaica e a conversão anódina da família ao cristianismo, a criação na Renânia atingida por brisas revolucionárias no início do século XIX e o meio social de seu pai são alguns dos fatores em que os autores se amparam para compreender o fenômeno Marx.

À exceção das curtas biografias escritas por Engels – sem dúvida a pessoa mais autorizada no século XIX a falar das diferentes facetas de Marx –, os demais textos desta parte do volume se beneficiam do esforço organizado e sistemático para catalogar e analisar os escritos e documentos do Mouro e recolher depoimentos daqueles que conviveram com ele. Esse empenho intensificou-se a partir das primeiras décadas do século XX, primeiro com o fortalecimento do partido social-democrata na Alemanha, depois com o triunfo da Revolução de Outubro na Rússia, em 1917, e a subsequente instalação do governo socialista soviético. Os textos das décadas de 1920 e 1930, em particular, puderam valer-se de informações da biografia profissional "clássica" do Mouro, escrita por Franz Mehring e publicada em 1918, bem como dos estudos de arquivo conduzidos por Karl Kautsky e David Riazánov.

Mais que os textos e excertos da Parte I, os reunidos a seguir revelam tanto da vida de Marx quanto das intenções daqueles que os escreveram. Trata-se de materiais elaborados por grandes lideranças dos partidos de massas, cada qual dando ênfase a diferentes aspectos da trajetória do fundador do socialismo científico conforme o público, o veículo e a necessidade. Lênin, por exemplo, introduz um breve esboço biográfico de Marx para, em seguida, concentrar-se no que mais lhe interessava: a exposição do arcabouço de ideias políticas e econômicas arquitetado pelo pensador renano e seu melhor amigo, Engels. Já Riazánov chega mesmo a defender a necessidade da aplicação, como método, do materialismo dialético na exposição da vida e da obra de Marx para os proletários soviéticos. A formação dos trabalhadores e também da juventude para a luta de classes estava no topo das prioridades – e, nesse sentido, também o rádio se revelava um aliado, como mostra o manuscrito inédito de um roteiro para conferência radiofônica escrito por Kautsky.

Karl Marx (1877)[1]

Friedrich Engels

Responsável pela primeira fundamentação científica do socialismo – e, com isso, de todo o movimento operário de nossa época –, Karl Marx nasceu em Trier, em 1818. Começou os estudos em ciências jurídicas em Bonn e Berlim, mas logo passou a dedicar-se exclusivamente à história e à filosofia. Até 1842, pretendia habilitar-se à livre-docência [*Dozent*] em filosofia; foi quando o movimento político iniciado após a morte de Frederico Guilherme III da Prússia o obrigou a mudar os planos. Com sua colaboração, os chefes da burguesia liberal renana – os Camphausen, os Hansemann etc. – fundaram a *Gazeta Renana*, em Colônia; então, no outono de 1842, Marx, cuja crítica às negociações do Parlamento Provincial Renano havia causado enorme alarido, foi convocado para editar o jornal. É evidente que a *Gazeta Renana* foi publicada sob censura; contudo, a censura não se impôs por completo sobre o periódico*, que quase sempre conseguia publicar os artigos mais importantes; primeiro, entregava-se ao censor material de menor importância, e então ele ia validando, até que aprovasse todo o conteúdo – por conta própria ou forçado pela ameaça de, no dia seguinte, o jornal não chegar a ser publicado. Bastaria a existência de dez gazetas com a mesma coragem que a

[1] Texto escrito em junho de 1877 e publicado no anuário *Volks-Kalender für das Jahr 1878* [Calendário Popular para o ano 1878], Braunschweig, 1877. Traduzido do alemão por Claudio Cardinali a partir da edição constante em MEGA, I/25, p. 100-11. (N. E.)

* O primeiro censor da *Gazeta Renana* foi o conselheiro de polícia Dolleschall, o mesmo que censurou o anúncio da tradução de *A divina comédia*, de Dante [Alighieri], feita por Philalethes (que se tornou depois o rei João da Saxônia), publicado na *Gazeta de Colônia* com o seguinte comentário: "Com coisas divinas não se deve fazer comédia".

Renana, mas com editores que gastassem algumas centenas de táleres a mais na composição tipográfica, para que, já em 1843, a censura se tornasse impraticável na Alemanha. No entanto, os donos de jornais alemães eram conservadores mesquinhos e medrosos, e a *Gazeta Renana* teve de tocar a luta sozinha. Ela derrotou um censor após o outro, até que, enfim, passou a enfrentar uma dupla censura: depois da primeira, o presidente distrital a censurava de novo, de maneira definitiva. No entanto, nem isso funcionou. No início de 1843, o governo declarou que não havia como controlar o jornal e, sem hesitar, o extinguiu.

Marx, que nesse meio-tempo se casara com a irmã do futuro ministro da reação Von Westphalen[2], mudou-se para Paris, onde passou a publicar, com Arnold Ruge, os *Anais Franco-Alemães*. Nesse periódico, ele iniciou sua série de escritos socialistas com uma crítica à filosofia do direito de Hegel. Além disso, escreveu, com Friedrich Engels, *A sagrada família: contra Bruno Bauer e consortes*[3], crítica satírica a uma das últimas formas assumidas pelo idealismo filosófico alemão da época.

Em paralelo aos estudos de economia política e da história da grande Revolução Francesa, Marx ainda encontrou tempo de criticar, ocasionalmente, o governo prussiano, que, na primavera de 1845, se vingou: por influência da Prússia – ao que parece, o senhor Alexander von Humboldt intermediou a questão[4] –, Marx foi deportado da França, à época governada por Guizot. Ele se transferiu, então, para Bruxelas, onde publicou, em francês, "Discours sur le libre-échange" [Tratado sobre o livre-comércio] (1848) e *Misère de la philosophie* [Miséria da filosofia] (1847), uma crítica de *Philosophie de la misère* [Filosofia da miséria], de Proudhon[5]. Ao mesmo tempo, teve a oportunidade de contribuir em uma associação de trabalhadores alemães em Bruxelas, entrando, assim, no mundo da agitação prática. Esta se tornou ainda mais importante para Marx em 1847, quando ele e seus aliados políticos ingressaram na Liga dos Comunistas, que já existia, clandestinamente, havia muitos anos. Nesse momento, a estrutura toda foi revirada; aquela associação, até então mais ou menos conspiratória, transformou-se em uma simples organização

---

[2] Ferdinand Otto Henning von Westphalen, ministro do Interior no período conhecido como "Era da Reação", posterior à repressão da Revolução de 1848 nos Estados da Confederação Germânica. (N. E.)

[3] No original, o título de *A sagrada família, ou A crítica da Crítica crítica contra Bruno Bauer e consortes* aparece nessa forma resumida. (N. E.)

[4] O geógrafo e naturalista prussiano Alexander von Humboldt (1769-1859), um liberal favorável à monarquia constitucional, tinha relações próximas com o rei Luís Felipe I, da França, e, por isso, intermediou diversas questões entre as duas nações. (N. E.).

[5] Pierre-Joseph Proudhon, *Sistema das contradições econômicas ou Filosofia da mis*éria (trad. José Carlos Orsi Morel, São Paulo, Ícone, 2003). (N. E.)

de propaganda comunista – mas clandestina por necessidade –, a *primeira* organização do Partido Social-Democrata Alemão. A liga estava onde quer que houvesse associações de trabalhadores alemães. Quase todas as associações da Inglaterra, da Bélgica, da França, da Suíça e muitas associações da Alemanha tinham como líder um membro da liga. Foi grande sua importância para o movimento operário alemão emergente. Além disso, nossa liga foi a primeira organização a destacar o caráter internacional do movimento operário como um todo, demonstrando-o na prática: havia membros ingleses, belgas, húngaros, poloneses etc., e organizavam-se, em Londres, assembleias internacionais de trabalhadores.

A reestruturação da liga ocorreu em dois congressos em 1847, e no segundo decidiu-se que os princípios do partido seriam compilados e publicados em um manifesto que Marx e Engels redigiriam. Assim nasceu o *Manifesto do Partido Comunista*[6], impresso pela primeira vez em 1848, pouco antes da Revolução de Fevereiro[7]; desde então, o texto foi traduzido para quase todas as línguas europeias.

A *Gazeta Alemã de Bruxelas*, que contava com a contribuição de Marx e na qual a bem-aventurança da polícia patriótica era denunciada sem piedade, foi a causa de mais uma reação do governo da Prússia, que tentou – em vão – a extradição de Marx. No entanto, quando a Revolução de Fevereiro chegou a Bruxelas com movimentos populares e a Bélgica pareceu estar prestes a passar por transformações, o governo belga não hesitou em prender Marx e deportá-lo. Nesse ínterim, o governo provisório da França, por influência de Flocon[8], chamou-o de volta a Paris, convite que ele logo aceitou.

Em Paris, Marx confrontou principalmente a tolice difundida entre os alemães que lá estavam; segundo eles, os trabalhadores alemães deveriam formar, na França, legiões armadas para, com elas, introduzir na Alemanha a revolução e a república. Por um lado, a Alemanha deveria fazer sua própria revolução; por outro, toda legião revolucionária que se formava na França estava sendo delatada desde o início pelos lamartines[9] do governo provisório aos respectivos governos ameaçados – assim ocorreu na Bélgica e em Baden.

---

6 Popularizado depois como *Manifesto Comunista*. (N. E.)

7 Revolução que derrubou o rei Luís Felipe I da França, instaurando a Segunda República. (N. E.)

8 Ferdinand Flocon (1800-1866), integrante da ala reformista do governo provisório republicano francês. Liberal antibonapartista, acolheu nas páginas de *La Reforme*, jornal que editava, artigos de socialistas como Proudhon, Marx e Engels. (N. E.)

9 Referência ao poeta e político francês Alphonse de Lamartine (1790-1869), um dos líderes do governo provisório. (N. E.)

Após a Revolução de Março[10], Marx se mudou para Colônia e fundou a *Nova Gazeta Renana*, que funcionou do dia 1º de junho de 1848 ao dia 19 de maio de 1849. Era o único jornal que, dentro do movimento democrático da época, defendia o ponto de vista do proletariado, por exemplo, por meio do apoio incondicional aos insurgentes parisienses de junho de 1848, fato que afastou do periódico quase todos os acionistas. Em vão, a *Gazeta da Cruz*[11] advertiu da "audácia de Chimborazo"[12] com a qual a *Nova Gazeta Renana* teria atacado tudo que era sagrado, desde o rei e o regente substituto até a guarda militar – isso em uma fortaleza prussiana com, à época, mais de 8 mil homens estacionados; em vão, praguejou o filistério[13] renano liberal, que se tornara, repentinamente, reacionário; em vão, no outono de 1848, a gazeta foi suspensa por um longo período, em decorrência do estado de sítio declarado em Colônia; em vão, o Ministério Real da Justiça de Frankfurt solicitou à procuradoria pública de Colônia que perseguisse judicialmente um artigo após o outro; apesar do controle policial, a gazeta continuou sendo redigida e impressa com tranquilidade, e sua difusão e sua fama cresciam proporcionalmente à intensidade dos ataques ao governo e à burguesia. Após o golpe de Estado prussiano em novembro de 1848, a *Nova Gazeta Renana* passou a convocar o povo, no topo de cada edição, a não pagar os impostos e a combater violência com violência. Por isso – e também em virtude de outro artigo[14] –, o periódico foi levado aos tribunais duas vezes na primavera de 1849, tendo sido absolvido em ambos os casos. Quando as revoltas de maio de 1849 em Dresden e na província do Reno foram sufocadas e a campanha militar prussiana contra a revolta de Baden-Palatinado foi iniciada – com a concentração e a mobilização de uma tropa de tamanho notável –, o governo acreditou ter força suficiente para reprimir à força a *Nova Gazeta Renana*. A última edição foi publicada – em tinta vermelha – no dia 19 de maio.

---

[10] Insurreição operária ocorrida em Berlim em 18 de março de 1848, estopim da Revolução de 1848 nos Estados germânicos. (N. E.)

[11] Nome pelo qual era conhecida a conservadora *Nova Gazeta Prussiana*. (N. E.)

[12] Referência ao monte Chimborazo, no Equador, então considerado o mais alto da Terra. (N. E.)

[13] Os filistérios eram grupos formados por ex-estudantes de determinada universidade ou região. Aqui, porém, há também referência a ser filistino. (N. T.)

[14] O outro processo, aberto com base no Código Penal prussiano de 1819, resultou de uma acusação de calúnia ao procurador-geral renano Zweiffel, em razão de uma nota sobre a prisão dos militantes comunistas Andreas Gottschalk e Fritz Anneke publicada em *Neue Rheinische Zeitung*, Colônia, n. 35, 5 jul. 1848, p. 1. Os discursos de defesa de Marx e Engels no processo foram publicados em seguida no mesmo periódico, sob o título "Der erste Preßprozeß der *Neuen Rheinischen Zeitung*" (n. 221, 14 fev. 1849), e podem ser encontrados em MEW, v. 6, p. 223-9 [ed. bras: "O primeiro processo de imprensa da *Nova Gazeta Renana*, em Lívia Cotrim (org.), *Nova Gazeta Renana: artigos de Karl Marx*, São Paulo, Educ, 2010]. (N. E.)

Marx regressou a Paris; contudo, poucas semanas depois dos protestos do dia 13 de junho de 1849, o governo francês lhe deu duas opções: ou se estabelecer na Bretanha[15], ou deixar o país. Ele preferiu a segunda opção, mudando-se para Londres, onde morou a partir de então.

A tentativa de continuar publicando (em 1850) a *Nova Gazeta Renana*, mas em forma de revista (em Hamburgo), teve de ser abandonada em pouco tempo em razão da reação, que se tornava cada vez mais virulenta. Logo após o golpe de Estado na França, em dezembro de 1851, Marx publicou *O 18 de brumário de Luís Bonaparte**. Em 1853, escreveu "Revelações sobre o processo dos comunistas de Colônia" (publicado a princípio em Boston, depois na Basileia e recentemente em Leipzig).

Após a condenação dos membros da Liga dos Comunistas de Colônia, Marx se afastou da agitação política e passou a dedicar-se, por um lado, durante dez anos, ao profundo estudo do valioso tesouro da biblioteca do Museu Britânico na área de economia política e, por outro, à colaboração na *New York Tribune*, que publicou, antes do começo da Guerra Civil Estadunidense, tanto correspondências assinadas por ele quanto diversos editoriais sobre a situação na Europa e na Ásia. Seus ataques ao lorde Palmerston, embasados em análises detalhadas dos documentos oficiais ingleses, foram republicados em Londres em forma de panfletos[16].

O primeiro fruto dos muitos anos de estudos econômicos foi publicado em 1859: *Contribuição à crítica da economia política*, primeiro caderno**. Esse escrito contém a primeira exposição coerente da teoria marxiana do valor, incluindo a teoria do dinheiro. Durante a guerra italiana[17], Marx combateu – por meio do jornal

[15] Região no noroeste da França. (N. T.)

* Boston, 1852; segunda edição, Hamburgo, 1869, pouco antes da guerra. [Engels se refere à Guerra Franco-Prussiana. A primeira edição do texto foi, na realidade, publicada em Nova York, na revista *Die Revolution* (A Revolução), escrita em língua alemã. Ed. bras.: trad. Nélio Schneider, São Paulo, Boitempo, 2011 – N. E.].

[16] Série de oito artigos publicados em 1853 pelo jornal nova-iorquino *New York Tribune*. No Reino Unido, após a impressão esparsa em jornais e panfletos, os textos foram publicados sequencialmente no periódico *Free Press*, entre novembro de 1855 e fevereiro de 1856. Os artigos sobre lorde Palmerston foram mais tarde coligidos e revistos por Eleanor Marx em *The Story of the Life of Lord Palmerston* (Londres, Swan Sonnenschein, 1899). (N. E.)

** *Zur Kritik der Politischen Ökonomie* (Berlim, F. Duncker, 1859) [ed. bras.: *Contribuição à crítica da economia política*, trad. Florestan Fernandes, São Paulo, Expressão Popular, 2003].

[17] Referência ao conflito em que o Reino da Sardenha se aliou à França para combater o Império Austro-Húngaro e dele tomar as terras de população considerada italiana. (N. E.)

alemão *O Povo*, publicado em Londres – o bonapartismo, que à época ganhava tons liberais e se fazia de libertador das nacionalidades oprimidas, assim como a política prussiana da época, que tentava, sob o pretexto da neutralidade, pescar em águas turvas. Nessa ocasião, o senhor Karl Vogt[18] também precisou ser atacado; a pedido do príncipe Napoleão (Plon-Plon)[19] e a soldo de Luís Napoleão, ele defendera a neutralidade, e até a simpatia, da Alemanha. Vogt espalhou as mais infames calúnias, deliberadamente inventadas, sobre Marx, que respondeu em *Senhor Vogt* (Londres, 1860); nele, Vogt e os outros senhores do equivocado bando de democratas imperialistas foram desmascarados – e demonstrou-se, com argumentos externos e internos, que Vogt era subornado pelo Império de Dezembro. A confirmação surgiu exatamente dez anos depois: na lista de mercenários bonapartistas encontrada nas Tulherias em 1870 e publicada pelo governo de setembro[20], encontrava-se, na letra V: "Vogt, em agosto de 1859, recebeu... 40 mil francos".

Finalmente, em 1867, foi publicado, em Hamburgo, o Livro I de *O capital: crítica da economia política* – obra mais importante de Marx, na qual ele expôs os fundamentos de suas concepções econômico-socialistas e os principais traços de sua crítica da sociedade atual, do modo de produção capitalista e de suas consequências. A segunda edição dessa obra histórica foi publicada em 1872; o segundo volume ainda está sendo elaborado pelo autor[21].

Nesse meio-tempo, em diferentes países da Europa, o movimento dos trabalhadores havia retomado tanta força que Marx pôde pensar em realizar um desejo antigo: fundar uma associação de trabalhadores que abrangesse os mais avançados países da Europa e da América e que fizesse com que tanto os próprios trabalhadores como os burgueses e os governos sentissem, digamos assim, na pele o caráter internacional do movimento socialista – a fim de encorajar e fortalecer o proletariado e aterrorizar seus inimigos. A oportunidade de apresentar a ideia – que foi recebida com euforia – apareceu no St. Martin's Hall, em Londres, no

---

18 Karl Vogt (1817-1895), cientista, filósofo e político alemão radicado na Suíça. Para mais informações sobre a querela entre Vogt e Marx, ver Marcello Musto, "Marx e o caso Vogt: apontamentos para uma biografia intelectual (1860-1861)", disponível *on-line* em: <www.marcellomusto.org>. (N. E.)

19 Primo de Luís Bonaparte, deputado eleito pela Córsega em 1848 e, depois, ocupante de diferentes cargos no governo de Napoleão III. (N. E.)

20 Governo provisório, composto de republicanos e monarquistas, que assumiu o comando da França após a derrubada do imperador Napoleão III. As Tulherias eram a sede do governo imperial. (N. E.)

21 O Livro II foi publicado sete anos depois deste artigo, em 1885, após a morte de Marx. (N. E.)

dia 28 de setembro de 1864, em uma assembleia popular a favor da Polônia, que estava sendo, mais uma vez, esmagada pela Rússia. Criou-se, assim, a Associação Internacional dos Trabalhadores; elegeu-se, na ocasião, um conselho geral provisório sediado em Londres, do qual Marx seria a alma – assim como de todos os conselhos gerais que se seguiram até o Congresso de Haia[22]. Quase todos os escritos emitidos pelo Conselho Geral da Internacional foram redigidos por ele, da mensagem inaugural de 1864 à missiva de 1871 sobre a guerra civil na França[23]. Descrever a atuação de Marx na Internacional seria escrever a história da própria associação, que, por sinal, ainda vive na memória dos trabalhadores europeus.

Com a queda da Comuna de Paris, a Internacional se viu em uma situação impossível. Ela foi empurrada para a frente da história europeia num momento em que lhe haviam podado qualquer chance de ação prática bem-sucedida. Os acontecimentos que a elevaram à sétima grande potência impossibilitaram-na, ao mesmo tempo, de mobilizar suas forças de combate e de utilizá-las de forma ativa, pois, se o fizesse, sofreria uma derrota inevitável, e o movimento dos trabalhadores retrocederia décadas. Além disso, havia pessoas, motivadas por vaidade ou ambição pessoal, tentando explorar o rápido crescimento da reputação da associação sem de fato compreender a situação da Internacional ou desconsiderando-a. Uma decisão heroica teve de ser tomada e, mais uma vez, foi Marx quem fez isso, pondo-a em prática no Congresso de Haia. Em uma deliberação solene, a Internacional declarou não ser responsável pelos atos dos bakuninistas, que representavam o núcleo daqueles elementos ignorantes e imundos [*unverständigen und unsaubern*]; assim, dada a impossibilidade de opor-se à reação geral – e às crescentes exigências impostas à associação – com máxima eficiência, sem a série de sacrifícios que faria o movimento dos trabalhadores sangrar até a morte, dadas as impossibilidades, a Internacional se retirou provisoriamente de cena, transferindo seu Conselho Geral para a América. Os acontecimentos posteriores comprovaram que essa decisão – muito criticada desde então – foi correta. Por um lado, todas as tentativas inúteis de golpes em nome da Internacional eram e se mantiveram ineficazes; por outro, as constantes trocas internas entre os partidos socialistas dos trabalhadores dos diferentes países provou que a consciência – despertada pela Internacional – da igualdade dos interesses e da solidariedade do proletariado de todos os países se fazia valer mesmo sem o vínculo com uma associação internacional formal.

---

22 Em setembro de 1872. (N. T.)

23 Ver Karl Marx, *A guerra civil na França* (trad. Rubens Enderle, São Paulo, Boitempo, 2011), p. 35-79. (N. E.)

Enfim, depois do Congresso de Haia, Marx encontrou novamente o sossego e a tranquilidade para continuar seus trabalhos teóricos; em breve, ele poderá, assim se espera, entregar para a impressão o Livro II de *O capital*.

Das muitas descobertas importantes com que Marx gravou seu nome na história da ciência, destacamos apenas duas.

A primeira diz respeito à revolução [*Umwälzung*] que ele realizou na compreensão geral da história mundial. Até então, toda a concepção de história se baseava na ideia de que era preciso procurar as causas últimas das mudanças históricas nas transformações das ideias dos homens e de que, de todas as mudanças históricas, mais uma vez, as políticas seriam as mais importantes, dominando toda a história. Contudo, não se questionava qual seria a origem das ideias dos homens nem quais seriam as forças motrizes das mudanças políticas. Apenas na mais recente escola historiográfica francesa e, em parte, também na inglesa se impôs a convicção de que, ao menos a partir da Idade Média, a força motriz na história europeia teria sido a luta pela dominação política e social travada entre a burguesia em desenvolvimento e a nobreza feudal. Marx comprovou, enfim, que toda a história, até agora, tem sido uma história de luta de classes e que todas as lutas políticas – frequentes e complexas – representam apenas lutas pela dominação política e social por parte de classes da sociedade, sendo que a classe mais antiga afirma a dominação, enquanto a mais nova e ascendente tenta conquistá-la. Como surgem e como se mantêm, por sua vez, essas classes? Surgem a partir das respectivas condições materiais, deveras sensíveis, sob as quais a sociedade, em determinada época, produz e troca meios de subsistência. O domínio feudal na Idade Média baseava-se em uma economia de pequenas comunidades agrícolas autossuficientes que produziam praticamente tudo de que necessitavam, quase não precisavam da troca e eram protegidas pela nobreza combativa, que garantia uma coesão nacional ou, ao menos, política. Quando as cidades surgiram – e com elas uma indústria-oficina específica e um comércio a princípio intrarregional e depois internacional –, a burguesia urbana se desenvolveu e conseguiu, ainda na Idade Média, inserir-se na ordem feudal lutando contra a nobreza, logrando ocupar também posição privilegiada. No entanto, com a descoberta das terras para além da Europa a partir de meados do século XV, essa burguesia obteve uma área de comércio bastante ampla e, com isso, nova força para sua indústria. Nos mais importantes ramos, as oficinas foram suplantadas pela manufatura já com traços fabris; esta, por sua vez, foi suplantada pela grande indústria (possibilitada pelas invenções do século anterior, a saber, as máquinas a vapor), que, por sua vez, impactou o comércio, a ponto de, nos países atrasados, substituir o antigo trabalho manual e, nos mais desenvolvidos, criar os novos e atuais meios de transporte, as máquinas a vapor, os trens de ferro, os telégrafos elétricos. Assim, a burguesia passava a reunir cada vez mais as riquezas e o poder da sociedade, sendo excluída, contudo, do poder político, que ainda ficaria por muito tempo nas mãos da nobreza e das realezas por ela apoiadas. Em certa etapa – na França, desde a grande revolução –, porém, a burguesia também conquistou o poder político, tornando-se assim a classe dominante em relação ao proletariado e aos pequenos agricultores. Desse ponto de vista, fica muito simples explicar todos os fenômenos históricos – desde que se compreenda suficientemente a situação econômica da sociedade em questão, algo que nossos historiógrafos profissionais desconhecem por completo; e é igualmente simples explicar as concepções e as ideias de cada período da história a partir das condições econômicas de vida e das relações sociais e políticas desse período, sendo estas últimas, por sua vez, determinadas pelas condições econômicas. Pela primeira vez, a história foi posta sobre seus fundamentos reais; o fato evidente, mas até agora totalmente ignorado, de que os homens precisam, sobretudo, comer, beber, morar e se vestir, ou seja, *trabalhar* antes de poder lutar pela dominação, antes de poder fazer política, religião, filosofia etc. – esse fato evidente alcança agora, finalmente, seu direito histórico.

Para a perspectiva socialista, essa nova concepção da história foi da maior importância. Ela comprovou que toda a história até hoje se move por antagonismos de classe e por lutas de classe, que sempre houve classes dominantes e dominadas, exploradoras e exploradas, e que a maior parte da humanidade sempre esteve condenada a trabalho pesado e pouca fruição. Por que isso? Simplesmente porque em todas as etapas anteriores de desenvolvimento da humanidade a produção ainda estava tão pouco desenvolvida que o desenvolvimento histórico só pôde se dar em forma de antagonismos, de modo que o progresso dependia, de maneira geral, das atividades de uma pequena minoria privilegiada, enquanto a grande massa era condenada a trabalhar por sua subsistência miserável e, ainda por cima, sustentar os privilegiados, que enriqueciam cada vez mais. Contudo, a mesma análise da história que, desse modo, explica natural e racionalmente a dominação de classes – que até então era atribuída apenas à maldade do homem – permite ainda compreender que, em consequência do crescimento colossal das forças produtivas contemporâneas, caiu também o último pretexto para uma divisão da humanidade em dominantes e dominados, exploradores e explorados, ao menos nos países mais desenvolvidos; que a grande burguesia dominante cumpriu sua função histórica, que ela não é mais capaz de guiar a sociedade e que até se tornou um empecilho ao desenvolvimento da produção, como demonstram as crises comerciais, em especial a última grande crise e a difícil situação da indústria em todos os países; que a condução da história foi transferida ao proletariado, uma classe que, de acordo com sua posição na sociedade, só pode se libertar por meio da eliminação completa de toda dominação de classes, toda servidão e toda exploração; e que as forças produtivas – que extrapolaram das mãos da burguesia – apenas aguardam que o proletariado associado se aproprie delas, a fim de criar condições para que cada membro da sociedade participe não só da produção, mas também da divisão e da administração das riquezas sociais, e a fim de melhorar as forças produtivas da sociedade, aumentando as receitas por meio da organização planificada de toda a produção, de modo que se assegure, cada vez mais, a satisfação de todas as necessidades racionais de cada pessoa.

A segunda descoberta importante de Marx diz respeito ao esclarecimento definitivo da relação entre capital e trabalho – em outras palavras, a demonstração de como se realiza a exploração do trabalhador pelo capitalista na sociedade atual, no modo de produção capitalista existente. Desde que a economia política propôs a teoria de que o trabalho seria a fonte de toda riqueza e todo valor, tornou-se inevitável esta pergunta: como é possível, então, conciliar isso com o fato de que os trabalhadores assalariados não recebem a soma do valor total produzido por seu trabalho, mas precisam ceder uma parte ao capitalista? Tanto os economistas burgueses quanto os socialistas procuraram, à exaustão, uma resposta cientificamente fundamentada para essa pergunta – em vão. Até que Marx, finalmente, apareceu com a solução, a saber: o modo de produção capitalista atual pressupõe a existência de duas classes sociais; de um lado, a dos capitalistas, que possuem os meios de produção e de vida[24]; de outro, a dos proletários, que, impossibilitados de possuir esses meios, só têm uma mercadoria para vender, sua força de trabalho. Estes precisam vender sua força de trabalho àqueles a fim de obter seus meios de vida. No entanto, o valor de uma mercadoria é determinado pela quantidade de trabalho socialmente necessário incorporada em sua produção e, portanto, em sua reprodução; logo, o valor da força de trabalho de uma pessoa média durante um dia, um mês ou um ano é determinado pela quantidade de trabalho incorporada nos meios de vida necessários para a manutenção dessa força de trabalho em um

[24] *Lebensmittel* também pode ser traduzido como "alimentos". Como o contexto e a própria menção anterior de Engels deixam claro, não se trata apenas de comida, mas também de vestimenta, moradia etc. Por isso, o termo foi traduzido de forma mais literal como "meios de vida". (N. T.)

dia, um mês ou um ano. Consideremos que a produção dos meios de vida necessários para sustentar um trabalhador por um dia requeiram seis horas de trabalho ou, o que dá no mesmo, que o trabalho contido nesses meios representem uma quantidade de trabalho de seis horas; assim, o valor da força de trabalho durante um dia se expressará em uma quantidade de dinheiro que também incorpora seis horas de trabalho. Consideremos, além disso, que o capitalista que emprega nosso trabalhador lhe pague essa quantia, ou seja, o valor pleno de sua força de trabalho. Se o trabalhador, em um dia, trabalha seis horas para o capitalista, então suas despesas foram integralmente repostas – seis horas de trabalho por seis horas de trabalho. Nesse caso, contudo, não sobraria nada para o capitalista, que, por isso, vê as coisas de outra maneira: "Eu não comprei a força de trabalho desse trabalhador por seis horas, mas por um dia inteiro", diz ele; assim, faz com que o empregado trabalhe, a depender das circunstâncias, oito, dez, doze, catorze e até mais horas, de modo que o produto da sétima, da oitava e das demais horas seguintes seja produto de um trabalho não pago que vai direto para o bolso do capitalista. Assim, o trabalhador a serviço do capitalista não reproduz apenas o valor de sua força de trabalho – que lhe é pago –, mas produz também um *mais-valor*, que, a princípio apropriado pelo capitalista, se distribui posteriormente por toda a classe capitalista de acordo com determinadas leis econômicas, formando a base da qual surgem a renda da terra, o lucro, a acumulação de capital, enfim, todas as riquezas consumidas ou acumuladas pelas classes ociosas. Com isso, comprovou-se que a obtenção de riquezas dos capitalistas atuais baseia-se também na apropriação de trabalho alheio e não pago, assim como aconteceu com os proprietários de escravos ou com a exploração da servidão por parte dos senhores feudais, e que todas essas formas da exploração se diferenciam apenas em relação ao modo pelo qual o trabalho não pago é apropriado. Com isso, todo o falatório hipócrita das classes possuidoras de que, na atual ordem social, prevaleceriam o direito e a justiça, a igualdade de direitos e deveres e a harmonia geral dos interesses perdeu seu último apoio, e a atual sociedade burguesa foi desmascarada, mostrando-se, assim como sua predecessora, uma gigantesca instituição de exploração da grande maioria do povo por uma minoria que se torna cada vez menor.

Esses dois importantes fatos fundamentam o socialismo científico moderno. No Livro II de *O capital*, essas e outras tão importantes descobertas científicas sobre o sistema social capitalista continuarão sendo desenvolvidas e, com isso, os aspectos da economia política que ainda não foram analisados no Livro I serão revolucionados. Esperamos que Marx consiga, em breve, entregá-lo para a impressão.

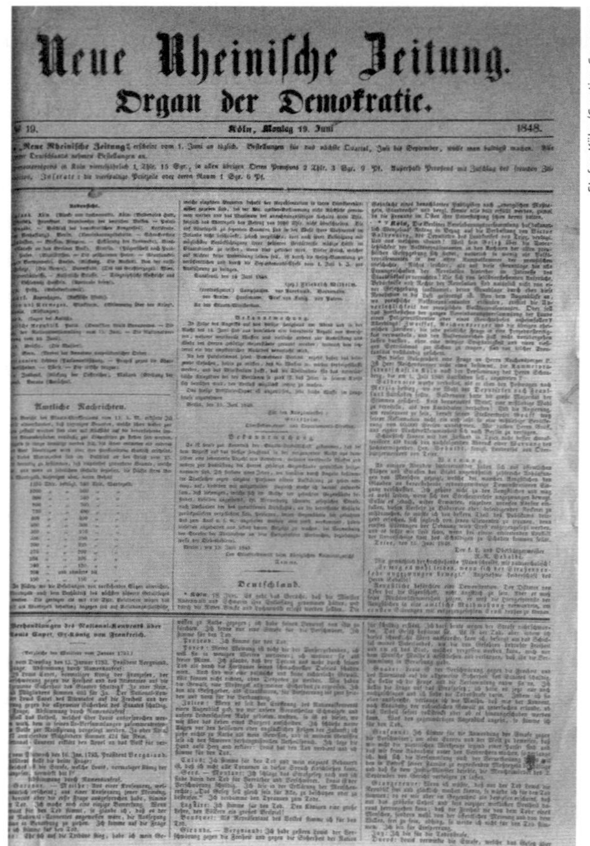

Neue Rheinische Zeitung.

Organ der Demokratie.

№ 19. Köln, Montag 19. Juni 1848.

Reprodução da edição da *Nova Gazeta Renana* de 19 de junho de 1848.

Marx, Heinrich Karl (1892)[1]

Friedrich Engels

Marx, Heinrich Karl, nasceu em Trier, no dia 5 de maio de 1818, como filho do advogado e, depois, conselheiro judicial Heinrich Marx, que, como é possível ver no registro de batismo do filho, converteu-se com a família, em 1824, do judaísmo ao protestantismo[2]. Depois de terminada a formação secundária no ginásio de Trier, Karl Marx estudou – desde 1835, em Bonn; depois, em Berlim – ciências jurídicas, no início, e, mais tarde, filosofia, obtendo o grau de *Dr. phil.* [doutor em filosofia] em 1841, em Berlim, com uma tese sobre a filosofia de Epicuro[3]. No mesmo ano, mudou-se para Bonn a fim de tornar-se docente; contudo, as dificuldades causadas pelo governo a seu amigo *Bruno Bauer*, docente de teologia no mesmo local, que culminaram no afastamento de Bauer da universidade fizeram Marx perceber que, em uma universidade prussiana, não havia lugar para

[1] Publicado originalmente no minidicionário enciclopédico *Handwörterbuch der Staatswissenschaften*, v. 4 (Jena, Fischer, 1892), colunas 1.130-3. Traduzido do alemão por Claudio Cardinali a partir da versão constante em MEW, v. 22, p. 337-45. (N. E.)

[2] Note-se que o nome oficial de Karl Marx não inclui "Heinrich" – trata-se de uma homenagem ao pai que Marx fez ao assinar alguns documentos de juventude, incluindo sua tese de doutorado. Ver, a esse respeito, Michael Heinrich, *Karl Marx e o nascimento da sociedade moderna: biografia e desenvolvimento de sua obra*, v. 1: 1818-1841 (trad. Claudio Cardinali, São Paulo, Boitempo, 2018), p. 38, nota 3. O mesmo biógrafo indica que essa data de batismo se refere ao próprio Marx, pois seu pai já teria se convertido anos antes, provavelmente entre 1816 e 1819; ver ibidem, p. 40 e 53 e seg. (N. E.)

[3] Trata-se de *Diferença entre a filosofia da natureza de Demócrito e a de Epicuro*, dissertação apresentada, na realidade, à Universidade de Jena. Embora tenha concluído os estudos superiores em Berlim e nunca tenha frequentado aulas em Jena, Marx optou pelo doutorado *in absentia* na universidade saxã; a esse respeito, ver Michael Heinrich, *Karl Marx e o nascimento da sociedade moderna*, v. 1, cit., p. 393-7. (N. E.)

ele. Nessa mesma época, os representantes mais jovens da burguesia radical renana, que haviam sido influenciados, até certo ponto, pelo jovem-hegelianismo, fomentaram a fundação de um grande jornal oposicionista em Colônia, com o consentimento dos líderes liberais *Camphausen* e *Hansemann*; Marx e Bauer também contribuíram, como principais colaboradores competentes, para o projeto. A concessão – necessária naquela época – foi obtida por meios alternativos, em segredo, e, assim, publicou-se a *Gazeta Renana*, no dia 1º de janeiro de 1842. De Bonn, Marx escreveu longos artigos para o novo jornal; os mais importantes foram: uma crítica às negociações da assembleia da província do Reno, um trabalho sobre a situação dos viticultores do Mosela e outro sobre o furto de madeira e sua respectiva legislação[4]. Em outubro de 1842, ele se tornou editor-chefe da gazeta, mudando-se para Colônia. A partir de então, o jornal adquiriu caráter fortemente oposicionista. A gestão era feita de forma tão engenhosa que, apesar de o periódico ter sofrido censura dupla no início, e depois tripla (primeiro o censor habitual, depois o presidente distrital e, por fim, um senhor [Wilhelm] Von Saint-Paul, enviado *ad hoc* de Berlim), o governo mal conseguia controlar esse tipo de imprensa, decidindo, por fim, proibir a publicação do jornal a partir do dia 1º de abril de 1843. Com a renúncia de Marx da redação, nesse exato dia, conseguiu-se adiar a proibição em três meses; contudo, a gazeta acabou sendo suprimida.

Marx decidiu, então, se mudar para Paris, aonde *Arnold Ruge* também pretendia ir após a supressão dos *Anais Alemães*, mais ou menos na mesma época. Antes disso, casou-se em Kreuznach com Jenny von Westphalen, sua amiga de juventude, de quem ficara noivo ainda no início de seus estudos universitários. O jovem casal chegou a Paris no outono de 1843; então, Marx e Ruge editaram os *Anais Franco-Alemães*, revista que só teve o primeiro número publicado; o fracasso da continuação se explica, em parte, pela enorme dificuldade causada pela distribuição clandestina e, em parte, pelas diferenças de princípios, que logo viriam à tona, entre os dois redatores. *Ruge* se manteve no caminho da filosofia hegeliana e do radicalismo político; Marx se lançou aos estudos da economia política, dos socialistas franceses e da história da França. O resultado foi sua passagem para o socialismo. Em setembro de 1844, Fr[iedrich]. Engels foi a Paris passar alguns dias

[4] Trata-se, respectivamente, de "Bemerkungen über die neueste preußische Zensurinstruktion" [Comentários sobre a nova instrução da censura prussiana], "Rechtfertigung des Korrespondenten von der Mosel" [Justificação do correspondente do Mosela] e da série de artigos "Tratativas da Sexta Dieta Renana", conhecidos como o "Debate sobre a lei referente ao furto de madeira"; ver esta última em Karl Marx, "Tratativas da Sexta Dieta Renana", em *Os despossuídos* (trad. Nélio Schneider, São Paulo, Boitempo, 2017), p. 75-127. (N. E.)

com Marx; após o trabalho conjunto nos *Anais Franco-Alemães*, eles começaram a trocar cartas; aqui teve início a colaboração entre os dois, que só acabaria com a morte de Marx. O primeiro fruto desta foi um escrito polêmico contra *Bruno Bauer*, cujo distanciamento de princípios também havia ocorrido no decurso da desintegração da escola hegeliana: *A sagrada família: contra B. Bauer e consortes**.

Marx cooperou na redação de um pequeno periódico semanal alemão publicado em Paris, denominado *Avante!*, que denunciava com afiado sarcasmo as misérias do absolutismo e do aparente constitucionalismo da época na Alemanha. Isso motivou o governo prussiano a exigir do ministério de Guizot que expulsasse Marx da França. A expulsão foi aprovada; no início de 1845, Marx se mudou para Bruxelas, para onde também Engels logo se transferiu. Lá, Marx publicou *Misère de la philosophie. Réponse à la philosophie de la misère de M. Proudhon***, além do "Discours sur le libre-échange" [Tratado sobre o livre-comércio]***. Além disso, escreveu alguns artigos esporádicos na *Gazeta Alemã de Bruxelas*. Em janeiro de 1848, ele e Engels elaboraram o *Manifesto do Partido Comunista*, a pedido do organismo central da Liga dos Comunistas, sociedade secreta de propaganda política à qual Marx e Engels haviam aderido na primavera de 1847. Desde então, o *Manifesto* foi publicado em incontáveis edições alemãs, autorizadas ou não, e foi traduzido para quase todas as línguas europeias.

Quando eclodiu a Revolução de Fevereiro de 1848, provocando movimentações populares também em Bruxelas, Marx foi preso e expulso da Bélgica; entrementes, o governo provisório da República Francesa o havia convidado a retornar a Paris, e ele aceitou o convite.

Em Paris, ele logo se opôs, com seus companheiros, ao tolo projeto das legiões, que dava ao grupo majoritário no novo governo uma forma conveniente de se livrar dos "incômodos" trabalhadores estrangeiros. Era óbvio que as legiões belgas, alemãs etc., organizadas em plena luz do dia, mal atravessariam a fronteira e já cairiam em uma armadilha bem preparada; foi exatamente o que aconteceu. Marx e o restante dos líderes da Liga dos Comunistas prestaram a quatrocentos alemães desempregados a mesma ajuda de viagem de que dispunham os legionários, a fim de que também conseguissem retornar a Alemanha.

---

* Frankfurt a. M. [am-Main], 1845.

** Bruxelas/Paris, 1847. [Em francês no original; trata-se de *Miséria da filosofia* – N. E.]

*** Bruxelas, 1848.

Em abril, Marx se transferiu para Colônia e, no dia 1º de junho, a *Nova Gazeta Renana* começou a ser publicada sob sua direção; o último número desse periódico sairia no dia 19 de maio do ano seguinte; os redatores foram então ameaçados judicialmente ou com prisões ou com extradições, caso não fossem prussianos. A segunda foi o destino de Marx, que havia sido desvinculado da confederação prussiana na época em que esteve em Bruxelas. No período de atividade da gazeta, ele teve de se apresentar duas vezes ao júri: no dia 7 de fevereiro de 1849, por crime de imprensa; no dia 8, por convocação à resistência armada contra o governo (na época da rejeição aos impostos, em novembro de 1848)[5]. Em ambos os casos, foi absolvido.

Eliminada a gazeta, Marx retornou a Paris; contudo, depois dos protestos do dia 13 de junho, foram-lhe dadas duas opções: ou ele se deixava prender na Bretanha, ou abandonava, mais uma vez, a França. Naturalmente, escolheu a segunda; então, foi para Londres, onde finalmente fixou domicílio.

Lá, lançou seis edições da *Nova Gazeta Renana: Revista Político-Econômica**. Sua principal contribuição, aqui, foi de "1848 bis 1849" [De 1848 a 1849], exposição das causas e do nexo interno dos acontecimentos desses anos, em especial na França[6]; além disso (em colaboração com Engels), publicou resenhas e panoramas políticos. Como continuação do primeiro trabalho, logo foi editado *O 18 de brumário de Luís Bonaparte***. O grande processo contra os comunistas de Colônia induziu a elaboração de mais um panfleto: *Enthüllungen über den Kommunistenprozeß zu Köln* [Revelações sobre o processo dos comunistas de Colônia]***. A partir de 1852, Marx foi o correspondente em Londres e, durante anos, de certa forma, o redator europeu do *New York Tribune*. Seus artigos foram, em parte, impressos com sua assinatura e, em parte, figuraram como editoriais; não se tratava de correspondências comuns, mas de textos baseados em estudos rigorosos, muitas vezes em forma de uma série de artigos com uma exposição abrangente da situação política e econômica dos países europeus específicos. Entre eles, os escritos militares – sobre a Guerra da Crimeia, a rebelião na Índia etc. – foram escritos por Engels. Alguns escritos de Marx sobre lorde Palmerston foram impressos em

---

5 Ver, neste volume, p. 216, nota 28. (N. E.)

* Hamburgo, 1850. [O periódico era editado em Londres e impresso em Hamburgo – N. E.]

6 Artigos mais tarde reunidos por Engels e publicados, em 1895, como *As lutas de classes na França de 1848 a 1850*. (N. E.)

** Nova York, 1852; novas edições, Hamburgo, 1869 e 1885.

*** Boston, 1853; edição mais recente, Zurique, 1885.

Londres na forma de panfletos. Essa cooperação com a *Tribune* só terminou com a eclosão da Guerra Civil Americana[7].

No ano 1859, por um lado, Marx se envolveu em uma polêmica, ligada à guerra italiana, com Karl Vogt, culminando no texto *Senhor Vogt**. Por outro, publicou o fruto inicial dos anos de seus estudos econômicos no Museu Britânico sob a forma do primeiro caderno de *Contribuição à crítica da economia política***. No entanto, mal esse caderno havia sido publicado, Marx percebeu que ainda não tinha plena certeza em relação à execução detalhada da ideia que fundamentaria os seguintes; o manuscrito, que ainda existe, é a melhor prova disso. Ele recomeçou, então, do zero; assim, em vez de uma continuação, publicou, somente em 1867, o Livro I de *O capital: O processo de produção do capital****.

Enquanto elaborava os três livros de *O capital* – o segundo e o terceiro ao menos em rascunho –, Marx teve, finalmente, nova oportunidade de agir no mundo do trabalho. Em 1864, foi fundada a Associação Internacional dos Trabalhadores. Muitas pessoas – a saber, franceses – conseguiram a ilegítima fama de serem fundadoras dessa associação. É óbvio que algo do tipo não pode ser fundado por uma única pessoa. No entanto, uma coisa é certa: entre todos os envolvidos, só havia um que sabia exatamente o que deveria ser feito e o que deveria ser criado; trata-se do homem que, já em 1848, havia lançado no mundo a convocação: "Trabalhadores de todo o mundo, uni-vos!".

Quando a Internacional foi fundada, Joseph Mazzini[8] tentou atrair e utilizar os elementos necessários para sua democracia místico-conspiratória *Dio e popolo* [Deus e povo]. Contudo, os esboços de estatuto e de mensagem inaugural apresentados em seu nome foram rejeitados; os redigidos por Marx foram aprovados e, a partir de então, ele garantiu a liderança da Internacional. Marx foi o responsável por redigir tudo que o Conselho Geral aprovava – a saber, também o texto *A guerra civil na França*, publicado logo após a queda da Comuna de Paris e traduzido para a maioria das línguas europeias.

Não vem ao caso, aqui, contar a história da Internacional. Basta afirmar que Marx conseguiu criar estatutos, além de estabelecer motivos e princípios de acordo com

---

[7] No total, a colaboração se estendeu de meados de 1852 a fevereiro de 1862. (N. E.)

* Londres, 1860.

** Berlim, 1859.

*** Hamburgo, 1867.

[8] O prenome Giuseppe foi anglicizado no original. (N. E.)

os quais proudhonianos franceses, comunistas alemães e novos *trade*-unionistas ingleses pudessem agir em conjunto, unanimemente; a harmonia da associação não havia sofrido nenhuma perturbação até surgirem aqueles que desde então tentam atrapalhar todo e qualquer movimento de trabalhadores: os anarquistas sob influência de Bakúnin. É evidente que o poder da associação vinha unicamente do inédito fato de que se tentava unificar o proletariado europeu e americano; o Conselho Geral não tinha outros meios que não os morais – nem sequer meios financeiros. Em vez dos "milhões da Internacional", de que tanto se falou, o conselho tinha, sobretudo, dívidas. Nunca se realizou tanta coisa com tão pouco dinheiro.

Depois da Comuna, a organização por meio da Internacional tornou-se impossível. Prosseguir com a luta – contra os governos e contra a burguesia, igualmente tensa em todos os países – da mesma forma de até então teria implicado um sacrifício colossal. Além disso, haveria ainda a luta no interior da associação contra os anarquistas e os elementos proudhonianos com tendências anarquistas. *Le jeu ne valait pas la chandelle.*[9] Depois de conquistada a vitória formal contra os anarquistas no Congresso de Haia, Marx sugeriu a transferência do Conselho Geral para Nova York. Assim, garantia-se a continuidade da associação caso uma mudança de circunstâncias exigisse sua reintrodução na Europa. Contudo, quando essas circunstâncias surgiram, a antiga forma já estava ultrapassada; o movimento estava completamente fora do controle da velha Internacional.

A partir de então, Marx se afastou da agitação pública, mas não deixou, com isso, de atuar no movimento operário europeu e estadunidense. Manteve contato por cartas com quase todos os líderes em diversos países; eles, quando possível, pediam seus conselhos antes de tomar decisões importantes; Marx se tornou o conselheiro – cada vez mais procurado e sempre disposto – do proletariado combativo. Não obstante, conseguiu se dedicar novamente a seus estudos, e a área deles, entrementes, havia se expandido bastante. Em se tratando de um homem que, ao analisar um objeto, sempre verificava seu surgimento histórico e suas pré-condições, é natural que, de cada questão, saltasse uma série de novas questões. Pré-história, agronomia, relações de propriedade da terra na Rússia e na América, geologia etc. foram temas estudados a fim de elaborar o capítulo sobre renda da terra do Livro III de *O capital* de maneira tão abrangente como nunca se havia tentado. Além do fato de ler com facilidade todas as línguas românicas e germânicas, ele ainda aprendeu

---

[9] Em francês no original; "Não valia a vela", em tradução literal, expressão que significa "Não valia a pena dar-se ao trabalho". (N. T.)

eslavo antigo, russo e sérvio. Infelizmente, o adoecimento progressivo o impediu de explorar todo o material coletado. No dia 2 de dezembro de 1881, faleceu sua esposa; no dia 11 de janeiro de 1883, sua filha mais velha; no dia 14 de março do mesmo ano, Marx faleceu tranquilamente em sua confortável poltrona.

A maioria das biografias de Marx publicadas está cheia de erros. A única autêntica é a que foi publicada no *Volkskalender* [calendário popular] de Bracke de 1878, em Braunschweig (por Engels)[10].

A seguir, a lista mais completa possível dos escritos publicados de Marx[11]:

- *Gazeta Renana*, Colônia, 1842: artigo sobre as negociações da Assembleia Provincial da Renânia, sobre a situação dos viticultores do rio Mosela, sobre o furto de madeira; editoriais entre outubro e dezembro de 1842.
- *Anais Franco-Alemães*, de A. Rüge e K. Marx, Paris, 1844: "Crítica da filosofia do direito de Hegel – Introdução"; *Sobre a questão judaica.*
- K. Marx e F. Engels, *A sagrada família: contra Bruno Bauer e consortes*, Frankfurt, 1845.
- Pequenos artigos (anônimos) no *Avante!*, de Paris, 1844.
- Diversos ensaios, anônimos ou assinados, na *Gazeta Alemã de Bruxelas*, Bruxelas, 1846-1847.
- *Miséria da filosofia: resposta à Filosofia da miséria do senhor Proudhon*, Bruxelas e Paris, 1847. Em alemão: Stuttgart, segunda edição, 1892. Em espanhol: Madri, 1891.
- *Tratado sobre o livre-comércio*, Bruxelas, 1848. Em inglês: Boston, 1889. Em alemão: na edição de *Miséria da filosofia.*
- Com F. Engels, *Manifesto do Partido Comunista*, Londres, 1848. Última edição alemã: Londres, 1890; traduzido para quase todas as línguas europeias.
- Artigos em *Nova Gazeta Renana*, editoriais etc., Colônia, 1848-1849. Entre eles, um foi impresso diversas vezes separadamente: "Trabalho assalariado e capital" – edição mais recente: Berlim, 1891; publicado também em russo, polonês, italiano, francês.

---

[10] Ver, neste volume, p. 177-87. (N. E.)

[11] Títulos em alemão no texto com edição em português foram traduzidos; títulos indicados em outros idiomas ou sem tradução para o português, mantidos conforme o original. (N. E.)

- *Zwei politische Prozesse* [Dois processos políticos], Colônia, 1849 (discurso de defesa de Marx).
- *Nova Gazeta Renana. Revista*, Hamburgo, 1850. Seis números. Entre eles, de Marx: "1848 bis 1849".
- Com Engels, resenhas e revista mensal.
- *O 18 de brumário de Luís Bonaparte*, Nova York, 1852; terceira edição, Hamburgo, 1885. Publicado também em francês.
- "*Enthüllungen über den Kommunistenprozeß zu Köln*" [Revelações sobre o processo dos comunistas de Colônia], Basileia, 1852 (tiragem confiscada); Boston, 1853; última edição: Zurique, 1885.
- Artigos na *New York Tribune*, 1853-1860. Entre eles, alguns sobre Palmerston – ampliados –, publicados em Londres, 1852, sob forma de panfletos.
- *Free Press*, Sheffield, junho de 1856, e Londres, até abril de 1857: "Revelations of the Diplomatic History of the 18th Century" [Revelações sobre a história da diplomacia do século XVIII] (sobre a constante e interessada dependência do ministro inglês do partido Whig em relação à Rússia).
- *O povo*, Londres, 1859: ensaios sobre a história diplomática da guerra italiana de 1859.
- *Contribuição à crítica da economia política*, primeiro caderno, Berlim, 1859. Em polonês: 1890.
- *Senhor Vogt*, Londres, 1860.
- "Mensagem inaugural da Associação Internacional dos Trabalhadores", Londres, 1864; além de todas as publicações do Conselho Geral, inclusive *The Civil War in France* [A guerra civil na França], Londres, 1871; última edição alemã, Berlim, 1891; publicado também em francês, italiano e espanhol.
- *O capital: crítica da economia política*, Livro I, Hamburgo, 1867; quarta edição, mais recente: 1890. Publicado em russo, francês, inglês, polonês e dinamarquês.
- *Idem*, Livro II, Hamburgo, 1885, segunda edição no prelo. Publicado também em russo. O Livro III será publicado em 1893[12].

---

[12] Foi publicado em 1894. (N. E.)

Karl Marx e a obra de sua vida! (1913)[1]

Clara Zetkin

I

Companheiros e companheiras! No dia 14 de março completaram-se trinta anos desde que Karl Marx descansou sua magnífica cabeça; Karl Marx, cuja mente esteve e está ainda hoje à frente da classe trabalhadora de todos os países, que batalha tal qual coluna de fogo. Trinta anos são, em nossa época acelerada, uma pequena eternidade. Quantas *retificações e assassinatos* de Marx vivemos nessas três décadas! Homens das ciências escreveram corpulentas e aclamadas obras propondo a superação teórica da doutrina de Marx. Hoje, a maioria desses livros acumula pó nas bibliotecas, são livrecos sem valor. Quantos experimentos com cenoura e açoite, com reformas sociais e sopas aguadas, não foram realizados para a aniquilação prática do "fanatismo pelo dogma marxista" tal como se apresenta diante de nós, personificado, em carne e osso, no proletariado que luta com determinação? Hoje, essas tentativas provocam sorrisos ou mesmo lamentos. Os proletários despertos se recusam a seguir as charangas da paz social, a receber migalhas e esmolas modestamente democrático-reformadoras ou cristãs. A doutrina de Marx está mais viva que nunca entre eles. Ela amplia o círculo de seus confessores[2] e torna-se cada vez mais influente. E isso não apenas entre nós, não, mas em todos os países que o capitalismo subjuga. Quando Karl Marx faleceu, há trinta anos, foram mais

[1] Conferência proferida por ocasião do trigésimo aniversário da morte de Marx na região do Baixo Reno e depois publicada em livro. Traduzido do alemão por Renata Dias Mundt a partir de Clara Zetkin, *Karl Marx und sein Lebenswerk* (Elberfeld, Molkenbuhr, 1913) – no livro, o prenome da autora está grafado Klara. (N. E.)

[2] Em alemão, *Bekenner*. O termo aparece repetidamente ao longo do texto. (N. T.)

que doze aqueles que se comprometeram com o socialismo científico fundado por ele. Foi uma época em que centenas e até milhares o seguiram, a época das pequenas comunidades. Hoje, são milhões de explorados no mundo todo que se aglomeram em torno do orgulhoso estandarte que Karl Marx assentou com o socialismo científico da classe trabalhadora. Esse simples fato revela a importância da doutrina, assim como a importância do homem que a forjou com forte aço.

Quando Marx faleceu, seu irmão de armas congenial, *Friedrich Engels*, escreveu para Sorge, da antiga Internacional, em Nova York: "A humanidade encolheu em uma cabeça, a melhor cabeça de nossa era"[3]. As palavras poderiam parecer presunçosas. Afinal, não foi o século XIX especialmente rico em homens aos quais somos gratos pelas mais geniais descobertas? Esse não foi, principalmente, o século de Darwin, que realizou um trabalho na área das ciências naturais tão digno de orgulho quanto o de Marx nas ciências sociais? Assim como Marx expôs as forças motrizes decisivas para o desenvolvimento da sociedade desde as formas mais inferiores às mais superiores, também Darwin comprovou que toda vida orgânica se desenvolve em uma cadeia infinita que parte de estruturas simples para outras cada vez mais complicadas, mais perfeitas, mostrando ainda a que leis esse devir natural obedece. Não obstante, a palavra de Engels me parece justa. Em meu entender, Marx foi a personalidade mais multifacetada, rica e forte. Darwin foi o *erudito* que pesquisava para saber mais. Em Marx, o *pesquisador científico*, aquele que demandava ansiosamente a clareza e a verdade, unia-se ao homem de ações, ao *lutador revolucionário*. Darwin limitou-se a verificar aquilo que existiu e existe na natureza. O anseio fáustico de Marx não se contentava com o reconhecimento daquilo que existiu e existe na história do desenvolvimento do ser humano, tampouco com o reconhecimento de sua férrea regularidade. Ele queria "tocar os seios dos quais céu e terra pendem"[4] a fim de sugar-lhes a força para trabalhar *por aquilo que deveria existir socialmente*. Ele pesquisava a fim de servir de forma deliberada, com suas contribuições, às leis do desenvolvimento histórico. Desejava o conhecimento para agir, para estar pronto para *agir*. Seu grande ato intencional, porém, foi *armar a massa proletária explorada com o reconhecimento do ato descomunal que ela deve realizar como eterno imperativo da história*, mas que, todavia, deve ser intencionado por essas pessoas. Isto é, a transformação da ordem capitalista na ordem socialista.

---

[3] Ver carta de Friedrich Engels a Friedrich Adolph Sorge, de 15 de março de 1883, em "Cartas de Marx e Engels", trad. João Leonardo Medeiros, *Marx e o Marxismo,* v.1, n.1, jul.-dez. 2013, p. 172. Disponível *on-line* em: <www.niepmarx.blog.br/revistadoniep/index.php/MM/article/view/16/12>. (N. E.)

[4] No original, a autora faz uma paráfrase de versos de *Fausto*, de J. W. Goethe. (N. T.)

Quando nos perguntamos como uma personalidade tão imponente como Marx cresceu e surgiu, as teorias habituais falham ao explicar o gênio. Os pais de Marx eram pessoas inteligentes e boas, mas não tinham um intelecto extraordinário. As linhagens familiares do pai e da mãe tampouco apresentam alguém cujos dons intelectuais e de caráter remetam a Marx. Os pais eram judeus, e o pai converteu-se apenas mais tarde ao cristianismo. Provavelmente não por ter percebido neste último confissão mais elevada, mas por considerar, tal como Heinrich Heine, o certificado de batismo um facilitador para penetrar na cultura da Europa Ocidental. Parece-me que em Marx estavam vivas as melhores características do gênio da raça judaica. Encontramos nele a busca devoradora da verdade, que o leva a escalar cumes solitários e a querer arrancar o conhecimento de um arbusto em chamas. A fidelidade tenaz à crença e a alegria do confessor, como as que caracterizaram os judeus no exílio nos campos de Babel e nos longos séculos de dispersão entre outros povos. Encontramos nele a sanha ardente contra a injustiça e a servidão e o forte sentimento de irmandade que, segundo a lenda bíblica, levou Moisés a cerrar os punhos para derrotar os egípcios que seviciaram homens de sua estirpe. É próprio dele o fervor combatente obstinado dos macabeus. Contudo, todos esses traços característicos de Karl Marx não têm nada de especificamente judeu, próprio de uma raça. Sua natureza individual não se desenvolveu por trás dos muros e das grades do gueto medieval, ela não foi cunhada por um círculo judaico fechado. Seja qual for a proveniência de seus dons naturais, em seu desabrochar revela-se pura *cultura humana*. Para seu desenvolvimento, certamente "o Tempo todo-poderoso e o Destino eterno"[5] foram mais decisivos que tudo, ambos compreendidos no sentido do materialismo histórico.

Ainda há o ambiente em que o menino, o rapaz, cresceu e que concedeu som e cor a sua família e seu círculo de amigos. Karl Marx foi um filho da *Renânia*, que é um dos *lugares culturais mais antigos* da Alemanha – em tempo histórico –, um lugar de *cultura internacional*. Este solo foi fecundado pela cultura *greco-romana* da Antiguidade, que teve efeito sobre as jovens estirpes *celtas* e, posteriormente, *germânicas*. Sua influência criativa alteadora esteve viva na Idade Média e legou monumentos imortais. Quando a sociedade burguesa começou a se desenvolver no seio da ordem feudal, a Renânia recebeu vários impulsos culturais dos *Países Baixos*, onde o humanismo viveu grande ascensão com Erasmo de Roterdã e outros eruditos e poetas de fama internacional; onde, posteriormente,

[5] Citação de poema de Goethe; ver J. W. Goethe, "Prometeu", em *Poemas* (trad. Paulo Quintela, Coimbra, Centelha, 1986). (N. T.)

uma burguesia próspera, instruída e que valorizava a liberdade travou batalhas pela liberdade política e religiosa; onde floresceram elevadas ciências e artes burguesas. Quão intensa e indelevelmente Espinosa, sozinho, influenciou o desenvolvimento das ciências, da vida intelectual! Um pequeno período à frente na história, e o vento, atravessando o mar, traz da Inglaterra enérgicos impulsos de desenvolvimento. De lá vem a recente forma de produção capitalista, e, de todas as regiões da Alemanha, a Renânia foi o local onde ela primeiro se fortaleceu e cresceu. E com ela vem, se fortalece e cresce aquele modo de pensar burguês que impulsiona a oposição às condições existentes, às situações de privilégio social da sociedade feudal. No fim do século XVIII, a *grande Revolução Francesa* deixa respingar relâmpagos benfazejos sobre a Renânia. Sob sua influência, aqui são descartados vários entulhos medievais, instituições públicas são remodeladas. A burguesia, tornada audaz por seu espírito, surge aqui mais desafiadora e decidida que em qualquer outro lugar da Prússia. Na juventude de Marx, ainda se sentia na Renânia o pulsar da grande revolução. Esse colossal evento teve aqui efeito tão profundo e duradouro que nem a reação que sucedeu a revolução alemã de março[6] pôde banir completamente seu espírito onipresente.

E agora *o período* em que Karl Marx viveu e atuou, o qual está sob o *signo do capitalismo* em vitorioso avanço. Depois de enorme crescimento, este confere à Inglaterra o domínio do mercado mundial. Congloba na França novas grandes riquezas exploradoras. Conquista, inexorável, a Alemanha. Abraça a Boêmia, a Áustria, a Itália. Karl Marx vive, nos anos 60 do século XIX, a chamada "libertação dos camponeses" de Alexandre II[7]. Em outras palavras, a comprovação de que o capitalismo começava a transformar também o colossal Império Russo, que, em consequência das peculiaridades da raça eslava, seria supostamente imune a desenvolvimentos segundo padrões europeus ocidentais. Karl Marx testemunha como o capitalismo estende os braços para além dos oceanos, puxando o Novo Mundo para seu turbilhão. Ele vê os indícios de que o centro das relações comerciais internacionais está se deslocando do oceano Atlântico para o Pacífico.

A revolução econômica da sociedade remodelou as circunstâncias políticas. Também na *política*, o devir e o desvanecer históricos são visíveis. O século XIX é um *período de revoluções políticas*. Na França, diversas camadas da burguesia lutam por

---

[6] Trata-se da Revolução de 1848 e ao período que a ela se seguiu e se contrapôs, conhecido como "Era da Reação". (N. E.)

[7] Referência à abolição da servidão no Império Russo, decretada pelo tsar em 1861. (N. E.)

sua parcela na herança da grande revolução. Na Alemanha e em outros Estados, a burguesia ainda ousa duelar contra o direito divino absoluto, contra o domínio dos latifundiários, dos clérigos e da polícia. Em todas as aclamações de líderes da burguesia, porém, o proletariado já desempenha papel decisivo e começa a avançar como classe com as próprias demandas. Nos locais onde, na Idade Média, as batalhas entre cidades, nobres feudais e príncipes ainda não haviam resultado em um Estado, a incompatibilidade da economia capitalista com fronteiras estreitas e barreiras aduaneiras levou inexoravelmente a um *Estado unificado nacional*. Levantes revolucionários criam a Itália unida, ainda que sob a dinastia do tão amado e mais ainda amante Vítor Emanuel. O ferro retira o império alemão unido do batismo de sangue, aquela Alemanha sob o elmo prussiano, comandada e maltratada pelo bordão de soldados prussianos.

Assim, o desenvolvimento da história alastra, diante dos olhos de Marx, *um incomparável material de pesquisa econômico e político*. Seu domínio internacional era tão visível quanto o crescimento das plantas em uma estufa; ele desviou a atenção desse espírito perscrutador para as forças motrizes por trás de tudo. Não obstante, a capacidade de Marx para penetrar e dominar esse material descomunal, polimorfo e aparentemente caótico, sua capacidade de resumir os resultados de suas pesquisas e de seu pensamento de forma clara e firme como cristal, isso ele deve à *filosofia clássica alemã*. Dela ele recebeu *a munição e a instrução científicas* sem as quais sua obra seria impensável.

Quando o rapaz, com sua enorme avidez pela verdade, começou a questionar as leis do desenvolvimento da humanidade, o sol da filosofia clássica e das artes já havia se posto na Alemanha. No entanto, seu brilho e seu calor perduravam na atmosfera intelectual da época. *A grandiosa filosofia de Hegel continuou agindo vivamente sobre os espíritos ativos e sofisticados.* Ela concebia tudo o que existe e ocorre na natureza e na história como resultado de um *desenvolvimento uniforme e regular* que aniquila e cria em um fluxo ininterrupto, cuja última origem deveria ser o *movimento próprio da ideia absoluta*, e por meio de opostos que lutam entre si para, por fim, voltar a se reunir em uma unidade mais elevada, na direção da qual o desenvolvimento é impulsionado. Dominada pela ideia de desenvolvimento, a filosofia de Hegel tomava os objetos de seu estudo não como estruturas concluídas e estáticas, como em sua morte, e sim na rica diversidade de seu devir e desvanecer, de suas expressões de vida. Esse seu *método de estudo* era o *dialético*. O jovem Marx percebeu em Hegel um espírito congenial cuja doutrina o atraiu com força irresistível e que foi decisiva para seu desenvolvimento e para sua obra. Marx tomou para si a herança da ideia do desenvolvimento histórico como nenhum outro homem das ciências, mas então, como disse Engels, acertadamente, "*colocou de pé aquilo que estava de cabeça para baixo*"[8]. Ele não procurou as forças motrizes da vida histórica fora da natureza e da *sociedade*, na ideia mítica e absoluta, mas na própria sociedade – no que concerne à história –, mais especificamente, em suas *relações* de produção e *troca*. Por outro lado, esclareceu como e por meio de que forças essas relações se expressam e se impõem na sociedade com o método dialético que tomou de Hegel e que utilizou com maestria soberana.

II

Karl Marx nasceu em 5 de maio de 1818, em *Trier*, filho do advogado Heinrich Marx. Pelo desejo do pai, ele deveria seguir sua profissão, que prometia uma boa e prestigiosa posição na vida. De início, o jovem frequentou a Universidade de Bonn, onde viveu alguns semestres de esplendor juvenil despreocupado[9]. Em 1836, continuou seus estudos na Universidade de *Berlim*, onde sofreu influência da filosofia hegeliana e travou amizade com alguns excelentes jovens hegelianos. O estudo para o "ganha-pão" distanciava-se cada vez mais do centro de seu trabalho e de seus planos para o futuro. No entanto, ele deu continuidade, consciencioso, pois era um filho afetuoso que pensava na preocupação e na cada vez mais próxima velhice dos pais. Ademais, era também um amante apaixonado, noivo de *Jenny von Westphalen*, sua antiga companheira de brincadeiras da infância, a mais bela e nobre moça de Trier. Como teria gostado de levar assim que possível sua amada para casa, de lhe oferecer um futuro seguro e brilhante como presente de casamento!

Todavia, mais forte e ávida que tudo, ardia em Marx a ânsia pelo conhecimento. Ele se lançou às mais diversas áreas de conhecimento e mergulhou, sobretudo, no estudo de história e filosofia. Consultou tomos eruditos, pesquisou a vida contemporânea e dedicou-se à compreensão de sistemas científicos. O excesso de trabalho e as batalhas internas pela clareza e o dever prejudicaram sua saúde.

---

8 Ver Friedrich Engels, *Ludwig Feuerbach e o fim da filosofia alemã clássica*, em Karl Marx e Friedrich Engels, *Obras escolhidas em três tomos*, v. 3 (Lisboa/Moscou, Avante!/Progresso, 1985), p. 390. Engels, na realidade, retoma o que o próprio Marx escrevera no posfácio à segunda edição do Livro I de *O capital* (1873): "A mistificação que a dialética sofre nas mãos de Hegel não impede em absoluto que ele tenha sido o primeiro a expor, de modo amplo e consciente, suas formas gerais de movimento. Nele, ela se encontra de cabeça para baixo. É preciso desvirá-la, a fim de descobrir o cerne racional dentro do invólucro místico"; ver Karl Marx, *O capital: crítica da economia política*, Livro I: *O processo de produção do capital* (trad. Rubens Enderle, São Paulo, Boitempo, 2013), p. 91. (N. E.)

9 Marx esteve em Bonn por apenas dois semestres. (N. E.)

Potenciais conflitos com o pai eram iminentes, dos quais Marx provavelmente foi poupado em razão da morte precoce do progenitor. O jovem manteve-se firme, lutou com a ciência pelo conteúdo e o objetivo de sua vida, obstinado como Abraão com o Senhor: "Eu não Te abandono e então me abençoas"[10]. E a luta foi abençoada, naturalmente não após uma noite, mas apenas após vários anos de estudos profundos e vastos. Sedento de conhecimentos e ansioso por ações, Marx, seguidor de Hegel, buscou na história, mais especificamente na história de seu próprio tempo, a *ideia* que tudo movia e dominava. Ele queria rastrear as manifestações de seu tecer e o domínio no progresso intelectual do ser humano e nas formas e nas instituições da vida social, queria visualizar claramente a direção e o objetivo de sua influência a fim de servir conscientemente ao desenvolvimento. O processo de autocompreensão lhe gerou inicialmente, contudo, além de dúvidas frutíferas, apenas o começo de sua compreensão posterior da história. Somente anos depois ele encontrou como força motriz do desenvolvimento social não a ideia absoluta, mas a real. Descobriu o que determina e move as ideias na história desde que a sociedade passou a ter a propriedade privada como base: as *lutas de classe*. Aprendeu que estas, por sua vez, são desencadeadas pelas formas de *produção e de troca*. A direção e o objetivo se mantêm.

Antes de atingir essa clareza, ele teve de concluir seus estudos universitários. Com uma dissertação sobre a *filosofia de Epicuro*, obteve *in absentia*, em 1841, em *Jena*, o título de doutor. Ele tivera a esperança de, como professor universitário, marchar à frente do povo na luta pela liberdade de pensamento e, assim, abrir caminho para condições pautadas pela liberdade. A sanção a seu amigo *Bruno Bauer* em Bonn mostrou-lhe que essa expectativa era um sonho. Como hoje, as universidades prussianas à época raramente eram locais de pesquisas e doutrinas livres[11]. Marx passou, então, a atuar como jornalista. Tornou-se, em 1842, a partir de *Bonn, colaborador* e, depois, já em *Colônia, editor da Gazeta Renana*. Fundado por *Camphausen*, o futuro ministro, e por seus amigos, esse foi o órgão da burguesia renana para a qual a casa da ordem feudal se tornara pequena demais e que, portanto, murmurava contra o direito divino dos reis, a aristocracia, a burocracia etc. e pressionava por uma liberdade constitucional "mais moderada", como a ditada pelo capitalismo.

---

[10] Paráfrase do Gênesis. Para mais a respeito da presença constante de referências religiosas nos textos e discursos de Zetkin, ver Tânia Puschnerat, *Clara Zetkin: Bürgerlichkeit und Marxismus, eine Biographie* (Essen, Klartext, 2003). (N. E.)

[11] Zetkin profere essa conferência na Alemanha ainda sob o império, período em que havia significativa intervenção nas universidades. (N. E.)

A *Gazeta Renana* foi, portanto, uma oposição bastante capenga, mas ainda assim uma oposição em meio à miséria do período anterior à revolução alemã de março. Sob a edição de Marx, essa oposição tornou-se mais aguçada e virulenta. A pegada do jovem leão era visível dado o tratamento histórico dos acontecimentos, com conceituação profunda e forma brilhante. Como lutador *político* de primeira linha, Marx *opôs-se* à *censura*, defendeu a liberdade de imprensa, publicou uma crítica aniquiladora às negociações do *sexto Parlamento da Renânia*. A *Gazeta Renana* testemunha o momento em que sua atenção se voltou para a *situação econômica*. Ele se esforça seriamente por uma compreensão desta e percebe, então, com mais intensidade a insuficiência da filosofia hegeliana. O impulso prático para tanto lhe foi dado pela *questão dos furtos de madeira e a miséria dos camponeses viticultores da região do rio Mosela*, dos quais não se sabe se foram mais espoliados e vexados por credores ou pelas autoridades "escolhidas por Deus" e que encontraram em Marx um paladino caloroso e destemido[12]. Justamente a defesa dessa população miserável por parte da *Gazeta Renana* fez com que suas "infâmias" oposicionistas ultrapassassem os limites aos olhos das autoridades públicas. Sua repressão foi decidida com a bênção explícita de Frederico Guilherme IV, da Prússia. Esse verdadeiro romântico era também um homem indeciso quanto à questão da censura. Ele não sabia – reproduzindo a caracterização certeira de Mehring – se deveria ser o benfeitor ou o carrasco da liberdade de imprensa[13]. No caso da *Gazeta Renana*, como em outros jornais, ele se decidiu pelo papel de carrasco. Marx perdeu, então, sua subsistência e, o que o oprimia ainda mais duramente, sua esfera pública de ação. Quanto à situação da Alemanha à época, ele não vislumbrava mudança. Em menos de dois anos evidenciou-se que "qualquer trabalho que visasse à libertação da nação em solo alemão havia se encerrado" para ele. Marx decidiu mudar-se para *Paris*, o foco da vida política, dos anseios pela liberdade. Antes de migrar, casou-se com sua Jenny após um noivado de sete anos, os quais, assim como a Jacó, lhe "pareceram como um dia, tanto a amava"[14].

A base material para a subsistência da família em Paris deveria vir dos *Anais Franco-Alemães*. Marx os publicou com *Arnold Ruge*, homem de tendências democráticas.

---

[12] A esse respeito, ver, neste volume, p. 190, nota 4. (N. E.)

[13] Ver Franz Mehring, *Karl Marx: a história de sua vida* (São Paulo, Sundermann, 2013), capítulo 2, item 5. (N. E.)

[14] Citação do texto introdutório de Eleanor Marx a uma carta de seu pai ao avô; ver Eleanor Marx, "Ein Brief des jungen Marx", *Die Neue Zeit*, n. 1, 1897-1898. Eleanor menciona essa mesma metáfora em "Karl Marx: folhas avulsas"; ver, neste volume, p. 127-34. (N. E.)

No entanto, os *Anais* deveriam e pretendiam ser mais que os fornecedores do pão de cada dia. Eles tinham o objetivo de se tornar um ponto de encontro intelectual das forças da oposição radical e estimular o desenvolvimento libertário na Alemanha, o que incluía dar continuidade ao trabalho da autocompreensão das forças motrizes e das leis históricas da vida. A colaboração de líderes socialistas franceses e reformistas também estava prevista, a fim de se criar uma interação frutífera "do espírito gaulês e do alemão". Contudo, essa colaboração não se concretizou. Os *Anais* tiveram apenas uma edição publicada, em duas revistas, provavelmente na primavera de 1844. O empreendimento fracassou em razão da falta de recursos e das circunstâncias na Alemanha, onde a revista foi proibida e só podia passar as fronteiras clandestinamente com grande dificuldade. A isso acresceram-se querelas entre Ruge e Marx, pois apuramento crescente da concepção filosófico-histórica deste o levou a um antagonismo cada vez maior em relação ao velho amigo. Logo as intempéries da vida bramiram ainda mais contundentes sobre o jovem casal. Em 1845, Marx foi *expulso* de Paris pelo governo "liberal" do mesquinho rei burguês Luís Felipe, instigado pelo governo prussiano, que ainda queria saborear sua fria vingança do temido homem. Ninguém menos que o grande *Alexander von Humboldt* encarregou-se de transmitir a infame proposta ao governo francês. Essa mancha em seu nome brilhante lembra o papel sórdido de lacaios científicos que vários eruditos alemães assumem até hoje a fim de subjugar o proletariado*.

Pobre em recursos, mas rico em novos conhecimentos, Marx teve de ir novamente atrás do exílio com sua jovem esposa. Em Paris, sua contenda com a ideia absoluta hegeliana como força motriz da história chegara a uma conclusão. A *grande Revolução Francesa* tornara-se para ele repositório de doutrinas históricas. Ao estudá-la em pormenores, sua *concepção materialista da história* amadureceu. Aqui encontrou o que de fato colocava a ideia em movimento, o que era a alavanca do grande acontecimento histórico: as *lutas de classe*. Com isso, encontrou também a chave para a compreensão da vida apaixonadamente pulsante em Paris nos anos em que a Revolução de Fevereiro [de 1848] se preparava, a chave para a compreensão dos acontecimentos seguintes na França e em toda a Europa. O significado das lutas de classe destacou-se aqui claramente. Em Paris, porém, Marx também recebeu o

---

* Em um ensaio recentemente publicado no *Arquivo* [*da História do Socialismo e do Movimento Operário*], editado pelo professor [Carl] Grünberg, em Viena, G[ustav]. Mayer contesta que Humboldt tenha tido qualquer relação com a expulsão de Marx de Paris. "Der Untergang der *Deutsch-Französisch Jahrbücher* und des *Pariser Vorwärts*" [O declínio dos *Anais Franco-Alemães* e do *Avante!* parisiense], em *Archiv für die Geschichte des Sozialismus und der Arbeiterbewegung*, ano 3, caderno 3.

impulso decisivo para a *avaliação histórica correta das relações de produção e de troca como as causas* últimas *impulsionadoras do desenvolvimento social.* Com isso, obteve sua resposta para a questão sobre o que, afinal, desencadeava as lutas de classe e indicava seu objetivo e seu caminho.

Marx deve a *Friedrich Engels* o fecundo estímulo para esse reconhecimento revolucionário e pioneiro. Este fora, em 1844, para Paris, um "*Stürmer und Dränger*"[15] que logo fez amizade com Marx, a qual se transformaria em uma comunhão singular de trabalho e luta de uma vida inteira. Engels também passara pela escola da filosofia hegeliana, contudo não fora a história que aguçara sua visão das leis e das forças do desenvolvimento social, e sim a *indústria capitalista inglesa.* Ele era filho de uma renomada família de fabricantes e comerciantes de Barmen, que tinha estreitas relações comerciais com a Inglaterra e uma filial de seu negócio em Manchester. A prática de sua profissão como comerciante havia concedido a seu espírito ágil e perspicaz uma profunda compreensão da *essência do capitalismo.* Este foi o fundamento firme sobre o qual suas deduções avançaram até a compreensão do *papel histórico essencial das relações sociais de produção e de troca.* Associado a isso e em vista da fúria assassina da nova forma econômica na *Inglaterra*, ele também percebeu o significado da propriedade privada sob a produção capitalista como fonte das contradições próprias da sociedade burguesa. Essas faíscas de pensamento levaram ao consequente reconhecimento, firmemente fundamentado na história, da necessidade econômica de transformar a propriedade privada dos meios de produção em *propriedade comunista.* Com tudo isso, estavam dados os elementos essenciais da *concepção materialista da história* e, com ela, os elementos mais essenciais para fundamentar o *socialismo científico.* A partir de então, Marx e Engels, em conjunto, esclareceram, aprofundaram e desenvolveram rapidamente esses elementos até a certeza científica irrefutável sobre causa, forças motrizes, objetivo e direção da vida histórica. O processo de autocompreensão intelectual de ambos os homens nos deixou documentos brilhantes: *Crítica da filosofia do direito de Hegel, Sobre a questão judaica, A sagrada família*, de Marx; de Engels, "Esboços de uma crítica da economia política", "Die Lage Englands" [A situação da Inglaterra] e, posteriormente, *A situação da classe trabalhadora na Inglaterra*[16] etc.

---

[15] Alusão ao movimento literário romântico alemão denominado *Sturm und Drang* [tempestade e ímpeto]. (N. T.)

[16] Para as edições brasileiras das obras citadas de Marx, ver, neste volume, p. 327. Para as edições de Engels: "Esboços de uma crítica da economia política", trad. Maria Filomena Viegas, *Temas de Ciências Humanas*, n. 5, 1979, p. 1-29; "Die Lage Englands", MEW, v. 1, p. 525-49; *A situação da classe trabalhadora na Inglaterra* (trad. B. A. Schumann, São Paulo, Boitempo, 2008). (N. E.)

A estadia de Marx em Paris foi também fecunda para o confronto com as diversas *escolas e seitas dos socialistas franceses*. Nos anos de fermentação revolucionária, suas doutrinas se desenvolveram cada vez mais opulentas entre trabalhadores e pequeno-burgueses, sobretudo em Paris. Marx não teria sido o espírito vigilante e universal que espreitava, de sua alta torre de guarda, todas as expressões da vida histórica se justamente as correntes socialistas não tivessem despertado seu interesse apaixonado. Sua consciência científica, porém, não lhe permitiu criar um juízo a seu respeito na Alemanha. Apenas incompleta e superficialmente coletado era o material que o publicismo e a ciência alemães lhe ofereceram. Assim, ele estudou as doutrinas, a história e a atuação do socialismo francês no próprio local, com toda a superioridade que lhe concediam sua capacitação filosófica e o reconhecimento em maturação das pré-condições econômicas e políticas do comunismo. O fruto disso foi, de início, o ajuste de contas aniquilador com *Proudhon* em *Miséria da filosofia*, o qual, contudo, foi publicado apenas em 1847, em Bruxelas, e mais tarde, naturalmente de forma limitada, o *Manifesto Comunista*. Não nos esqueçamos, no que diz respeito à coleta científica de sua estadia em Paris, de que Marx travara ali relações estreitas com operários socialistas e revolucionários e suas organizações, quase todas secretas. Os fios das relações estendem-se além de fronteiras e períodos. Essa circunstância também será relevante para a obra de Marx.

Expulso de Paris, Marx monta sua tenda em *Bruxelas* em 1845, recebido com chicanas policiais, sem ganha-pão seguro. Sem atentar às aflições externas, ele continua sua obra com dedicação ardente como pesquisador combatente e batalhador político, mantém sua liderança à frente de operários impulsionadores. À confrontação com a utopia anarquista pequeno-burguesa de Proudhon associa-se o esclarecimento da posição tomada perante o "*socialismo alemão*" de vangloriadas "fábulas amorosas", vago, intrincado e sentimental. As palestras sobre "capital e trabalho assalariado" perante uma associação de trabalhadores democrática, o "discurso sobre o livre-comércio", o ensaio sobre "tarifas protecionistas ou o sistema de livre-comércio" na *Gazeta Alemã de Bruxelas*[17] são testemunhos de que as questões econômicas interessam a Marx de forma crescente, de que ele analisa a produção capitalista com profunda acuidade a fim de compreender sua essência histórica específica e, nesse contexto, esclarecer a postura do proletariado em relação a questões da atualidade. Sua atuação o coloca – e, com ele, também Engels – cada vez mais no centro de atenção de um círculo de pessoas brilhantes.

---

[17] Há um equívoco: o ensaio referido, "Schutzzoll oder Freihandels-System", publicado em 10 de junho de 1847, é de Friedrich Engels, não de Karl Marx; ver MEW, v. 4, p. 58. (N. E.)

Democratas e socialistas impulsionadores, vindos das mais diversas regiões da Alemanha, reuniram-se em torno dele: Wilhelm e Ferdinand Wolff, Georg Weerth, Moses Hess, Josef Weydemeyer[18], Ernst Dronke, Heinrich Bürgers, [Georg] Jung, Ferdinand Freiligrath e muitos outros, entre os quais o pintor de paredes Steingens, o passamaneiro Riedel e os dois tipógrafos Stephan Born e [Karl] Wallau. Certamente mais que por sua colaboração com a *Gazeta Alemã de Bruxelas*, e sim por sua influência pessoal sobre esse círculo, Marx impulsiona o desenvolvimento das coisas na Alemanha. Na Renânia, na Vestfália, na Silésia etc., seus amigos atuam abertamente e em segredo; pela palavra oral e escrita, eles participam da mais intensa batalha de opiniões que anunciava o "grande ano".

A influência de Marx, ademais, estendeu-se além das fronteiras de seu país natal. Em janeiro de 1847 – como agora consta –, a direção central londrina da *Liga dos Justos* convidou Marx e Engels a se afiliarem à organização que intencionava adotar oficialmente a doutrina dos dois homens. A Liga dos Justos – originada a partir de uma sociedade conspiratória – era à época a mais importante associação internacional do proletariado europeu. Uma organização secreta, com uma doutrina obscura, que criou o comunismo franco-alemão a partir da filosofia alemã. Após uma discussão detalhada com o representante da liga, Marx e Engels tomaram parte de sua *Conferência de Londres* em novembro e dezembro de 1847. O resultado do aconselhamento foi fundamental. A sociedade secreta dos Justos transformou-se na organização de propaganda *Liga dos Comunistas*. Marx e Engels receberam a incumbência de apresentar os novos princípios da liga em um manifesto. No início do ano revolucionário de 1848, foi publicado o documento mais revolucionário em que a classe trabalhadora se declara inimiga mortal da sociedade burguesa: o *Manifesto Comunista*. Férreo como a própria história, com alento ardente e a língua fogosa da revolução, o *socialismo científico* fala ao mundo. Orgulhosa e conscientemente, ele posiciona seu próprio gênio em contraposição a todas as variedades do socialismo utópico, como reformadores democrático-burgueses. A ampla visão da história e das causas e das forças motrizes do desenvolvimento social leva a um desmembramento e à crítica da ordem burguesa na qual ardem todas as chamas do gênio e soam todos os tons de fúria sagrada. Ele culmina com a comprovação de que essa ordem burguesa carrega em seu seio o gérmen material da sociedade comunista, mas, concomitantemente, gera no proletariado o poder destinado a realizar com consciência "o eterno imperativo da história". Para

[18] Grafado assim no original (e não "Joseph"). (N. T.)

cumprir essa tarefa histórica descomunal, o *Manifesto Comunista* exorta com a palavra de ordem mundialmente afamada: "*Trabalhadores de todos os países, uni-vos!*". A cada frase, podemos sentir: eis a dinamite do espírito que explode a ordem capitalista! O *Manifesto Comunista* é a certidão de nascimento do socialismo científico. Nele, a profundidade, a acuidade e a virulência da rigorosa pesquisa científica se uniram à beleza de um relato literário, criando uma obra de arte. Para além de seu significado histórico e político, vai permanecer um marco de destaque da literatura universal enquanto os pensamentos tiverem um sentido e as palavras, um som.

III

Os confessores do socialismo científico tinham agora de agir segundo o espírito do *Manifesto*. Isso, todavia, levaria, nas circunstâncias dadas, a um abrandamento de sua organização – a Liga dos Comunistas –, que equivaleria a uma dissolução. Os acontecimentos da época compeliram *os trabalhadores à luta revolucionária pela liberdade burguesa* ao lado da burguesia e lhes ofereceram a possibilidade da *propaganda pública*. O próprio Marx logo se encontrou no meio desse conflito, que era mais que a simples "insurreição dos espíritos" que vivera até então. A revolução profetizada avançou pela Europa "com cabelos ondulados adejantes"[19]. Em fevereiro de 1948, a tempestade da história destroçou em *Paris* o trono fragilizado do rei burguês, o qual – simpático aos mais profundos anseios da burguesia – clamou a todos os especuladores e os exploradores em grande estilo a palavra de ordem "Enriquecei-vos". O clima revolucionário seguiu seu caminho. O astuto Coburgo[20] que reinava na vizinha Bélgica soube desviar os raios aniquiladores de seu trono. Ele mostrou aos burgueses indecisos entusiastas da "organização de um liberalismo moderado" outro objeto para seu desejo de agir que não a revolução: os "agitadores e instigadores estrangeiros"[21]. Eles foram, livres como pássaros, vítimas das mais infames intimidação e perseguição por parte de órgãos públicos. Estes perseguiram pouco depois, com muitos outros, também Marx mesmo além das fronteiras; a polícia atormentou maliciosa e cruelmente sua esposa desprovida de recursos.

Marx voltou a Paris, o foco da revolução. Seu governo revolucionário o convocara a retornar com expressões de grande honra, ele deveria atuar de forma

[19] Imagem evocada por Ferdinand Lassalle em discurso proferido em 1848. (N. E.)

[20] Referência à casa real de Saxe-Coburgo-Gotha, ainda hoje soberana na Bélgica. (N. E.)

[21] Ao longo do original, Zetkin faz uma série de pequenas citações, em sua maioria retiradas da biografia escrita por Franz Mehring. (N. E.)

prática em Paris. A direção central da Liga dos Comunistas, com o desencadear da revolução, fora transferida de Londres para os círculos de Bruxelas. Contudo, o regimento despótico policial logo a demoliu por meio da expulsão ordenada ou iminente de seus membros. Assim, foi confiada a Marx a "direção central momentânea de questões federais": ele deveria organizar em Paris um novo órgão central. Apesar de tudo, a estadia de Marx em Paris foi passageira. O maremoto da revolução continuou bramindo, suas ondas se elevaram em 13 de março a uma orgulhosa altura em Viena e se abateram em 18 de março sobre o direito divino feudal em Berlim. Aconteceu o que, segundo o antigo chanceler do império, príncipe Bülow[22], nunca deveria ter ocorrido e nunca ocorreria na Prússia: *o reinado capitulou perante as ruas*. O famigerado juramento de Frederico Guilherme IV de "que um pedaço de papel nunca poderia se impor entre ele e seu povo" tornou-se um ruído inócuo. O poder furioso das ruas coagiu o príncipe loquaz a despojar-se de seu direito divino absoluto. Trêmulo e enfraquecido, ele recebeu dos punhos ensanguentados dos lutadores das ruas o magnânimo e tolo presente da coroa da misericórdia do povo.

Sob essas circunstâncias, Marx não se reteve por muito mais tempo em Paris. Ele, o banido e difamado, o "despatriado" cuja doutrina criou milhões de companheiros "despatriados", foi atraído febrilmente a seu país natal. Ele sentiu, ele sabia: ali era o solo em que, sob as condições históricas dadas, podia e devia lutar pela *revolução na Europa* com a maior força possível. O navio de guerra da burguesia alemã havia navegado na esteira da revolução de Paris. Nesta, porém, a figura do proletariado já havia irrompido, levantando a bandeira da república social. Na própria Alemanha, a burguesia venceu o direito divino apenas com a ajuda dos firmes punhos dos trabalhadores. Apesar disso, desde o início os burgueses sentiam mais temor que esperança perante o avanço da revolução. O medo do proletariado caíra sobre o espírito revolucionário deles como uma geada em noite de primavera. *Se a revolução na Alemanha devia ser bem-sucedida ao demolir o Estado feudal, consequentemente todos os esforços deviam ser envidados para motivar a burguesia, a democracia burguesa, a uma batalha resoluta*. Ela só poderia triunfar na medida em que simultaneamente derrubasse, com a violência brutal da reação, os temores burgueses. Esse era o desafio decidido que, segundo a visão de Marx, demandava uma grande energia dos comunistas. *A Alemanha tinha de ser seu próximo campo de batalha*. Isso estava também justificado em outro contexto. Caso a

[22] Bernhard von Bülow (1849-1929), chanceler entre 1900 e 1909. (N. E.)

onda da revolução não se quebrasse no *despotismo russo* e fosse devolvida por ele, então era preciso concentrar também as forças revolucionárias no desenvolvimento libertário da Alemanha. Uma Alemanha revolucionada – revolucionada no sentido de total democracia – *protegeria, como o mais firme baluarte, as conquistas da revolução em toda a Europa*.

Karl Marx fundara em Paris, junto com Engels, uma *associação comunista* para os trabalhadores alemães e a dissuadira de tomar parte do movimento aventureiro de Herwegh, da Legião Alemã. Recomendou-lhes que retornassem individualmente a seu país natal e atuassem de forma revolucionária entre os trabalhadores. Já em abril, ele mesmo estava em *Colônia*, um dos mais importantes centros dos acontecimentos. Escolher Berlim como campo de batalha não era aconselhável. A herança da grande Revolução Francesa, o Código Napoleônico, assegurara em Colônia maior liberdade de movimento. Aqui, processos políticos não eram tratados pelos juízes profissionais do Estado feudal-burocrático, mas por jurados. Na Renânia, a indústria capitalista também havia revolucionado mais fundamentalmente as relações sociais que no leste da Prússia e na Alemanha meridional. Aqui, a burguesia era mais democrática e disposta a lutar que em outros locais, e a classe trabalhadora revolucionária era relativamente numerosa.

Marx dedica-se de corpo e alma à tarefa de transformar de teoria em prática as palavras do *Manifesto Comunista* sobre a obrigação do socialista em tempos de lutas revolucionárias da burguesia. Seus melhores amigos pessoais e os membros da associação comunista que haviam retornado à pátria fizeram o mesmo. Aproveitando astutamente demandas políticas e disputas salariais, eles "vasculham" e se organizam entre as exaltadas massas de trabalhadores. Em *Berlim*, *Breslau*, em outras cidades da *Silésia* – na *Saxônia*, em *Nassau*, *Hessen*, *Hannover*, *Hamburgo*, *Bremen* e particularmente na *Renânia* e na *Vestfália* –, seu desejo de lutar e sua determinação garantem o sucesso desse esforço. Logo após os "dias de março", é fundado em *Berlim* o *Comitê Central de Trabalhadores*, cujo líder e alma é o comunista Born. Graças à iniciativa desse comitê, surge em agosto a *Fraternidade de Trabalhadores*, aliança que deve reunir todas as associações de proletários da Alemanha. Em todo canto os trabalhadores estão na linha de frente da batalha contra o poder do absolutismo, em todo canto eles se mantêm destemidos, e, justamente onde se mostram mais inflexíveis e audazes, a influência do comunismo vive dentro deles. *Esse desenvolvimento* é – direta e indiretamente – *parte da obra da vida de Marx*. As ideias do *Manifesto Comunista* estão incorporadas em combatentes resistentes. Os estudos e as contendas de Marx forneceram às massas revolucionárias de trabalhadores de 1848 e 1849 seu professor, líder e paladino com maior clareza e ousadia. O próprio Marx criou, na *Nova Gazeta Renana*, uma sala de controle amplamente visível com a qual os contendedores podiam se orientar no mais denso e obscuro tumulto dos eventos, uma sala de controle a partir da qual, durante quase um ano, uma densa chuva de projéteis foi lançada sobre os inimigos feudais e os traidores burgueses da revolução.

O primeiro número da *Nova Gazeta Renana* foi publicado em 1º de junho de 1848; e o último, em 19 de maio de 1849. Seu "tempo de vida" coincide, portanto, com a fortuna e o fim da revolução. O periódico foi fundado como "órgão da democracia", mas sua direção foi colocada nas mãos de Marx, que nunca deixou dúvidas sobre o espírito socialista que ali habitava. Assim, a *Nova Gazeta Renana* tornou-se a *primeira folha diária social-democrata da Alemanha*. E até hoje nenhum outro periódico da social-democracia foi editado de forma tão brilhante quanto. Marx foi um jornalista e editor de grande estilo. Apoiado por uma equipe de colaboradores importantes – os dois Wolff, Weerth, Dronke, Freiligrath e outros, mas principalmente Engels –, ele demonstrou, na luta diária de uma época revolucionária, toda a superioridade de seu gênio. Seu materialismo histórico foi aprovado nesse teste de fogo. Ele possibilitou a Marx que compreendesse a revolução como processo legítimo e histórico e que se orientasse de forma abrangente entre seus fenômenos contraditórios e confusos. Fez com que compreendesse o presente a partir do passado e abriu-lhe, por meio do presente, os olhos para o futuro. Assim, a ardente paixão revolucionária de Marx estava ao lado de seu ousado senso histórico, o qual capturou e avaliou cada evento em seu amplo contexto histórico. Dessa forma, a *Nova Gazeta Renana* pôde anteceder, indicando-lhes o caminho, os combatentes democráticos e socialistas, distinguindo-se por uma visão profunda e clara das circunstâncias e pela determinação revolucionária.

A *Nova Gazeta Renana* era um *periódico militante* que devia atuar de forma a interferir nos acontecimentos. Isso sob determinadas circunstâncias históricas que obrigavam os socialistas, os trabalhadores, a lutar como a *ala mais extremamente radical da democracia*. O prêmio era a *salvação da revolução* e, com ela, a garantia de direitos políticos de que o proletariado necessitava para preparar sua própria revolução, a qual Marx já percebia germinando no seio da sociedade burguesa que se emancipava. Portanto, a *Nova Gazeta Renana tinha de fazer política democrática*, mas o fazia *no sentido comunista*; devia *lutar com e pela burguesia*, mas fazia isso com olhos fitos no *interesse permanente do proletariado*. Sua "política prática" não sofria da palidez dos pensamentos daqueles estadistas que alguns de nossos amigos hoje recomendam à social-democracia, preocupados, com cenho franzido. A *Nova Gazeta Renana* não revisou seu objetivo – a revolução – por consideração às angústias da burguesia, tampouco fez segredo de sua convicção socialista. Não procurou obter a democracia por meio de "sábia complacência", e sim fazê-la avançar a chibatadas de críticas cruéis.

O *programa de ação do Partido Comunista na Alemanha* não era, de forma alguma, cego à fraqueza e ao atraso da vida econômica no império. Suas demandas ainda se mantiveram abaixo das medidas que o *Manifesto Comunista* havia formulado como reformas mínimas para a revolução emergente. O que ele reclamou em termos de melhorias sociais foram, na maioria dos casos, instituições que eram tanto de interesse dos pequenos camponeses e artesãos quanto dos trabalhadores. O cerne das demandas políticas era composto por *uma república indivisa e o armamento geral da população*. Duas demandas que foram abandonadas de forma covarde e desconsideradas pela burguesia; duas demandas que são relevantes justamente para nossos tempos de imperialismo! Quanto mais evidentemente a burguesia concentrava seus sensos e seus desejos em impedir e desarmar a revolução, quanto mais traiçoeiros, confusos e indecisos eram os propugnadores burgueses "da nova Alemanha", mais decididamente a *Nova Gazeta Renana* buscava concentrar o ímpeto das forças revolucionárias nessas duas demandas. Com grande rigor, ela salientou aqui a ideia de que o Estado capitalista moderno em sua forma perfeita – a República – cria apenas o solo favorável para o grande confronto entre proletariado e burguesia, que a verdadeira batalha dos comunistas, dos trabalhadores, começa onde a democracia termina. O armamento geral da população, porém, era, para ela, equivalente à vitória da revolução.

O que *Lassalle* bradou aos trabalhadores alemães posteriormente com clássica clareza e concisão foi algo de que eles já tinham plena consciência: *questões constitucionais são questões de poder*, não jurídicas. A melhor Constituição não passa de um pedaço de papel – isso o periódico sempre voltava a demonstrar – se o poder armado do povo não a apoiar! O mais liberal conteúdo, o texto astutamente formulado na forma hermética da Constituição, não protege o povo contra o assassinato de seus direitos. Enquanto o governo dispuser "dos canhões armados contra as nações insolentes"[23], ele pode dilacerar com um petulante riso de escárnio todos os direitos divinamente certificados do povo. Sendo assim, a *Nova*

[23] No original, há aqui um jogo de palavras intraduzível: "*die gezogenen Kanonen gegen die ungezogenen Nationen*". (N. T.)

Gazeta Renana puniu com zombaria mordaz e a cólera da paixão revolucionária o "cretinismo parlamentar"[24] da Assembleia Nacional de Frankfurt palradora e errática, que celebrava orgias nos debates sobre a Constituição do império e não foi capaz de se decidir pelo armamento da população. Os governos em Berlim, Viena e outros locais, entretanto, preparavam-se para pulverizar a nova Constituição do império, a liberdade de imprensa e de associação e o direito geral de voto em cada Estado, incluindo os mais enérgicos defensores dessas conquistas da revolução de março. A crítica aos parlamentos – ao alemão em Frankfurt e ao prussiano em Berlim – está certamente entre os mais brilhantes feitos da *Nova Gazeta Renana*. Justamente nessa crítica revela-se a superior fecundidade prático-política do materialismo histórico, e as furiosas chibatadas sanguinolentas do periódico fustigam ainda hoje a tacanhez que acredita realizar a história do mundo no Parlamento. Essa crítica da *Nova Gazeta Renana* é parte relevante dos intensos confrontos com os princípios e os programas dos liberais e democratas, do implacável ajuste de contas com seus pecados por ações e omissões. A burguesia reagiu à própria maneira: os acionistas democratas, ansiosos pela liberdade, retiraram-se da empresa mantenedora do jornal. Em compensação, entretanto, o periódico instalou-se com firmeza entre as massas populares.

Naturalmente, sua função de fustigador da democracia não o fez esquecer seu lado combatente dos poderes do Estado feudal. Nenhum outro órgão os atormentou mais rude e virulentamente que a *Nova Gazeta Renana*. A partir de sua compreensão histórica da revolução burguesa como precursora da posterior revolução proletária, surgiu a força nunca enfraquecida de sua ofensiva contra tudo o que antecedera a Revolução de Março. Entre todos os jornais, a *Nova Gazeta Renana* era o inimigo mais temido e odiado do feudalismo e do absolutismo. E sua ousadia obstinada não se curvou quando o fortalecimento da contrarrevolução e a traição da burguesia se tornaram palpáveis. Ela se estendeu, ainda desafiadora em toda sua altura, depois que Viena foi vencida, e o sabre de Wrangel[25] confirmou na assembleia de Berlim que o reinado responderia à meia revolução da burguesia com uma contrarrevolução completa. Ao menos a contrarrevolução não ousou dar o golpe mortal contra o periódico de imediato, tampouco abertamente. Ele foi dado apenas depois que o levante em *Dresden* e em *Elberfeld* foi subjugado e a Renânia e a Vestfália foram paralisadas pelas baionetas. Em 18 de

[24] Expressão usada por Marx em *O 18 de brumário de Luís Bonaparte*, entre outras obras. (N. E.)

[25] Friedrich von Wrangel (1784-1877), general que, apesar de sua boa relação com a maioria liberal do parlamento em Frankfurt, foi designado para a repressão das manifestações populares de 1848. (N. E.)

março, Marx recebeu a *ordem de expulsão*. Parte dos redatores do jornal já tinha sido juridicamente processada, os outros, "estrangeiros", estavam ameaçados de sofrer o mesmo destino de Marx. Assim, a disposição foi a sentença de morte do periódico. Em 19 de maio foi publicado seu último número, levando, no topo, o orgulhoso poema de *Freiligrath*:

> Nenhum golpe aberto na aberta batalha –
> Precipitam-se perfídias e insídias,
> Precipita-se sobre mim a traição canalha.
> Dos lamaçais, os calmucos ocidentais![26]

A *Nova Gazeta Renana* foi parte da prática política revolucionária. A *Nova Gazeta Renana*, porém, era Karl Marx. A constituição de sua edição era, nas palavras de Engels, "a ditadura de Marx"[27]. A expulsão definiu um objetivo para sua batalha no solo de sua pátria.

O vigor revolucionário de Marx não se limitou nem se satisfez com a atividade de editor – por mais que ela o consumisse. Ele também estimulava tormentas nas organizações democráticas da Renânia. Marx era presidente de uma das três maiores *associações democráticas de Colônia* e, mais tarde, tornou-se membro do *Comitê Distrital* das associações democráticas da *Renânia-Vestfália*. Nós percebemos o toque de seu espírito na determinação para o combate com que os democratas da Renânia-Vestfália buscaram defender-se da contrarrevolução que irrompia. Em *Colônia*, uma assembleia gigantesca declarou-se a favor da *república vermelha*; como reação à falsa notícia de que os militares avançavam contra o povo exaltado, barricadas ergueram-se do solo. Diferentemente da "burguesia desaforada, choramingas e covarde de Berlim", os democratas da Renânia-Vestfália estavam determinados, nos dias de difícil decisão de novembro, a apoiar toda resistência da Assembleia Nacional prussiana com a mais ampla expansão de forças. Quando o Parlamento demanda que os golpes traiçoeiros do direito divino sejam respondidos com a *recusa ao pagamento de impostos* – a "briga" da burguesia contra as forças feudais dominantes –, o comitê de Colônia composto por *Marx*, *Schapper* e *Becker* conclama todas as associações democráticas do distrito a implementar

---

26 Publicado em 19 de maio de 1849. No original: "*Kein offner Hieb in offner Schlacht – / Es fällen die Rücken und Tücken, / Es fällt mich die schleichende Niedertracht / Der schmutzigen West-kalmücken!*" (N. T.)

27 Ver Friedrich Engels, "Marx e a Nova Gazeta Renana", em Karl Marx e Friedrich Engels, *Textos*, v. 2 (São Paulo, Alfa-Ômega, 1976). (N. E.)

a decisão[28]. Ele exorta à recusa da coleta à força com todo *tipo de resistência*, à *organização da milícia territorial* em todo lugar, à provisão daqueles desprovidos de recursos com armas e munição à custa da comunidade ou de contribuições voluntárias e, se necessário, ao uso de *comitês de salvação pública* para enfrentar a violência com violência. A pequenez da Assembleia Nacional prussiana enfraqueceu esse desejo de combate em seu auge. Marx foi chamado perante os *jurados de Colônia* com Schapper e Becker por incitação à resistência armada contra as autoridades públicas e os militares. Mais importante que a absolvição dos três transgressores é o grandioso *discurso de defesa* de Marx[29].

Todavia, mesmo na Renânia tornou-se cada vez mais evidente que o espírito revolucionário da burguesia estava minguando e que apenas sua fleuma capitalista restara. Menos de um ano de lutas revolucionárias já havia sido suficiente para arruinar a democracia na Alemanha em vez de fortalecê-la. Marx e seus amigos mais próximos tiveram de se convencer de que, quanto mais o tempo passava, mais seriam os trabalhadores que formariam as tropas principais no conflito pela liberdade política. Mais que isso: que os trabalhadores, ao defender a questão da revolução contra a reação – o Estado burguês moderno contra o direito divino burocrático junkerista[30] –, entrariam em oposição crescente à burguesia, à democracia. Se o interesse de classe burguês havia revisto as condições da batalha, então *o senso histórico de Marx também revisara a tática dos comunistas*. Ele encaminhou, assim, os trabalhadores para o mesmo caminho que Born e outros já haviam trilhado com o instinto proletário correto: a *organização autônoma dos trabalhadores*, para a luta contra a reação feudal absolutista. Em meados de abril de 1849, Marx e seus amigos comunistas abdicaram de seus postos no comitê distrital. A Associação de Trabalhadores de Colônia retirou-se da Liga da Associação Democrática da Renânia e estimulou a participação de todas as organizações radicais no Congresso Geral de Trabalhadores que a "Fraternidade" preparara para o outono. A *Nova Gazeta Renana* introduzira a tática ao publicar o texto de Wolff *Schlesische Milliarde* [Bilhão silésico][31]), e iniciou a impressão de *Trabalho assalariado e capi-*

---

[28] Ver Karl Marx *et al.*, "Conclamação do Comitê Distrital Renano dos Democratas à negação dos impostos", em Livia Cotrim (org.), *Nova Gazeta Renata*: artigos de Karl Marx (São Paulo, Educ, 2010). (N. E.)

[29] O discurso foi também publicado na própria *Nova Gazeta Renana*. Ver Karl Marx, "O primeiro processo de imprensa da *Nova Gazeta Renana*, em Livia Cotrim (org.), *Nova Gazeta Renana*, cit. (N. E.)

[30] *Junkers* eram, na Prússia do século XIX e início do XX, os aristocratas latifundiários, que concentravam as propriedades no leste dos territórios germânicos. (N. T.)

[31] Wilhelm Wolff, *Schlesische Milliarde* (Berlim, Nabu, 2012). (N. E.)

tal, de Marx. Com isso, suas colunas trouxeram à luz as diferenças de classe entre a burguesia e o proletariado, as quais tinham sido um pouco obscurecidas pelo grande evento da revolução.

Quando Marx foi expulso de sua pátria, levou consigo, fruto de um ano de trabalho prático a serviço da revolução, um novo e mais profundo entendimento da essência das diferenças e das lutas de classe, assim como a esperança de logo pôr em prática esse entendimento. Em toda a Alemanha, porém, ele deixara orientações promissoras para reunir as massas de trabalhadores revolucionárias a fim de agirem com um objetivo claro, de forma unívoca e coletiva. Essas orientações foram inicialmente pisoteadas na batalha mortal da revolução, mas não foram apagadas sem deixar rastros, e, justamente na Renânia, o sucesso do sinal de alerta de Lassalle provou que as centelhas prometeicas não haviam se apagado nas massas de trabalhadores.

IV

Marx pôs-se a caminho de *Paris*, onde as lutas revolucionárias pareciam iminentes. Ali ele voltou a ser o pássaro sobre o telhado, envolto em tempestades. O governo de Luís Bonaparte, que, em virtude do medo da burguesia perante o proletariado, já afiara o sabre do golpe de Estado, via em Marx um hóspede perigoso. Já em julho ele o baniu para o departamento de *Morbihan*, região remota da Bretanha. Ali esperava por Marx uma completa inatividade política, assim como a impossibilidade de realizar pesquisas científicas. Providenciar a subsistência dos seus também lhe seria impossível. Assim, ele decidiu mudar-se para *Londres*. Pobre como um náufrago, atracou na costa da Inglaterra, mas forte e rico na convicção de que a revolução – conforme cantara Freiligrath – logo se elevaria "retumbante às alturas"[32]. Marx logo fez sua contribuição para que ela retornasse "mais viajada".

Fundou em Londres um *comitê de refugiados* que, nos eventos futuros, devia apresentar os vários milhares de emigrantes alemães como uma força eficaz e claramente orientada. Tentativa essa que fracassou sob as circunstâncias dadas. Ele voltou-se para a *reorganização da Liga dos Comunistas*, cujos líderes haviam quase todos se reunido em Londres e cuja influência agora se limitava quase

[32] Outro trecho de verso do poema escrito para o último número da *Nova Gazeta Renana*. No original, "*rasselnd in die Höh*". (N. E.)

exclusivamente à Alemanha. Criou para as forças revolucionárias um novo órgão, a revista *Nova Revista Renana*[33], que foi publicada em *Hamburgo* e deveria continuar a obra da *Nova Gazeta Renana*. Naturalmente, tudo isso ocorreu em estreita aliança com Engels e com o apoio ativo de outros amigos. Marx tivera a esperança de que a *Nova Revista Renana*, periódico mensal, logo se transformasse em um órgão de publicação quinzenal, para então se tornar uma folha semanal de grande estilo que, com a nova deflagração da revolução, em breve se tornaria um jornal diário. No entanto, a realidade foi diferente. Desde o início, ficou evidente que a corrente revolucionária que sustentara a *Nova Gazeta Renana* em pouco tempo minguara. Depois de, até abril de 1850, quatro edições da *Revista* terem sido publicadas com alguma regularidade graças a muito suor, a revista teve de suspender sua publicação após uma pausa seguida de uma edição dupla em novembro.

Marx e Engels consideravam sua principal tarefa na *Nova Revista Renana* antecipar a revolução esperada por meio de uma avaliação crítica das lutas que haviam acabado de viver. Eles queriam estudar seus contextos internos e mostrar as diferenças de classes que nelas operaram de forma crua, sem manto ideológico. Engels escreveu para a *Revista* "Badisch-pfälzisch Reichsverfassungskampagne"[34] [Campanha pela Constituição Imperial em Baden-Palatinado] e um ensaio sobre a "guerra camponesa" que traçava um paralelo entre esta e a última revolução alemã[35]. Marx publicou seu trabalho sobre *As lutas de classe na França*. Aqui, a força do materialismo histórico afirmou-se ao esclarecer os complexos acontecimentos históricos, a confusão aparentemente sem sentido das lutas de classe políticas, o que foi possível na medida em que revelou as contradições econômicas que ali se chocavam. Esse estudo teve seguimento em 1851 em *O 18 de brumário* [*de Luís Bonaparte*], intelectualmente exuberante, que em termos de profundidade e brilho é uma das mais maravilhosas peças dos escritos de história. O discurso do conselheiro-geral da Internacional sobre a guerra civil na França após a queda da Comuna deu continuidade a ambos os ensaios mencionados, apresentando profunda afinidade com eles e importância semelhante. O estudo dessa trilogia é indispensável para a compreensão da história da França moderna. Também em *suas críticas literárias* e em *seus panoramas mensais sociopolíticos*, a *Nova Revista Renana* acertou as contas com o passado recente buscando encontrar perspectivas para o futuro.

---

[33] Na realidade, *Nova Gazeta Renana: Revista Político-Econômica*. (N. E.)

[34] Na realidade, "Die deutsche Reichsverfassungskampagne" [A campanha alemã pela Constituição Imperial], publicado em quatro partes na revista; ver MEW, v. 7, p. 109-97. (N. E.)

[35] Friedrich Engels, *As guerras camponesas na Alemanha* (São Paulo, Grijalbo, 1977). (N. E.)

Já no verão de 1850, Marx aceitou que a maré da revolução havia baixado por ora. E o materialismo histórico lhe forneceu a chave para esse reconhecimento, mostrando-lhe que fora a terrível crise de 1847 que abrira as portas para a revolução[36]. Indicou-lhe também nitidamente que a *prosperidade* que surgira desde então fechara as portas para a revolução. O crescimento econômico chegara acelerado pela *descoberta de ouro na Califórnia* e estava prestes a aumentar ainda mais. A perspectiva da abundância vindoura dos lucros fez com que se extinguisse na burguesia a última centelha da tendência à luta armada revolucionária pela liberdade política contra o direito divino. Ela tornou mais desejável um acordo de paz com este último, pois também equivalia à repressão política das massas de trabalhadores. Ela tinha apenas um lema perante o absolutismo e o feudalismo: viver e deixar viver com o fim da exploração comum do proletariado. Este último, por sua vez, encontrava-se enfraquecido pelas últimas batalhas, estava principalmente pouco numeroso, tinha poucas armas, não estava organizado e ainda tinha parca clareza de sua própria essência histórica como classe para que fosse capaz de levantar o estandarte da revolução. Com o desmoronamento do cartismo na Inglaterra, a matança de junho em Paris, a queda de Viena[37], o fim das lutas na Hungria e na Alemanha, o curso da revolução na Europa havia se encerrado por ora. Marx, entretanto, já percebia sua reaproximação como consequência de uma crise econômica que surgiria inevitavelmente, como um evento natural nascido no regaço da ordem capitalista.

Marx, o pesquisador que investigava as forças motrizes irresistíveis do acontecimento histórico, desenvolveu essa concepção no último número da *Nova Revista Renana*[38]. Marx, o lutador revolucionário, teve de ser humilde no julgamento. A decepção do momento tinha a seu lado a crença inabalável no futuro. Enquanto o direito divino, salvo, bramia rude e atrevidamente seu sabre e a burguesia embriagada com seus lucros corria jubilosa em torno do novilho de ouro, em seus ouvidos ecoava a "ousada profecia" da revolução: "Eu fui, eu sou, eu serei!"[39]. A determinação de Marx concentrava-se em estar preparado para a revolução por meio de

[36] Em resumo, naquele ano estourara uma bolha no mercado de ações de estradas de ferro na Inglaterra, cujos efeitos se espalharam por outros setores e países. (N. E.)

[37] Em meio à "Primavera dos Povos" no Império Austro-Húngaro, revolucionários aproveitaram-se do deslocamento de tropas para outras regiões rebeladas, em outubro de 1848, e tomaram o poder em Viena, forçando a família imperial à retirada. As tropas legalistas retomaram a cidade ao fim do mesmo mês. (N. E.)

[38] Ver Karl Marx e Friedrich Engels, "Revue, Mai bis Oktober 1850", em MEGA, I/10, p. 448-88. (N. E.)

[39] No original, "*dreistem Prophezein*" e "*Ich bin, Ich war, Ich werde sein*", citações do poema "Die Revolution" (1851), de Ferdinand Freiligrath. (N. E.)

percepções aprofundadas e no fato de que ela já encontraria algo mais poderoso, preparado e comprovado por essas percepções: o proletariado internacional.

Passaram-se anos, longos anos, nos quais Marx – mergulhado nos livros do Museu Britânico – voltou a ser, como em sua juventude lutadora, um homem das ciências questionador, compilador, analisador e construtor. A preocupação com a subsistência também se apresentou com toda a força. O comércio de livros parecia, assim como a imprensa na Alemanha, ter decretado boicote a Marx. Esse amordaçamento significava miséria. Marx teve de publicar seus trabalhos seguintes nos Estados Unidos. O já mencionado *18 de brumário de Luís Bonaparte* foi publicado lá em uma revista editada por seu amigo emigrado Weydemeyer. As *Revelações sobre o processo dos comunistas em Colônia*[40] também foram publicadas em 1852 nos Estados Unidos. A partir desse ano, Marx passou a obter uma modesta renda como correspondente da *New York Tribune*. Nesse jornal, ele publicou, fruto de amplos estudos e de profundas reflexões históricas, relatos interligados da situação política e econômica dos Estados europeus. A série de artigos sobre os eventos de 1848 e 1849 na Alemanha, a qual mais tarde foi publicada de forma resumida como livro intitulado *Revolução e contrarrevolução*[41], foi atribuída, de maneira geral e até pouco tempo atrás, a Marx. Contudo, a correspondência entre Marx e Engels, agora acessível, mostrou indubitavelmente que *Engels* os redigiu[42]. Mais uma prova da amizade única, da comunhão total de ideias entre ambos. A série de artigos dá continuidade à obra iniciada na *Nova Revista Renana*, que revelava o mecanismo histórico interno das lutas revolucionárias da primeira metade do século XIX. E, se várias passagens do estudo hoje parecem tão recentes e realistas como se houvessem acabado de ser escritas como crítica implacável ao presente, isso comprova tanto o gênio superior de seu autor quanto o miserável e lento desenvolvimento da vida política na Alemanha.

Marx passou da filosofia para a história, da história para a economia política. O estudo das lutas de classe políticas que desde o século XVII aturdiram, como revoluções comparáveis a terremotos, os países desenvolvidos da Europa levou-o diretamente à análise científica dos poderes que tinham efeito vulcânico nas profundezas

---

40 Ver Karl Marx, *Enthüllungen über den Kommunistenprozeß zu Köln*, MEGA, I/11, p. 363-422. (N. E.)

41 Rebatizado, posteriormente, por Karl Kautsky como *Revolução e contrarrevolução na Alemanha*; ver em Karl Marx e Friedrich Engels, *Obras escolhidas em três tomos*, v. 3 (trad. José Barata-Moura e Álvaro Pina, v. 1, Lisboa, Avante!, 1982). (N. E.)

42 Marx havia assumido o compromisso, mas se encontrava impossibilitado de cumprir as entregas; no entanto, não deixou de ler os artigos e de fazer acréscimos e modificações. (N. E.)

da sociedade moderna. Após a política, foi investigada a *economia da sociedade burguesa* em sua essência, em suas forças motrizes, assim como as leis que a regiam, a orientação e os objetivos de seu desenvolvimento. A essa atividade Marx dedicou-se nos anos de exílio londrino – que duraram até sua morte –, erudito, com a paciência aplicada das abelhas, e revolucionário, com a chama ardente do socialista. Como primeiro grande resultado de sua luta com o imenso material de pesquisa, que incluía os processos sociais mais diversificados e imbricados, foi publicado em 1859 o texto *Contribuição à crítica da economia política*. Ele é um estudo prévio ao principal trabalho científico de Marx, *O capital*, cujo Livro I foi publicado em 1867. Seria presunçoso tentar esboçar o conteúdo dessa obra colossal no âmbito deste relato. Sua importância para as ciências e para a prática da luta pela libertação do proletariado está gravada com traços férreos na história. Marx continuou em *O capital* o trabalho que os clássicos burgueses da economia política haviam iniciado. Ele investigou, até as mais finas e profundas raízes, as *condições* sob as quais *a economia da sociedade burguesa* – a produção capitalista – *produzia e trocava bens sob o domínio da propriedade privada*. E na medida em que, com isso, expôs o papel decisivo do mais-valor, ele pôde compreender e apresentar a natureza exploradora do capital em toda sua essência. Uma dissecação imparcial, honesta e indiscriminada da produção capitalista e de suas condições – partindo do ponto de vista do materialismo histórico, realizada com o método dialético –, contudo, tinha de se transformar em um *processo científico contra a própria ordem econômica burguesa*. Um processo que terminou com uma *sentença de morte histórica*. De fato! Quando Marx revelou, de forma isenta, as forças motrizes e as condições sob cujo alento a produção capitalista se desenvolveu a partir daquelas da sociedade feudal, tornou-se impossível acreditar na eternidade dessa produção. Na verdade, ele teve de reconhecer nela própria *as forças e as condições que, recorrentemente dominantes, a transcendiam, preparando uma forma mais elevada de produção de bens e, ao mesmo tempo, as formas humanas que poderiam e deveriam organizar tal produção*. Sob determinadas circunstâncias históricas, impõe-se a necessidade de organização dessa ordem social mais ideal da produção de bens *na forma da luta de classe entre o proletariado e a burguesia*. Seu objetivo está dado: *a eliminação da propriedade privada*, a fim de destruir as barreiras sociais que impedem o livre desdobramento das formas mais elevadas de produção. Assim, a obra da vida de Marx se fecha em um círculo no campo econômico e histórico. Ainda antes de finalizar sua contenda científica com a ordem econômica burguesa, ou mesmo antes de o Livro I de *O capital* estar finalizado, a prática da luta pela libertação do proletariado já se colocara, reivindicadora, ao lado das ciências.

V

Nos anos [18]60, a classe trabalhadora dos países europeus começou a se unir para lutar por sua emancipação. Apesar de ter se mantido em solo nacional, evidenciou-se que a luta de libertação dos proletários tinha caráter internacional, assim como a exploração capitalista da qual eram vítimas. Relações internacionais entre trabalhadores de diversos países se prepararam. Os fios soltos dessas relações se reconectaram em *Londres* em 1862, quando trabalhadores franceses foram até lá visitar a Exposição Universal. Aliás, diga-se de passagem: financiados pelo governo de Napoleão, o Pequeno, cujo cesarismo queria comprar sua popularidade a baixo preço. Esses fios foram mais fortemente amarrados em 1863, como consequência do levante polonês. Este contou com a simpatia dos trabalhadores europeus e despertou instintos e tradições revolucionários, quando estas últimas existiam. A necessidade de um entendimento e de solidariedade internacionais dos explorados levou ao encontro memorável de 28 de setembro de 1964 no *St. Martin's Hall* em Londres, a partir do qual foi decidida a fundação da *Associação Internacional de Trabalhadores*. Marx participou dos preparativos desse evento e, como secretário-correspondente da Alemanha, fazia parte do comitê provisoriamente encarregado da direção da Internacional, o qual deveria elaborar os estatutos e o programa da associação. Isso só pôde ser realizado com base em um amplo e exato conhecimento do movimento dos trabalhadores em cada país; ele forneceu a orientação acertada para a finalidade e as missões da união internacional. Esta não podia apresentar-se como mais uma organização que implicaria o risco de inibir o desenvolvimento das associações nacionais de trabalhadores e interferir de forma devastadora em suas atividades florescentes. Sua função deveria ser, na verdade, unir os movimentos de classes trabalhadoras dispersos entre os países e conduzi-los de modo uniforme a objetivos que levassem internacionalmente a sua libertação. Com esse propósito, devia ser fincado um estandarte que anunciasse ampla e visivelmente às hostes de proletários de todos os países a direção certa de seus avanços. Os estatutos e o programa da união fraternal internacional não podiam perder isso de vista.

Marx elaborou os dois, seus esboços foram aceitos por unanimidade, e os estatutos e o programa continuaram sendo normativos para a antiga Internacional. O programa Marx apresentou na "mensagem inaugural"[43]. Nascida do espírito do

[43] Ver Karl Marx, "Mensagem inaugural da Associação Internacional dos Trabalhadores", em Karl Marx e Friedrich Engels, *Obras escolhidas em três tomos*, cit., v. 2, p. 5-13. (N. E.)

Manifesto Comunista, a mensagem confronta o aumento intoxicante da riqueza nas mãos da minoria proprietária e a terrível pobreza das mais amplas massas trabalhadoras, destacando, assim, *a nítida diferença de classes entre exploradores e explorados* que segmenta a sociedade burguesa. Ele conclama os trabalhadores a se rebelar contra a miséria e a exploração e os remete – prestigiando as dez horas de trabalho diário legais e as sociedades cooperativas – à luta pela *proteção legal dos trabalhadores*, ao caminho da *assistência mútua* planejada e, por fim, ainda, à *necessidade de conquistar o poder político*. Reforça intensamente que a obrigação dos proletários de oferecer apoio a seus irmãos em sua luta pela emancipação incluía uma tarefa especial internacional, a saber: *controlar a política de relações exteriores dos governos e combatê-la com toda força caso essa política cumprisse planos ilícitos*, explorasse propositadamente preconceitos nacionais e intencionasse desperdiçar, em pilhagens, o sangue e o patrimônio do povo. Essa atividade internacional, assim declara o programa da antiga Internacional, seria "parte da luta geral pela emancipação das classes trabalhadoras". Esse entendimento e essa admoestação da "mensagem inaugural" foram, desde então, gravados na consciência do proletariado pelo imperialismo capitalista, que transformara a loucura armamentista e o risco de uma guerra mundial em eventos rotineiros.

Por meio dos estatutos, Marx criou a Associação Internacional de Trabalhadores como organização desvinculada e suficientemente elástica para permitir que o movimento nacional de trabalhadores se desenvolvesse e fosse eficaz. Sua direção – o Conselho Geral, de que Marx também era membro – liderava mais por meio de formação, aconselhamento e mediação que por instruções normativas. Portanto, a temida Internacional sempre fora apenas *um poder moral*, mas um poder da maior e mais ampla fecundidade. Afirmações de que a "ditadura" de Marx a arruinou não passam de falatórios vaidosos e disparatados. Nem mesmo as disputas apaixonadas entre as diferentes correntes do movimento dos trabalhadores, principalmente entre os *socialistas* reunidos em torno de Marx e os *anarquistas* em torno de *Bakúnin*, são a origem decisiva de sua ruína. É inegável que essas disputas abalaram a estrutura da Internacional e dificultaram suas atividades. Todavia, outras circunstâncias foram mais relevantes que essas para seu colapso. Como o impacto que a supremacia da Grã-Bretanha sobre o mercado mundial teve no movimento de trabalhadores inglês. Como a derrota sangrenta do proletariado parisiense na Comuna. No entanto, foi principalmente o próprio conteúdo vivo da antiga Internacional que detonou sua forma. Quanto mais seu espírito ganhou forma e força entre os proletários dos diferentes países, mais extensas e diversificadas se tornaram as tarefas do movimento dos trabalhadores em solo nacional, o que fazia com que ele resistisse ainda mais a uma liderança internacional unificada. Esta tornou-se impossível, mesmo para uma cabeça genial como Marx. Quando, em vista das turbulências internas, o Congresso de *Haia* em 1872 decidiu transferir a sede do Conselho Geral para *Nova York*, isso significou, na verdade, o fim da Internacional.

Até o fim, Marx foi o mais fiel trabalhador da Internacional e o arauto mais conhecedor e eloquente de seu espírito. Sua erudição e seu vigor a serviram lado a lado. Como dois pilares de pensamento que resistem ao tempo, dois trabalhos seus marcam o início e o fim de sua influência: a "mensagem inaugural" e o discurso do conselheiro-geral, *A guerra civil na França*, que trata da Comuna de Paris. A vultosa soma de trabalhos que Marx liderou como membro do Conselho Geral da Internacional e seu trabalho intelectual podem ser apenas supostos, não havendo como medi-los nem de forma aproximada. Apenas uma pequena parte está visivelmente cristalizada em inúmeros documentos. Muito mais considerável foi, sem dúvida, a atuação de Marx como estimulador, conselheiro e amigo de líderes do movimento de trabalhadores no mundo todo. A amplitude desse trabalho colossal sugere que Marx sabia ler e escrever em todas as línguas europeias mais importantes, tendo se correspondido nesses idiomas. Esse trabalho, sua atuação própria e pessoal, permaneceu invisível; contudo, tornou-se centenas de vezes fecundo na atividade dos homens para os quais o treinamento e a orientação foram decisivos. E não chegou ao fim com o colapso da Internacional, mas durou até a morte de Marx. Naturalmente, essa prática a serviço da luta pela emancipação proletária com frequência fez com que a pesquisa científica ficasse de lado. Ela explica em parte por que Marx não finalizou sua principal obra científica. Em parte! Pois, com o espantoso vigor que o caracterizava, outra circunstância foi decisiva para tanto: o extraordinário escrúpulo de Marx como pesquisador e edificador da ciência. Ele lhe impunha uma necessidade interna de sempre revisar, duvidoso e questionador, mesmo os eventos mais firmemente ancorados, de lançar-se com impetuosidade apaixonada a novos e amplos materiais de estudo, revolver inteiramente extensos campos de conhecimento que pareciam muito distantes da economia e da história e cujo domínio Marx julgava valioso como recurso auxiliar para a realização de sua principal tarefa. Quando Marx morreu, em 14 de março de 1883, o Livro II de *O capital* ainda não havia sido concluído, e o material existente para o Livro III estava incompleto – em parte, nem mesmo havia sido interpretado. Contudo, sua principal obra científica assemelha-se a um magnífico torso de escultura antiga, o qual, apesar de sua mutilação, surte efeito mais poderoso e arrebatador em nossa alma que dúzias de esculturas "mais completas". O que herdamos dele tem vida imortal.

Se quisermos fazer justiça à essência e à obra de Marx, não podemos esquecer que, durante quase toda a vida, ele carregou um fardo de preocupações e miséria quase mais doloroso que o suportado pelos proletários. Seu espírito tinha sede de verdade, seu desejo ansiava por um grande ato que o conhecimento lhe apontara: "a transformação do mundo". Era-lhe simplesmente impossível utilizar seu conhecimento e sua pena para obter uma existência burguesa. Marx tinha para com o ato de ganhar dinheiro e prestígio burguês soberano descaso, até mesmo desprezo, como homem forte e livre que se sente comprometido apenas com a grandeza de alguma coisa e com aquilo que lhe deve segundo sua convicção. O ódio de seus adversários pessoais e a inimizade tão instintiva quanto consciente do mundo burguês contra sua doutrina também contribuíram para abandoná-lo a toda a iniquidade de uma subsistência incerta. Sem dúvida, ele recebeu auxílio fraternal em abundância, assim como sempre o ofereceu: mesmo em tempos de grande pobreza, a casa de Marx nunca deixou de ser um refúgio para quem necessitasse de apoio. Não obstante, ele não foi poupado do que há de mais difícil: ver os seus passarem necessidade e sofrerem. A família Marx conheceu, no exílio londrino, dias em que o fogão permaneceu frio e vazio; o caminho da casa de penhores; a inexorabilidade do oficial de justiça; o despejo de sua própria residência. Três entre seis filhos sucumbiram à miséria, entre eles, seu único filho do sexo masculino[44], a quem Marx amava acima de tudo e cuja perda ele nunca superou. Tão penosa foi a pobreza da família em alguns períodos que o cadáver de uma das crianças permaneceu dias em sua residência porque lhes faltava dinheiro para um féretro e para o sepultamento, até que um amigo os ajudou no último momento. As adversidades da vida não afastaram Marx nem um milímetro do caminho que sua convicção o levara a percorrer. Elas foram incapazes de abafar o ardor dessa natureza que teve de ofertar toda sua força primitiva na busca científica do "espírito da história", assim como nas lutas revolucionárias pela "realidade da história". Assim, para todos nós, Marx, o erudito e lutador, é um exemplo da mais alta fidelidade às próprias convicções nos atos de sua vida, mesmo no dia a dia mesquinho e empoeirado. Assim, ele mostra que, a despeito dos mandamentos

[44] Marx teve, na realidade, dois filhos homens, mas um deles, Henry Edward Guy, o Guido (1849-1850), faleceu antes de completar dois anos; Zetkin provavelmente se refere ao outro, Edgar (1847-1855). (N. E.)

obrigatórios da ordem capitalista, o erudito, o "acadêmico", tampouco precisa transformar-se em agitado comerciante de joias falsas e trabalhos malfeitos. Ele pode manter o idealismo vivo no pensamento e em seus atos mesmo em meio a tempestades, caso, forte em espírito e caráter, não deixe a "pálida alma do dinheiro" apoderar-se de si, a alma de Mamon da sociedade burguesa, que "para o ouro tende e do ouro pende"[45]. Marx preferiu, orgulhoso, a magra liberdade a uma gorda escravidão. Com isso, conquistou para sua vida pessoal e sua obra um bom bocado da liberdade e da dignidade do homem, da ciência, do trabalho que a ordem socialista quer transformar em um bem comum a todos. Decerto nem todos são, como Marx, reis que constroem, mas os trabalhadores braçais que participam da construção tampouco podem esquecer esse exemplo.

No contexto referido, devemos mencionar rapidamente as duas pessoas cuja lealdade devotada teve força imensurável na vida de Marx: *sua esposa Jenny e Friedrich Engels*. Jenny von Westphalen veio da chamada alta classe da sociedade burguesa, mas não decaiu, e sim elevou-se quando uniu seu destino ao de Marx. Ela atingiu assim as alturas da nobre humanidade. Seu futuro parecia agraciado pela felicidade de grandes riquezas, mas ela decidiu-se por uma existência cheia de preocupações e afãs. Todo o infortúnio dos pobres e dos desterrados, dos errantes e dos foragidos foi sua sina. Do amor compreensivo e da devoção ardente à questão dos trabalhadores e da revolução nasceram as forças dessa mulher e os pensamentos nobres para suportar isso. Como digna companheira dos conflitos e lutas de Marx, ela sabia que sua convicção era um deus forte e diligente que não tolerava outro deus ao lado. E também acreditava nesse deus implacável. O que Engels foi para Marx é parte integrante da história do socialismo. O destino e a obra de Marx são simplesmente impensáveis sem Engels. Quando a miséria da família Marx atingiu seu mais alto nível, naturalmente a ajuda de Deus não podia estar próxima em uma sociedade tão ímpia, mas a ajuda de Engels sempre esteve perto. O que há de especial, contudo, no fato de que um amigo compartilhe fraternalmente com outro amigo? O fato de que ele ofereceu ao amigo algo mais valioso que bens mortos: ofereceu a si mesmo, e isso com uma singeleza e uma naturalidade das quais seria capaz apenas uma natureza generosa e altruísta que depara com um objetivo elevado cujo fulgor faz com que tudo o que é pessoal afunde em um brilho insubstancial. O que Engels foi e o que realizou está incorporado, quase sem exceção, na obra de Marx: valores grandes, ricos, pessoais e científicos. Se

[45] J. W. Goethe, *Fausto* (trad. Jenny Klabin Segall, Belo Horizonte/São Paulo, Itatiaia/Edusp, 1981), p. 130. (N. T.)

Marx foi, sem dúvida, o espírito de pensamento filosoficamente mais profundo e investigador, então Engels foi, por sua vez, o mais audaz, aquele que avançava mais depressa, ao qual as coisas e as questões se apresentavam e se formavam com transparente clareza. Congenial, ele permanece ao lado de Marx, o erudito e lutador. O próprio Engels declarou, certa vez, que ao lado do amigo tocara apenas o segundo violino[46]. A correspondência entre ambos comprova que sua participação na fundamentação do socialismo científico foi muito mais significativa que essa modesta declaração leva a supor. A comunhão de ideias, trabalho e luta de Marx e Engels é ímpar na história. O esclarecimento definitivo para ela não é a estreita amizade que os unia. Reuniram-se aqui dois iguais que viam sua grandeza em servir juntos, sem regateios mesquinhos pela fama, ao que havia de maior em seu tempo: ao socialismo revolucionário, aos libertadores da humanidade.

VI

Respondamos agora brevemente à questão sobre o que o proletariado deve à obra de Karl Marx, ao *fundador do socialismo científico.*

Desde que a *propriedade privada separou os homens em classes*, desde que os males resultantes dessa separação proliferaram rapidamente, o velho, mas também eternamente jovem anseio do ser humano pela libertação desses males passou pela história com os mais diversos trajes ideológicos. Ele sempre voltou a devanear no sonho bem-aventurado do reino milenar da razão, da justiça e da fraternidade. Profetas, fundadores de religiões e poetas falaram extasiados sobre tal reino. Com o surgimento e o desdobramento da *produção capitalista*, esse sonho manifestou-se na forma de *utopias socialistas*. No limiar da sociedade burguesa da Inglaterra está *Utopia* do chanceler Thomas Morus[47]. À grande Revolução Francesa antecipam-se utopias socialistas e sucedem-na utopias socialistas mais brilhantes. O contexto associado é bastante concreto: a grande Revolução Francesa foi o triunfo político da produção capitalista. Esta, no entanto, compeliu a serviço do homem, como nenhuma outra forma econômica até então, as leis naturais e as forças da natureza, tendo, com isso, desencadeado forças produtivas inimagináveis e criado riquezas descomunais e obras maravilhosas como nunca antes vistas. Ao mesmo

---

[46] Ver carta de Friedrich Engels a Johann Philipp Becker de 15 de outubro de 1884, em MEW, v. 36, p. 218. (N. E.)

[47] Ed. bras.: trad. Paulo Neves, Porto Alegre, L&PM, 1997. Thomas Morus (1478-1535), que escreveu sua obra-prima em 1516, serviu entre 1529 e 1532 como lorde chanceler do rei inglês – um dos mais altos postos da administração real. (N. E.)

tempo, ela revolveu a sociedade feudal em suas profundezas, desatou todos os seus laços sociais característicos e semeou a miséria sangrenta crescente entre as massas! Assim ela destruiu a crença na imutabilidade da ordem social existente e criou dois elementos importantes da utopia socialista: a crítica social inexorável que se alimentava dos males da sociedade e a convicção esperançosa de que esses males poderiam ser superados com uma organização melhor, "mais sensata e justa", da sociedade. No entanto, o sonho dos utopistas continuou sendo um sonho. A mais genial utopia apenas tomou impulso no solo firme das circunstâncias históricas, ao sujeitar a ordem burguesa emergente a uma crítica cruel e sagaz, elevando-se a seguir, com um salto audaz, às arejadas alturas da especulação, onde o desejo ardente pode facilmente construir reinos ilimitados. O utopista não pensou, como Marx, em usar a cabeça para *desvendar as leis do desenvolvimento social a partir do material histórico existente*. Seu objetivo era outro: *ele queria criar esse desenvolvimento em sua cabeça*. Se concebesse de início a ordem social mais perfeita com espírito criativo, então esta poderia ser realizada a qualquer momento e sob qualquer circunstância. Por deliberação de um compreensivo parlamento de príncipes, segundo *Owen*; pelo estado de espírito generoso de um milionário, como supôs *Fourier*. O grande fato desfavorável foi que dependia *apenas de obra do acaso* que, ali, o reconhecimento e a vontade criassem e movessem a força que remodelaria a sociedade segundo a receita ideal. *O utopismo não conhecia nenhum poder social que criasse com forçosa necessidade histórica a ordem da liberdade, da igualdade e da fraternidade porque tinha de criá-la.*

Certamente houve massas de proletários que se rebelaram sob a mordedura "da serpente de suas aflições"[48]. E o que restou de suas tentativas de arremessar o jugo da exploração capitalista de seus ombros dilacerados? Os surtos de desesperados que se rebelaram contra seus algozes diretos. *Elas não foram atos consciente de revolucionários que, como lutadores de uma classe, queriam derrubar a sociedade do capitalismo martirizante e criar uma ordem socialista*. Não havia nenhuma ligação interna indestrutível, que poderia surgir, com poder elementar, a partir das condições de existência do proletariado na sociedade burguesa, entre o movimento de trabalhadores e o socialismo criado pelos utopistas. Essa ligação histórica também faltou quando os utopistas apelaram aos trabalhadores para a implementação de seus planos. Ela tampouco esteve presente no local onde os trabalhadores começaram a procurar com sua alma o país do socialismo, além do mar estrondoso de seu sofrimento.

[48] Alusão ao verso "*Der die Schlange meiner Qualen*", do poema "Heinrich", de Heinrich Heine, feita por Marx em *O capital*, Livro I, cit., p. 373. (N. E.)

O ato histórico imortal de Marx foi *ter criado um fio conector entre o socialismo e o movimento dos trabalhadores*. Ele apresentou a comprovação científica inabalável de que a ordem socialista que começava a luzir no horizonte histórico só poderia ser obra da classe trabalhadora lutadora, mas que ela, contudo, como uma necessidade natural inevitável, também devia obrigatoriamente ser obra dessa classe trabalhadora lutadora. Na medida em que Marx não mais permitiu que o *socialismo* fosse considerado obra do acaso, que comprovou que era o resultado de um desenvolvimento social legítimo, ele o *transferiu da utopia para as ciências*. Ao constatar que a classe trabalhadora tem vocação e capacidade históricas para criar conscientemente o resultado de um desenvolvimento histórico, ele *concedeu ao movimento de trabalhadores o nobre título de portador da revolução social*, que, com a libertação do proletariado, significaria para toda a humanidade o salto final para fora do "reino animal, na liberdade humana total"[49].

Marx só foi capaz de realizar essa proeza científica porque criara o *conceito materialista da história* no qual resgatou e transferiu a *dialética hegeliana*, tornando-a fecunda como *método de pesquisas científicas* ao "colocar de pé aquilo que estava de cabeça para baixo", como disse Engels. Ele manteve a concepção de Hegel do desenvolvimento histórico que avança em oposições, que não pode criar sem destruir. Marx, contudo, procurou e encontrou, diferentemente de Hegel, as causas e a legitimidade desse desenvolvimento não nas nuvens da especulação filosófica sobre a "ideia absoluta", e sim sobre o solo estável e constante da realidade, *nas questões e nas relações sociais*, as quais são obras humanas. Com isso foi possível que revelasse, com a mão firme do pesquisador científico, *as forças motrizes do desenvolvimento da história*, assim como as *leis* que o regem com o poder férreo dos eventos naturais. Ele descobriu "que a história de todas as sociedades até então é, afinal, a história de suas *relações de produção e troca* e que o *desenvolvimento* dessa se impõe como *luta de classes* sob o domínio da *propriedade privada* nas instituições políticas e sociais"[50]. Portanto, segundo Marx, não é mais a teologia ou a filosofia, mas a *economia política*, a doutrina da economia social que pode dar a resposta decisiva para a questão sobre o porquê do devir e do desvanecer *histórico*, da aspiração e da luta social. *O fundamento de toda sociedade é sua economia*, ou

[49] Alusão a uma passagem de *Anti-Dühring*, de Engels: "Só depois que isso acontecer, o ser humano se despedirá, em certo sentido, definitivamente do reino animal, abandonará as condições animais de existência e ingressará em condições realmente humanas". Ver Friedrich Engels, *Anti-Dühring: a revolução da ciência segundo o senhor Eugen Dühring* (trad. Nélio Schneider, São Paulo, Boitempo, 2015), p. 319. (N. E.)

[50] Rosa Luxemburgo, "Karl Marx", em *Gesammelte Werke*, v. 1/2 (Berlim, Dietz, 1970), p. 370-1. (N. E.)

seja, a produção ou a criação de sua manutenção material necessária. Sobre essa base erigem-se, como *superestruturas*, as instituições políticas, jurídicas, religiosas e outras da sociedade, o que Engels expressou da seguinte maneira:

> Que as pessoas precisam primeiro comer, beber, morar e vestir-se antes de poder fazer política, ciência, arte, religião etc.; ou seja, de que a produção dos meios materiais imediatos de vida – e, consequentemente, a etapa de desenvolvimento econômico respectiva de um povo ou de um período – forma o fundamento sobre o qual se desenvolveram as instituições do Estado, as concepções jurídicas, a arte e até mesmo as ideias religiosas das pessoas em questão; é a partir dessa base que se devem explicar esses desenvolvimentos – não o contrário, como vem acontecendo até agora.[51]

Consequentemente, os fenômenos econômicos são o solo que sustenta os outros processos sociais; estes são determinados por aqueles e se alteram quando os próprios fenômenos econômicos se alteram. As reais forças determinantes do desenvolvimento histórico, portanto, devem ser buscadas na produção.

Seguindo essa concepção, Marx investigou *a economia da sociedade burguesa*: a *produção capitalista*. A partir das peculiaridades de sua essência, ele queria buscar o conhecimento sobre *a direção e o objetivo do desenvolvimento histórico de nossa época*, queria compreender o mais profundo conteúdo das lutas de classes que, ao mesmo tempo, foram geradas pelo desenvolvimento e o abalam. Ao "descobrir o segredo da produção capitalista", ele agarrou com mãos firmes *as forças que se elevam norteadoras além dela, na direção da ordem socialista, as primeiras, inconscientes*, cegamente inexoráveis como forças naturais, *a segunda, consciente*, conhecimento e intento humanos transformados em ação. Assim Marx criou a *teoria do desenvolvimento capitalista*. Seu cerne é a genial descoberta do *significado do mais-valor* para a produção capitalista, sua importância não fica atrás da fundamentação da concepção materialista da história. Marx provou

> que apropriação de trabalho não pago é a forma básica do modo de produção capitalista e da espoliação do trabalhador por ela levada a efeito; que, mesmo que o capitalista compre a força de trabalho do seu trabalhador pelo valor cheio que ela tem como mercadoria no mercado, ainda assim ele conseguirá extrair dela um valor maior do que pagou; e que esse mais-valor constitui, em última instância, a soma de valor a partir da qual se acumula a massa sempre crescente de capital nas mãos das classes possuidoras.[52]

---

[51] Ver, neste volume, p. 21-2. (N. E.)

[52] Ver Friedrich Engels, *Anti-Dühring*, cit., p. 56. (N. E.)

Para o proletário, não há saída: ele precisa se sujeitar à exploração como gerador de mais-valor se não quiser morrer de fome celebrando festas. Sob o domínio da propriedade privada, o aprimoramento e o desdobramento das forças produtivas e dos meios de produção na forma econômica capitalista levaram a uma *separação entre força de trabalho e meios de trabalho* que se tornou cada vez mais acentuada e mais ampla. Se aqueles sem meios de trabalho não quiserem ficar sem pão, então têm de vender sua força de trabalho e, consequentemente, a si mesmos para exploração pelos proprietários dos meios de trabalho. O proprietário dos meios de trabalho compra a força de trabalho proletária pelo mais-valor que ela gera e que deve, por sua vez, gerar lucro e juros, assim como renda fundiária. Desse modo, na produção capitalista confrontam-se *capitalistas e trabalhadores assalariados como explorador e explorado, como duas classes sociais separadas* por um abismo intransponível de *conflitos de interesses*. Esses conflitos de interesses têm raízes nas diferentes funções no processo de produção capitalista que a *propriedade privada* lhes atribui. A tarefa dos últimos é *gerar mais-valor*, mesmo que com isso sejam reduzidos à “mão”, a uma máquina viva de trabalho. A função dos primeiros é *apropriar-se do mais-valor*, mesmo que, para esse fim, sua propriedade morta assole como uma besta sanguinária.

A produção capitalista, contudo, leva à geração de mais-valor em grau crescente, em uma extensão cada vez maior. Uma parte do mais-valor criado pelos trabalhadores é transformada em novos capitais que, por sua vez, também só podem gerar mais-valor por meio de proletários explorados. *O capital se amealha, se acumula.* Esse funcionamento das coisas acontece em paralelo a outro fenômeno: *a hoste dos trabalhadores assalariados explorados se torna cada vez maior*. A *acumulação* de capitais exploradores nas mãos das classes proprietárias e de proletários explorados no outro polo da sociedade foi o que Marx reconheceu como a *lei efetiva do desenvolvimento capitalista*. Ela se realiza nos altos e nos baixos de *superprodução* e *crise*, processos intrincados da economia capitalista que são sentidos clara e evidentemente pelo proletariado como *sobretrabalho* e *desemprego*. A acumulação crescente leva a um contraste cada vez mais nítido entre as gigantescas forças produtivas desenvolvidas e as formas burguesas consentidas de seu uso na produção capitalista. Cresce a contradição inconciliável entre o caráter social da produção e a apropriação individual e capitalista dos produtos. Na forma de contradições sociais, ela salta à vista, provocante. Riqueza fabulosa no topo da pirâmide social, que apenas alguns poucos podem alcançar, e em sua base o terrível pântano da miséria material e cultural da massa, do qual pessoas demais já não podem mais se erguer.

Todavia, todas as contradições econômicas e sociais levadas ao extremo pelo desenvolvimento capitalista são mais concretamente perceptíveis *na histórica grande diferença de classes entre burguesia e proletariado*. Ela é a forma mais elevada, clássica, mas também a última forma histórica da contradição social entre ricos e pobres, dominantes e oprimidos, exploradores e explorados. *Por isso, sua superação inclui a superação de todas as outras contradições sociais:* o ganho de humanidade completa por todos aqueles que dela foram privados pelas relações sociais. A contradição entre a burguesia exploradora e o proletariado explorado, gerada a partir da produção capitalista, *impele ambas as classes à luta entre si*, o que leva a uma *união* cada vez maior em ambos os grupos. A luta se deflagra inicialmente *pelas condições e pelo grau da exploração* na geração de mais-valor capitalista e se desenrola em campos *econômicos*. A partir daí, ela ataca também, se necessário, a área *política*. Na luta de classes contra as classes sociais dominantes da sociedade feudal, a burguesia *adequou a superestrutura política e jurídica da sociedade burguesa quase completamente à essência e às necessidades da produção capitalista*, na qual a diferença de classes entre o proletariado e a burguesia também é efetiva. A luta de classes política diz respeito ao direito político da classe trabalhadora ao incremento total de poder na disputa econômica; trata-se da obrigação da sociedade de criar barreiras legais preventivas contra a exploração demasiado homicida das classes assalariadas e aliviar suas feridas demasiado pavorosas por meio do bem-estar social; trata-se do direito e do poder do proletariado à própria luta política.

Afinal de contas, a luta de classes política, assim como a econômica, revela-se na sociedade burguesa como *conflito pelo poder disfarçado de direito da minoria proprietária a explorar e dominar*. No decorrer desse conflito, os proletários se convencem de que todas as suas conquistas certamente restringem esse poder, mas não o revogam enquanto sua origem existir: *a propriedade privada*. Por conseguinte, o resultado de sua luta pode ser apenas um abrandamento da exploração e de suas consequências, mas de forma alguma a abolição da exploração em si. Ou seja, quanto mais longa a luta de classes do proletariado, mais ela deve se tratar do *todo*; assim ela passa a ter um objetivo que está além da sociedade burguesa*: a eliminação da propriedade privada e a constituição da ordem socialista*. Da mesma forma que a produção capitalista e seu desenvolvimento *criam e educam seres humanos* que devem lutar conscientemente por esse objetivo, ela também gera os *elementos materiais* que vão inconscientemente de encontro a ele: *meios de trabalho e processos de trabalho com um caráter social* que entra cada vez mais em grosseira contradição com a apropriação individual dos produtos do trabalho pelos capitalistas. *Forças produtivas* e *meios de produção com enorme poder* e *fecundidade* que se rebelam contra o fato de que sua liberdade lhes seja negada pela pequena minoria de seus senhores em seu próprio interesse; que garantem que sua liberdade possa alçar todos os membros da sociedade a usufrutuários do bem-estar e da cultura. Assim, o desenvolvimento capitalista urge à dissolução de todas as crescentes contradições econômicas e sociais indissociáveis da essência da produção capitalista. Ele guia a vontade dos trabalhadores para a superação da diferença de classes entre capitalistas e proletários por meio da eliminação da propriedade privada dos meios de produção. O passo decisivo para isso é a *conquista do poder político pelo proletariado*. "Quando o manto cai, deve segui-lo o duque!"[53] Soa a hora, na história universal, "da expropriação dos expropriadores".

VII

Contra a doutrina de Marx, objetou-se que ela apagou do desenvolvimento histórico a força sustentadora da ideia, assim como o desejo humano norteador; que ela está plena da crença em um devir histórico que se realiza automaticamente. Quão pouco esses que assim argumentam conhecem o socialismo científico! Para Marx, que partiu da urdidura da ideia para investigar as forças motrizes da história da humanidade, a ideia nunca foi um produto residual secundário da economia social. Ele também não negou nem mesmo subestimou seu poder na história. Na abundância dos eventos sociais cuja interação extremamente intrincada ele acompanhou ao longo dos tempos, incluiu as ideias em seu pleno sentido. Somente no fio de Ariadne do materialismo histórico descobriu a *relação entre o ideal e o material na história*. A produção da sociedade determina as ideias da sociedade; o ideal não origina o material, mas é por ele originado. Tudo aquilo que, afinal, não pode ser desconsiderado na investigação da história nem na avaliação da concepção materialista da história. Ademais, não se pode ignorar que o ideal e o material no sentido do materialismo histórico não têm nenhuma relação com ideia e matéria, os conceitos metafísicos da filosofia. A própria obra de Marx desmente as fabulosas mentiras de que o materialismo histórico não daria ensejo ao poder histórico da ideia. Qual foi seu objetivo? Em torno de Marx ondeava um caos de opiniões, visões, convicções, ideais, um caos no qual heranças do passado remoinhavam de forma confusa com conhecimentos presentes e desejos para o futuro. Com mãos

[53] Citação de *Die Verschwörung des Fiesco zu Genua* [A conjuração de Fiesco em Gênova], peça de Friedrich Schiller que teve estreia em 1782. (N. T.)

cuidadosamente tateantes, ele colheu do redemoinho *as ideias que*, determinadas pelo desenvolvimento da produção de nosso tempo, *deviam tornar-se o tema principal da ação do proletariado*. Esse fato implica que Marx também considerava a vontade consciente uma força motriz do acontecimento histórico. Assim, ele via – para permanecermos na história dos tempos modernos – no fluxo veloz do desenvolvimento capitalista não apenas o domínio das forças materiais e reais que prepara o socialismo de forma irrefreável. Sua visão percebeu também o poder histórico consciente que deve assumir as consequências do desenvolvimento das coisas: a *vontade imperturbável do proletariado* de resolver o grande problema histórico que lhe é imposto pelas condições existenciais dos explorados e que só pode ser solucionado por meio de *sua união e sua luta como classe*. A obra de vida de Marx chegou a seu ápice ao transformar essa vontade, por meio da ideia, por meio do conhecimento, em algo consciente, sólido e destemido. Ela é um único e poderoso toque de despertar e exortação à vontade da classe que, mantida pelo desenvolvimento capitalista, se encontra em campo aberto histórico com o mais forte poder social. Essa é, graças à quantidade e à importância para a existência da sociedade burguesa, o proletariado. Sua vontade deveria gerar ações, da luta pela jornada de trabalho de dez horas diárias e pela liberdade de coalizão à disputa pelo poder político, à detonação da ordem burguesa. Decerto Marx declarou: "Os homens fazem sua própria história; contudo, não a fazem de *livre e espontânea vontade*, pois não são eles que escolhem as circunstâncias sob as quais a fazem, mas estas lhes foram transmitidas assim como se encontram"[54]. Portanto, os homens fazem sua história como a devem fazer. Apesar de tudo isso, Marx ainda diz: "*Os homens fazem sua própria história*".

Almas sensíveis alegam ter encontrado outra grave falha na concepção científico-social de Marx. Esta, segundo eles, reconhece os seres humanos apenas como "categorias" históricas e sociais; ela não é permeada por compreensão, que dirá por sentimentos pelo que é "puramente humano". Ela é "insensível e fria". O que há de verdade nessa afirmação? Justamente Marx descobriu, no processo de produção capitalista, *as relações sociais, ou seja, as relações entre os seres humanos, por trás das mercadorias*. Onde a economia burguesa não via nada além de "abundância inebriante de riqueza", Marx enxergou o ser humano: os *capitalistas exploradores* e desfrutadores, mesmo que sem trabalhar, e os *proletários explorados*, que precisam viver na indigência mesmo quando trabalham mais que o acertado. Não era de seu

[54] Ver Karl Marx, *O 18 de brumário de Luís Bonaparte*, cit., p. 25. (N. E.)

feitio falar sobre questões sentimentais como aqueles "filantropos" que supõem, com seu sentimentalismo barato sempre gotejante, convencer os exploradores à clemência e os explorados, por sua vez, à "humildade", fundando, assim, o reino da "paz social". Mehring diz, esplendidamente, que em Marx o tilintar das armas do espírito lutador abafou a voz do coração. Dentro dele, essa voz falava em alto e bom tom! Em seu espírito, Marx vivenciou centenas de vezes a vida do proletário com seus *altos* e *baixos*. Ele a vivenciou com a ira sagrada de uma grande alma que abrangia a humanidade, que se sentia ofendida com o aviltamento, a aniquilação de tudo o que é humano. Ele a vivenciou, contudo, com o ardor de um lutador revolucionário que vê nos explorados a ação das forças criadoras históricas que devem levá-los à vitória. Pois Marx percebeu o proletário em sua dupla característica histórica, como sofredor e lutador. Ele o via como carregador da cruz com a coroa de espinhos no terrível tormento da posição de classe que o capitalismo lhe providencia: dissociado das comunidades sociais de tempos anteriores, rebaixado de ser humano a "mão", a apêndice vivo da máquina morta, *isolado*, como uma folha impotente com a qual as nuvens e os ventos da produção capitalista brincam. Contudo, ele via também o proletário no cintilar de seu levante e sua elevação como lutador, os lombos arreados para viagem, os indivíduos solidariamente unidos pela similitude das condições de existência, reunidos em uma nova e maior comunidade que traz em seu escudo a humanidade desdenhada e pisoteada pelo capitalismo e coloca o poder da multiplicidade à frente da fraqueza do indivíduo. E o estudo das leis históricas específicas da motivação da sociedade burguesa ampliou o reconhecimento de Marx. Ele observou a soldadura dos explorados além dos limites de profissão, sexo, nacionalidade e raça em uma classe com uma tarefa histórica: a luta de classes para a realização da revolução social. Marx *descobriu o proletariado como classe* com determinadas condições de existência históricas, a partir das quais nasce determinada missão histórica.

Marx adiantou-se ao proletariado mundial lutador mostrando-lhe seu caminho e seu destino. Sua orgulhosa doutrina é reflexo da realidade social cientificamente investigada. Portanto ela se impõe cada vez mais triunfante como conteúdo de pensamento e vontade consciente da classe trabalhadora ansiosa pela libertação. Por isso ela fornece a esta última também a *orientação segura para a prática de sua luta de libertação*. A partir da doutrina de Marx, o proletariado obtém a medida confiável com que deve avaliar sua atuação. Ela não é dada pelos sucessos parciais de sua luta, mas pelas *tendências históricas* de *desenvolvimento* que cavam a sepultura para a sociedade burguesa e convocam os sepultadores dela. Os olhos voltados firme e claramente para essas tendências de desenvolvimento, para além do presente, voltados para o futuro, as hostes de proletários conduzem seus navios por entre os perigos que os ameaçam à direita e à esquerda. Estes são as águas rasas da *política real* burguesa que, tão jubilosa com as "minhocas" a serem encontradas, não levanta mais os olhos do solo para o sol do destino final. São ainda os penhascos do *utopismo revolucionário*, que, por anseio ardente, acredita poder obter precoce e artificialmente resultados de desenvolvimentos. Nós devemos à concepção de história de Marx o reconhecimento da inter-relação interna entre reforma e revolução na história e, com isso, a valoração correta de ambas. Tal concepção nos mostra que reforma e revolução *não são dois métodos diversos da luta de classes* a ser livremente escolhidos de acordo com a maturidade política e o temperamento, e sim *duas fases do desenvolvimento social* que, unidas de forma orgânica, originam e sucedem uma à outra. Desencadeada pelas relações de produção em transformação, surge em todo período de reforma uma onda, que se eleva lentamente, de deslocamento de poder entre as classes dominadas, que precisam exercer pressão pela igualdade de direitos e pela liberdade, e as classes dominantes, que querem afirmar sua posição privilegiada. Ao chegar a seu ápice, a onda destrói as barragens protetoras das antigas relações de poder entre as classes que disputam. O período da revolução se soergue e prepara com força criadora uma nova era de reforma, na qual vivem os estímulos que se tornaram efetivos com a libertação das classes populares oprimidas. O proletariado precisa utilizar tanto o antepasto frio da reforma quanto o prato principal quente da revolução. Ensinados pelo materialismo histórico, reformadores devem, na medida e no período em que for necessário, manter e aumentar suas forças revolucionárias, pois na realidade esse é o único poder reformatório em grande estilo na sociedade burguesa. Mantém-se principalmente, contudo, o revolucionário que não vende seu direito inato histórico à "derrubada" da ordem capitalista por um prato de lentilhas reformador. Ganham o discernimento e a força para o *trabalho insignificante do dia a dia* que eleva os explorados em árduas disputas contra a economia capitalista e seu Estado e recebe sua importância e sua nobreza do objetivo final a que serve. O entusiasmo tempestuoso e a perseverança decidida se preservam para *a grande batalha da história universal e a libertação por meio da revolução social, que sempre volta a receber fortes impulsos e nova fecundidade a partir do desenvolvimento capitalista ilegítimo*. Assim, na atuação do proletariado, o presente e o futuro da classe são imbricados em uma unidade de grandeza histórica e cheia de vida. Assim, nela a *teoria* e a *práxis* caminham de mãos dadas. A teoria que não rejeita o proletariado lutador como quimera ociosa do mundo da fantasia, mas que o compreende como imagem científica da realidade social e, com isso, também como imagem de suas próprias condições de existência como classe. A práxis que não o desvaloriza como local de depósito de detritos dos fundamentos e dos ideais destroçados, e sim o comanda como campo de batalha histórico com reconhecimento maduro e vontade firmemente orientada.

A doutrina de Marx é, com tudo isso, a mais poderosa ajuda para o proletariado se alçar às alturas em sua política – tomado o termo em sentido amplo –, acima da política das classes proprietárias. Qual é hoje a marca característica de qualquer política burguesa, seja qual for o partido que a rege? A continuação desordenada de caso em caso, sob o mote "depois de nós, o dilúvio"; a renúncia a princípios e ideais; a discrepância entre programa e práxis. Falta-lhe o eixo da cristalização em torno do qual toda a vida e o anseio se reúnem, um eixo de cristalização que só pode ser formado por um grande objetivo que, como resultado do próprio devir histórico, garanta um alteamento da sociedade acima do nível de avanço atingido e que pode ser o mais alto ideal comum. E onde as classes proprietárias poderiam encontrar tal ideal? Elas, cuja política favorece, sobretudo, as demandas de uma pequena minoria contra o bem-estar da maioria esmagadora; elas, que diante do futuro que irrompe querem fugir de volta para o passado a fim de salvar seus poderes de exploração e dominância ameaçados? No reverso, o proletariado. Ele é hoje a única classe que pode e deve realizar uma política fundamental, uma política que não trai princípios e na qual discurso e ação não divergem, guiada, ao mesmo tempo, pelo mais alto idealismo e o mais aguçado senso de realidade. Pois o objetivo final socialista, conforme aquele que Marx lhe revelou como "eterno imperativo da história", dá a sua política um epicentro inabalável por cuja grandeza saliente o olhar sempre pode voltar a se orientar enquanto divaga em meio ao turbilhão dos pequenos caminhos diários enredados. Assim como nas condições de vida da classe trabalhadora moderna as condições de vida da sociedade burguesa já estão aniquiladas, também em sua política fundamental e decidida já estão predeterminados o poder futuro e a liberdade da humanidade para conceber com vontade consciente sua própria história.

*

Para Marx, o conhecimento e a ação eram a realização e a alegria da vida; em sua obra cabe não a palavra enaltecedora, mas a ação criadora. Trabalhemos para que a riqueza de percepções históricas acumuladas por ele satisfaça cada vez mais a consciência das massas proletárias e governe sua vontade! Pesquisemos e lutemos para que essa riqueza se mantenha viva e se multiplique; em outras palavras, para que compreendamos, sob a base científica que nos deu Marx, com o método de pesquisa que nos ensinou, com clareza e profundidade crescentes, o processo do desvanecer e do devir históricos. Certamente suas teorias para o fundamento do materialismo histórico, certamente os principais resultados de sua investigação da produção capitalista – na medida em que o Livro I de *O capital* os inclui – tornaram-se propriedade intelectual do movimento dos trabalhadores. Na Alemanha, principalmente graças à popularização pelos camaradas *Kautsky*, *Mehring*, *Parvus* e outros ainda. O camarada Kautsky procurou, em seu *A questão agrária*[55], investigar as tendências de desenvolvimento da agricultura na ordem capitalista. Os livros II e III de *O capital* por si mesmos assemelham-se a minas de ouro das quais até agora se extraiu muito pouco. Esses volumes também precisam ser desvendados em seu conteúdo mais relevante à compreensão de círculos ainda maiores, mesmo que apenas graças à relação íntima existente entre eles e o Livro I. A obrigação de continuação da obra de Marx significa também sua avaliação independente, com todas as suas consequências. Marx, que buscava apaixonadamente a verdade, não pretendia ser infalível! Marx, que via, com olhar que abrangia o tempo e o mundo, as coisas sociais e os gêneros na corrente eterna do desenvolvimento, que revelou com senso perspicaz a relação entre material e ideal, teria sido o último a considerar que a teoria do socialismo científico estava concluída com seu próprio trabalho! O sopro de seu espírito não sentiu aquela "pregação marxista" que, com atitude subserviente, gosta de proscrever como crítica punível simples exclamações por trás dos cursos de pensamento do mestre e que, com isso, se rebaixa ainda, sob a prática de tribunais burgueses, com a interpretação do parágrafo referente ao crime de lesa-majestade. A obra não perde deveras nada de sua grandeza em consequência do fato natural de seu criador ter compartilhado a sorte comum do ser humano, de que também esteve ligado a um período e a um local e de que podia errar em sua busca. A celebração iminente dos cinquenta anos de existência da social-democracia alemã nos lembra que Marx não avaliou corretamente *Lassalle e seu orgulhoso ato histórico*. Os motivos para isso, o camarada Mehring demonstrou de forma tão convincente em seu conteúdo quanto brilhante em sua apresentação em sua história de nosso partido, um exemplar de materialismo histórico aplicado[56]. A história corrigiu na Bélgica e em outros países, em especial na revolução

---

[55] Ed. bras.: trad. C. Iperoig, São Paulo, Proposta, 1980. (N. E.)

[56] Ver Franz Mehring, *Geschichte der deutschen Sozialdemokratie*, 2 v. (Stuttgart, Dietz, 1897-1898). (N. E.)

russa[57], fundamentalmente a concepção da *greve de massa* que, nascida a partir das disputas entre Marx e Bakúnin, foi cunhada pelas palavras de Auer[58]: "Greve geral é disparate geral". A camarada Luxemburgo, em seu estudo sobre a greve de massa[59], chegou a conclusões teóricas a partir dos ensinamentos da história e apresentou a essência da *greve geral* como a forma clássica e revolucionária do movimento do proletariado. Desde que Marx e Engels investigaram e formularam suas visões inevitavelmente ricas em hipóteses sobre as *primeiras organizações sociais*, a pré-história e a etnologia acumularam montanhas de materiais sobre a proto-história da humanidade. O camarada Cunow[60] a identificou e examinou em livros e ensaios do ponto de vista do materialismo histórico, indicando linhas de desenvolvimento social que podem ser consideradas equivocadas de acordo com algumas visões de Marx e Engels sobre a família e semelhantes. Quando o espírito pesquisador de Marx investigou os fenômenos e as forças motrizes da economia burguesa, o capitalismo ainda estava na idade das travessuras. As sociedades anônimas certamente haviam começado a se desenvolver, mas sindicatos patronais, cartéis e trustes, por sua vez, ainda eram organizações capitalistas desconhecidas, o capital financeiro desempenhava papel relativamente modesto, o imperialismo ainda não dominava e abalava o mundo. Nesse meio-tempo, o desenvolvimento capitalista avançou a passos gigantescos. Ele criou procedimentos e produtos na economia e na política da sociedade burguesa, cuja essência e governança encontram sua mais perfeita expressão no *imperialismo*. O camarada *Hilferding* abordou essas grandes organizações econômicas modernas em seu *O capital financeiro*[61], que remonta aos livros II e III de *O capital*. A camarada Luxemburgo trouxe à luz, em sua obra *A acumulação de capital*[62], a última forte raiz do imperialismo. E justamente porque ela avaliou de forma independente, no sentido e no espírito marxista, não tinha como chegar às profundezas da economia capitalista sem corrigir um ou outro resultado teórico isolado das

[57] A referência, aqui, é à Revolução de 1905. (N. E.)

[58] Ignaz Auer (1846-1907), político alemão, membro do Partido Social-Democrata da Alemanha (SPD). (N. E.)

[59] Rosa Luxemburgo, *Greve de massas, partido e sindicatos* (São Paulo, Kairós, 1979). (N. E.)

[60] Heinrich Cunow (1862-1936), membro do SPD e autor de *Zur Urgeschichte der Ehe und Familie* [Sobre a pré-história do casamento e da família], entre outras obras de interesse antropológico. (N. E.)

[61] Rudolf Hilferding, *O capital financeiro* (trad. Reinaldo Mestrinel, São Paulo, Nova Cultural, 1985). (N. E.)

[62] Rosa Luxemburgo, *A acumulação do capital: contribuição ao estudo econômico do imperialismo – Anticrítica* (trad. Marijane Vieira Lisboa e Otto Erich Walter Maas, São Paulo, Abril Cultural, 1984). (N. E.)

pesquisas de Marx. Isso, contudo, é o traço marcante, significativo de todas essas "revisões" da doutrina de Marx: elas sempre refutaram apenas visões teóricas isoladas, mas *fortaleceram e aperfeiçoaram a teoria como um todo*. O fruto científico amadureceu apenas aqueles que, repletos do espírito de Marx, serviram-se do materialismo histórico como método de pesquisa. Onde a vida e a teoria não deram razão a Marx e Engels, ali a teoria "marxista" triunfou.

No entanto, como a orgulhosa construção dessa teoria foi prejudicada pelos pontos de interrogação pintados pelo camarada *Bernstein* e outros em seus muros? As águas do desenvolvimento histórico já os apagaram, quase mesmo antes de as últimas grandes crises terem dissipado o clima da recuperação econômica a partir do qual as dúvidas haviam nascido. Em meio ao mar estrondoso dos acontecimentos históricos, em meio aos maravilhosos turbilhões de teorias sociais burguesas, o fundamento científico do socialismo de Marx iguala-se a uma ilha rochosa com cumes que buscam o céu. Aqui o proletariado pisa com ossos vigorosos sobre solo granítico, a partir daqui seu olhar vagueia desimpedido sobre penhascos e a rebentação das ondas até a costa, que os saúda, da pátria daqueles homens fortes e belos do futuro aos quais a revolução conferiu a força, aos quais a arte conferiu a beleza. A obra da vida de Marx arma o proletariado com o claro discernimento do desenvolvimento histórico inexorável que leva à negação, ao polo oposto do capitalismo: ao socialismo. Ele lhe confere, com isso, a firme convicção de seu triunfo, a coragem para ousadas aventuras, assim como a astúcia para ponderações calculadas, a impetuosidade revolucionária e a tenaz perseverança na batalha. Será transformado em ação o orgulhoso objetivo que Marx impôs à obra de sua vida e que resumiu em suas teses sobre Feuerbach: "Os filósofos apenas *interpretaram* o mundo de diferentes maneiras; o que importa é transformá-lo"[63]. Marx queria desencadear a mais descomunal vontade que já moveu a história: a vontade em massa dos proletários de todos os países civilizados. Ele queria guiá-la para o ato mais colossal de todos os tempos: a transformação do mundo por meio da anulação da dominância de classes e a construção da sociedade socialista. O ato de sua própria vontade foi a teoria, pois "*a teoria converte-se em força material quando penetra nas massas*"[64]. A introdução à obra de Marx foi escrita pela grande Revolução Francesa, o posfácio será ditado pela revolução social em nome da história.

[63] Karl Marx e Friedrich Engels, *A ideologia alemã* (trad. Nélio Schneider, Rubens Enderle e Luciano Martorano, São Paulo, Boitempo, 2007), p. 535. (N. E.)

[64] Karl Marx, *Crítica da filosofia do direito de Hegel* (trad. Rubens Enderle e Leonardo de Deus, São Paulo, Boitempo, 2005), p. 153. (N. E.)

A personalidade de Karl Marx (s.d.)[1]

Luise Kautsky

O segundo filho do advogado judeu Heinrich Marx e de sua esposa Henriette nasceu em 5 de maio de 1818 e recebeu o nome Karl Heinrich[2]. A primeira filha, alguns anos mais velha, era uma menina chamada Sophie. O pai do advogado Marx fora rabino em Trier. A mãe de Karl vinha de uma antiga família de rabinos que migrara no século XVI da Hungria para a Holanda. Ela nunca aprendeu a escrever corretamente em alemão, o que se percebe nas cartas ao filho ainda hoje conservadas. Apesar de sua origem, nem Heinrich nem Henriette Marx eram judeus devotos, de forma que não lhes foi difícil mudar de crença. Não foi por motivos religiosos, mas plenamente práticos, que Heinrich Marx, em 1816[3] – e, oito anos mais tarde, quando Karl tinha seis anos de idade, também sua família –, converteu-se ao cristianismo[4].

Dois anos antes de Karl vir ao mundo, o presidente de governo prussiano Ludwig von Westphalen[5] fora transferido de Salzwedel a Trier com a família. Pouco depois,

---

1 Roteiro para palestra intitulada "Die Persönlichkeit von Karl Marx", datilografado, com anotações à mão, encontrado nos arquivos de Luise e Karl Kautsky, mantidos pelo Instituto Internacional de História Social (IISG, na sigla holandesa), disponível *on-line* em: <http://hdl.handle.net/10622/ARCH00712.2209>. No topo do documento, há a anotação "Escrito para a juventude". Pelas informações do texto, é possível deduzir que foi escrito não antes da década de 1920. Traduzido do alemão por Renata Dias Mundt. (N. E.)

2 A respeito da atribuição errônea do nome Heinrich, ver, neste volume, p. 189, nota 3. (N. E.)

3 Há aqui uma emenda ilegível feita à mão. (N. T.)

4 Para mais a respeito da conversão da família Marx, ver, neste volume, p. 189. (N. E.)

5 Ludwig von Westphalen era um alto funcionário prussiano, mas não chegou a presidente de governo (*Regierungspräsident*) – cargo a que, no entanto, seu filho Ferdinand ascendeu em 1849 na cidade de

a mais íntima amizade uniu as duas famílias. A pequena filha de Westphalen nascida em 1814, Jenny, e seu irmão Edgar tornaram-se companheiros inseparáveis dos dois primogênitos da família Marx. O pequeno Karl preferia a companhia de Jenny e de sua irmã Sophie a qualquer outra, o que fez com que tivesse de suportar o escárnio e a zombaria de colegas de escola que faziam troça de sua amizade com as meninas. Karl, por sua vez, suportava com tranquilidade, pois, apesar de ser um verdadeiro moleque, irreverente e arruaceiro, sempre pronto às melhores traquinices, nenhuma zombaria o afastaria de sua amada companheira de brincadeiras.

As escolhas dos pais fizeram com que essas crianças fossem extremamente afortunadas. Tanto Ludwig von Westphalen quanto Heinrich Marx tinham grande compreensão de suas peculiaridades, souberam guiar os filhos de forma afetuosa e apresentá-los, já no início da juventude, às grandes mentes da literatura universal. O pai de Marx era admirador fervoroso do grande satírico Voltaire e introduziu ao filho suas obras e as dos filósofos alemães; Westphalen, de natureza mais romântica, familiarizou-o com seus poetas preferidos. Assim, foi inevitável que Karl já causasse sensação no ginásio em razão de seus amplos conhecimentos literários. Longe de vangloriar-se disso, contudo, ele continuou sendo o menino zombeteiro que tanto se regozijava com todo tipo de travessuras. Ele se comprazia especialmente em fazer suas anedotas afiadas sobre colegas e professores. Por outro lado, como era de boa índole e solícito, sempre foi o preferido de todos. Ainda garoto, seu anseio por ajudar já era tão acentuado que o pai vaticinou que teria sido predestinado a servir à humanidade. E a mãe, que acompanhava orgulhosa o brilhante desenvolvimento do belo rapaz sagaz e passional, chamava-o, com admiração, de filho afortunado.

Aos 17 anos, ele faz o exame final do ensino secundário, e seu certificado de conclusão é concluído com a seguinte frase:

> A comissão de avaliação abaixo assinada concede-lhe, por meio deste, o certificado de conclusão, pois agora deixa o ginásio para estudar jurisprudência (ciências jurídicas) e despede-se dele alimentando a esperança de que faça jus às auspiciosas expectativas derivadas de seu gênio.[6]

Em outubro de 1835, o jovem Marx vai à Universidade de Bonn estudar ciências jurídicas e lá permanece por um ano. Não se trata de um período feliz para ele,

---

Liegnitz (atual Legnica, Polônia). (N. E.)

6 Ver Heinz Monz, *Karl Marx: Grundlagen der Entwicklung zu Leben und Werk* (Trier, NCO, 1973), p. 314. (N. E.)

e não apenas porque estava separado pela primeira vez da casa paterna. O jovem precoce havia deixado seu coração com a companheira de brincadeiras da juventude, Jenny.

A amizade infantil transformara-se inopinadamente em ardente amor mútuo. Uma prova da extraordinária grandeza do jovem de 17 anos é o fato de que a moça, cerca de quatro anos mais velha, de aclamada beleza, a cortejada filha do mais alto funcionário do governo de Trier, nunca, nem por um momento, vacilou em seu amor pelo amigo de juventude, tendo lhe dedicado inabalável fidelidade. Antes que Karl entrasse na Universidade de Berlim, no outono de 1836, os dois ficaram noivos em sigilo. Quando, porém, Marx sentiu-se gravemente atormentado por esse segredo, Jenny aquiesceu a que, de Berlim, comunicasse seus pais sobre o noivado.

Nesse período berlinense, que também foi muito melancólico, enturvado pela saudade excruciante da noiva e do pai, ocorrem as experiências poéticas de Marx, que, no entanto, não têm valor literário e que, por sua infantilidade, tornaram-se posteriormente fonte de divertimento para a família. Com esses produtos da fantasia imaturos em forma e conteúdo, contrastam curiosamente as cartas a seu pai e a colegas berlinenses escritas na mesma época, pela seriedade e pela maturidade.

A diligência de Marx era enorme. Ele trabalhava ininterruptamente durante madrugadas inteiras. Uma carta de 10 de novembro de 1837 se encerra com as seguintes linhas:

> Perdoe-me, caro pai, pela letra ilegível e pelo estilo ruim; já são quase quatro horas, a vela está prestes a se apagar, e minha visão está embaçada; no lugar de minhas outras preocupações, tenho agora uma verdadeira e não conseguirei aquietar esses fantasmas aflitos enquanto não estiver ao lado de vocês.[7]

Na Páscoa de 1838, esse amargo período teve fim. Marx pôde ir para casa, para sua amada noiva e para os pais que tanta falta lhe fizeram. Chegou a tempo de passar poucas semanas com o pai gravemente enfermo. No dia 10 de maio de 1838, o rapaz de 20 anos encontrava-se junto ao leito de morte de seu pai.

Marx deu continuidade aos estudos em Berlim, onde encontrou, em um círculo de colegas universitários, grande estímulo, tornando-se amigo de alguns deles. Ele

[7] Ver "Carta de Karl Marx (em Berlim) a Heinrich Marx (em Trier)", em Michael Heinrich, *Karl Marx e o nascimento da sociedade moderna: biografia e desenvolvimento de sua obra*, v. 1: 1818-1841 (trad. Claudio Cardinali, São Paulo, Boitempo, 2018), p. 432. (N. E.)

aparentemente não esteve com a mente tão atormentada nesses anos como no início dos estudos. Seu humor tipicamente renano ajudou-o a superar muitas coisas.

Pode-se inferir a impressão que sua personalidade causara em seus colegas a partir de uma carta de 2 de setembro de 1841 escrita por Moses Hess, aos 29 anos de idade, ao mais tarde célebre escritor Berthold Auerbach:

> Doutor Marx, assim se chama meu ídolo, ainda é um rapaz bem jovem (tem cerca de 24 anos, no máximo) e dará o golpe derradeiro na religião e na política medievais; ele combina o mais afiado humor com a mais profunda seriedade filosófica. Imagine Rousseau, Voltaire, Holbach, Lessing, Heine e Hegel unificados em uma pessoa – e eu digo unificados, não juntados de qualquer jeito –, pois então terá: doutor Marx.[8]

No dia 15 de abril de 1841, Marx obteve o título de doutor em filosofia pela Universidade de Jena com a tese *Diferença entre a filosofia da natureza de Demócrito e a de Epicuro*, entregue em 6 de abril. Em março de 1842, ele perde aquele que se tornara seu segundo pai, Ludwig von Westphalen.

Em abril do mesmo ano, ele se muda para Colônia, onde se torna funcionário e, em outubro, editor da *Gazeta Renana*. Nesse período, conhece Friedrich Engels, que o procurou em Colônia e a quem inicialmente recebeu com grande indiferença, sem imaginar que dessa visita surgiria uma amizade que duraria até o fim de sua vida e seria incomparável, em termos de intimidade, em toda a história das ciências humanas alemãs[9].

Como sobre a *Gazeta Renana*, incessantemente chicaneada pelos órgãos de censura, pairava a ameaça da proibição definitiva de sua publicação em 1º de abril de 1843, Marx se desliga da redação em 18 de março e decide deixar a Alemanha, mudando-se para Paris, onde pretende fundar um novo órgão em associação com seu amigo e então correligionário Arnold Ruge.

Em junho de 1843, ele se casa com sua amada Jenny e migra com ela para Paris, onde permanece por um ano e três meses. Ali estabelece estreitas ligações com diversas personalidades relevantes – entre as quais o grande poeta Heinrich Heine, que logo se torna frequentador diário da casa dos Marx, atraído tanto pelo intelecto de Karl quanto pela natureza encantadora de Jenny. Heine tinha tamanho apreço pelo casal Marx que repassou com eles não poucos de seus poemas,

---

[8] Ibidem, p. 37. (N. E.)

[9] Aqui consta uma anotação manuscrita à margem: "poema" (*Gedicht*). (N. T.)

dando-lhes os últimos retoques com a ajuda dos dois. Quando o sensível poeta ressentia-se às lágrimas com críticas maliciosas, ambos o consolavam. Heine teve, portanto, a oportunidade de conhecer o Marx afetuoso que se revelava apenas aos amigos mais íntimos. Ele também considerava Marx "o homem mais complacente, afetuoso e amável que já conhecera". Em seu juízo em relação a poetas, Marx era, talvez considerando suas próprias inclinações poéticas anteriores – e diferentemente de seu costume em outros casos –, bastante indulgente e tolerante. Quando as pessoas julgavam Heine duramente, por exemplo, ele o defendia de forma calorosa: "Não se podem utilizar critérios ordinários para com um poeta. Cada um deles é uma presença singular"[10].

Expulso de Paris no início de 1845, Marx mudou-se, então, para Bruxelas. Todavia, foi a Paris várias vezes em 1848 e 1849, retomando de imediato as relações com Heine, já fatalmente doente. Demonstrou-lhe, resoluto, seu afeto e intercedeu com coragem por ele quando o escritor foi objeto de ataques ignóbeis por parte de certos patriotas alemães, cujos descendentes ainda hoje se comprazem em jogar a memória de Heine na lama[11]. O poeta lhe agradeceu com afeto em seu "esclarecimento retrospectivo" (1854)[12]. Nesse ínterim, a amizade entre Marx e Engels havia se fortalecido muito. Já no início de 1845, Engels, abastado, começou a fornecer apoio pecuniário a Marx, que então vivia no exílio e lutava contra a miséria material. A naturalidade com que Engels ofereceu tal suporte e com que Marx o aceitou revela a grandeza de caráter de ambos. Essas questões financeiras não foram tratadas como ofertas pessoais, mas como operações de batalha necessárias pela causa comum e contra a reação furiosa à época, a qual Marx queria derrubar. Em uma carta de 22 de fevereiro de 1845, na qual anuncia o envio de um montante maior de dinheiro, Engels escreve para Marx, em Bruxelas: "Os cães ao menos não terão o prazer de deixá-lo em embaraço pecuniário [...]. Temo, porém, que vão molestá-lo também na Bélgica, de forma que, por fim, só lhe restará a Inglaterra. Mas nem uma palavra mais sobre toda essa história abjeta"[13].

---

[10] Há aqui uma anotação manuscrita à margem: "corrigir" (*richstigstellen*), possivelmente uma referência à necessidade de adequação da citação. (N. T.)

[11] De origem judaica, antichauvinista, controvertido e libertário, Heine voltou a ter sua obra condenada publicamente décadas depois de sua morte – desta vez, pelos veículos do partido nazista, já a partir dos anos 1920. (N. E.)

[12] Ver Heinrich Heine, "Retrospektive Aufklärung", em *Lutetia: Berichte über Politik, Kunst und Volksleben* (Hamburgo, Hoffmann und Campe, 1854). (N. E.)

[13] Ver carta de Friedrich Engels para Karl Marx de 22-26 de fevereiro de 1845, em MEW, v. 27, p. 19. (N. E.)

No verão de 1845, Marx pisa em solo inglês pela primeira vez, em companhia de Engels. Em Manchester, ele, que sempre fora um leitor insaciável, regozijou-se na bela biblioteca do amigo e nas bibliotecas públicas municipais. Anos mais tarde, Engels ainda relatou: "Marx entupiu-se (de livros) como um glutão".

Em Bruxelas, em 1847[14], um publicista russo denominado Ánnienkov procurou--o munido da recomendação de um lavrador russo que travara relações com Marx certa vez, tendo guardado uma memória entusiasmada dele. Sobre essa visita, Ánnienkov publicou um relato extremamente interessante na conceituada revista *Wjestnik Jewropy* [O Mensageiro Europeu][15], do qual extraímos esta fiel descrição da aparência de Marx nesse período:

> Marx representava um tipo constituído de energia, vontade de ferro e convicção inabalável, um tipo extremamente singular também na aparência. Uma densa cabeleira preta na cabeça, as mãos cobertas de pelos, o paletó abotoado errado. Não obstante, parecia um homem com o direito e o poder de demandar respeito, mesmo que sua feição e seus atos parecessem suficientemente insólitos. Seus movimentos eram rudes, mas audazes e seguros de si; suas maneiras contrariavam todas as formas de trato social, mas eram orgulhosas, com um quê de desprezo; e sua voz cortante, que soava como metal, era curiosamente apropriada aos juízos radicais que fazia a respeito de pessoas e coisas. Ele não falava de outra forma que não com palavras imperativas, as quais não toleravam objeções, as quais, aliás, eram acentuadas por um tom que me tocava de forma quase dolorosa e permeava tudo o que ele dizia. Esse tom expressava a firme convicção de sua missão de dominar os intelectos e lhes impor leis. Diante de mim estava a personificação de um ditador democrático, como a que temos em mente em momentos de fantasia.[16]

Ánnienkov relata, então, o apaixonado debate que Marx teve, em sua presença, com o proletário utopista Weitling, o qual se encerrou com Marx batendo o punho sobre a mesa com imensa fúria e exclamando em um salto: "A ignorância nunca ajudou a ninguém".

Temos aqui, portanto, um testemunho garantido da aparência de Marx aos 30 anos[17] e da impressão que causava aos visitantes.

---

[14] Na realidade, 1846. (N. E.)

[15] Conforme transliteração do original; em russo e na transliteração para o português, *Вестник Европы*/ *Viéstnik Evrópi*. (N. E.)

[16] Pável Ánnienkov, "Замечательное десятилетие: 1838-1848" / "*Zametchátelnoie dessiatiliétie: 1838-1848*" [Uma década notável, 1838-1848], *Viéstnik Evrópi*, São Petersburgo, n. 4, 1880. (N. E.)

[17] O episódio ocorreu no início de 1846, quando Marx tinha 28 anos. (N. E.)

Bruxelas tampouco seria seu domicílio. Retornou mais uma vez a Paris; após um mês, porém, foi deportado sob outras ameaças de prisão. Assim, restou-lhe apenas Londres, para onde se dirigiu no fim de junho de 1848.

Em 1856, o alfaiate residente em Londres Friedrich Lessner conheceu-o pessoalmente. Também a ele devemos uma valiosa descrição da casa dos Marx e de seu patriarca.

Por mais tentador que seja deixar o próprio Lessner falar em detalhe, tenho de me limitar, por questão de espaço, a citar apenas algumas frases de suas lembranças tão francas e cativantes. Ele diz:

> Marx era, como todo homem verdadeiramente grande, despido de qualquer vaidade; ele valorizava cada atitude sincera e cada reflexão baseada em opiniões independentes e fundamentadas. Como mencionado, mostrava-se sempre ávido por escutar a perspectiva do trabalhador, desde o mais humilde, sobre o movimento operário. Assim, frequentemente surgia em minha casa à tarde, me levava para um passeio e de imediato começava a falar comigo sobre tudo. Eu o deixava com a palavra pelo maior tempo possível, uma vez que, para mim, era um verdadeiro prazer ouvir o desenvolvimento de seu raciocínio e suas conclusões. Eu me sentia sempre muito preso à conversa e detestava ter de deixá-lo. Definitivamente, era uma excelente companhia, e todo mundo que tinha contato com ele ficava não apenas atraído como, pode-se dizer, encantado. Seu humor era indestrutível, seu sorriso era totalmente acolhedor. Quando algum camarada de partido de uma região qualquer se dava bem, conquistava uma vitória, ele demonstrava sua alegria sem restrições, em um alto grito de comemoração, de modo a contagiar a todos à volta.[18]

Lessner descreve ainda, entre outros, o seguinte traço característico:

> Marx era um fumante inveterado e acreditava que parar seria um sacrifício insuportável. Quando o visitei pela primeira vez após as restrições, ele não estava nem um pouco orgulhoso nem feliz em me comunicar que já estava havia alguns dias sem fumar e que não o faria até o médico novamente o liberar. Então, toda vez que lhe impunham uma nova restrição ele me contava sobre a quantidade de dias e semanas desde que largara o tabaco e que durante todo esse tempo não havia fumado nem uma única vez. A ele era inacreditável que pudesse resistir por tanto tempo.[19]

Não há nessa alegria pela própria superação um traço infantil comovente?

---

[18] Ver, neste volume, p. 94. (N. E.)

[19] Ibidem, p. 98. (N. E.)

Marx manteve até o fim da vida, de maneira geral, uma infantilidade que remonta às palavras de Nietzsche: "No verdadeiro homem há uma criança escondida, que quer brincar"[20].

Todos os relatos conservados a seu respeito ressaltam seu amor pelas crianças – não apenas pelos próprios filhos, para os quais foi um pai extremamente afetuoso, mas também por crianças desconhecidas que o rodeavam na rua, porque Marx nunca saía de casa sem doces no bolso para os pequenos.

Paul Lafargue, que esteve na residência de Marx quando foi a Londres, em fevereiro de 1865, como enviado dos partidários franceses da recém-fundada Internacional, relata em suas memórias:

> Era um pai doce, carinhoso e indulgente. "As crianças devem prover a educação de seus pais", assim costumava dizer. Nunca fez suas filhas, que o amavam loucamente, sentirem o peso da autoridade paterna [...]. As filhas viam nele um amigo e comportavam-se com ele como se fosse um colega. Não o chamavam de "pai", mas de "Mouro", apelido que lhe haviam dado em função de sua tez escura, sua barba e seus cabelos, negros como ébano [...]. Às vezes brincava com as filhas durante horas [...]. Aos domingos, as filhas não o deixavam trabalhar: ele era só delas durante o dia todo. Quando o tempo estava bom, a família partia para um grande passeio pelo campo. Eles paravam na estrada em um albergue para beber gengibirra e comer pão e queijo.[21]

Paul Lafargue, que posteriormente se casou com a segunda filha de Marx, guardou impressões indeléveis de sua personalidade e nunca se cansou de contar sobre os efeitos desta sobre ele. Pude ouvir também alguns desses relatos de sua própria boca.

Outra pessoa também me relatou fatos precisos e íntimos sobre Marx a partir de uma longa e estreita convivência com ele: Wilhelm Liebknecht, que, saído de uma prisão na "Suíça livre" com um visto de trânsito pela França, chegou em 1850 a Londres, onde permaneceu até o início de 1862.

Durante anos ele frequentou quase todos os dias a casa dos Marx, onde passava praticamente o dia inteiro, de forma que se tornou parte da família. Suas primeiras impressões de Marx estão descritas no esboço sobre sua vida, de forma muito semelhante à dos relatores já citados. Contudo, ele logo acrescenta:

---

[20] Friedrich Nietzsche, *Assim falou Zaratustra: um livro para todos e para ninguém* (trad. Paulo César de Souza, São Paulo, Companhia de Bolso, 2018), p. 62. (N. E.)

[21] Ver, neste volume, p. 83. (N. E.)

> Sua mulher teve, talvez, influência tão grande quanto a de Marx em meu desenvolvimento. Minha mãe faleceu quando eu tinha 3 anos de idade, e eu tive uma educação rígida. Não estava acostumado a me relacionar com mulheres. E nela encontrei uma mulher linda, nobre, cheia de vida, que, meio irmã, meio mãe, cuidava do solitário guerrilheiro lançado às margens do Tâmisa. O relacionamento com esta família – acredito piamente nisso – salvou-me de sucumbir em meio à miséria do exílio.[22]

Infelizmente, tenho de me abster de escrever aqui sobre a esposa e as três filhas de Marx, embora ele estivesse tão imbricado com elas que as percebia como membros de seu próprio corpo, de forma que Engels, após a morte da senhora Marx, escreveu: "O Mouro também morreu"[23]. O próprio Marx escreve a Engels de Argel, para onde fora enviado pelos médicos em razão de uma grave enfermidade, três meses após a morte da esposa: "Você sabe, aliás, que poucas pessoas são tão avessas ao *páthos* demonstrativo quanto eu, mas estaria mentindo se negasse que meus pensamentos estão na maior parte tomados pela lembrança de minha mulher, tamanho *pedaço da melhor parte de minha vida*"[24].

De fato, quanta necessidade e miséria essa mulher passou com o homem a quem amava acima de tudo: pois esse gigante intelectual teve, exceto em seus últimos anos de vida, de travar uma constante e triste batalha pelas mais puras necessidades vitais: "Arremetido, dilacerado, corroído pela miséria de refugiado e pelo ódio colérico de inimigos inescrupulosos, que não se intimidavam diante de nenhuma difamação", assim Wilhelm Liebknecht descreve a situação[25]. E essa miséria de refugiado Marx teve de suportar por anos, em sua forma mais penosa, com a mulher e as filhas. No entanto, nada abatia o homem vigoroso e a mulher destemida; mesmo nos piores períodos, os dois se redimiam frequentemente com um riso libertador, honrando a divisa inglesa: "Uma vida curta e alegre"[26].

---

[22] Ver, neste volume, p. 41. (N. E.)

[23] Engels, na realidade, teria não escrito, e sim dito essa frase a Eleanor Marx, que relata isso a Wilhelm Liebknecht em carta na qual responde a dúvidas relativas ao esboço biográfico sobre seu pai; ver Wilhelm Liebknecht, "Karl Marx zum Gedächtnis: ein Lebensabriss und Erinnerungen", em *Mohr und General: Erinnerungen an Marx und Engels* (Berlim, Dietz, 1982), p. 139. (N. E.)

[24] Ver carta de Karl Marx a Friedrich Engels de 1º de março de 1882, em MEW, v. 35, p. 46. A carta foi escrita em alemão, mas este trecho específico está originalmente em inglês. (N. E.)

[25] Ver Wilhelm Liebknecht, "Karl Marx zum Gedächtnis", cit., p. 152. Liebknecht faz esse comentário ao relatar uma visita feita em 1896 – ano em que escreve o relato – à antiga casa de Marx, na qual rememorou a vida do amigo. (N. E.)

[26] Em alemão no manuscrito. A divisa, em inglês, é "*a short life and a merry one*". (N. E.)

Vamos ouvir, por fim, o que sua filha mais nova, Eleanor, apelidada Tussy, escreve sobre o pai por ocasião de uma viagem conjunta a Karlsbad:

> O Mouro era encantador como companheiro de viagem. Sempre de bom humor, estava invariavelmente disposto a contentar-se com tudo, fosse uma bela paisagem fosse um copo de cerveja. E, graças a seus amplos conhecimentos de história, ele tornava todo lugar a que chegávamos ainda mais vivo, mais real no passado que no próprio presente.[27]

Infelizmente, nem os tratamentos em Karlsbad nem as viagens ajudaram o organismo depauperado pelas privações sofridas durante anos, pelas perseguições e, principalmente, pelo excesso de trabalho. No dia 14 de março de 1883, Marx fechou os olhos para sempre. Sua filha mais jovem e a fiel serviçal Lenchen haviam chamado Engels, bastante apreensivas, porque Marx sentia-se muito mal. Quando Engels entrou no gabinete do amigo, encontrou-o na poltrona, inclinado para a frente e com um sorriso nos lábios – morto.

No dia 17 de março, aquilo que nele era mortal foi sepultado no cemitério de Highgate. Engels fez o discurso fúnebre, encerrado com as seguintes palavras: "Ele morreu reverenciado e amado por milhões de trabalhadores revolucionários, que agora estão de luto, das minas na Sibéria à Califórnia, passando por toda a Europa e a América [...]. Seu nome sobreviverá através dos séculos, assim como sua obra!"[28].

---

[27] Ver Wilhelm Liebknecht, "Karl Marx zum Gedächtnis", cit., p. 137. (N. E.)

[28] Ver, neste volume, p. 23. (N. E.)

Karl Marx (breve esboço biográfico e uma exposição do marxismo) (1914)[1]

Vladímir Ilitch Lênin

Marx, Karl nasceu em 5 de maio de 1818, em Trier (Prússia renana). Seu pai era advogado, judeu convertido ao protestantismo em 1824. A família era próspera e culta, mas não revolucionária. Após ter terminado os estudos no liceu de Trier, Marx entrou na universidade, inicialmente na de Bonn, depois na de Berlim, onde estudou direito e, sobretudo, história e filosofia. Terminou o curso em 1841, tendo apresentado uma tese de doutoramento sobre a filosofia de Epicuro[2]. Por suas concepções de então, Marx era ainda um idealista hegeliano. Em Berlim, aderiu ao círculo dos "hegelianos de esquerda" (Bruno Bauer e outros), que procuravam tirar da filosofia de Hegel conclusões ateístas e revolucionárias[3].

Ao sair da universidade, Marx se mudou para Bonn e, na época, o plano era se tornar professor. Contudo, a política reacionária de um governo que, em 1832,

[1] Este texto foi escrito em russo entre julho e novembro de 1914, durante o exílio de Lênin em Porónin (na atual Polônia) e, depois, em Berna, Suíça, com o título "Карл Маркс (Краткий биографический очерк с изложением марксизма)"/ "Karl Marks (Krátkiy biografítchieskii ótcherk s izlojeniem marksizma)". Destinado à publicação no *Энциклопедический Словарь Гранат*/*Entsiklopedítchieskii Slovar Granat* [Dicionário Enciclopédico Granat], 7. ed., v. 28, 1915, teve trechos censurados e foi assinado sob o pseudônimo V. Ílin. A versão sem censura foi publicada pela primeira vez em 1925, na coletânea *Маркс, Энгельс, марксизм*/ *Marks, Engels, marksism*. Essa versão, coligida em Vladímir Ilitch Lênin, *Сочинения*/*Sotchinénia*, v. 26 (Moscou, Izdátelstvo Politítcheskoi Literatúry, 1969), p. 43-93, serviu de texto-base para a tradução para o português do coletivo das Edições Avante!, publicada pela primeira vez em *Obras escolhidas em três volumes* (Lisboa/Moscou, Avante!/ Progresso, 1977), v. 1, p. 3-27. Para este volume, a tradução foi cotejada com o russo e adaptada para o português brasileiro por Paula Vaz de Almeida. (N. E.)

[2] Intitulada *Diferença entre a filosofia da natureza de Demócrito e a de Epicuro*. (N. E.)

[3] Outro nome atribuído ao grupo dos jovens hegelianos; a esse respeito, ver, neste volume, p. 202-6. (N. E.)

tirara de Ludwig Feuerbach a cadeira de professor, recusando-lhe o reingresso à universidade em 1836, e que, em 1841, proibira o jovem professor Bruno Bauer de fazer conferências em Bonn obrigou Marx a renunciar à carreira universitária. Nessa época, o desenvolvimento das ideias do hegelianismo de esquerda progredia depressa na Alemanha. A partir, sobretudo, de 1836, Ludwig Feuerbach passa a criticar a teologia e a se orientar para o materialismo, ao qual adere por completo em 1841 (*A essência do cristianismo*)[4]; em 1843, aparecem seus *Princípios da filosofia do futuro*[5]. "É preciso [...] ter vivido o efeito libertador" desses livros, escreveu mais tarde Engels, a propósito dessas obras de Feuerbach. "Nós" (ou seja, os hegelianos de esquerda, incluindo Marx) "momentaneamente fomos todos feuerbachianos"[6]. A essa altura, os burgueses radicais da Renânia, que tinham certos pontos de contato com os hegelianos de esquerda, fundaram em Colônia um jornal de oposição: a *Gazeta Renana* (iniciada em 1º de janeiro de 1842). Marx e Bruno Bauer foram seus principais colaboradores e, em outubro de 1842, Marx tornou-se redator-chefe, mudando-se, então, de Bonn para Colônia. Sob a direção de Marx, a tendência democrática revolucionária do jornal tornou-se cada vez mais evidente, e o governo começou a submetê-lo a dupla ou tripla censura, decidindo por seu fechamento em 1º de janeiro de 1843. Nesse momento, Marx teve de abrir mão do posto de redator, mas sua saída, de todo modo, não salvou o jornal, que foi fechado em março de 1843. Entre os artigos mais importantes que Marx publicou na *Gazeta Renana*, além dos que indicamos adiante (ver *Bibliografia*)[7], Engels cita um sobre a situação dos vinhateiros do vale do Mosela[8]. O trabalho no jornal revelou a Marx que lhe faltavam conhecimentos suficientes sobre economia política; assim, com diligência, ele se lançou aos estudos.

Em 1843, Marx casou-se em Kreuznach[9] com Jenny von Westphalen, amiga de infância, de quem ficara noivo quando estudante. Sua esposa pertencia a uma família nobre e reacionária da Prússia. O irmão mais velho de Jenny von Westphalen foi ministro do Interior na Prússia de 1850 a 1858, uma das épocas mais

4 Ed. bras.: trad. José da Silva Brandão, Petrópolis, Vozes, 2007. (N. E.)

5 Ed. port.: trad. Artur Morão, Lisboa, Edições 70, 2002. (N. E.)

6 Friedrich Engels, *Ludwig Feuerbach e o fim da filosofia clássica alemã*, em Karl Marx e Friedrich Engels, *Obras escolhidas em três tomos*, v. 3 (trad. José Barata-Moura, Lisboa/Moscou, Avante!/Progresso, 1982), p. 378-421. (N. E.)

7 A lista de obras composta por Lênin para o artigo não foi incluída na presente edição. (N. E.)

8 Trata-se do artigo "Rechtfertigung des Korrespondenten von der Mosel" [Justificação do correspondente do Mosela], *Rheinische Zeitung*, Colônia, 15 jan. 1843; ver MEW, v. 1, p. 188-90. (N. E.)

9 Atual Bad Kreuznach. (N. E.)

reacionárias. No outono de 1843, Marx foi a Paris para editar no exterior uma revista radical em colaboração com Arnold Ruge (1802-1880; hegeliano de esquerda, esteve preso de 1825 a 1830; foi exilado após 1848; e foi partidário de Bismarck depois de 1866-1870). Foi publicado apenas o primeiro número dessa revista, intitulada *Anais Franco-Alemães*. Ela foi interrompida em razão de dificuldades com sua difusão clandestina na Alemanha e de divergências com Ruge. Em seus artigos para essa revista, Marx já desponta como revolucionário que proclama "a crítica inescrupulosa da realidade dada" e, em particular, "a crítica da arma", apelando para as *massas* e o *proletariado*[10].

Em setembro de 1844, Friedrich Engels esteve alguns dias em Paris, tornando-se, desde então, amigo íntimo de Marx. Juntos, eles participaram calorosamente da agitada vida dos grupos revolucionários da Paris de então (ganhava especial importância na época a doutrina de Proudhon, que Marx submeteu a firme crítica em sua obra *Miséria da filosofia*, de 1847) e elaboraram, numa árdua luta contra as diferentes doutrinas do socialismo pequeno-burguês, a teoria e a tática do *socialismo proletário* revolucionário, ou comunismo (marxismo). Ver as obras de Marx dessa época, 1844-1848, em *Bibliografia*. Em 1845, a pedido do governo prussiano, Marx foi expulso de Paris como revolucionário perigoso. Mudou-se, então, para Bruxelas. Na primavera de 1847, Marx e Engels se filiaram a uma sociedade secreta de propaganda, a Liga dos Comunistas, tiveram papel de destaque no II Congresso dessa liga (em novembro de 1847, em Londres) e, por sua incumbência, redigiram o célebre *Manifesto do Partido Comunista*, publicado em fevereiro de 1848. Essa obra expõe, com clareza e esplendor geniais, uma nova concepção de mundo, um materialismo consequente aplicado também ao domínio da vida social, a dialética como doutrina mais detalhada e profunda do desenvolvimento, a teoria da luta de classes e do papel revolucionário histórico universal do proletariado, criador de uma sociedade nova: a sociedade comunista.

Quando eclodiu a Revolução de Fevereiro de 1848, Marx foi expulso da Bélgica. Retornou a Paris e, de lá, depois da Revolução de Março, à Alemanha, especificamente a Colônia. Ali apareceu, de 1º de junho de 1848 a 19 de maio de 1849, a *Nova Gazeta Renana*, de que Marx foi redator-chefe. A nova teoria foi brilhantemente confirmada pelo curso dos acontecimentos revolucionários de

---

[10] Ver carta de Karl Marx a Arnold Ruge de setembro de 1843, em Karl Marx, *Sobre a questão judaica* (trad. Nélio Schneider, São Paulo, Boitempo, 2017), p. 71; e Karl Marx, "Crítica da filosofia do direito de Hegel – Introdução", em *Crítica da filosofia do direito de Hegel* (trad. Leonardo de Deus, São Paulo, Boitempo, 2013), p. 157. (N. E.)

1848-1849, bem como por todos os movimentos proletários e democráticos ao redor do mundo[11]. A contrarrevolução vitoriosa levou Marx ao tribunal (ele foi absolvido em 9 de fevereiro de 1849) e depois expulsou-o da Alemanha (em 16 de maio de 1849). Marx dirigiu-se primeiro a Paris, sendo expulso também de lá após a manifestação de 13 de junho de 1849[12]; na sequência, partiu para Londres, onde viveu até seus últimos dias.

As condições de vida como emigrante eram extremamente penosas, como revela com particular vivacidade a correspondência entre Marx e Engels (editada em 1913). A miséria acertara em cheio Marx e sua família; sem o apoio financeiro constante e dedicado de Engels, Marx não só não teria terminado *O capital* como, ainda, teria fatalmente perecido sob a opressão da pobreza. Além disso, as doutrinas e as correntes predominantes do socialismo pequeno-burguês, do socialismo não proletário em geral, obrigavam Marx a sustentar uma luta implacável, incessante, e, às vezes, a defender-se dos ataques pessoais mais furiosos e mais absurdos (*Herr Vogt*)[13]. À margem dos círculos de emigrados, Marx desenvolveu, numa série de trabalhos históricos (ver *Bibliografia*), sua teoria materialista, dedicando-se, sobretudo, ao estudo da economia política. Ele revolucionou essa ciência (ver a seguir o tópico a respeito da *doutrina* de Marx) em suas obras *Contribuição para a crítica da economia política* (1859) e *O capital* (Livro I, 1867).

A época da reanimação dos movimentos democráticos, no fim dos anos [18]50 e nos anos [18]60, convocou Marx novamente às atividades práticas. Em 1864 (28 de setembro), foi fundada em Londres a célebre Primeira Internacional, a Associação Internacional dos Trabalhadores. Marx foi a alma dessa sociedade, sendo autor da primeira "Mensagem"[14] e de uma profusão de resoluções, declarações e manifestos. Unindo o movimento operário de diversos países, procurando orientar numa via comum as atividades de diferentes formas do socialismo não proletário, pré-marxista (Mazzini, Proudhon, Bakúnin, o *trade*-unionismo liberal inglês, as oscilações dos lassallianos para a direita na Alemanha etc.), combatendo

---

[11] Note-se que Wilhelm Liebknecht faz um diagnóstico bastante distinto da relação da teoria marxiana com o decurso dos acontecimentos em 1848-1849; ver, neste volume, p. 43-4. (N. E.)

[12] Marx detalha os acontecimentos dessa data em "O dia 13 de junho de 1849"; ver Karl Marx, *As lutas de classes na França de 1848 a 1850* (trad. Nélio Schneider, São Paulo, Boitempo, 2012), p. 67-104. Embora fosse crítico às posições da Montanha, que representava principalmente a pequena burguesia republicana francesa, Marx também sofreu as consequências da derrota desta para os aliados de Luís Bonaparte. (N. E.)

[13] Em alemão, no original; em português, *Senhor Vogt*. (N. E.)

[14] Trata-se do *Manifesto Constituinte da Associação Internacional dos Trabalhadores*. (N. E.)

as teorias de todas essas seitas e escolas, Marx foi forjando uma tática única para a luta proletária da classe operária nos diversos países. Na esteira da queda da Comuna de Paris (1871) – a qual Marx analisou (em *A guerra civil na França*, de 1871) de maneira tão profunda, justa, brilhante, *efetivamente* revolucionária – e depois da cisão provocada na Internacional pelos bakuninistas, sua existência na Europa tornou-se impossível. Depois do Congresso de 1872 em Haia, Marx conseguiu a transferência do Conselho Geral da Internacional para Nova York. A Primeira Internacional havia cumprido sua missão histórica, dando lugar a uma época de crescimento infinitamente maior do movimento operário em todos os países do mundo, caracterizada justamente pelo crescimento de sua *amplitude*, pela formação de partidos socialistas operários de *massas* na base de diversos Estados nacionais.

O trabalho intenso na Internacional e os estudos teóricos ainda mais intensos abalaram definitivamente a saúde de Marx. Ele prosseguiu com sua elaboração da economia política e com a finalização de *O capital*, reunindo muitos materiais novos e estudando várias línguas (russo, por exemplo), mas a doença o impedia de finalizar *O capital*.

No dia 2 de dezembro de 1881, morreu sua esposa. Em 14 de março de 1883, Marx adormecia pacificamente, em sua poltrona, para o último sono. Foi enterrado junto da esposa no cemitério de Highgate, em Londres. Vários filhos de Marx morreram muito novos, em Londres, quando a família atravessava grande miséria. Três filhas se casaram com socialistas ingleses e franceses: Eleanor Aveling, Laura Lafargue e Jenny Longuet; um dos filhos desta última é membro do partido socialista francês[15].

A doutrina de Marx

O *marxismo* é o sistema das ideias e da doutrina de Marx. Marx foi o continuador e, de maneira genial, deu acabamento às três principais correntes ideológicas do século XIX, nos três países mais avançados da humanidade: a filosofia clássica alemã, a economia política clássica inglesa e o socialismo francês, em ligação com as doutrinas revolucionárias francesas em geral. Reconhecidas até pelos próprios

[15] Trata-se de Jean Longuet (1876-1938), um dos principais líderes da Seção Francesa da Internacional Operária (SFIO) à época em que Lênin escreveu o texto. Anos mais tarde, em 1920, Longuet defendeu uma posição intermediária na disputa que levou o partido à cisão entre socialistas e comunistas e foi, por isso, rechaçado pela liderança soviética. (N. E.)

adversários, a notável consequência e a integralidade de suas ideias, que no conjunto constituem o materialismo moderno e o socialismo científico moderno como teoria e programa do movimento operário de todos os países civilizados, nos levam a fazer, antes da exposição do conteúdo essencial do marxismo – a saber: a doutrina econômica de Marx –, um breve resumo de sua concepção geral de mundo.

O materialismo filosófico

Desde 1844-1845, quando se formaram suas ideias, Marx foi materialista e, em particular, partidário de L.[udwig] Feuerbach, vendo mais tarde como uma das únicas facetas débeis deste a falta de consistência e de universalidade de seu materialismo. Marx enxergava a importância histórica mundial de Feuerbach, que "fez época" precisamente em sua ruptura decisiva com o idealismo de Hegel e em sua afirmação do materialismo que, já desde o "Iluminismo francês do século XVIII e, concretamente, o *materialismo francês*, não foram apenas uma luta contra as instituições políticas existentes e contra a religião e a teologia imperantes, mas também e na mesma medida uma luta *aberta* e *marcada* contra a *metafísica*" (tomada no sentido de "especulação embriagada" por oposição a uma "filosofia sóbria") (*A sagrada família**, no *Literarischer Nachlass*)[16]. "Para Hegel", escreveu Marx, "o processo do pensamento, que ele, sob o nome de Ideia, chega a transformar num sujeito autônomo, é o demiurgo" (o criador, inventor) "do processo efetivo [...]. Para mim, ao contrário, o ideal não é mais que material, transposto e traduzido na cabeça do homem" (*O capital*, Livro I, posfácio da segunda edição)[17]. Em completo acordo com a filosofia materialista de Marx, F.[riedrich] Engels, em *Anti-Dühring* (vf.) – Marx conheceu essa obra em manuscrito –, escreveu:

> A unidade do mundo não consiste em seu ser [...]. A unidade real do mundo consiste em sua materialidade, e esta foi comprovada [...] por meio de um longo e demorado desenvolvimento da filosofia e das ciências da natureza [...]. *O movimento é o modo de existir da matéria.* Jamais e em lugar algum houve nem pode haver matéria sem mo-

---

* Ver K.[arl] Marx e F.[riedrich] Engels, *A sagrada família*, cap. 6 [ed. bras.: *A sagrada família, ou A crítica da Crítica crítica contra Bruno Bauer e consortes*, trad. e org. Marcelo Backes, ed. rev., São Paulo, Boitempo, 2011, p. 143-4 – N. E.].

[16] Referência à compilação organizada por Franz Mehring *Aus dem literarischen Nachlass von Karl Marx, Friedrich Engels und Ferdinand Lassalle* (Stuttgart, Dietz, 1902), que reunia, em quatro volumes, escritos desses autores. (N. E.)

[17] Karl Marx, *O capital: crítica da economia política*, Livro I: *O processo de produção do capital* (trad. Rubens Enderle, São Paulo, Boitempo, 2013), p. 90. (N. E.)

vimento [...]. A matéria sem movimento é tão impensável quanto o movimento sem matéria [...]. Porém, prosseguindo e perguntando o que são o pensamento e a consciência, e de onde eles vêm, descobre-se que são produtos do cérebro humano e que o próprio ser humano é um produto da natureza que se desenvolveu em seu entorno e com ele; sendo assim, é óbvio que as produções do cérebro humano, que em última instância também são produtos da natureza, não contradizem o restante do contexto natural, mas correspondem a ele. [...]

> Hegel era idealista, isto é, as ideias em sua mente não equivaliam, para ele, a retratos (*Abbilder*; às vezes, Engels fala de "reproduções") mais ou menos abstratos das coisas e dos processos reais, mas, em vez disso, as coisas e seu desenvolvimento eram apenas retratos realizados da "ideia" que já existia em algum lugar antes do mundo.[18]

Na obra *Ludwig Feuerbach*[19], em que expõe os pontos de vista seu e de Marx sobre a filosofia de Feuerbach e o qual só mandou imprimir depois de ter lido uma vez mais o velho manuscrito, seu e de Marx, dos anos 1844 e 1845, sobre Hegel, Feuerbach e a concepção materialista da história, Engels escreve:

> A grande questão fundamental de toda a filosofia, especialmente da filosofia moderna, é a da relação entre o pensamento e o ser, entre o espírito e a natureza [...]. Que é primeiro: o espírito ou a natureza? [...] Conforme respondiam de uma maneira ou de outra a essa questão, os filósofos dividiam-se em dois grandes campos. Aqueles que afirmavam que o espírito é primeiro em relação à natureza e que, por conseguinte, admitiam, em última instância, uma criação do mundo de qualquer espécie [...] constituíam o campo do idealismo.
>
> Os outros, que consideravam a natureza o elemento primordial, pertenciam às diversas escolas do materialismo.[20]

Qualquer outra aplicação dos conceitos (filosóficos) de idealismo e de materialismo leva a confusão. Marx rejeitou categoricamente não apenas o idealismo, sempre ligado, de uma maneira ou de outra, à religião, mas também os pontos de vista, particularmente difundidos em nossos dias, de Hume e de Kant, o agnosticismo, o criticismo, o positivismo em diferentes aspectos, considerando esse gênero de filosofia uma concessão "reacionária" ao idealismo e, no melhor

[18] Friedrich Engels, *Anti-Dühring: a revolução da ciência segundo o senhor Eugen Dühring* (trad. Nélio Schneider, São Paulo, Boitempo, 2015), p. 53. (N. E.)

[19] Referência a *Ludwig Feuerbach e o fim da filosofia clássica alemã*. (N. E.)

[20] Friedrich Engels, em Karl Marx e Friedrich Engels, *Obras escolhidas em três tomos*, v. 3, cit. (N. E.)

dos casos, "uma maneira envergonhada de aceitar o materialismo às escondidas e renegá-lo publicamente"*. Ver sobre essa questão, além das já citadas obras de Marx e Engels, a carta de Marx a Engels, datada de 12 de dezembro de 1868, na qual, falando de uma intervenção do célebre naturalista T.[homas] Huxley, que se mostrou "mais materialista" que de costume e reconheceu que, "enquanto observarmos e pensarmos, nunca poderemos sair do materialismo", Marx o critica por ter "aberto uma brecha" para o agnosticismo e a teoria de Hume[21]. É importante, sobretudo, notar a visão de Marx sobre as relações entre a liberdade e a necessidade: "A necessidade só é cega enquanto não é compreendida. A liberdade é ter noção da necessidade" (F.[riedrich] Engels, *Anti-Dühring*)[22] = o reconhecimento das leis objetivas da natureza e da transformação dialética da necessidade em liberdade (da mesma maneira que a transformação da "coisa em si" não conhecida, mas cognoscível, em "coisa para nós", da "essência das coisas" em "aparecimentos/fenômenos"). O defeito fundamental do "velho" materialismo, incluindo o de Feuerbach (e, com razão mais forte, o do materialismo "vulgar" de Buchner-Vogt-Moleschott)[23], era, para Marx e Engels: 1) que esse materialismo era "essencialmente mecanicista" e não levava em conta os progressos mais recentes da química e da biologia (e em nossos dias seria preciso, ainda, acrescentar: teoria elétrica da matéria); 2) que o velho materialismo não tinha caráter histórico nem dialético (era metafísico, no sentido de antidialético) e não acompanhou o desenvolvimento de forma consequente de diversos pontos de vista; 3) que concebia a "essência humana" como abstração e não como "conjunto de todas as relações sociais" (determinadas concreta e historicamente) e, por isso, apenas "explicava" o mundo, quando era necessário "transformá-lo", ou seja, não compreendia a importância da "atividade revolucionária prática".

---

* Friedrich Engels, *Ludwig Feuerbach e o fim da filosofia clássica alemã*.

[21] O naturalista inglês Thomas Huxley (1825-1895), defensor do evolucionismo e do darwinismo, dera, em 8 de novembro de 1868, uma palestra em Edimburgo, Escócia, sobre "As bases físicas da vida". A exposição teve enorme repercussão e originou a publicação "On the Physical Basis of Life", *Fortnightly Review*, fev. 1869. (N. E.)

[22] Na passagem de *Anti-Dühring* a que Lênin remete, Engels defende a concepção hegeliana de liberdade. No entanto, o líder bolchevique inverte a ordem das frases e não indica que uma delas é, na realidade, citação de *Enciclopédia das ciências filosóficas*, de Hegel: "Hegel foi o primeiro a expor corretamente a relação entre liberdade e necessidade. Para ele, liberdade é ter noção da necessidade. '*Cega* a necessidade só é *enquanto não é conceituada*'"; ver Friedrich Engels, *Anti-Dühring*, cit., p. 145. (N. E.)

[23] Além de Karl Vogt, desafeto de Marx, Ludwig Buchner (1824-1899) e Jacob Moleschott (1822-1899) tiveram grande influência no debate público alemão com suas posições materialistas não dialéticas. (N. E.)

A dialética

Marx e Engels consideravam a dialética de Hegel a doutrina do desenvolvimento mais abrangente, mais rica de conteúdo e mais profunda, a maior aquisição da filosofia clássica alemã. Qualquer outro enunciado do princípio do desenvolvimento, da evolução, consideravam unilateral, pobre de conteúdo, consideravam que mutilava e deturpava o curso efetivo do desenvolvimento (o qual não raro ocorre por meio de saltos, catástrofes, revoluções) na natureza e na sociedade. "Marx e eu fomos praticamente os únicos a tomar da filosofia idealista alemã a dialética consciente e a salvaguardar" (do descalabro do idealismo, incluindo o hegelianismo) "na concepção materialista da natureza [...]. A natureza é a prova da dialética, e temos de afirmar a respeito da moderna ciência da natureza que ela forneceu para essa prova um material extremamente abundante" (e isso foi escrito antes da descoberta do rádio, dos elétrons, da transformação dos elementos etc.!), "a cada dia mais volumoso, comprovando, desse modo, que, na natureza, as coisas se passam dialética, não metafisicamente"[24].

A grande ideia fundamental, escreve Engels,

> segundo a qual o mundo não deve ser considerado um conjunto de coisas acabadas, e sim um conjunto de processos em que as coisas, aparentemente estáveis, bem como seus reflexos mentais em nosso cérebro, os conceitos, passam por uma série ininterrupta de transformações, assim surgem, assim se extinguem; essa grande ideia fundamental penetrou, desde os tempos de Hegel, tão profundamente na consciência comum que dificilmente alguém se poria a contestá-la em sua forma geral. Reconhecê-la, porém, por meio de palavras e aplicá-la na realidade concreta, em cada campo de pesquisa, são duas coisas diferentes. [...] Nada há de definitivo, de absoluto, de sagrado para a filosofia dialética. Ela mostra a caducidade de todas as coisas e para ela nada mais existe senão o processo ininterrupto do surgir e do perecer, da ascensão sem fim do inferior para o superior, de que ela própria não é senão o simples reflexo no cérebro pensante.[25]

Portanto, para Marx, a dialética é "a ciência das leis gerais do movimento tanto do mundo exterior como do pensamento humano"*.

Foi esse aspecto revolucionário da filosofia de Hegel que Marx assimilou e desenvolveu. O materialismo dialético "não necessita mais de nenhuma filosofia

[24] Friedrich Engels, *Anti-Dühring*, cit., p. 37 e 51. (N. E.)

[25] Idem, *Ludwig Feuerbech e o fim da filosofia clássica alemã*, cit. (N. E.)

* F.[riedrich] Engels, *Ludwig Feuerbach e o fim da filosofia clássica alemã*.

posicionada acima das demais ciências". A única coisa que resta da filosofia anterior é "a teoria do pensamento e de suas leis – a lógica formal e a dialética"[26]. E a dialética, na concepção de Marx e também segundo Hegel, encerra o que hoje se chama de teoria do conhecimento, ou epistemologia, que deve considerar seu objeto também historicamente, estudando e generalizando a origem e o desenvolvimento do conhecimento, a passagem do *não* conhecimento ao conhecimento.

Atualmente a ideia de desenvolvimento, de evolução, penetrou quase por completo na consciência social, mas por uma via que não a da filosofia de Hegel. No entanto, essa ideia, tal como a formularam Marx e Engels, apoiando-se em Hegel, é muito mais abrangente e rica em termos de conteúdo que a ideia corrente de evolução. Um desenvolvimento que parece repetir etapas já percorridas, mas que as repete de outra forma, numa base mais elevada ("a negação da negação"); um desenvolvimento, por assim dizer, em espiral, não em linha reta; um desenvolvimento em saltos, catástrofes, revoluções; "soluções de continuidade"; a transformação da quantidade em qualidade; impulsos internos do desenvolvimento, provocados pela contradição, pelo embate das diferentes forças e tendências que agem sobre determinado corpo, nos marcos de determinado fenômeno ou no interior de determinada sociedade; interdependência e ligação estreita, indissolúvel, de *todos* os aspectos de cada fenômeno (com a particularidade de que a história faz constantemente aparecerem aspectos cada vez mais novos), uma ligação que mostra um processo único universal do movimento, regido por leis; esses são alguns traços da dialética como doutrina do desenvolvimento mais substancial (que de costume). (Ver a carta de Marx a Engels, de 8 de janeiro de 1868, em que ele ridiculariza as "tricotomias rígidas" de Stein, que seria absurdo confundir com a dialética materialista.)[27]

A concepção materialista da história

Dando-se conta do caráter inconsequente, incompleto e unilateral do velho materialismo, Marx foi levado à convicção de que era preciso "conformar a ciência da sociedade na base materialista e reconstruir essa ciência apoiando-se nessa base". Se o materialismo, em geral, explica a consciência como resultado do ser, não o contrário, ele exige, quando aplicado à vida social da humanidade, que se explique a consciência *social* por meio do ser *social*. Diz Marx (*O capital*, Livro I): "A tecnologia desvela a atitude ativa do homem em relação à natureza, o processo

[26] Idem, *Anti-Dühring*, cit., p. 52. (N. E.)

[27] Carta de Karl Marx a Friedrich Engels de 8 de janeiro de 1868, em MEW, v. 32, p. 9. (N. E.)

imediato de produção de sua vida e, com isso, também de suas condições sociais de vida e das concepções espirituais que delas decorrem"*. Uma formulação completa das teses fundamentais do materialismo aplicado à sociedade humana e a sua história é dada por Marx no prefácio à obra *Contribuição à crítica da economia política*, nos seguintes termos:

> Na produção social de sua existência, os homens entram em relações determinadas, necessárias, independentes de sua vontade; relações de produção que correspondem a dado grau de desenvolvimento de suas forças produtivas materiais.
>
> O conjunto dessas relações de produção constitui a estrutura econômica da sociedade, a base real sobre a qual se eleva uma superestrutura jurídica e política e à qual correspondem determinadas formas de consciência social. O modo de produção da vida material condiciona o processo da vida social, política e intelectual em geral. Não é a consciência dos homens que determina seu ser, mas, ao contrário, é seu ser social que determina sua consciência. Em certo estágio de seu desenvolvimento, as forças produtivas materiais da sociedade entram em contradição com as relações de produção existentes ou – o que é apenas uma expressão jurídica – com as relações de propriedade no seio das quais elas se haviam movido até então. De formas de desenvolvimento das forças produtivas que eram, essas relações tornam-se seus entraves. Abre-se, então, uma época de revolução social. A transformação da base econômica revoluciona, mais ou menos rapidamente, toda a enorme superestrutura. Ao estudar tais revoluções, é preciso distinguir sempre entre as transformações materiais ocorridas nas condições econômicas de produção – que podem ser verificadas com o rigor próprio das ciências naturais – e as formas jurídicas, políticas, religiosas, artísticas ou filosóficas, em resumo, as formas ideológicas sob as quais os homens tomam consciência desse conflito e lutam por resolvê-lo.
>
> Assim como não se pode julgar um indivíduo pela ideia que ele faz de si próprio, também não se pode julgar uma época de revoluções pela consciência que ela tem de si mesma. Ao contrário, é preciso explicar essa consciência pelas contradições da vida material, pelo conflito que existe entre as forças produtivas sociais e as relações de produção [...]. Em linhas gerais, os modos de produção asiático, antigo, feudal e burguês moderno podem ser designados como outras tantas épocas de progresso na formação econômica da sociedade**. (Ver a fórmula sucinta que Marx dá em sua carta a Engels

---

* K.[arl] Marx, *O capital*, Livro I, capítulo XIII [ed. bras.: p. 446].

** Karl Marx, *Contribuição à crítica da economia política* (1859) [ed. bras.: trad. Florestan Fernandes, São Paulo, Expressão Popular, 2008, p. 47].

datada de 7 de julho de 1866: "Nossa teoria da organização do trabalho determinada pelos meios de produção.")[28]

A descoberta da concepção materialista da história ou, mais exatamente, a extensão consequente, a aplicação do materialismo ao domínio dos fenômenos sociais, eliminou os dois defeitos essenciais das teorias da história anteriores. Em primeiro lugar, consideravam, no melhor dos casos, apenas os motivos ideológicos da atividade histórica humana, sem investigar a origem desses motivos, sem apreender a objetividade das leis que regem o sistema de desenvolvimento das relações sociais, sem descobrir as raízes dessas relações no grau de desenvolvimento da produção material; em segundo lugar, as teorias anteriores não abarcavam precisamente a ação das *massas* da população, enquanto o materialismo histórico permite, pela primeira vez, estudar com a precisão das ciências naturais as condições sociais da vida das massas e as modificações dessas condições. A "sociologia" e a historiografia anteriores a Marx, no *melhor* dos casos, acumularam fatos em bruto, recolhidos de maneira fragmentária, e expuseram alguns aspectos do processo histórico. O marxismo abriu caminho ao estudo universal e completo do processo de nascimento, desenvolvimento e declínio das formações econômico-sociais, examinando o *conjunto* das tendências contraditórias, ligando-as às condições de existência e de produção, exatamente determináveis, das diversas *classes* da sociedade, afastando o subjetivismo e o arbítrio na seleção das diversas ideias "dominantes" ou em sua interpretação, revelando as *raízes* de todas as ideias e todas as diferentes tendências, sem exceção, no estado das forças produtivas materiais. São os seres humanos que criam sua própria história, mas: que causas determinam os motivos dos seres e, mais precisamente, das massas humanas; o que gera conflitos de ideias e aspirações contraditórias; qual é o conjunto desses conflitos nas massas das sociedades humanas; quais são as condições objetivas da produção da vida material que fornecem as bases de toda a atividade histórica da humanidade; qual é a lei do desenvolvimento dessas condições? Marx dedicou atenção a tudo isso e traçou o caminho para o estudo científico da história concebida como processo único regido por leis, em toda sua vasta multiplicidade e suas contradições.

[28] Ver carta de Karl Marx a Friedrich Engels de 7 de julho de 1866, em MEW, v. 31, p. 234. Na correspondência original, Marx enfatiza as expressões "organização" e "determinada pelos meios de produção". (N. E.)

A luta de classes

Que as aspirações de um membro de dada sociedade contrariam as de outro, que a vida social está cheia de contradições, que a história nos mostra a luta entre os povos e as sociedades, bem como em seu interior, que, além disso, há uma sucessão de períodos de revolução e de reação, de paz e de guerra, de estagnação e de progresso rápido ou de decadência, tudo isso são fatos notórios. O marxismo deu o fio condutor que permite descobrir leis nesse labirinto e nesse caos aparentes, a saber: a teoria da luta de classes. Só o estudo do conjunto das aspirações de todos os membros de uma sociedade ou de um grupo de sociedades é capaz de definir com precisão científica o resultado de tais aspirações. Ora, a fonte das aspirações contraditórias é a diferença de situação e de condições de vida das *classes* em que se divide cada sociedade. "A história de todas as sociedades até hoje existentes", escreve Marx no *Manifesto Comunista* (exceto a história da comunidade primitiva, acrescentaria Engels mais tarde), "é a história das lutas de classes"[29].

> Homem livre e escravo, patrício e plebeu, barão feudal e servo, mestre de corporação e companheiro, em resumo, opressores e oprimidos, em constante oposição, têm vivido uma guerra ininterrupta, ora franca, ora disfarçada; uma guerra que terminou sempre por uma transformação revolucionária da sociedade inteira ou pela destruição das duas classes em conflito. [...]
>
> A sociedade burguesa moderna, que brotou das ruínas da sociedade feudal, não aboliu os antagonismos de classe. Não fez mais que estabelecer novas classes, novas condições de opressão, novas formas de luta em lugar das que existiram no passado.
>
> Entretanto, nossa época, a época da burguesia, caracteriza-se por ter simplificado os antagonismos de classe. A sociedade divide-se cada vez mais em dois campos opostos, em duas grandes classes em confronto direto: a burguesia e o proletariado.[30]

Após a grande Revolução Francesa, a história da Europa revelava em uma série de países, com particular clareza, o que de verdade havia por trás dos acontecimentos, a luta de classes. A época da Restauração na França já apresenta um grupo de historiadores (Thierry, Guizot, Mignet, Thiers) que, ao sintetizar os acontecimentos, não puderam deixar de reconhecer a luta de classes como uma chave para a

---

[29] Karl Marx e Friedrich Engels, *Manifesto Comunista* (trad. Álvaro Pina, São Paulo, Boitempo, 1998), p. 40. Ver, na mesma página, nota 2, escrita por Friedrich Engels para a edição inglesa de 1888, na qual ele relata sua perspectiva a respeito das "comunidades primitivas", desenvolvida com base na obra de Morgan. (N. E.)

[30] Ibidem, p. 40-1. (N. E.)

compreensão de toda a história francesa. E a época contemporânea, a época da vitória completa da burguesia, das instituições representativas, do amplo direito ao voto (quando não universal), da imprensa diária barata, que chega às massas etc., a época de associações operárias e patronais poderosas e cada vez mais amplas etc., mostra, com ainda mais evidência (embora, muitas vezes, sob uma forma unilateral, "pacífica", "constitucional"), a luta de classes como motor dos acontecimentos. A seguinte passagem do *Manifesto Comunista* de Marx nos mostra quais são as exigências da análise objetiva da situação de cada classe na sociedade moderna, em sua relação com a análise das condições do desenvolvimento de cada classe, que ele apresentou como ciência social:

> De todas as classes que hoje se opõem à burguesia, só o proletariado é uma classe verdadeiramente revolucionária. As outras degeneram e perecem com o desenvolvimento da grande indústria; o proletariado, pelo contrário, é seu produto mais autêntico.
>
> As camadas médias – pequenos comerciantes, pequenos fabricantes, artesãos, camponeses – combatem a burguesia porque esta compromete sua existência como camadas médias. Não são, pois, revolucionárias, mas conservadoras; mais ainda, são reacionárias, pois pretendem fazer girar para trás a roda da história. Quando se tornam revolucionárias, isso se dá em consequência de sua iminente passagem para o proletariado; não defendem, então, seus interesses atuais, mas seus interesses futuros; abandonam seu próprio ponto de vista em favor daquele do proletariado.[31]

Em numerosas obras históricas (ver *Bibliografia*), Marx deu exemplos brilhantes e profundos de historiografia materialista, de análise da situação de *cada* classe particular e, às vezes, de diversos grupos ou camadas no seio de uma classe, mostrando claramente por que e como "toda luta de classes é uma luta política"[32]. A passagem que acabamos de citar ilustra claramente como é complexa a rede das relações sociais e dos graus *transitórios* de uma classe para outra, do passado para o futuro, que Marx analisa para determinar a resultante do desenvolvimento histórico.

A teoria de Marx encontra sua confirmação e sua aplicação mais profunda, mais completa e detalhada em sua doutrina econômica.

---

[31] Ibidem, p. 49. (N. E.)

[32] Ibidem, p. 48. (N. E.)

A doutrina econômica de Marx

"A finalidade última desta obra", diz Marx no prefácio a *O capital*, "é desvelar a lei econômica do movimento da sociedade moderna"[33], ou seja, da sociedade capitalista, da sociedade burguesa. O estudo das relações de produção de uma sociedade concreta e historicamente determinada, em seu nascimento, seu desenvolvimento e seu declínio, é esse o conteúdo da doutrina econômica de Marx. O que domina na sociedade capitalista é a produção de *mercadorias*; e a análise de Marx começa pela análise da mercadoria.

O valor

A mercadoria é, em primeiro lugar, uma coisa que satisfaz dada necessidade humana; em segundo lugar, é uma coisa que se pode trocar por outra coisa. A utilidade de uma coisa faz dela um *valor de uso*. O valor de troca (ou simplesmente valor) é, antes de tudo, a relação, a proporção na troca de certo número de valores de uso de uma espécie contra certo número de valores de uso de outra espécie. A experiência cotidiana nos mostra que milhares e bilhares de trocas desse tipo comparam continuamente todo e qualquer valor de uso, mesmo os mais diversos e incomparáveis. O que essas coisas diferentes, tornadas constantemente equivalentes em determinado sistema de relações sociais, têm em comum? O que elas têm em comum é serem *produtos do trabalho*. Na troca de produtos, criam-se relações de equivalência entre os mais diferentes gêneros de trabalho. A produção das mercadorias é um sistema de relações sociais em que os produtores, individualmente, criam produtos variados (divisão social do trabalho) e em que todos esses produtos se equiparam uns aos outros na troca. Consequentemente, o que todas as mercadorias têm em comum não é o trabalho concreto de um ramo de produção determinado, não é o trabalho de um tipo, mas o trabalho humano *abstrato*, o trabalho humano em geral. Toda força de trabalho em dada sociedade, representada pela soma dos valores de todas as mercadorias, constitui uma mesma força de trabalho humano: bilhares de atos de troca provam isso. E, como consequência, cada mercadoria isolada representa apenas certa parte do tempo de trabalho *socialmente necessário*. A grandeza do valor é determinada pela quantidade de trabalho socialmente necessário ou pelo tempo de trabalho socialmente necessário para a produção de determinada mercadoria, de determinado valor de uso. "Porque equiparam entre si seus produtos de diferentes tipos na troca, como valores, eles

[33] Karl Marx, "Prefácio à primeira edição", em *O capital*, Livro I, cit., p. 79. (N. E.)

equiparam seus diversos trabalhos como trabalho humano. Eles não sabem disso, mas o fazem."[34] O valor é uma relação entre duas pessoas, disse um velho economista; ele deveria apenas acrescentar: uma relação encoberta pelo invólucro da coisa. É só a partir do ponto de vista do sistema de relações sociais de produção de determinada formação histórica, e demais relações que se manifestam em massa, bilhares de vezes repetidas no fenômeno da troca, que é possível entender o que é o valor. "Como valores, todas as mercadorias são apenas quantidades determinadas de tempo de trabalho cristalizado."[35] Depois de uma análise detalhada do duplo caráter do trabalho incorporado nas mercadorias, Marx passa à análise da *forma do valor* e do *dinheiro*. A principal tarefa que ele se atribui é investigar a *origem* da forma-dinheiro do valor, estudar o *processo histórico* do desenvolvimento da troca, começando pelos atos de troca particulares e fortuitos ("forma simples, individual ou ocasional do valor": uma quantidade determinada de mercadoria é trocada por uma quantidade determinada de outra mercadoria)[36], para passar à forma universal do valor, quando várias mercadorias diferentes são trocadas por uma mesma mercadoria determinada, e para a forma-dinheiro do valor, quando o ouro se torna essa mercadoria determinada, o equivalente universal. Produto supremo do desenvolvimento da troca e da produção de mercadorias, o dinheiro encobre e dissimula o caráter social dos trabalhos parciais, a ligação social entre diversos produtores unidos uns aos outros pelo mercado. Marx submete a uma análise minuciosa as diversas funções do dinheiro, e é especialmente importante notar que também aqui (como, em geral, nos primeiros capítulos de *O capital*) a forma abstrata de exposição que, por vezes, parece puramente dedutiva reproduz, na realidade, uma documentação imensamente rica sobre a história do desenvolvimento da troca e da produção de mercadorias.

> [...] se consideramos o dinheiro, vemos que ele pressupõe um estágio definido da troca de mercadorias. As formas específicas do dinheiro, seja como mero equivalente de mercadorias, seja como meio de circulação, seja como meio de pagamento, tesouro ou dinheiro mundial, remetem, de acordo com a extensão e a preponderância relativa de uma ou outra função, a estágios muito distintos do processo social de produção. (*O capital*, Livro I)[37]

---

[34] Idem, *O capital*, Livro I, cit., p. 149. (N. E.)

[35] Idem, *Contribuição à crítica da economia política*, cit., p. 64. (N. E.)

[36] Idem, *O capital*, Livro I, cit., p. 125 e seg. (N. E.)

[37] Ibidem, p. 244-5. (N. E.)

O mais-valor

Em certo grau do desenvolvimento da produção de mercadorias, o dinheiro transforma-se em capital. A fórmula da circulação de mercadorias era: M (mercadoria) – D (dinheiro) – M (mercadoria), ou seja, a venda de uma mercadoria para a compra de outra. A fórmula geral do capital, ao contrário, é: D – M – D, ou seja, compra para a venda (com lucro). Marx chama de "mais-valor" esse acréscimo do valor primitivo do dinheiro posto em circulação. Esse fato do "acréscimo" de dinheiro na circulação capitalista é notório. E é justamente esse "acréscimo" que transforma o dinheiro em *capital*, como uma relação social de produção particular e historicamente determinada. O mais-valor não pode provir da circulação das mercadorias, porque esta só conhece a troca de equivalentes, nem pode provir de um aumento dos preços, pois as perdas e os lucros recíprocos dos compradores e dos vendedores se equilibrariam; trata-se de um fenômeno social médio, generalizado, não de um fenômeno individual. Para obter o mais-valor, o "possuidor de dinheiro precisaria ter a sorte de descobrir no mercado [...] uma mercadoria cujo próprio valor de uso possuísse a característica peculiar de ser fonte de valor"[38], uma mercadoria cujo processo de consumo fosse ao mesmo tempo um processo de criação de valor. Tal mercadoria existe: é a força de trabalho humana. Seu uso é o trabalho, e o trabalho cria valor. O possuidor de dinheiro compra a força de trabalho por seu valor, que, como o de qualquer outra mercadoria, é determinado pelo tempo de trabalho socialmente necessário para sua produção (ou seja, pelo custo da manutenção do operário e de sua família). Ao comprar a força de trabalho, o possuidor do dinheiro fica com o direito de consumi-la, ou seja, de obrigá-la a trabalhar durante um dia inteiro, digamos, durante doze horas. Em seis horas (tempo de trabalho "necessário"), porém, o operário cria um produto que cobre as despesas de sua manutenção e, durante as outras seis horas (tempo de trabalho "suplementar"), cria um "mais-produto" não retribuído pelo capitalista, que constitui o mais-valor. Consequentemente, do ponto de vista do processo de produção, é necessário distinguir duas partes do capital: o capital constante, investido nos meios de produção (máquinas, instrumentos de trabalho, matérias-primas etc.) – e seu valor passa sem modificação (de uma só vez ou por partes) para o produto acabado –, e o capital variável, que é investido para pagar a força de trabalho. O valor desse capital não se conserva invariável; em vez disso, aumenta no processo do trabalho, criando mais-valor. Por isso, para exprimir o grau

[38] Ibidem, p. 242. (N. E.)

de exploração da força de trabalho pelo capital, temos de comparar o mais-valor não com o capital total, mas unicamente com o capital variável. A taxa de mais--valor, nome dado por Marx a essa relação, seria, em nosso exemplo, de 6/6, ou seja, 100%.

A condição histórica para o surgimento do capital reside, em primeiro lugar, na acumulação de certa soma de dinheiro nas mãos de certas pessoas num estágio de desenvolvimento da produção de mercadorias em geral já relativamente elevado e, em segundo lugar, na existência de operários "livres" sob dois aspectos – livres de quaisquer entraves ou restrições para vender sua força de trabalho e livres por não terem terras nem meios de produção em geral –, operários sem qualquer propriedade, operários-"proletários" que não podem subsistir senão vendendo sua força de trabalho.

O aumento do mais-valor é possível graças a dois processos fundamentais: o prolongamento da jornada de trabalho ("mais-valor absoluto") e a redução do tempo de trabalho necessário ("mais-valor relativo"). Marx, analisando o primeiro processo, traça um quadro grandioso tanto da luta da classe operária pela redução da jornada de trabalho quanto da intervenção do poder de Estado, primeiro para prolongá-la (séculos XIV a XVII) e depois para diminuí-la (legislação fabril do século XIX). Após a publicação de *O capital*, a história do movimento operário, em todos os países civilizados do mundo, forneceu milhares e milhares de novos fatos que ilustram esse quadro.

Em sua análise da produção do mais-valor relativo, Marx estuda as três etapas históricas fundamentais no processo de intensificação da produtividade do trabalho pelo capitalismo: 1) a cooperação simples; 2) a divisão do trabalho e a manufatura; 3) as máquinas e a grande indústria. A profundidade com que a análise de Marx revela os traços fundamentais e típicos do desenvolvimento do capitalismo aparece, entre outras coisas, no fato de o estudo da chamada indústria "artesanal" russa fornecer materiais abundantes para ilustrar as duas primeiras das três etapas referidas. Quanto à ação revolucionária da grande indústria mecanizada, descrita por Marx em 1867, ela se manifestou, durante o meio século decorrido desde então, em vários países "novos" (Rússia, Japão, entre outros).

Prossigamos. O que há de novo e extremamente importante em Marx é a análise da *acumulação do capital*, ou seja, da transformação de parte do mais-valor em capital e de seu emprego não para satisfazer as necessidades pessoais ou os caprichos do capitalista, mas para voltar a produzir. Marx assinalou o erro de toda a economia política clássica anterior (começando em Adam Smith), segundo a qual todo o mais-valor que se convertia em capital passava a fazer parte do capital variável. Na realidade, ela se decompõe em *meios de produção* e capital variável. É enorme o significado, para o processo de desenvolvimento do capitalismo e sua transformação em socialismo, do crescimento mais acelerado das cotas de capital constante (no montante do capital) em comparação com a cota de capital variável.

A acumulação do capital, ao acelerar a substituição dos operários pelas máquinas e criar a riqueza em um polo e a pobreza no outro, gera o assim chamado "exército de reserva do trabalho", o "excedente relativo" de operários ou "a superpopulação capitalista", que se reveste de formas extremamente variadas e dá ao capital a possibilidade de ampliar com grande rapidez a produção. Essa possibilidade, combinada com o crédito e a acumulação de capital nos meios de produção, dá-nos, entre outras coisas, uma chave para a compreensão das *crises* de superprodução que aparecem nos países capitalistas em média a cada dez anos, a princípio, e depois com intervalos menos próximos e menos fixos. Deve-se distinguir da acumulação do capital, sob o capitalismo, a chamada "acumulação primitiva": a separação violenta do trabalhador dos meios de produção, a expulsão do camponês de suas terras, o roubo das terras comunais, o domínio do sistema colonial e do sistema das dívidas públicas, as tarifas alfandegárias protecionistas etc. A "acumulação primitiva" cria, num polo, o proletário "livre" e, no outro, o detentor do dinheiro, o capitalista.

Marx caracteriza a "*tendência histórica da acumulação capitalista*" nas seguintes palavras notáveis:

> A expropriação dos produtores diretos é consumada com o mais implacável vandalismo e sob o impulso das paixões mais infames, abjetas e mesquinhamente execráveis. A propriedade privada constituída por meio do trabalhado próprio, fundada, por assim dizer, na fusão do indivíduo trabalhador isolado, independente (do camponês e do artesão), com suas condições de trabalho, cede lugar à propriedade privada capitalista, que repousa na exploração de trabalho alheio, mas formalmente livre [...]. Quem será expropriado, agora, não é o trabalhador que trabalha para si próprio, mas o capitalista que explora muitos trabalhadores.
>
> Essa expropriação se consuma por meio do jogo das leis imanentes da própria produção capitalista, por meio da centralização dos capitais. Cada capitalista liquida muitos outros. Paralelamente a essa centralização, ou à expropriação de muitos capitalistas por poucos, desenvolvem-se a forma cooperativa do processo de trabalho em escala

> cada vez maior, a aplicação técnica consciente da ciência, a exploração planejada da terra, a transformação dos meios de trabalho em meios de trabalho que só podem ser utilizados coletivamente, a economia de todos os meios de produção a seu uso como meios de produção de um trabalho social e combinado, o entrelaçamento de todos os povos na rede do mercado mundial e, com isso, o caráter internacional do regime capitalista. Com a diminuição constante do número dos magnatas do capital, que usurpam e monopolizam todas as vantagens desse processo de transformação, aumenta a massa da miséria, da opressão, da servidão, a degeneração, a exploração, mas também a revolta da classe trabalhadora, que, cada vez mais numerosa, é instruída, unida e organizada pelo próprio mecanismo do processo de produção capitalista. O monopólio do capital se converte num entrave para o modo de produção que se desenvolveu com ele e sob ele. A centralização dos meios de produção e a socialização do trabalho atingem um grau em que se tornam incompatíveis com seu invólucro capitalista. O entrave é arrebentado. Soa a hora derradeira da propriedade privada capitalista, e os expropriadores são expropriados. (*O capital*, Livro I)[39]

Outro ponto extraordinariamente importante e novo é a análise feita por Marx, no Livro II de *O capital*, da reprodução do capital social total. Também aqui, Marx considera não um fenômeno individual, mas de massas, não uma fração da economia social, mas toda essa economia. Corrigindo o referido erro dos economistas clássicos, Marx divide toda a produção social em duas grandes seções: 1) produção dos meios de produção e 2) produção de artigos de consumo; e examina detalhadamente, com o apoio de dados numéricos, a circulação do capital social total, tanto na reprodução em suas formas anteriores quanto na acumulação. No Livro III de *O capital*, resolve-se, de acordo com a lei do valor, o problema da formação da *taxa média de lucro*. O enorme passo dado na ciência econômica por Marx reside na análise, a partir do ponto de vista dos fenômenos econômicos de massas, de todo o conjunto da economia social, não a partir de casos isolados ou das manifestações superficiais da concorrência, aos quais em geral se limita a economia política vulgar ou a moderna "teoria da utilidade marginal"[40]. A princípio, Marx analisa a origem do mais-valor e, em seguida, passa a sua decomposição em lucro, juros e renda da terra. O lucro é a relação entre o mais-valor e o capital total investido numa empresa. O capital de "elevada composição orgânica"

---

[39] Ibidem, p. 831-2. (N. E.)

[40] Formulada na mesma época e em paralelo à teoria do valor-trabalho, a lei da utilidade marginal restringe-se ao estudo da utilidade e da disponibilidade das mercadorias na compreensão de seu valor. (N. E.)

(ou seja, em que o capital constante ultrapassa o capital variável em proporções superiores à média social) dá uma taxa de lucro inferior à média. O capital de "baixa composição orgânica" dá uma taxa de lucro superior à média. A concorrência entre os capitais, sua livre passagem de um ramo para outro, reduz, em ambos os casos, a taxa de lucro à taxa média. A soma dos valores de todas as mercadorias em dada sociedade coincide com a soma dos preços das mercadorias, mas, em cada empresa e em cada ramo da produção, as mercadorias, sob influência da concorrência, são vendidas não por seu valor, mas pelo *preço de produção* (ou pelos preços da produção), que é igual ao capital investido mais o lucro médio.

Assim, a diferença entre o preço e o valor e a equalização do lucro, fatos incontestáveis e conhecidos de todos, são perfeitamente explicadas por Marx com base na lei do valor, porque a soma dos valores de todas as mercadorias coincide com a soma de seus preços. No entanto, a redução do valor (social) aos preços (individuais) não ocorre de forma simples nem imediata; ela segue uma via muito complexa: é totalmente natural que, numa sociedade de produtores de mercadorias dispersos, ligados uns aos outros apenas pelo mercado, as leis que regem essa sociedade não se manifestem de outro modo que não pela regularidade da sociedade, das massas, na compensação recíproca dos desvios individuais de uma ou outra parte.

O aumento da produtividade do trabalho significa um crescimento mais rápido do capital constante em relação ao capital variável. E, uma vez que o mais-valor tem a função apenas do capital variável, compreende-se que a taxa de lucro (a relação entre o mais-valor e todo o capital, não apenas entre o mais-valor e a parte variável do capital) tenda a baixar. Marx analisa minuciosamente essa tendência, assim como as diversas circunstâncias que a ocultam ou a contrariam. Sem nos determos na exposição dos interessantíssimos capítulos do Livro III consagrados ao capital usurário, ao capital comercial e ao capital monetário[41], passemos ao essencial: a teoria da *renda da terra*. Em virtude das limitações da área de terra, toda ocupada por proprietários individuais nos países capitalistas, o preço dos produtos agrícolas é determinado pelos custos da produção não dos solos medianos, mas dos piores solos, não pelas médias, mas pelas piores condições de distribuição do produto no mercado. A diferença entre esse preço e o preço de produção nos melhores terrenos (ou em melhores condições) constitui a renda *diferencial*. Ao analisá-la detalhadamente, demonstrando sua origem na diferença da fertilidade

[41] Também traduzido como "capital-dinheiro". (N. E.)

dos lotes individuais de terra e na diferença do montante de capital investido na terra, Marx evidencia por completo (ver igualmente *Teorias do mais-valor*, em que a crítica a Rodbertus merece atenção particular) o erro de Ricardo quando este afirma que a renda diferencial só é obtida pela conversão gradual das melhores terras em terras ruins. Ao contrário, transformações inversas também ocorrem: terrenos de uma categoria transformam-se em terrenos de outra categoria (em virtude do progresso da técnica agrícola, do crescimento das cidades, entre outros fatores), e a famosa "lei da fertilidade decrescente do solo" é um profundo erro que atribui à natureza os defeitos, as limitações e as contradições do capitalismo. Além disso, a equalização do lucro, em todos os ramos da indústria e da economia nacional em geral, supõe uma liberdade completa de concorrência, a liberdade de transferir o capital de um ramo para outro. A propriedade privada da terra, no entanto, cria um monopólio que é um obstáculo a essa livre transferência. Em razão desse monopólio, os produtos de uma agricultura que se distingue por uma baixa composição orgânica do capital e que, por conseguinte, dá uma taxa de lucro individual mais elevada não entram no livre jogo de equalização da taxa de lucro: o proprietário agrícola, que detém o monopólio da terra, pode manter o preço acima da média; esse preço de monopólio dá origem à renda *absoluta*. A renda diferencial não pode ser extinta no capitalismo, já a renda absoluta *pode*, por exemplo, com a nacionalização da terra em sua transição à propriedade do Estado. Essa transição da terra para o Estado significaria a supressão do monopólio dos proprietários agrícolas, bem como uma liberdade de concorrência mais sólida e mais completa na agricultura. É por isso que os burgueses radicais, destaca Marx, repetidas vezes na história formularam a reivindicação burguesa progressista da nacionalização da terra, a qual, contudo, apavora a maior parte da burguesia, porque "chega" muito perto de outro monopólio, atualmente muito mais importante e "sensível": o monopólio dos meios de produção em geral. (Essa teoria do lucro médio sobre o capital e da renda absoluta da terra foi exposta por Marx em linguagem extraordinariamente popular, concisa e clara em carta a Engels de 2 de agosto de 1862. Ver *Correspondência*, v. 3, p. 77-81[42]. Ver também sua carta de 9 de agosto de 1862, ibidem, p. 86-7)[43]. Na história da renda

[42] Referência a *Der Briefwechsel zwischen F. Engels und K. Marx* [A correspondência entre Friedrich Engels e Karl Marx], compilação de centenas de correspondências trocadas entre Marx e Engels no período de setembro de 1844 a janeiro de 1883; ver August Bebel e Eduard Bernstein (orgs.), *Der Briefwechsel zwischen F. Engels und K. Marx*, 4 v. (Stuttgart, Dietz, 1913). A carta se encontra também em MEW, v. 30, p. 263-8. (N. E.)

[43] Carta de Karl Marx a Friedrich Engels de 9 de agosto de 1862, em MEW, v. 30, p. 274-5. (N. E.)

da terra, é importante assinalar, ainda, a análise em que Marx demonstra como a renda em trabalho (quando o camponês, trabalhando na terra do senhor, cria um mais-produto) é transformada em renda em produtos ou em espécie (quando o camponês cria em sua própria terra um mais-produto que entrega ao proprietário em virtude de uma "coerção extraeconômica"), depois em renda em dinheiro (que é a renda em espécie transformada em dinheiro – na Rússia antiga, o *obrok* – em virtude do desenvolvimento da produção de mercadorias) e, finalmente, em renda capitalista, quando o camponês é substituído pelo empresário agrícola, que cultiva a terra com ajuda do trabalho assalariado. Ligada a essa análise da "gênese da renda fundiária capitalista", deve-se notar uma série de ideias profundas de Marx (particularmente importantes para países atrasados como a Rússia) sobre a *evolução do capitalismo na agricultura.*

> [...] a transformação da renda em produtos em renda em dinheiro é não só obrigatoriamente acompanhada, como inclusive precedida pela formação de uma classe de jornaleiros despossuídos que se alugam por dinheiro. Durante o período de surgimento dessa nova classe, em que ela só aparece de maneira esporádica, desenvolveu-se, entre os camponeses em melhor situação e sujeitos ao pagamento de rendas, o hábito de explorar por conta própria os jornaleiros rurais, do mesmo modo como já na época feudal os servos camponeses em melhor situação possuíam, por sua vez, servos. Assim se desenvolve, pouco a pouco, entre eles a possibilidade de acumular certo patrimônio e se transformar em futuros capitalistas. Entre os próprios antigos possuidores da terra, que a cultivavam de maneira autônoma, surge assim uma incubadora de arrendatários capitalistas, cujo desenvolvimento está condicionado pelo desenvolvimento geral da produção capitalista fora do campo. (*O capital*, Livro III, p. 332)[44]

> A expropriação e a expulsão de uma parte da população rural não só liberta trabalhadores para o capital industrial, e com eles seus meios de subsistência e seu material de trabalho, mas cria também o mercado interno. (*O capital*, Livro I, p. 778)[45]

A pauperização e a ruína da população rural, por sua vez, têm papel na formação do exército de reserva de trabalho para o capital. Em qualquer país capitalista,

> parte da população rural se encontra, por isso, continuamente em vias de se transferir para o proletariado urbano ou manufatureiro [(ou seja, não agrícola)...]. Essa fonte de superpopulação relativa flui, portanto, continuamente [...]. O trabalhador rural é,

[44] Karl Marx, *O capital: crítica da economia política*, Livro III: *O processo global da produção capitalista* (trad. Rubens Enderle, São Paulo, Boitempo, 2017), p. 859. (N. E.)

[45] Idem, *O capital*, Livro I, cit., p. 818. (N. E.)

> por isso, reduzido ao salário mínimo e está sempre com um pé no lodaçal do pauperismo. (*O capital*, Livro I, p. 668)[46]

Por parte do camponês, a propriedade privada da terra cultivada por ele mesmo é a base da pequena produção e a condição de sua prosperidade e de seu desenvolvimento na forma clássica. Mas essa pequena produção só é compatível com um quadro estreito, primitivo, da produção e da sociedade. Sob o capitalismo,

> sua exploração [dos camponeses] se distingue da exploração do proletariado industrial apenas pela forma. O explorador é o mesmo: o capital. Os capitalistas individuais exploram os camponeses individuais por meio da hipoteca e da usura; a classe capitalista explora a classe camponesa por meio do imposto estatal. (*As lutas de classes na França*)[47]

> A parcela do camponês se reduz a um pretexto que permite ao capitalista extrair lucro, juros e renda do campo e deixar o próprio agricultor se arranjar como puder para obter o salário do seu próprio salário. (*O 18 de brumário*)[48]

Normalmente o camponês entrega à sociedade capitalista, ou seja, à classe dos capitalistas, parte de seu próprio salário e desce, assim, "ao nível do arrendatário irlandês – e tudo isso sob o pretexto de ser proprietário privado" (*As lutas de classes na França*)[49]. Em que reside "uma das razões que fazem com que o preço dos cereais nos países em que predomina a propriedade parcelária seja mais baixo que em nações de modo de produção capitalista"? (*O capital*, Livro III, p. 340)[50] Reside no fato de que o camponês entrega gratuitamente à sociedade (ou seja, à classe dos capitalistas) parte do mais-produto. "Esse preço inferior" (do trigo e dos outros produtos agrícolas) "é, logo, um resultado da pobreza dos produtores, e não da produtividade de seu trabalho" (*O capital*, Livro III, p. 340). A pequena propriedade agrícola, forma normal da pequena produção, degrada-se, extingue-se, perece sob o capitalismo.

> Por sua natureza, a propriedade parcelária exclui o desenvolvimento das forças produtivas sociais do trabalho, as formas sociais do trabalho, a concentração social dos capitais, a pecuária em larga escala e o emprego avançado da ciência.

---

[46] Ibidem, p. 717-8. (N. E.)

[47] Idem, *As lutas de classes na França de 1848 a 1850*, cit., p. 132. Lênin suprime os destaques dados originalmente por Marx. (N. E.)

[48] Idem, *O 18 de brumário de Luís Bonaparte* (trad. Nélio Schneider, São Paulo, Boitempo, 2011), p. 146. (N. E.)

[49] Idem, *As lutas de classes na França de 1848 a 1850*, cit., p. 131. Lênin suprime os destaques dados originalmente por Marx. (N. E.)

[50] Idem, *O capital*, Livro III, cit., p. 866. (N. E.)

> A usura e o sistema de impostos provocarão necessariamente sua ruína por toda parte. O dispêndio do capital no preço da terra subtrai esse capital ao cultivo. A fragmentação infinita dos meios de produção e o isolamento dos próprios produtores.[51]

(As cooperativas, ou seja, as associações de pequenos camponeses, que desempenham um papel burguês extraordinariamente progressista, apenas atenuam essa tendência, sem a extinguir; é preciso ainda não esquecer que essas cooperativas dão muito aos camponeses abastados e muito pouco, ou quase nada, à massa dos que são pobres; além do mais, tais associações tornam-se elas próprias exploradoras do trabalho assalariado.) "O monstruoso desperdício das forças humanas. A piora progressiva das condições de produção e o encarecimento dos meios de produção constituem uma lei necessária da propriedade parcelária."[52] O capitalismo, tanto na agricultura quanto na indústria, transforma o processo de produção ao preço do "martirológio dos produtores".

> A dispersão dos trabalhadores rurais por áreas cada vez maiores alquebra sua capacidade de resistência tanto quanto a concentração em grandes centros industriais aumenta a dos trabalhadores urbanos. Assim como na indústria urbana, na agricultura moderna o incremento da força produtiva e a maior mobilização do trabalho são obtidos por meio da devastação e do esgotamento da própria força de trabalho. E todo o progresso da agricultura capitalista é um progresso da arte de saquear não só o trabalhador, mas também o solo [...]. Por isso, a produção capitalista só desenvolve a técnica e a combinação do processo social na medida em que solapa os mananciais de toda a riqueza: a terra e o operário. (*O capital*, Livro I, fim do 13º capítulo)[53]

O socialismo

Como visto, Marx apresenta a inevitável transformação da sociedade capitalista em socialista única e exclusivamente a partir da lei econômica do movimento da sociedade moderna. A socialização do trabalho – que avança, de mil formas, cada vez mais rapidamente e que se manifesta, decorrido meio século da morte de Marx, sobretudo no visível crescimento da grande indústria, dos cartéis, dos sindicatos patronais, dos trustes de capitalistas e, da mesma maneira, no aumento imenso das proporções e do poderio do capital financeiro – é a principal base material para o inevitável advento do socialismo. O motor intelectual e moral, o

---

[51] Ibidem, p. 867. (N. E.)

[52] Ibidem, p. 867-8. (N. E.)

[53] Idem, *O capital*, Livro I, cit., p. 573. (N. E.)

agente físico dessa transformação, é o proletariado que vai sendo formado pelo próprio capitalismo. Sua luta contra a burguesia, revestindo-se de formas diversas e de conteúdo cada vez mais rico, torna-se inevitavelmente uma luta política orientada para a conquista do poder político pelo proletariado ("ditadura do proletariado"). A socialização da produção não pode conduzir senão à transição dos meios de produção em propriedade social, à "expropriação dos expropriadores". O enorme aumento da produtividade do trabalho, a redução da jornada de trabalho e a substituição dos vestígios, das ruínas, da pequena produção primitiva e disseminada pelo trabalho coletivo aperfeiçoado são as consequências diretas dessa transição. O capitalismo rompe definitivamente a ligação da agricultura com a indústria e, em paralelo, em virtude de seu desenvolvimento superior, prepara os novos elementos dessa conexão, a união de indústria e agricultura baseada na aplicação consciente da ciência, em uma coordenação do trabalho coletivo, em uma nova distribuição da população (com a extinção tanto do abandono e do atraso rurais e de sua desarmonia com o mundo quanto da aglomeração antinatural de gigantescas massas nas grandes cidades). Uma nova forma de família e novas condições no que diz respeito à posição da mulher e à educação das novas gerações são preparadas pelas formas superiores do capitalismo contemporâneo: o trabalho de mulheres e crianças e a dissolução da família patriarcal pelo capitalismo tomam inevitavelmente, na sociedade moderna, as formas mais terríveis, mais miseráveis e hediondas. Contudo,

> a grande indústria, ao conferir às mulheres, aos adolescentes e às crianças de ambos os sexos um papel decisivo nos processos socialmente organizados da produção e situados fora da esfera doméstica, cria o novo fundamento econômico para uma forma superior da família e das relações entre os sexos. Naturalmente, é tão absurdo aceitar como absoluta a forma cristã-germânica da família quanto seria considerar como tal a forma da família romana, ou a grega antiga, ou a oriental, todas as quais, aliás, numa progressão histórica de desenvolvimento. Também é evidente que a composição do pessoal operário por indivíduos de ambos os sexos e das mais diversas faixas etárias, que em sua forma capitalista, natural-espontânea e brutal – em que o trabalhador existe para o processo de produção, e não o processo de produção para o trabalhador – é uma fonte pestífera de degeneração e escravidão, pode se converter, sob as condições adequadas, em fonte de desenvolvimento humano. (*O capital*, fim do 13º capítulo)[54]

---

[54] Ibidem, p. 560. (N. E.)

O sistema fabril nos mostra

> o germe da educação do futuro, que há de conjugar, para todas as crianças a partir de certa idade, o trabalho produtivo com o ensino e a ginástica não só como método de incrementar a produção social, mas também como único método para a produção de seres humanos desenvolvidos em suas múltiplas dimensões. (Idem)[55]

É sobre a mesma base histórica que o socialismo de Marx coloca os problemas da nacionalidade e do Estado não só para explicar o passado, mas também para prever ousadamente o futuro e conduzir uma ação audaciosa para sua realização. As nações são um produto e uma forma inevitável da época burguesa do desenvolvimento social. O proletariado não pode se fortalecer, amadurecer, se formar, sem "tornar-se ele próprio nação", sem ser "nacional" ("mas de modo nenhum no sentido burguês da palavra")[56]. Ora, o desenvolvimento do capitalismo destrói cada vez mais as fronteiras nacionais, extingue o isolamento nacional, substitui os antagonismos nacionais por antagonismos de classe. Nos países capitalistas desenvolvidos, é completamente verdadeiro, portanto, que "os operários não têm pátria" e que sua "unidade de ação", ao menos nos países civilizados, "é uma das primeiras condições para sua emancipação" (*Manifesto Comunista*)[57]. O Estado, essa violência organizada, surgiu como algo inevitável em certo estágio do desenvolvimento da sociedade, quando a sociedade se dividiu em classes irreconciliáveis, quando não teria podido existir sem um "poder", aparentemente colocado acima dela e diferenciado dela até determinado estágio. Originado dos antagonismos de classe, o Estado se torna

> o Estado da classe mais poderosa, economicamente dominante, que se torna também, por intermédio dele, a classe politicamente dominante e assim adquire novos meios para subjugar e espoliar a classe oprimida. Assim, o Estado antigo foi sobretudo o Estado dos donos de escravos para manter os escravos sob controle, como o Estado feudal foi o órgão da nobreza para manter sob controle os camponeses servis e o Estado representativo moderno é o instrumento de espoliação do trabalho assalariado pelo capital. ([Friedrich] Engels, *A origem da família, da propriedade privada e do Estado*, obra em que o autor expõe suas ideias e as de Marx)[58]

---

[55] Ibidem, p. 554. (N. E.)

[56] Karl Marx e Friedrich Engels, *Manifesto Comunista*, cit., p. 56. (N. E.)

[57] Idem. (N. E.)

[58] Friedrich Engels, *A origem da família, da propriedade privada e do Estado* (trad. Nélio Schneider, São Paulo, Boitempo, 2019), p. 158. (N. E.)

Nem mesmo a forma mais livre e progressista do Estado burguês, a república democrática, elimina esse fato; ela apenas modifica sua forma (a conexão do governo com a bolsa de valores, a corrupção – direta e indireta – dos funcionários e da imprensa etc.). O socialismo, ao conduzir à extinção das classes, conduz por isso mesmo à extinção do Estado. Escreve Engels em *Anti-Dühring*:

> O primeiro ato, no qual o Estado realmente atua como representante de toda a sociedade – a tomada de posse dos meios de produção em nome da sociedade – é, ao mesmo tempo, seu último ato {autônomo} como Estado. {De esfera em esfera, a intervenção do poder estatal nas relações sociais vai se tornando supérflua e acaba por desativar-se.} O governo sobre pessoas é substituído pela administração de coisas e pela condução de processos de produção. [...] {O Estado não é "abolido", *mas definha e morre.*}[59]

> A sociedade que organizará a produção de uma forma nova, com base na associação livre e igualitária dos produtores, mandará a máquina estatal para o lugar que lhe é devido: o museu das antiguidades, ao lado da roda de fiar e do machado de bronze. (F. Engels, *A origem da família, da propriedade privada e do Estado*)[60]

Finalmente, sobre o problema da posição do socialismo de Marx no que se refere ao pequeno camponês, que subsistirá na época da expropriação dos expropriadores, interessa citar esta passagem de Engels, a qual exprime o pensamento de Marx:

> Quando detivermos o poder de Estado, não poderemos pensar em expropriar pela violência os pequenos camponeses (tanto faz se com ou sem indenização), como seremos obrigados a fazer com os grandes proprietários. Nossa missão para com os camponeses consistirá antes de mais nada em encaminhar sua produção individual e sua propriedade privada para um regime cooperativo não por meio da força, mas pelo exemplo, oferecendo-lhes para esse efeito a ajuda da sociedade. Teremos então certamente meios de sobra para apresentar ao pequeno camponês a perspectiva das vantagens que já hoje lhe têm de ser demonstradas. (F. Engels, *A questão camponesa na França e na Alemanha*, ed. Aleksiéiev, p. 17. A tradução russa contém erros. Ver o original em *Novos Tempos*.)[61]

---

[59] Friedrich Engels, *Anti-Dühring*, cit., p. 316. Os trechos entre chaves são acréscimos do autor à terceira edição, de 1894. A supressão da frase, ao fim da citação, não havia sido indicada por Lênin. (N. E.)

[60] Idem, *A origem da família, da propriedade privada e do Estado*, cit., p. 160. (N. E.)

[61] Publicado originalmente como "Die Bauernfrage in Frankreich und Deutschland", *Die Neue Zeit*, v. 10, ano 13, n. 1, 1894-1895 [ed. port.: Friedrich Engels, "A questão camponesa na França e na Alemanha", em Karl Marx e Friedrich Engels, *Obras escolhidas em três tomos*, v. 3, cit., p. 62-70]. (N. E.)

A tática da luta de classe do proletariado

Ao descortinar, ainda em 1844-1845, uma das principais falhas do antigo materialismo, que consistia em não compreender as condições nem apreciar o significado da ação revolucionária prática, Marx, no decurso de sua vida, em paralelo aos trabalhos teóricos, prestou atenção contínua às questões da tática da luta de classe do proletariado. *Todas* as obras de Marx oferecem a esse respeito enorme material, particularmente sua correspondência com Engels, publicada em quatro volumes em 1913[62]. Esse material ainda está longe de ser reunido, classificado, estudado e analisado por completo. Por isso teremos de nos limitar aqui às observações mais gerais e mais breves, destacando que, sem *esse* aspecto do materialismo, Marx acertadamente o considerava incompleto, unilateral e sem vida. Marx determinou a tarefa essencial da tática do proletariado em sua rigorosa conformidade com todas as premissas de sua concepção de mundo materialista dialética. Só o conhecimento objetivo do conjunto das relações de todas as classes de dada sociedade, sem exceção, e, por conseguinte, o conhecimento do grau objetivo de desenvolvimento dessa sociedade e das relações entre ela e as outras sociedades podem servir de base a uma tática justa da classe de vanguarda. Além disso, todas as classes e todos os países são considerados não em seu aspecto estático, mas no dinâmico, ou seja, não no estado de imobilidade, mas em movimento (cujas leis derivam das condições econômicas de existência de cada classe). O movimento é, por sua vez, considerado não só do ponto de vista do passado, mas também do ponto de vista do futuro, e não segundo a concepção vulgar dos "evolucionistas", que só veem lentas transformações, mas de forma dialética. "Nos grandes processos históricos, vinte anos equivalem a um dia", escrevia Marx a Engels, "ainda que em seguida possam apresentar-se dias que concentram em si vinte anos" (*Correspondência*, v. III, p. 127)[63]. Em cada estágio de desenvolvimento, em cada momento, a tática do proletariado deve ter em conta objetivamente essa dialética inevitável da história da humanidade, por um lado, utilizando para o desenvolvimento da consciência, da força e da capacidade de luta da classe de vanguarda as épocas de estagnação política ou de ritmo de tartaruga, ou do chamado desenvolvimento "pacífico"; por outro lado, dirigindo todo o trabalho dessa utilização no sentido do "objetivo final" do movimento da classe em questão e criando nela a capacidade de

---

[62] August Bebel e Eduard Bernstein (orgs.), *Der Briefwechsel zwischen F. Engels und K. Marx*, cit. (N. E.)

[63] Ver carta de Karl Marx a Friedrich Engels de 9 de abril de 1863, em MEW, v. 30, p. 342. (N. E.)

resolução prática das grandes tarefas nos grandes dias, os "que concentram em si vinte anos". Duas considerações de Marx interessam particularmente a esse respeito. Uma, em *Miséria da filosofia*, refere-se à luta econômica e às organizações econômicas do proletariado; a outra, no *Manifesto Comunista*, refere-se às tarefas políticas do proletariado. A primeira diz:

> A grande indústria aglomera num mesmo local uma multidão de pessoas que não se conhecem. A concorrência divide os seus interesses. Mas a manutenção do salário, o interesse comum que elas têm contra o patrão, reúne-os no mesmo pensamento de resistência – *coalizão*. [...] As coalizões, inicialmente isoladas, agrupam-se e, diante do capital sempre reunido, a manutenção da associação se torna mais importante para elas que a manutenção do salário [...]. Nessa luta – verdadeira guerra civil – reúnem-se e desenvolvem-se todos os elementos necessários de uma batalha futura. Uma vez chegada a esse ponto, a associação adquire um caráter político.[64]

Estão aqui diante de nós o programa e a tática da luta econômica do movimento sindical para algumas décadas, para todo o longo período de preparação das forças do proletariado para a "batalha futura". Deve-se comparar isso aos numerosos exemplos extraídos da correspondência de Marx e Engels e que esses colheram do movimento operário inglês, mostrando como a "prosperidade" industrial suscita tentativas de "comprar o proletariado" (*Correspondência com Engels*, v. I, p. 136)[65], de desviá-lo da luta; como esta prosperidade geralmente "desmoraliza os operários" (II, p. 218)[66]; como o proletariado inglês "se aburguesa" – "a nação mais burguesa de todas" (a inglesa) "parece desejar ter, ao lado da burguesia, uma aristocracia burguesa e um proletariado burguês" (II, p. 290) como "a energia revolucionária" desaparece nele (III, p. 124)[67]; como será preciso esperar mais ou menos tempo até que os operários ingleses "se desembaracem de sua aparente contaminação burguesa" (III, p. 127)[68]; como falta "o ardor dos cartistas" ao movimento operário inglês (1866; III, p. 305)[69]; como os dirigentes operários ingleses se tornam um intermédio "entre a burguesia radical e o operariado" (alu-

[64] Karl Marx, *Miséria da filosofia* (trad. José Paulo Netto, São Paulo, Boitempo, 2017), p. 146. (N. E.)

[65] Carta de Friedrich Engels a Karl Marx de 5 de fevereiro de 1851, em MEW, v. 27, p. 180. (N. E.)

[66] Carta de Friedrich Engels a Karl Marx de 17 de dezembro de 1857, em MEW, v. 29, p. 231-2. (N. E.)

[67] Cartas de Friedrich Engels a Karl Marx de 8 de abril de 1863, em MEW, v. 30, p. 337-9; e de 7 de outubro de 1858, em MEW, v. 29, p. 357-8. (N. E.)

[68] Carta de Karl Marx a Friedrich Engels de 9 de abril de 1863, em MEW, v. 30, p. 340-3. (N. E.)

[69] Carta de Karl Marx a Friedrich Engels de 2 de abril de 1866, em MEW, v. 31, p. 197-9. (N. E.)

são a Holyoake, IV, p. 209)[70]; como, em virtude do monopólio da Inglaterra e enquanto esse monopólio subsistir, "não haverá nada a fazer com o operário inglês" (IV, p. 433)[71]. A tática da luta econômica em relação com a marcha geral (*e com o resultado*) do movimento operário é aí examinada de um ponto de vista notavelmente amplo, universal, dialético e revolucionário.

O *Manifesto Comunista* estabelece o seguinte princípio do marxismo como postulado da tática da luta política: "Os comunistas lutam pelos interesses e objetivos imediatos da classe operária, mas, ao mesmo tempo, defendem e representam, no movimento atual, o futuro do movimento"[72]. Em nome disso, Marx apoiou em 1848, na Polônia, o partido da "revolução agrária", "o partido que desencadeou a insurreição de Cracóvia de 1846"[73]. Em 1848-1849, Marx apoiou na Alemanha a democracia revolucionária extrema e nunca voltou atrás no que havia dito sobre tática. Considerava a burguesia alemã um elemento "inclinado desde o início a trair o povo" (só a aliança com os camponeses teria permitido à burguesia atingir inteiramente seus fins) e "a firmar compromissos com os representantes coroados da velha sociedade". Eis a análise final dada por ele a respeito da posição de classe da burguesia alemã na época da revolução democrática burguesa, análise que é um modelo do materialismo que encara a sociedade em movimento e, certamente, não considera apenas o lado do movimento que olha *para trás*:

> [...] sem fé em si, sem fé no povo, resmungando contra os de cima, tremendo diante dos de baixo; [...] aterrorizada diante da tempestade mundial; nunca com energia e sempre com plágio; [...] sem iniciativa; [...] um velho maldito, condenado, em seu próprio interesse senil, a dirigir os primeiros impulsos de um povo jovem e robusto. (*Nova Gazeta Renana*, 1848, ver *Literarischer Nachlass*, III, p. 212)[74]

Uns vinte anos mais tarde, em carta a Engels (III, p. 224), Marx escrevia que a razão do fracasso da revolução de 1848 foi a burguesia ter preferido a paz na escravidão à simples perspectiva de lutar pela liberdade. Terminada a época

---

[70] Carta de Friedrich Engels a Karl Marx de 19 de novembro de 1869, em MEW, v. 32, p. 395-400. George Jacob Holyoake (1817-1906) foi um líder cooperativista inglês e defensor do secularismo. (N. E.)

[71] Carta de Friedrich Engels a Karl Marx de 11 de agosto de 1881, em MEW, v. 35, p. 19-20. (N. E.)

[72] Karl Marx e Friedrich Engels, *Manifesto Comunista*, cit., p. 68. (N. E.)

[73] Insurreição que buscou instalar uma república democrática na Polônia, a qual desde 1815 encontrava-se fragmentada sob o controle da Áustria, da Prússia e da Rússia. O movimento foi derrotado em março de 1846. (N. E.)

[74] Karl Marx, "A burguesia e a contrarrevolução", em Lívia Cotrim (org.), *Nova Gazeta Renana: artigos de Karl Marx* (São Paulo, Educ, 2010), p. 318-42. (N. E.)

revolucionária de 1848-1849, Marx se pôs contra brincar de fazer a revolução (luta contra Schapper e Willich)[75], exigindo que se soubesse trabalhar na época que preparava, sob uma "paz" aparente, novas revoluções. A seguinte apreciação de Marx sobre a situação na Alemanha nos tempos da mais escura reação, em 1856, mostra em que sentido pedia que esse trabalho fosse orientado: "Na Alemanha tudo dependerá da possibilidade de apoiar a revolução proletária com uma espécie de segunda edição da guerra camponesa" (*Correspondência*, II, [p.] 108)[76]. Enquanto a revolução democrática (burguesa) na Alemanha não havia se completado, Marx dispensou toda a atenção à tática do proletariado socialista, ao desenvolvimento da energia democrática dos camponeses. Pensava que a atitude de Lassalle era "objetivamente uma traição para com o movimento operário, em benefício da Prússia" (III, p. 210); entre outras razões, porque Lassalle se mostrava complacente demais para com os latifundiários e para com o nacionalismo prussiano. "Num país agrário, é uma baixeza", escrevia Engels, em 1865, em uma troca de ideias com Marx por ocasião de uma projetada declaração comum para a imprensa, "atacar, em nome do proletariado industrial, unicamente a burguesia, esquecendo-se da patriarcal 'exploração à paulada' a que os operários rurais se veem submetidos pela nobreza feudal" (III, p. 217)[77]. No período de 1864 a 1870, quando chegava ao fim a época da revolução democrática burguesa na Alemanha, quando as classes exploradoras da Prússia e da Áustria disputavam quais seriam os meios para terminar essa revolução *desde cima*, Marx não apenas reprovou Lassalle por seus flertes com Bismarck como corrigiu Liebknecht, que havia caído na "austrofilia" e defendia o particularismo; Marx exigia uma tática revolucionária que combatesse implacavelmente tanto Bismarck quanto os austrófilos, tática que não se acomodasse ao "vencedor", o *junker* prussiano, mas recomeçasse de imediato a luta revolucionária contra ele *também no terreno* criado pelas vitórias militares da Prússia (*Correspondência com Engels*, III, p. 134, 136, 147, 179, 204, 210, 215, 418, 437 e 440-1)[78]. No célebre chamado à Internacional de

---

[75] Ver, neste volume, p. 91, nota 8. (N. E.)

[76] Carta de Karl Marx a Friedrich Engels de 16 de abril de 1856, em MEW, v. 29, p. 44-8. (N. E.)

[77] Cartas de Friedrich Engels a Karl Marx de 27 de janeiro de 1865, em MEW, v. 31, p. 45-6; e de 5 de fevereiro de 1865, MEW, v. 31, p. 55-7. (N. E.)

[78] Ver, respectivamente, as cartas de Friedrich Engels a Karl Marx de 11 de junho de 1863, em MEW, v. 30, p. 353-5, e de 24 de novembro de 1863, em MEW, v. 30, p. 374-5; a carta de Karl Marx a Friedrich Engels de 31 de agosto de 1864, MEW, v. 30, p. 423-4; a carta de Engels a Marx de 4 de setembro de 1864, em MEW, v. 30, p. 429-31; a carta de Marx a Engels de 10 de dezembro de 1864, em MEW, v. 31, p. 37; a carta de Engels a Marx de 27 de janeiro de 1865, cit.; a carta de Marx a Engels de 10 de fevereiro de 1865, MEW, v. 31, p. 64-6; as cartas de Engels a Marx de 22 de outubro

9 de setembro de 1870, Marx preveniu o proletariado francês contra uma insurreição prematura, mas quando mesmo assim ela eclodiu (1871), Marx saudou com entusiasmo a iniciativa revolucionária da tomada de assalto "[d]esses obstinados" das massas (carta de Marx a Kugelmann)[79]. A derrota da ação revolucionária nessa situação, como em muitas outras, era, do ponto de vista do materialismo dialético em que se situava, um mal menor na marcha geral *e no resultado* da luta proletária do que teria sido o abandono das posições já conquistadas, a capitulação sem combate: tal capitulação teria desmoralizado o proletariado e minado sua capacidade de luta. Apreciando em todo seu justo valor o emprego dos meios legais de luta em período de estagnação política e de domínio da legalidade burguesa, Marx condenou vigorosamente, em 1877 e 1878, depois da promulgação da lei de exceção contra os socialistas[80], a "frase revolucionária" de Most; mas combateu com não menos energia, senão com mais, o oportunismo que então tinha se apoderado temporariamente do partido social-democrata oficial, que não tinha sabido dar imediatas provas de firmeza, de tenacidade, de espírito revolucionário e de prontidão a passar à luta na ilegalidade, em resposta à lei de exceção (*Cartas de Marx a Engels*, v. IV, p. 397, 404, 418, 422 e 424; ver igualmente as cartas de Marx a Sorge)[81].

de 1867, em MEW, v. 31, p. 371-2, e de 6 de dezembro de 1867, em MEW, v. 31, p. 402; e a carta de Marx a Engels de 17 de dezembro de 1867, em MEW, v. 31, p. 412. (N. E.)

[79] Carta de Karl Marx a Ludwig Kugelmann de 12 de abril de 1871, em Karl Marx, *A guerra civil na França* (trad. Rubens Enderle, São Paulo, Boitempo, 2011), p. 208. (N. E.)

[80] A esse respeito, ver, neste volume, p. 166, nota 6. (N. E.)

[81] Ver, respectivamente, as cartas de Karl Marx a Friedrich Engels de 23 de julho de 1877, em MEW, v. 34, p. 52-5; de 1º de agosto de 1877, em MEW, v. 34, p. 65-7; cartas de Friedrich Engels a Karl Marx de 20 de agosto de 1879, em MEW, v. 34, p. 92-3; e de 9 de setembro de 1879, em MEW, v. 34, p. 104; e carta de Karl Marx a Friedrich Engels de 10 de setembro de 1879, em MEW, v. 34, p. 107. (N. E.)

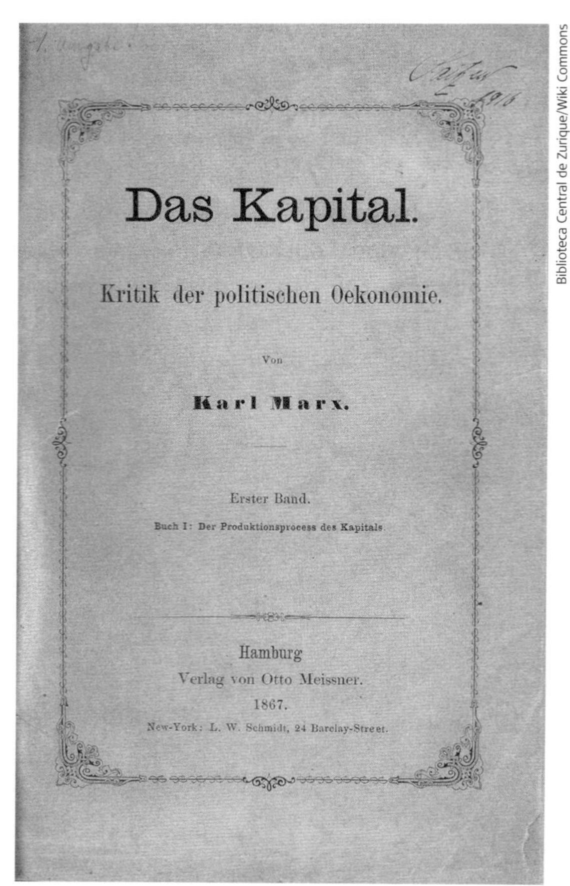
Das Kapital.

Kritik der politischen Oekonomie.

Von

Karl Marx.

Erster Band.

Buch I: Der Produktionsprocess des Kapitals.

Hamburg

Verlag von Otto Meissner.

1867.

New-York: L. W. Schmidt, 24 Barclay-Street.

Frontispício da primeira edição de *O capital*, de 1867.

Marx e Engels: palestras proferidas nos cursos sobre marxismo da Academia Socialista (excertos, 1923)[1]

David Riazánov

Meu tema é puramente histórico; coloco-me ainda, porém, a seguinte tarefa. Camaradas, vocês se interessam por Marx e Engels como criadores daquilo que se denomina concepção materialista da história, como criadores da ciência do socialismo. Por isso quero lhes contar a história de Marx e Engels com base em seu método, aplicando a concepção materialista da história. Permitam-me, camaradas, portanto, algumas palavras introdutórias.

Estamos acostumados, apesar de termos um programa que destaca o significado do coletivo, das massas, a atribuir, às vezes, significado excessivo ao papel da personalidade na história. Minimizamos o papel das massas. Desviamos o plano de fundo, todas aquelas condições históricas e econômicas que determinam o próprio papel dessas personalidades. Começamos a fazer isso com ainda mais frequência nos últimos tempos. Tomo duas personalidades: Marx e Engels. Comparativamente, a personalidade de Engels cresce um tanto à sombra da de Marx. No entanto, veremos a seguir como há aí uma relação mútua. Ao pensarmos em Marx, ao mesmo tempo, é pouco provável deixarmos de recorrer à história da humanidade no século XIX, a qual determinou sua atividade, sua obra científica,

[1] Texto proferido em 1922, durante uma série de conferências na Academia Socialista da União Soviética, publicadas em livro no ano seguinte como David Riazánov, *Маркс и Энгельс. Лекции, читанные на курсах по марксизму при Соц. Академии. / Marks i Engels. Liéktsi, tchitanniye na kúrsakh po marksízmu pri Sotsialistitcheskoi akadiémii* (Moscou, Maskóvski Rabótchi, 1923), 258 p. Traduzido do russo por Paula Vaz de Almeida, a partir da introdução e dos capítulos 2 e 5 do volume. Os trechos citados do alemão foram traduzidos por Régis Mikail Abud Filho. Foram preservadas as marcas de oralidade, suprimidas em edições posteriores, bem como as indicações temporais referentes às aulas anteriores ou posteriores. (N. E.)

seu pensamento, bem como a atividade de diversas gerações em vários países. Essa pessoa há muito morreu. No próximo ano, completam-se quarenta anos desde sua morte; ainda assim, ele vive, seu pensamento continua a influenciar, continua a determinar até o desenvolvimento intelectual de países mais remotos, de países dos quais Marx sequer ouviu falar em vida.

[...]

II

Camaradas, no último encontro prometi adentrar hoje a história da Alemanha a partir de 1815. Ontem, não me detive em detalhes desse tema. As guerras contra Napoleão haviam sido encerradas. Nessas guerras, teve grande participação, como se sabe, além da Inglaterra, alma da coalizão, também nossa bendita pátria, junto com os alemães e os austríacos. Nossa pátria teve tal participação que Alexandre I, o Abençoado, desempenhou papel de protagonista no Congresso de Viena, que decidiu o destino da Europa depois dessa longa guerra e recebeu esse nome porque foi reunido em Viena, capital da Áustria. A paz de Viena indicou para a Europa uma ordem não melhor que a de Versalhes, instaurada após terminada a última guerra imperialista[2]. Ela aprisionou a França e lhe tirou todos os territórios conquistados durante o período revolucionário. A Inglaterra tomou todas as colônias da França, e a Alemanha, que esperava como resultado dessa guerra de libertação uma unificação, terminou cindida por definitivo em duas partes: Alemanha ao norte e Áustria ao sul.

Logo após 1815, na Alemanha, iniciou-se um movimento entre estudantes e a intelectualidade que tinha como principal objetivo a reconstituição da unidade da Alemanha, não ainda como república, mas como uma única nação. A Rússia era, então, considerada a principal inimiga, pois, um pouco antes do Congresso de Viena, concluíra com a Alemanha e a Áustria a Santa Aliança, direcionada contra quaisquer tendências revolucionárias. Foram considerados seus fundadores Alexandre I e o imperador da Áustria, porém, o principal dirigente da política austríaca, Metternich, é que foi a alma de toda essa política. Contudo, a Rússia é que foi considerada a principal representante das tendências reacionárias, e, quando se iniciou esse movimento liberal entre a intelectualidade

[2] Riazánov refere-se, aqui, à então recém-concluída Conferência de Versalhes (1919), que se seguiu ao fim da Primeira Guerra Mundial. Em ambos os conflitos, o lado perdedor teve de aceitar termos duros. (N. E.)

e os estudantes, colocando-se como objetivo o desenvolvimento da cultura e do esclarecimento entre o povo alemão para que se preparasse para a unificação, todo o ódio desabou, sobretudo contra a Rússia, como representante do conservadorismo e da reação. Entre essas associações, destacam-se os círculos da Universidade de Jena, da de Giessen, entre outros. Em 1819, um desses estudantes, Karl Sand, matou o escritor alemão Kotzebue, que lhes parecia, não sem fundamento, um espião russo[3]. Esse foi um ato terrorista que teve impacto também na Rússia, onde Karl Sand se tornou um ideal para muitos de nossos futuros dezembristas[4]; esse ato terrorista deu a Metternich e aos governantes alemães razão para cair em cima da intelectualidade alemã. Em resposta, as associações estudantis não desapareceram, mas se tornaram, em vez disso, cada vez mais revolucionárias – e, pouco a pouco, surgiram delas, em princípios dos anos [18]20, organizações revolucionárias.

Acabo de mencionar, camaradas, nosso Movimento Dezembrista, que levou à tentativa de insurreição armada em 14 de dezembro de 1825 e terminou derrotado. Devo acrescentar que o movimento não foi algo isolado, puramente russo. Esse movimento se desenvolveu sob a influência do movimento revolucionário no seio da intelectualidade da Polônia, da Áustria, da França e da longínqua Espanha. Esse movimento revolucionário da intelectualidade, que coincidiu com um movimento particular na literatura, teve como principal e mais destacado porta-voz Ludwig Börne, famoso publicista alemão, primeiro escritor político alemão, justamente desde a segunda metade da segunda década, de 1818 a 1830. De ascendência judia, ele teve grande influência no desenvolvimento do pensamento político alemão. Foi um verdadeiro democrata; pouco interessado à época nas questões sociais, estava convencido de que tudo poderia ser corrigido, de que tudo poderia ser melhorado, ao se conceder plena liberdade política ao povo.

Isso se estendeu até 1830. Em 1830, como vocês sabem, irrompeu na França a Revolução de Julho. Eu já lhes disse que ela teve grande impacto em toda a Europa, do leste à França, mas teve impacto especial na Alemanha. Em alguns lugares, levou a revoltas e insurreições. Terminou com algumas concessões cons-

---

[3] Antibonapartista convicto, o escritor e dramaturgo August von Kotzebue (1761-1819) exilara-se no Império Russo em 1806, quando as tropas francesas avançaram sobre boa parte do território alemão. Ao retornar a sua terra natal, passara a representar interesses russos. (N. E.)

[4] Integrantes da rebelião armada originada no seio do exército tsarista quando da sucessão de Alexandre I, morto em 1825. O movimento, que apresentava reivindicações liberais, foi esmagado pelas tropas fiéis ao novo tsar, Nicolau I, que impôs um fechamento ainda maior do regime. (N. T.)

titucionais. O governo logo dominou o movimento, uma vez que este não tinha raízes nas massas populares.

A segunda onda de agitação tomou a Alemanha quando, ao término do fracasso da insurreição polonesa de 1831, também consequência direta da Revolução de Julho, massas de revolucionários poloneses fugidos das perseguições buscaram asilo na Alemanha. Daí uma nova intensificação de uma velha tendência da intelectualidade alemã: o ódio à Rússia e a simpatia pela oprimida Polônia, que estava sob domínio russo.

Sob influência desses dois acontecimentos, apesar da derrota da Revolução de Julho, houve, após 1831, uma série de movimentos revolucionários nos quais devemos nos deter, ainda que brevemente. Quero apresentar aqueles fatos que, de um modo ou de outro, teriam influenciado os jovens Marx e Engels. Em 1832, no sul da Alemanha, esse movimento revolucionário concentrou-se não na província do Reno, mas no Palatinado. Da mesma maneira que a província do Reno, o Palatinado estivera em mãos francesas e apenas depois de 1815 retornara à Alemanha. A província do Reno foi entregue à Prússia, e o Palatinado, à Bavária, onde a reação não grassava menos que na Prússia. Não é difícil compreender por que os habitantes da província do Reno, acostumados à maior liberdade das condições francesas, assim como os habitantes do Palatinado, tiveram uma reação forte como essa. Cada ascenso do movimento revolucionário na França deve ter reforçado esse sentimento de oposição. Em 1831, no Palatinado, esse movimento floresce no seio da intelectualidade liberal, entre advogados, entre escritores. Em 1832, os advogados Wirth e Zibenpfeifer organizaram em Hambach um grande festival, no qual diversos oradores discursaram[5]. [Ludwig] Börne estava presente. Proclamaram a necessidade de uma Alemanha livre e unificada. Lá estava também um trabalhador bastante jovem, Johann Philipp Becker (1809-1886), que era artesão de escovas e tinha, então, cerca de 23 anos. Encontramos mais de uma vez na história do movimento revolucionário europeu o nome de Becker. Ele manteve relações bem próximas com algumas gerações de revolucionários russos, de Bakúnin a Plekhánov. Becker demonstrou à intelectualidade, então, a necessidade de organizar a agitação: era preciso preparar a insurreição armada. Becker era um típico revolucionário

---

[5] Philipp Jakob Siebenpfeiffer (1789-1845) e Johann Georg August Wirth (1798-1848), liberais democratas que acabaram presos por suas posições e, no ano seguinte, foram condenados; ambos conseguiram, em momentos diferentes, escapar e se exilar. (N. E.)

da antiga têmpera. Tornou-se, depois, escritor, embora nunca tenha sido um teórico de destaque. Fazia mais o tipo revolucionário prático.

Depois do festival de Hambach, ficou ainda alguns anos na Alemanha, ocupando-se daquilo de que, por aqui, os revolucionários se ocupavam nos anos 1870: dirigir propaganda e agitação e organizar fugas e assaltos para a libertação de camaradas na prisão[6]. Dessa maneira, a seu modo, ajudou muitos revolucionários. Em 1833, o grupo com o qual Johann Philipp Becker tinha relações estreitas – ele mesmo foi preso – fez uma tentativa de assalto armado a uma guarita em Frankfurt, a fim de conseguir armas. A Assembleia Federal[7] se reunia na cidade. Estudantes e operários ligados ao grupo estavam convencidos de que, com uma insurreição armada de sucesso na cidade, o impacto na Alemanha se faria sentir; no entanto, eles foram rapidamente vencidos. Um dos mais decididos participantes dessa insurreição foi Karl Schapper. Ontem, citei o nome dele. Nós o conhecemos em Paris. Agora, nós o encontramos em solo germânico. Schapper conseguiu fugir para a França. Todo esse movimento, como já corretamente apontado, camaradas, concentra-se naqueles lugares que antes estiveram sob domínio francês.

Cabe notar, ainda, o movimento revolucionário no Grão-Ducado de Hesse. Lá, como líder do movimento, estava Weidig, um pastor, pessoa religiosa, mas, ao mesmo tempo, um convicto partidário da liberdade política e um fanático pela unificação da Alemanha[8]. Ele montou uma tipografia clandestina, na qual imprimia panfletos, empenhando-se para se concentrar nos círculos da intelectualidade. Um desses intelectuais que desempenhava enorme papel no movimento era Georg Büchner (1813-1837), que alguns camaradas dizem ser autor do drama *A morte de Danton*. Georg Büchner diferenciava-se de Weidig em termos de agitação política na medida em que advogava pela necessidade de ganhar a simpatia dos camponeses de Hesse. Para esses camponeses, ele criou um jornal de agitação especial – a primeira tentativa do gênero. Esse periódico foi impresso por Weidig em sua tipografia clandestina. O caso terminou em fracasso. Weidig foi preso. Büchner por pouco não foi preso também. Weidig acabou em uma cadeia onde

---

6 Riazánov se refere à geração de *naródniki* de 1870 – revolucionários russos nacionalistas que propagandeavam a necessidade de libertação do absolutismo e tinham a promoção de atentados entre suas estratégias. (N. E.)

7 No contexto da Confederação Germânica, órgão que reunia delegados dos Estados constituintes. (N. T.)

8 Trata-se de Friedrich Ludwig Weidig (1791-1837). (N. E.)

aplicavam castigos físicos, como nosso Bogoliubov[9]. Devo acrescentar que Weidig era tio de Wilhelm Liebknecht, que acabou influenciado por essas profundas impressões, as quais se cravaram em sua mente desde criança.

Parte dos revolucionários que libertaram Becker da prisão – Schapper, que fugiu depois da insurreição de Frankfurt, e, depois dele, Schuster – mudou-se para Paris e ali fundou uma sociedade secreta: a Liga dos Proscritos. Sob influência de Schuster e de outros operários alemães que, naquele tempo, haviam se fixado em grande número em Paris, a tendência socialista cada vez mais se fortaleceu nessa associação. Isso levou ao racha da união. Uma facção, sob direção de Schuster, fundou a Liga dos Justos, que existiu em Paris por três anos. Seus membros participaram da insurreição de Blanqui, compartilhando com os blanquistas o mesmo destino: a prisão. Depois da libertação, Schapper e seus camaradas partiram para Londres, onde fundaram uma associação de educação dos trabalhadores, que mais tarde se transformaria em associação comunista.

Nos anos 1830, além de Börne, alguns outros escritores gozavam de grande influência sobre a intelectualidade alemã. Entre eles destacou-se Heinrich Heine, poeta e, naquele tempo, também publicista, cuja correspondência de Paris, assim como a correspondência de Ludwig Börne, desempenhou grande papel na formação da juventude alemã.

Agora, camaradas, passo a Marx e Engels. E cito dois nomes: Börne e Heine – ambos judeus. Os antepassados de Börne remetem ao Palatinado; os de Heine, à província do Reno. E é a essa província do Reno que remetem os antepassados de Marx e Engels. Marx também era judeu[10].

O fato é que, na história da intelectualidade alemã, na história do pensamento alemão, na história do socialismo, quatro judeus desempenharam grande papel: Marx, Lassalle, Heine e Börne. Seria possível, ainda, citar outros, mas vamos nos ater aos exemplos mais relevantes. É preciso dizer que, de fato, essa circunstância de Marx ser judeu, assim como Heine, teve conhecida influência nos rumos do desenvolvimento político deles. Se a intelectualidade estudantil protestava contra o sistema sociopolítico dominante na Alemanha, a intelectualidade judaica

---

[9] Referência à prisão e ao assassinato de Aleksei Stepánovitch Bogoliubov (1854-1887), revolucionário, *naródnik*, membro da organização Terra e Liberdade. (N. T.)

[10] A referência ao fato de serem judeus não é gratuita: o antissemitismo era forte na Rússia do início do século XX e, na época destas aulas, havia forte empenho do governo soviético em combatê-lo; o próprio Riazánov era judeu. (N. E.)

sentia ainda mais fortemente essa opressão. Devemos ler em Börne como era a censura na Alemanha daquele momento; devemos ler em seus artigos, nos quais ele examina todo o filisteísmo da Alemanha de então e o domínio do espírito policial, para ver que uma pessoa com o mínimo de instrução não poderia deixar de protestar contra essas condições. Sobre os judeus, tais condições recaíram com peso especial. Börne passou a juventude no quarteirão judeu de Frankfurt, em condições não muito diferentes das sombrias sob as quais viviam os judeus na Idade Média. Situações não menos difíceis enfrentou Heine.

Marx se encontrava em condições um tanto diferentes, o que permite que alguns biógrafos neguem quase por completo essa influência. Dedicarei a isso algumas palavras, dando a conhecer de maneira mais pormenorizada as condições nas quais se desenvolveu o jovem Marx.

Marx era filho do advogado, depois conselheiro de justiça, Heinrich Marx, pessoa muito culta, com boa formação e, em geral, livre de influência religiosa. Sabemos do pai de Marx que era admirador da literatura iluminista do século XVIII e que a influência francesa esteve muito presente na família Marx. O pai de Marx gostava de ler e apresentou ao filho alguns escritores, como o filósofo inglês Locke e os escritores franceses Voltaire e Diderot.

Locke, um dos ideólogos da assim chamada segunda Revolução Gloriosa inglesa, no campo da filosofia, foi oponente do princípio da ideia inata. Demonstrava que o ser humano não teria quaisquer ideias inatas, que não estivessem ligadas à experiência; ao contrário, cada ideia, cada novo pensamento, é apenas produto da experiência, da formação. Não existem ideias inatas, repetia ele. Os materialistas franceses foram na mesma direção. Demonstraram que não há razão humana que não venha da sensação, do sentimento. Eles também não reconheciam quaisquer ideias inatas. O tanto que essa atmosfera do materialismo francês era forte, isso vocês podem ver a partir do seguinte exemplo.

O pai de Marx, que de há muito tempo rompera com a religião, manteve vínculos externos com o judaísmo e aceitou o cristianismo apenas em 1824, quando Karl Marx tinha seis anos. Mehring, na biografia que escreveu de Marx[11], demonstra que foi a transição de alguém que desejava receber o direito de ingressar na sociedade cristã mais culta. Até certo ponto, tal papel foi desempenhado também pelo desejo de se livrar da perseguição que se abateu sobre os judeus depois de 1815,

[11] Franz Mehring, *Karl Marx: a história de sua vida* (São Paulo, Sundermann, 2013). (N. E.)

quando a província do Reno passou novamente para a Prússia. O próprio Marx – é preciso destacar –, ainda que não fosse espiritualmente ligado ao judaísmo, em seus anos de juventude se interessou pela questão judaica. Ele manteve relações com a comunidade judaica de Trier de então. Os judeus, em uma série de petições, demonstravam-se preocupados com a libertação das diferentes formas de perseguição. Sabe-se de um caso em que parentes próximos e toda a comunidade solicitaram a Marx, então com 24 anos, que escrevesse a petição. Isso se relaciona ao período em que Marx já contava com 24 anos[12].

Tudo isso indica que Marx não fugiu nenhuma vez de seus velhos parentes, que se interessava pela questão judaica e que participou da luta pela chamada emancipação judaica.

Isso não o impediu de diferenciar nitidamente os judeus pobres, aos quais se sentia próximo, dos representantes dos judeus ricos do mundo financeiro, ainda que seja necessário acrescentar que, salvo raras exceções, nos lugares onde Marx viveu, não houvesse judeus ricos. Estes se concentravam, então, em Hamburgo e Frankfurt.

Trier, cidade em que Marx nasceu, onde seus antepassados eram rabinos, fica, como eu disse, na província do Reno. Essa era, por sua vez, uma das três províncias prussianas cuja vida, tanto industrial quanto política, estava em ebulição. Ainda hoje a região é um dos polos industriais da Alemanha. Aí estão localizadas Solingen e Remscheid, duas cidades conhecidas por seus artigos de aço. Nessa província localiza-se, ainda, o centro da indústria têxtil, Barmen-Elberfeld[13]. Em Trier, onde viveu Marx, desenvolvia-se a indústria de couro e de tecelagem. Trata-se de uma velha cidade medieval que, no século X, desempenhou grande papel. Foi a segunda Roma, a sé do bispo católico. Era também uma cidade industrial que, no período da Revolução Francesa, foi arrebatada por um forte sentimento revolucionário; no entanto, a indústria manufatureira apresentou lá um desenvolvimento mais fraco se comparado com aquele da porção norte da província do Reno, que contava com a indústria metalúrgica e de algodão. Fica situada às margens de um afluente do Reno, o Mosela, no centro de uma região de vinhedos, onde há remanescentes de propriedades rurais comunais, onde os camponeses ainda não eram pequenos proprietários que agiam de maneira impregnada de

---

[12] Ver, a esse respeito, Daniel Bensaïd, "Apresentação", trad. Wanda Caldeira Brandt, em Karl Marx, *Sobre a questão judaica* (trad. Nélio Schneider, São Paulo, Boitempo, 2017), p. 22. (N. E.)

[13] Atual Wuppertal. (N. E.)

tendências culaquesas[14] e quando faziam o vinho e sabiam ser alegres. Trier, nesse sentido, conservou os hábitos de uma antiga cidade da Idade Média. Sabemos por diferentes fontes que Marx, nesses anos, interessou-se muito pela condição dos camponeses. Ele, então, fazia excursões a uma aldeia e conheceu de maneira sólida a vida camponesa. Anos depois, demonstrou em artigos a que ponto conhecia cada detalhe da situação, cada regra das propriedades de terra e da lavoura dos camponeses do Mosela.

No ginásio, Marx fora um dos alunos mais talentosos. Isso foi notado por seus professores. Há um documento com comentários de uma professora a respeito de Marx, comentários muito lisonjeiros a uma redação[15]. O professor elogia tanto o conteúdo quanto a forma e considera necessário assinalar um pensamento, o qual, pelo visto, chegou a surpreendê-lo. O pensamento consiste no seguinte: Marx estava incumbido de escrever uma redação sobre como a juventude escolhia sua profissão, mas colocou a questão de outra maneira. Demonstrou que não era possível escolher uma profissão com liberdade, uma vez que o ser humano nasce sob certas condições que já determinam sua profissão de antemão, que criam sua visão de mundo. Aí se pode ver um germe da concepção materialista de história. Depois do que eu disse sobre o pai dele, no entanto, vocês podem ver nisso apenas uma prova de que Marx, ainda jovem, sob influência paterna, assimilou as ideias fundamentais do materialismo francês. Ele apenas as expressou de uma forma original.

Quando terminou o ginásio, Marx tinha 16 anos; em 1835, ou seja, num tempo em que a revolta revolucionária já tinha cessado, ingressou na universidade; e a vida universitária começou a virar um conhecido empecilho.

Para que os camaradas compreendam, vou me referir ao movimento revolucionário russo. Para alguns de nós, que têm a infelicidade de ser significativamente mais velhos que muitos de vocês, os anos 1880 já trazem memórias suficientes. Vamos ao movimento revolucionário do fim dos anos 1870 e do início dos anos 1880, estendendo até aproximadamente 1883-1884, quando fica claro que a velha

---

[14] *Kulak* foi o termo cunhado pelo governo soviético para os agricultores que eram também proprietários de terra e tinham renda mais elevada. (N. E.)

[15] Sobre essa redação e interpretações a seu respeito, ver Michael Heinrich, *Karl Marx e o nascimento da sociedade moderna: biografia e desenvolvimento de sua obra*, v. 1: 1818-1841 (trad. Claudio Cardinali, São Paulo, Boitempo, 2018), p. 122-8. A tradução da redação "Considerações de um rapaz acerca da escolha de uma profissão" encontra-se no mesmo volume, p. 421-4. (N. E.)

Naródnaia Vólia[16] havia sido derrotada. Os anos 1886-1889, em especial depois do atentado em 1º de março contra Alexandre II, representaram um período de completa reação nas universidades, de suspensão do movimento revolucionário. Os coetâneos – aqueles que ainda não perderam o ânimo revolucionário –, debruçados, então, na herança das causas do fracasso do movimento político revolucionário, passam temporariamente a se ocupar da ciência.

Tal situação encontramos também na Alemanha naquele tempo em que Marx ingressou na universidade. Em seus anos universitários, ele entrega-se apaixonadamente aos estudos. Conservam-se desse período muitos documentos curiosos, como uma carta do jovem Marx, então com 19 anos, ao pai[17].

O pai valorizava e compreendia o filho de maneira excepcional – e lhe bastava ler sua resposta para ver que pessoa culta havia se tornado. É raro encontrarmos na história dos revolucionários um caso como esse, em que o filho encontra plena compreensão por parte do pai, em que ele se volta ao pai como a um amigo próximo. No espírito de seu tempo, Marx busca uma visão de mundo, uma doutrina capaz de proporcionar bases teóricas relevantes para seu já presente ódio ao sistema político e social dominante. Voltarei a isso com mais detalhe. Agora lhes digo que essas buscas de Marx encontraram acolhida na filosofia de Hegel, na forma que ela recebeu dos chamados jovens hegelianos quando romperam com todos os preconceitos, quando, a partir da filosofia de Hegel, tiraram as mais radicais conclusões no campo da política, no campo das relações civis, no campo das relações religiosas. Em 1841, Marx termina a universidade e recebe o título de doutor[18].

Nesse mesmo período, bem no seio dos jovens hegelianos a quem Marx rondava, também caiu o jovem Engels; teria surgido aí a primeira possibilidade de os futuros amigos se encontrarem.

Engels nasceu em Barmen, cidade no norte da província do Reno, centro das indústrias de algodão e lã, não muito longe do futuro enorme coração da indústria metalúrgica. Sua origem era alemã, e sua família, abastada.

---

[16] Em russo, *Народная Воля* ("Vontade do Povo" ou "Liberdade do Povo"), organização terrorista formada em 1879. (N. T.)

[17] Ver carta de Karl Marx (em Berlim) a Heinrich Marx (em Trier), em Michael Heinrich, *Karl Marx e o nascimento da sociedade moderna*, cit., v. 1, p. 425-32. (N. E.)

[18] À época, a tese doutoral podia ser apresentada subsequentemente à conclusão do bacharelado. (N. E.)

Tenho em mãos um livro de comerciantes e latifundiários da província do Reno. Entre eles, a família de Engels ocupa lugar de destaque. Aqui temos o brasão da família dele. Como é possível notar, esses comerciantes eram valorizados o suficiente para ter seus próprios brasões, à semelhança dos nobres. Para marcar a futura vida tranquila dos Engels e as aspirações pacíficas, seus antepassados colocaram no centro de seu brasão um anjo e um ramo da paz[19]. Sob esse brasão, Engels veio ao mundo. Esse brasão foi escolhido, por certo, pelo fato de Engels soar em alemão como "anjo". A origem da família de Engels remonta ao século XVI. Diferentemente de Marx, de quem é difícil até conhecer o avô – sabe-se apenas que se tratava de uma linhagem de rabinos, mas se interessavam tão pouco por ela que não mantiveram registros anteriores ao avô –, a respeito da vida de Engels encontramos duas variantes. Segundo alguns dados, os Engels eram descendentes isolados de um francês, L'Ange, protestante huguenote que escapou de perseguições na França e foi para a Alemanha. Seus parentes contemporâneos, que querem provar uma origem alemã verdadeira, negam essa história. Em todo caso, já no século XVII vê-se que a família Engels é uma antiga fabricante de feltro, depois passando para a fabricação algodoeira, bem abastada e com grande aspiração internacional. O pai de Engels, com seu amigo Erman, abre fábricas têxteis não apenas em sua pátria, mas também em Manchester, e se torna um industrial têxtil anglo-germânico.

Engels pai era adepto da religião protestante, evangélico e, curiosamente, remonta aos velhos calvinistas, que uniam uma profunda fé a uma não menos profunda convicção de que a vocação do ser humano seria extrair riqueza por meio da produção e do comércio e acumular capital. Foi um fanático que não gostava de perder nenhum minuto fora do trabalho com qualquer coisa que não sua meditação religiosa. Nesse âmbito, Engels tinha com o pai uma relação complicada, o extremo oposto daquela que encontramos entre Marx pai e Marx filho. Muito cedo, Engels entra em choque com o pai no campo das ideias. O pai queria fazer do filho um comerciante, formá-lo no espírito do comércio. Quando o filho completou 17 anos, seu pai o enviou para Bremen, uma das mais importantes cidades comerciais da Alemanha. Lá, Engels foi obrigado a passar três anos em um escritório. Pelas cartas aos amigos de escola, vê-se de que maneira ele, ao penetrar nessa atmosfera, tentava se libertar das pressões dela. Até ali ele seguia uma vida de pessoa religiosa, mas muito rapidamente se deixou influenciar por Börne e Heine. Aos 19 anos, tornou-se

[19] Ou seja, um ramo de oliveira. (N. E.)

escritor, e já em seus primeiros trabalhos sobressai-se o apóstolo da Alemanha democrática, amante da liberdade. Os primeiros artigos (publicados sob pseudônimo), para os quais chamo a atenção de vocês, batem firme na atmosfera em que ele passou a infância. Essas cartas de Wuppertal – assim chamadas devido ao vale do rio Wupper, em cujas margens encontram-se as cidades de Barmen e Elberfeld – chamam atenção[20]. Sente-se que é uma pessoa formada nessa localidade e que conhece muito bem todas as personagens locais. Já em Bremen, ele se liberta de todo tipo de preceito religioso e se converte em um velho jacobino francês.

Por volta de 1841, aos 20 anos, ele, como filho de um rico fabricante, por livre vontade ingressa na Artilharia de Berlim. É quando passa a frequentar o círculo de jovens hegelianos, no qual encontra Marx. Com ele, Engels participa da luta contra os velhos preconceitos e, assim como Marx, torna-se partidário da ala mais radical da filosofia hegeliana. No entanto, em 1942, enquanto Marx ainda se dedicava, como dizem, aos estudos de gabinete e se preparava para a carreira universitária, Engels, que começara a escrever em 1839, já ocupa, sob seu velho pseudônimo[21], lugar de destaque na literatura, atuando na luta de ideias entre os partidários da velha filosofia e os da nova.

Chamo atenção para os anos 1841 e 1842. Esses são anos em que uma série de russos vai viver na Alemanha. Lá estavam Bakúnin, Ogariov, Frolov, entre outros, imersos em condições semelhantes e apaixonados por aquela filosofia que conquistou Marx e Engels. Quão semelhantes eram essas condições é algo que vocês podem ver, por exemplo, no seguinte episódio: Engels, em 1842, escreveu uma crítica dura à filosofia do adversário de Hegel, Schelling. Este, então, recebeu um convite do governo da Prússia para viajar a Berlim, a fim de contrapor a filosofia de Hegel à sua e, por meio disso, tentar conciliar o Evangelho com a ciência. A visão de Engels, nesse período, lembra tanto os artigos de Bielínski que, até não muito tempo, a brochura na qual ele submete a *Filosofia da revelação*, de Schelling, a uma dura crítica era atribuída a Bakúnin[22]. Hoje sabemos que, de fato, ela não foi escrita por Bakúnin, mas a semelhança das expressões usadas, dos objetos selecionados, e as provas apresentadas para demonstrar quão bem resolvida é a filosofia de Hegel são tão similares nos dois autores que não é de admirar

[20] Escritas entre março e abril de 1839 e publicadas no *Telegraph für Deutschland*. Ver Friedrich Engels, "Briefe aus dem Wuppertal", MEGA I/3, p. 32-51. (N. E.)

[21] Friedrich Oswald. (N. E.)

[22] Ver Friedrich Engels, "Schelling über Hegel", MEGA I/3, p. 256-64. (N. E.)

que muitos russos tenham considerado e continuem a considerar que o livrinho teria sido, de fato, escrito por Bakúnin.

Engels, em 1842, tinha 22 anos. Já se tornara um escritor democrata atuante, extremamente radical. Como ele mesmo representou em um poema humorístico, foi um ardente jacobino. Quanto a isso, lembrava bastante aqueles poucos alemães que tomaram parte da Revolução Francesa. Em suas palavras, tinha na boca apenas "A Marselhesa", pedia guilhotina e nada mais. Assim era Engels em 1842. Em geral, Marx estava no mesmo nível. Em 1842, eles por fim se conheceram, por causa de um trabalho em comum.

Marx concluiu os estudos na universidade e recebeu seu diploma de doutorado em abril de 1841. Planejava seguir com a atividade filosófica e científica, mas mudou de ideia quando seu amigo e professor Bruno Bauer, um dos líderes dos jovens hegelianos, que fazia duras críticas à teologia, perdeu o direito de lecionar na universidade.

Nessa mesma época, ele recebeu um convite para trabalhar em um jornal. Os representantes mais radicais da burguesia comercial e industrial da província do Reno, Camphausen e outros, decidiram fundar seu próprio órgão político. O periódico mais influente na província do Reno era a *Gazeta de Colônia*, que rastejava diante do governo. Os burgueses radicais da província do Reno queriam contrapor-se a essa publicação com seu próprio órgão, defendendo dos senhores feudais os interesses econômicos da burguesia do Reno. Quem exerceu enorme papel, além de Camphausen, foi um construtor de ferrovias, Mewinsen. Ganhou dinheiro, mas lhe faltava a força literária. Aconteceu algo que nos é conhecido na história russa. Também aqui, o jornal dos principais capitalistas cai nas mãos de certos grupos de literatos. Isso acontece antes e depois de 1905. Isso acontece, como se sabe, durante a guerra. O dinheiro é dado por um industrial autônomo e entregue a determinado grupo de literatos. Foi assim que a direção do jornal foi parar nas mãos de um jovem grupo de filósofos e literatos. Entre eles, Moses Hess teve papel fundamental. Moses Hess era mais velho que Marx e Engels. Assim como Marx, era judeu; mas muito cedo rompeu com o pai rico. Muito cedo aderiu ao movimento de libertação e, já nos anos de 1830, provou a necessidade de garantir a união entre as nações cultas para assegurar a conquista de liberdades culturais e políticas. Moses Hess, ainda em 1842, antes de Marx e Engels, sob influência do movimento comunista francês, tornou-se comunista. E, com outros companheiros, passou a ser um dos editores da *Gazeta Renana*.

Marx morava em Bonn. Por muito tempo, foi apenas colaborador, enviando artigos para o jornal como um dos mais influentes jovens publicistas. Aos poucos, porém, Marx ganhou posição de primazia; nesse período, o jornal era dirigido por Hess, junto com outros dois jovens companheiros, [Dagobert] Oppenheim e [Adolph] Rutemberg, amigo de Marx que o recomendou como editor. Dessa maneira, apesar de ser publicado no seio da burguesia industrial do Reno, o jornal tornou-se órgão do grupo dos mais jovens e radicais escritores berlinenses, ao qual pertenciam Marx e Engels.

No outono de 1842, Marx se muda para Colônia e dá um novo rumo ao jornal. Diferentemente de seus amigos de Berlim e de Engels, insiste em conduzir uma luta mais radical contra as condições políticas e sociais, mas não de forma vulgar. Aqui reside a diferença entre as condições nas quais Marx se formou e aquelas nas quais se formou Engels: Marx não experimentou a mesma opressão religiosa, a mesma opressão intelectual de que Engels foi vítima na juventude. Por isso tinha mais sangue frio para travar a luta contra a religião e não considerava necessário dedicar todas as forças à crítica antirreligiosa encarniçada. Nesse sentido, ele preferia a polêmica essencial à polêmica meramente exterior, considerando que isso era necessário para conservar o jornal e, dessa maneira, preservar sua radicalidade. Engels – e isso é característico em todas as obras do jovem Engels – era próximo de outro grupo, o qual insistia na luta exterior contra a religião. Mais uma vez, camaradas, afirmo que essa diferença esteve presente em nosso meio no fim de 1917 e no início de 1918, quando alguns insistiam em ir para cima da Igreja [Ortodoxa]. Nós fizemos essa tentativa. Outros diziam que não era essencial, que tínhamos tarefas mais importantes. Divergências semelhantes existiam entre Marx e Engels e entre outros jovens publicistas. Essa polêmica encontrou expressão nas cartas que Marx escrevia, como editor, a velhos amigos de Berlim. Biógrafos de Marx lembram que Marx e Engels, na redação da *Gazeta Renana*, reuniam-se com bastante frieza. Engels, que era correspondente do jornal em Berlim, em razão de suas viagens à Inglaterra, fixou-se em Colônia. É possível que já então ele tenha obtido explicações de Marx, que defendia sua tática e colocava drasticamente a questão dos trabalhadores. Submeteu à crítica mais mordaz a lei que proibia o livre corte de madeira, demonstrou que o espírito dessas leis era apenas o espírito dos proprietários, dos donos de terras, que com todas as forças tentavam explorar os pequenos camponeses, produzindo intencionalmente decretos que os criminalizavam. Nessas correspondências, mais uma vez, inclui artigos sobre a condição de seus velhos conhecidos, os camponeses de Mosela. A partir desses artigos, instaura-se uma grande polêmica com o presidente da província do Reno.

O poder local aperta a partir de Berlim. Coloca-se uma dupla censura para o jornal. Uma vez que a alma do jornal, na opinião dos que estavam no poder, era Marx, decidem por sua remoção. Um novo censor nutre apreço por esse publicista brilhante e inteligente, que contorna tão habilmente alguns obstáculos, mas continua a denunciá-lo, já não à redação, mas ao grupo de acionistas que sustentava o jornal. Entre estes, começa a se fortalecer o sentimento de que, de todo modo, é preciso mais cautela, é preciso desistir de tocar em quaisquer questões delicadas. Marx não desistiria. Ele sustentava que qualquer tentativa de se tornar ainda mais moderado não faria diferença no sentido de acalmar o governo. No fim das contas, ele desistiu do posto na edição e deixou o jornal. Isso não salvou o jornal, que logo foi definitivamente fechado.

Marx saiu desse trabalho totalmente diferente de quando entrou. Havia ingressado ali sem ser comunista. Entrou como um democrata radical, mas um democrata interessado nas condições socioeconômicas dos camponeses e que depois passou a se interessar por todas as questões econômicas fundamentais que tinham conexão com a situação desses camponeses. Isso obrigou Marx, que naquele tempo se ocupava quase exclusivamente de filosofia e ciências jurídicas, a pensar cada vez mais e de forma mais especializada em questões econômicas.

Assim nasceu a polêmica relacionada ao artigo de Hess, o qual, ainda no outono de 1842, converteu Engels ao comunismo. A partir desse artigo, Marx se envolveu em uma polêmica com outro jornal conservador. A esse jornal escreveu: "Vocês não têm o direito de atacar o comunismo. Eu não conheço o comunismo, mas o comunismo, que expõe em sua bandeira a defesa contra as opressões, não pode ser condenado de modo leviano. É preciso conhecer seus fundamentos antes de condená-lo"[23]. Marx não saiu da *Gazeta Renana* comunista, mas já era uma pessoa interessada pelo comunismo como uma tendência em particular, como uma visão de mundo em particular. Junto com seu colega A[rnold]. Ruge, chegou à conclusão de que na Alemanha não havia possibilidade de conduzir propaganda política e social. Eles decidem, por isso, ir a Paris e publicar lá os *Anais Franco-*

[23] A *Gazeta Geral* de Augsburgo havia acusado a *Gazeta Renana* de afinidade com o comunismo – de extração francesa e utópica – após a publicação de dois artigos, de autoria de Hess que tangenciavam a questão. Marx rebateu essas acusações no artigo "Der Kommunismus und die Augsburger *Allgemeine Zeitung*", publicado em 16 de outubro de 1842; ver MEGA, I/1, p. 237-40. Riazánov faz aqui uma radical paráfrase do texto, pois a citação não corresponde textualmente a nenhuma passagem dele. (N. E.)

-Alemães. Com esse título, em contraposição aos nacionalistas franceses e alemães, queriam destacar que uma das condições para o sucesso da luta contra a reação era a estreita união política entre a Alemanha e a França. Nos *Anais Franco-Alemães*, Marx formulou pela primeira vez os pontos fundamentais de sua futura visão de mundo, a partir dos quais ele passa de democrata radical a comunista.

No próximo encontro, voltarei à formação ideológica da nova visão de mundo marxista e mostrarei o que de novo, de original, Marx começou a introduzir na história do pensamento em 1844.

[...]

V

Camaradas, chegamos à Revolução de Fevereiro. Gostaria de lembrar um fato fundamental. Disseram no último encontro que o *Manifesto Comunista* foi publicado alguns dias antes da Revolução de Fevereiro. A organização da Liga dos Comunistas foi levada a cabo apenas em novembro de 1847. A organização, que abrangia círculos no exterior – em Paris, Bruxelas e Londres –, esteve apenas em parte ligada a alguns pequenos grupos de alemães.

Mais uma vez, isso nos obriga a presumir que as forças organizativas com as quais Marx podia contar – não falo de toda a Liga dos Comunistas, mas apenas de sua sessão alemã – eram extremamente insignificantes. A revolução eclodiu em Paris em 24 de fevereiro de 1848. Logo se espalhou para a Alemanha. Em 3 de março, em Colônia, sucedeu algo como uma insurreição popular. As autoridades da cidade foram obrigadas a dirigir uma petição ao rei da Prússia para que ele desse atenção às insatisfações do povo e fizesse algumas concessões. Como liderança dessa insatisfação ou, se preferirem, indignação de 3 de março de 1848 em Colônia estavam – guardem esses dois nomes – Gottschalk, médico muito popular entre os trabalhadores e o povo pobre de Colônia, e Willich, ex-oficial. Apenas dez dias depois do 3 de março, a revolução eclodiu em Viena, principal cidade da Áustria. Em 18 de março, chegou a Berlim, capital da Prússia.

A essa altura, Marx se encontrava em Bruxelas. O governo da Bélgica, que não almejava o destino dos monarcas franceses de julho, foi para cima dos emigrantes de Bruxelas, prendeu Marx e em dez horas o expulsou da Bélgica. Marx seguiu para Paris, para onde havia sido convidado. Um dos mais valorosos representantes do governo daquele tempo, Flocon, editor de um jornal para o qual Engels colaborou, de imediato enviou uma carta a Marx na qual sustentava que, no solo francês livre, foram extintos todos os decretos do antigo regime[24].

O comitê da região de Bruxelas, que havia recebido a autoridade do comitê de Londres após a revolução ter explodido no continente, transferiu-a, por sua vez, a Marx. Entre os operários alemães que se reuniam em grande número em Paris, plantou-se a discórdia, e com isso organizaram-se grupos divergentes. Um deles teve relações com nosso compatriota Bakúnin, que, ao lado do poeta alemão Herwegh, planejava formar uma organização armada e tomar a Alemanha.

Marx tentou dissuadi-lo desse plano e propôs que apenas fossem à Alemanha e ali tomassem parte nos acontecimentos revolucionários. Bakúnin e Herwegh permaneceram com o antigo plano. Herwegh organizou uma legião revolucionária e liderou-a até a fronteira alemã, onde foi derrotado. Marx, com outros camaradas, conseguiram chegar à Alemanha, onde seguiram para diferentes lugares. Marx e Engels se instalaram na província do Reno.

Agora, camaradas, devemos nos fixar de início no seguinte fato: Marx e Engels consideraram determinante no processo o fato de não haver organização junto à sessão alemã da Liga dos Comunistas. Havia apenas algumas pessoas que colaboravam individualmente com eles. O que resta a Marx e Engels e a seus camaradas mais próximos? Cerca de quarenta anos depois desses acontecimentos, Engels tentaria explicar a tática que ele e Marx empregaram com os jovens camaradas[25]. A essa questão, deu uma resposta clara. Perguntaram-lhe por que não retornaram a Berlim, e sim ficaram na província do Reno, em Colônia?

Ele respondeu: escolhemos a província do Reno por ser a mais desenvolvida nas relações sociais, porque ali vigorava o código de leis de Napoleão, uma herança da Revolução Francesa, e nós contávamos, portanto, com grande liberdade de ação, grande liberdade para nossa agitação e nossa divulgação. A província do Reno, além disso, tinha quadros notáveis do proletariado. É verdade que Colônia não estava entre as localidades mais desenvolvidas do ponto de vista das

---

[24] Ver carta de Ferdinand Flocon a Karl Marx, em nome do governo provisório da República Francesa, de 1º de março de 1848, em MEW, v. 14, p. 676. A carta foi tornada pública pela primeira vez quando da publicação de *Senhor Vogt*, em 1860. (N. E.)

[25] Trata-se de "Marx und die *Neue Rheinische Zeitung* 1848-49" [Marx e a *Nova Gazeta Renana*], publicado em *Der Sozialdemokrat*, Zurique, n. 11, 13 mar. 1884; ver MEW, v. 21, p. 16-24. Engels também tratou do tema, com outro enfoque, em "Zur Geschichte des Bundes der Kommunisten" [Sobre a história da Liga dos Comunistas], publicado em *Der Sozialdemokrat*, Zurique, 12, 19 e 25 nov. 1885; ver MEW, v. 21, p. 206-24. (N. E.)

relações industriais na Província do Reno, mas era a cidade onde se concentrava o poder administrativo, uma cidade que era, por todas as outras relações, o centro da província. E, pelo tamanho da população, Colônia era, de todo modo, uma das maiores cidades da província do Reno, ainda que vocês possam se surpreender ao saber que a população de Colônia era de mais de 80 mil pessoas, o que em número de habitantes não seria páreo para a Ivánovo-Voznessiénski do pré-guerra[26]. Ali havia, ainda, uma população proletária suficientemente grande, apesar da porcentagem insignificante de proletários na grande indústria. As maiores fábricas eram as refinarias de açúcar. Colônia era conhecida por uma indústria ligada à produção química: a de produção de *água de colônia*, mas não tinha o maquinário da grande indústria. Em relação ao desenvolvimento da indústria têxtil, não chegava a ser páreo a Elberfeld ou Barmen. Em todo caso, Marx e Engels tinham bases conhecidas quando escolheram Colônia como residência. Eles queriam agir em toda a Alemanha, queriam fundar um grande órgão [de imprensa] que servisse de tribuna para todo o país e, segundo lhes parecia, Colônia era o local mais apropriado para isso. Vejam, era a mesma província do Reno onde, em 1842, começou a ser impresso o maior órgão político da burguesia alemã. Já estavam adiantados todos os trabalhos preparatórios para a publicação de um órgão desse tipo, e Marx e Engels foram bem-sucedidos ao tomar em suas mãos a efetivação desse órgão.

Esse órgão, porém, revelou-se um órgão da democracia. Eis como Engels tenta explicar por que eles atribuíram o nome "órgão da democracia". Ele assinala que não havia nenhuma organização proletária, e desde o princípio lhes restava agir por um de dois caminhos: ou se encarregavam, desde os primeiros dias, da organização do partido comunista, ou usavam aquelas organizações democráticas tendo em vista unificá-las e, no interior dessas organizações democráticas, por meio da crítica e da propaganda, produziam a reorganização necessária também dos diferentes trabalhadores da associação que nunca tinham estado em uma organização democrática. Marx e Engels escolheram a segunda via: a renúncia a uma organização na província do Reno, em especial organizações proletárias, e a entrada em uma união democrática já existente em Colônia. Isso, desde o início, colocou Marx e Engels numa posição um tanto complicada em relação à associação dos trabalhadores, que, depois do 3 de março, passara a ser organizada por Gottschalk e Willich.

[26] Atual Ivánovo. A cidade era, já antes da Primeira Guerra Mundial, o centro da indústria têxtil russa. (N. E.)

Gottschalk, como eu já lhes disse, era um médico muito popular entre os pobres de Colônia. Por sua visão de mundo, não era comunista. Na briga que aconteceu antes da fundação da Liga dos Comunistas, ele logo se aproximou de Weitling e dos weitlinguianos. Era um bom revolucionário, mas mudava facilmente de humor. Nas relações íntimas, era absolutamente irrepreensível; não fazia nenhuma exposição programática, mas tinha críticas o suficiente à democracia para, em sua primeira aparição na Câmara Municipal, declarar: "Falo não em nome do povo, pois a esse povo pertencem também todos esses dignitários; não, dirijo-me em nome apenas do povo trabalhador". Consequentemente, diferenciou a classe operária, a dos trabalhadores, da nação em geral. Defendia medidas revolucionárias, mas, sendo ao mesmo tempo um republicano, insistia em uma federação das repúblicas alemãs para a Alemanha. Esse era, como vocês podem ver, um dos pontos de divergência entre ele e Marx. A União dos Trabalhadores de Colônia, fundada por ele, depressa reuniu quase todos os elementos proletários da cidade. A associação chegou a contar com 7 mil membros, o que, para uma cidade com uma população de 80 mil pessoas, era um expressivo número.

A associação de trabalhadores à frente da qual estava Gottschalk logo entrou em conflito com a organização da qual Marx e Engels eram membros. Devo advertir que, no interior dessa enorme organização operária, havia elementos que divergiam de Gottschalk. Vocês se lembram de Moll, aquele mesmo Moll que fora enviado de Londres pelo comitê comunista local ao comitê de Bruxelas para as negociações sobre a organização de um congresso[27]. Moll foi um dos principais membros da união operária e, claro, mantinha estreita ligação com Marx e Engels. Outro dos membros da união operária de Colônia era Schapper, de quem vocês se lembrarão pela história do movimento operário e comunista nos anos 1830. Dessa maneira, na própria união de trabalhadores de Colônia se organizaram duas frações, mas o fato é que, ao lado da união de trabalhadores de Colônia, estava, ainda, a associação democrática, que tinha entre seus membros Karl Marx, Engels e outros.

Isso teve como resultado aquele plano sobre o qual contou Engels muitos anos depois em artigo sobre a *Nova Gazeta Renana*[28]. Tudo consistia no fato de que Marx e Engels desejavam criar, nesse órgão central, que foi lançado em Colônia em

[27] Riazánov referira-se a Joseph Moll (1811-1819) na palestra anterior, não reproduzida neste volume. (N. E.)

[28] Friedrich Engels, "Marx und die *Neue Rheinische Zeitung* 1848-49", cit. (N. E.)

1º de junho de 1848, um ponto em torno do qual se uniriam, no processo de luta revolucionária, todas as futuras organizações comunistas. Não se deve pensar que Marx e Engels entraram nesse órgão da democracia na qualidade de democratas. Não, eles entraram ali na qualidade de comunistas, considerando-se a ala de extrema esquerda de toda a organização pela democracia. Nem por um minuto se furtaram a criticar, de maneira incisiva, não apenas os erros do partido liberal, mas, em primeiro lugar, os erros dos democratas – e fizeram isso tão a fundo que, logo nos primeiros meses, perderam todos os acionistas. A *Nova Gazeta Renana*, já no artigo de estreia de Marx, submetia a democracia a uma crítica brutal[29]. Quando chegaram as notícias sobre a derrota de junho do proletariado, quando Cavaignac, apoiado por todos os partidos burgueses, promoveu um massacre durante o qual morreram mais de mil proletários parisienses, a *Nova Gazeta Renana* – órgão da democracia – publicou um artigo que até hoje permanece insuperável pela força e pela paixão com que bate nos capangas da burguesia e em seus apologistas democratas.

> Os trabalhadores parisienses foram esmagados pela supremacia, não sucumbiram a ela. Foram derrotados, mas seus adversários foram vencidos. O triunfo momentâneo da violência brutal foi pago com a aniquilação de todas as ilusões e as quimeras da Revolução de Fevereiro, com a dissolução do partido velho-republicano inteiro, com o abismo cavado na nação francesa, dividida em duas nações, a dos proprietários e a dos trabalhadores. A República tricolor tão-somente veste uma cor, a cor dos derrotados, a cor do sangue. Tornou-se uma República Vermelha.
> (...)
> A Revolução de Fevereiro foi a bela revolução, a revolução da simpatia geral, pois os opostos que nela estouraram contra a monarquia, não desenvolvidos, unidos, permaneciam dormentes um ao lado do outro, pois a luta social, que modelava seu cenário, teve somente uma existência fugaz, uma existência como frase, como palavra. A Revolução de Junho é a revolução feia, a revolução repulsiva, pois o objeto tomou o lugar da frase, pois a república desvelou a cabeça do monstro arrancando-lhe a coroa que o protegia e escondia.
> (...)
> Pode o precipício profundo que se abriu diante de nós desviar os democratas? Pode ele nos fazer supor que as lutas pelas formas de governo sejam desprovidas de conteúdo, ilusórias, nulas?

---

[29] Ver Karl Marx e Heinrich Bürgers, "O partido democrático", em Livia Cotrim (org.), *Nova Gazeta Renana: artigos de Karl Marx* (São Paulo, Educ, 2010). (N. E.)

> Apenas os espíritos fracos e covardes levantariam essa questão. Os conflitos, que resultam das condições da própria sociedade burguesa, devem ser combatidos até o fim e não podem ser dissipados por meio da fantasia. A melhor forma de Estado é aquela em que os opostos sociais não são apagados ou agrilhoados pela violência, ou seja, apenas artificialmente e, portanto, apenas na aparência. A melhor forma de Estado é aquela em que se tem o livre embate desses opostos e, com isso, a solução.
>
> Hão de perguntar-nos se não temos lágrima alguma, suspiro algum, palavra alguma para os mortos, vítimas da ira dos povos, para a guarda nacional, a guarda auxiliar, a guarda republicana, a linha de frente...
>
> O Estado cuidará de viúvas e órfãos, decretos os glorificarão, cortejos fúnebres solenes colocarão seus restos mortais sob a terra, a imprensa oficial os declarará imortais, a reação europeia lhes prestará homenagem de leste a oeste.
>
> Por sua vez, os plebeus, dilacerados pela fome, difamados pela imprensa, abandonados pelos médicos, xingados de ladrões pelos "cidadãos de bem", de incendiários, de galerianos, com esposas e filhos afundados em uma miséria cada vez mais incomensurável, os melhores entre os sobreviventes deportados ao além-mar – amarrar em volta da cabeça sombria de ameaças os louros: este é o privilégio, este é o direito da imprensa democrática.[30]

Esse artigo foi escrito em 28 de junho de 1848. Um artigo como esse não poderia ter sido escrito por um democrata. Um artigo como esse apenas um comunista poderia escrever, e Marx e Engels não alteraram em nada sua tática. O jornal parou de receber qualquer apoio financeiro da burguesia democrata. Tornou-se, de fato, um órgão dos trabalhadores de Colônia, um órgão dos trabalhadores alemães.

Nesse mesmo período, outros membros da Liga dos Comunistas que haviam se espalhado pela Alemanha continuavam seus trabalhos. Um deles, considero necessário mencionar: Stephan Born, linotipista. Engels faz comentários nada agradáveis sobre ele no prefácio a uma brochura de Marx[31]. Stephan Born escolheu outra tática. Desde o princípio, ao infiltrar em centros de trabalhadores de Berlim, da Prússia, pôs-se a tarefa de criar uma grande organização operária. Com a ajuda de alguns camaradas, fundou o pequeno órgão *A Fraternidade de*

[30] Karl Marx, "Die Junirevolution", *Neue Rheinische Zeitung*, n. 29, 29 jun. 1848; ver MEW, v. 5, p. 133-7; ver também ed. bras.: "A Revolução de Junho", em Lívia Cotrim (org.), *Nova Gazeta Renana*, cit. (N. E.)

[31] Trata-se do prefácio à edição de 1885 de *Enthüllungen über den Kommunistenprozeß zu Köln* [Revelações sobre o processo dos comunistas de Colônia]. (N. E.)

Trabalhadores[32] e iniciou uma agitação sistemática entre operários de diferentes categorias. Ele não se limitou, como Gottschalk e Willich em Colônia, a organizar uma associação política operária. Born se encarregou de organizar uniões de trabalhadores, associações operárias que deviam defender os interesses econômicos dos trabalhadores, mas nisso despendeu tanta energia que logo tentou levar essa organização a uma série de cidades vizinhas e tomar outras partes da Alemanha. Contudo, a essa organização faltava algo: tratava-se, para usar uma expressão nossa, de uma organização puramente operária, que ressaltava em demasia, se os camaradas se lembram da polêmica entre "iskristas" e "economicistas"[33], as demandas puramente econômicas da classe trabalhadora. Dessa maneira, naquele tempo, alguns membros da Liga dos Comunistas do tipo de Born – que era uma pessoa capaz – criaram essas organizações puramente operárias, enquanto no sul da Alemanha outros, dirigidos por Marx, ocuparam-se de concentrar todas as forças em reorganizar os partidos democráticos, a fim de fazer da classe trabalhadora o núcleo de um partido mais democrático. Foi nesse espírito que Marx conduziu seus trabalhos seguintes.

A *Nova Gazeta Renana* respondeu a todas as questões fundamentais. É preciso dizer que, até o momento, o jornal se mantém como exemplar para os publicistas revolucionários. Nenhum jornal europeu, nenhum jornal russo, atingiu nível tão elevado quanto o da *Nova Gazeta Renana*. Os artigos desse jornal – embora alguns datem de mais de 75 anos – não perderam seu frescor, não perderam seu fervor revolucionário, não perderam nada da acuidade de análise sobre todos os fatos correntes. Vocês podem agora ler uma série de artigos desse jornal, e terão a história da revolução alemã, a história da revolução francesa [de 1848], como se essa revolução alemã, essa revolução francesa tivessem sido escritas por elas mesmas, tamanha a vivacidade e a profundidade, em particular nos artigos de Marx, que penetram nos acontecimentos correntes.

Em que consistiam os pontos centrais de toda a política interna e externa da *Nova Gazeta Renana*? Antes de passarmos a essa questão, gostaria de dizer a vocês que nem Marx nem Engels tinham experiência além da experiência dada pela grande

---

[32] Oficialmente, o nome do órgão era apenas *A Fraternidade* (*Die Verbrüderung*) – Fraternidade Geral dos Trabalhadores Alemães era o nome da organização a que o periódico se vinculava. (N. E.)

[33] Debate travado em 1902 na Rússia pré-revolucionária. Lênin, à frente do periódico oficial do Partido Operário Social-Democrata da Rússia, o *Iskra*, criticou a corrente do economismo, que relegava ao segundo plano a luta política. O debate deu origem a uma das principais obras de Lênin, *Que fazer?*. (N. E.)

Revolução Francesa. Marx estudou de modo atento a história dessa revolução e se pôs a trabalhar nos princípios das táticas para a época da revolução vindoura, o que ele, ao contrário de Proudhon, predisse com perfeita correção. E o que a experiência da Revolução Francesa nos mostra e ele nos ensina? A revolução eclodiu em 1789. Representa um longo processo que se arrastou de 1789 a 1799, ano em que Bonaparte concluiu seu golpe. A experiência da Revolução Inglesa do século XVII também já tinha prenunciado que a revolução seguinte, provavelmente, seria longa. A revolução começou com uma alegria geral, um triunfo geral, começou dessa maneira porque a burguesia havia se tornado a liderança de todo o povo oprimido, derrubado o absolutismo; só depois, no interior dessa burguesia triunfante, desenvolveu-se a luta; e no processo dessa luta, nessa revolução extrema, o poder foi transferido da burguesia a todos os partidos mais extremos. Ao longo de três anos, foi travada a luta e, finalmente, o poder caiu na mão dos jacobinos. A Marx, que estudou atentamente o processo de organização de partidos políticos como o dos jacobinos, parecia que o processo da longa revolução vindoura teria êxito em organizar uma tal força que, com o tempo, em seu auge, organizaria por si mesma essas ações políticas.

Esse pressuposto teórico explica seu erro. Ele conservou essa opinião por muito tempo, e foram precisos diversos acontecimentos para que ele renunciasse a essa premissa teórica. O primeiro golpe sofrido pela revolução no Ocidente foi a derrota de junho do proletariado parisiense. Ela, ao mesmo tempo, possibilitou à reação tomar a frente na Prússia e na Áustria. Para a Prússia e a Áustria, porém, havia nossa pátria, a Rússia, e Nicolau I, que desde o início estava disposto a oferecer ajuda ao rei prussiano. A princípio, quando se tratou de força armada, recusaram; já o dinheiro, aceitaram. Nicolau I era, então, dono da maior reserva de ouro. O dinheiro ajudou o governo prussiano. Ao governo austríaco, contra o qual se levantava a Hungria inteira, ofereceu ceder um batalhão. Essa ajuda foi aceita.

A *Nova Gazeta Renana* apresentou a seguinte tática, novamente apoiada na Revolução Francesa. Uma guerra contra a Rússia seria o único meio de salvação para a revolução na Europa Ocidental, que recebeu seu primeiro golpe na coluna vertebral com a derrota do proletariado parisiense. A história da Revolução Francesa nos mostrou como o ataque da coalizão contra a França deu impulso a um novo fortalecimento do movimento revolucionário. Os partidos moderados foram deixados de lado. À frente do movimento estavam aqueles partidos que mais energeticamente se opuseram aos ataques externos. Como resultado do ataque da coalizão à França, temos a proclamação da República, em 10 de agosto de 1792.

Marx e Engels esperavam que a guerra da reação contra a nova revolução levasse às mesmas consequências. Por isso, nas páginas da *Nova Gazeta Renana*, a Rússia era exposta às críticas mais violentas. A Rússia sempre foi apontada como força por trás das reações austríaca e alemã. Em todos os artigos, demonstra-se que uma guerra contra a Rússia seria o único meio de salvar a revolução. Os democratas começaram a preparar essa guerra como a única saída. Repito que Marx e Engels insistiam que uma guerra contra a Rússia impulsionaria e incitaria paixões revolucionárias no povo alemão. Com base nesse ponto de vista, Marx e Engels se pronunciam na *Nova Gazeta Renana* em defesa de cada movimento oposicionista, revolucionário, que então emergia contra a ordem dominante. Eram os defensores mais apaixonados da Revolução Húngara, eram os defensores mais apaixonados dos poloneses, que por curto tempo fizeram uma nova tentativa de insurreição. Demandavam o restabelecimento de uma Polônia independente, demandavam que a Alemanha e a Áustria devolvessem todas as províncias polonesas à Polônia e que a isso se juntasse o que a Rússia tinha tomado. Nesse espírito, pronunciavam-se também pela demanda de unir a Alemanha em uma única república e demandavam o retorno de algumas regiões alemãs pela Dinamarca, ainda que parte delas devesse ser conservada pela Dinamarca na medida em que eram povoadas por dinamarqueses. Em resumo, em toda parte, foram fiéis às posições fundamentais do *Manifesto Comunista* e apoiaram cada movimento revolucionário dirigido contra a ordem vigente.

Não se pode, contudo, deixar de ver que – vocês mesmos vão notar isto, quando tiverem a possibilidade de ler, dentro de alguns meses, em russo, os artigos de Marx e Engels na *Nova Gazeta Renana* –, nesses artigos brilhantes, prevalece o lado político. Há sempre a crítica aos atos políticos da burguesia e aos atos políticos da burocracia. Ao olhar com atenção a *Nova Gazeta Renana*, nota-se que ela, comparativamente, pouco desvia, sobretudo em 1849, para a questão operária. Nesse sentido, é interessante o contraste do órgão de Marx e Engels com aquele de Stephan Born. Quando você considera o órgão de Born, pensa que aquele é um jornal sindicalista-cooperativista. Ali se dispensa maior destaque à questão operária. Na *Nova Gazeta Renana* é diferente. Ela quase não toca nessas questões. Apoia, por meio de uma crítica violenta, a declaração dos direitos fundamentais do povo alemão. Apoia, por meio de uma crítica violenta, a legislação que então se criava no espírito dos liberais nacionalistas alemães. Pronuncia-se de maneira decidida em defesa do campesinato. Demonstra à burguesia que ela deve obter a emancipação dos camponeses. No entanto, muito raramente os artigos apontam as demandas da classe trabalhadora. Argumentos ligados a essas demandas vocês podem, em vão, procurar na *Nova Gazeta Renana*, mais perto do fim de 1848, uma vez que o jornal estava quase inteiramente absorto na tarefa da luta política, ou seja, na agitação das paixões políticas, na agitação em favor da consciência de tais forças democráticas revolucionárias, que com um impulso libertariam a Alemanha de todos os vestígios do antigo regime feudal – ou, para usar um termo mais frequente entre nós, de todos os vestígios da servidão.

Já no fim de 1848, porém, a situação mudou. A reação, que começara a se fortalecer logo depois da derrota de junho do proletariado francês, assumiu ainda mais seu papel ofensivo em outubro de 1848. O alerta foi a derrota do proletariado vienense. Esta já se deu com a ajuda dos russos. E impulsionou a derrota de Berlim. O governo da Prússia recuperou sua valentia: em dezembro de 1848, dissolveu a Assembleia Nacional e fez valer uma Constituição de sua própria autoria. E foi assim que, na época, a burguesia prussiana, em vez oferecer oposição real, tratou de inventar um acordo entre o povo e o rei.

Marx, por sua vez, sustentou que o poder real da Prússia teria sido derrotado em março de 1848 e não se poderia falar sobre nenhum tipo de acordo com a coroa. O próprio povo deveria criar sua Constituição, sem considerar o poder do rei, e declarar a Alemanha uma república una e indivisível. No entanto, a Assembleia Nacional, na qual preponderava a burguesia liberal e democrática, temia um rompimento definitivo com a monarquia e levou sua linha de acordo até que ela mesma fosse dissolvida.

Para Marx, estava claro que não se podiam depositar esperanças nem mesmo na ala mais extrema da burguesia alemã. Até a ala democrática da burguesia da qual se poderia esperar que criasse condições políticas com liberdade para o desenvolvimento da classe operária demonstrou-se inapta para essa tarefa. Cito, agora, a caracterização dessa burguesia feita por Marx exatamente em dezembro de 1848, com base na triste experiência dessas duas assembleias, a primeira em Berlim, a segunda em Frankfurt.

> Ao passo que 1648 e 1789[34] orgulhavam-se imensamente de estar no topo da criação, a ambição do 1848 berlinense consistiu em produzir um anacronismo. Seu brilho igualou-se ao brilho dos astros, que só chega a nós, terráqueos, depois de os corpos que o irradiam já estarem apagados há 100 mil anos. A Revolução de Março prussiana

---

[34] Isto é, a Revolução Inglesa e a Revolução Francesa. (N. E.)

foi em pequena escala – assim como tudo nela foi em pequena escala –, um astro tal para a Europa. Seu brilho foi o brilho de um cadáver social havia muito tempo decomposto.

A burguesia alemã desenvolveu-se de maneira tão indolente, covarde e lenta que, no momento em que encarou, ameaçadora, o feudalismo e o absolutismo, ela se viu diante da ameaça do proletariado e de todas as frações da burguesia cujos interesses e ideias eram afins aos do proletariado. E foi considerada inimiga não somente por uma classe que estava *atrás* dela, mas por *toda* a Europa à frente. A burguesia prussiana não era, como a francesa de 1789, a classe que encarnava toda a sociedade moderna aos olhos dos representantes da antiga sociedade, da monarquia e da nobreza. Seu *estatuto* foi de certa maneira rebaixado, ela manifestava oposição tanto à coroa quanto ao povo, ávida por enfrentar ambos e ao mesmo tempo indecisa quanto a cada um de seus adversários escolhidos isoladamente, pois sempre viu ambos à sua dianteira ou à sua traseira; de antemão tendia a trair o povo e a comprometer-se com os representantes coroados da velha sociedade, pois ela mesma já pertencia à velha sociedade; representava não os interesses de uma nova sociedade contra uma antiga, mas interesses renovados dentro de uma sociedade envelhecida; tomou as rédeas da revolução não por ter o povo atrás de si, mas porque o povo a empurrou para a frente; tampouco estava à vanguarda, pois representava não a iniciativa de uma nova época social, mas os rancores de uma antiga época social; era um estrato do Estado velho que não irrompeu por si só, mas foi, isso sim, por meio de um terremoto, lançada à superfície do novo Estado. Sem fé em si mesma, sem fé no povo, rosnando para os de cima, tremendo de medo dos de baixo, egoísta para com ambas direções e consciente de seu egoísmo; revolucionária perante os conservadores, conservadora perante os revolucionários, desconfiada de seus próprios lemas, que eram frases em vez de ideias, intimidada pela tempestade mundial ao mesmo tempo que explorava a tempestade mundial – energia em nenhuma direção, plágio em todas as direções, vulgar, por não ser original, somente original na vulgaridade –, pechinchando suas próprias aspirações, sem iniciativa, sem fé em si mesma, sem fé no povo, sem vocação histórico-mundial – um velho maldito que se viu condenado a conduzir e a desviar, conforme seus próprios interesses decrépitos, os primeiros movimentos sociais juvenis de um povo robusto – sem olho! Sem orelha! Sem dente! Nada de nada! –, assim encontrava-se a burguesia prussiana após a Revolução de Março tomando as rédeas do Estado prussiano.[35]

[35] Karl Marx, "Die Bourgeoisie und die Kontrerevolution", *Neue Rheinische Zeitung*, n. 169, 15 dez. 1848; ver MEW, v. 6, p. 102-4; ver também ed. bras.: "A burguesia e a contrarrevolução", em Lívia Cotrim (org.), *Nova Gazeta Renana*, cit. (N. E.)

Essa é uma caracterização magnífica e surpreendentemente clara da burguesia, como ela mesma se mostrou no curso de 1848. Vocês veem que ela, como um todo – e essa letra e música não é de jogar fora –, pode ser relacionada, como nós fizemos, a nossa burguesia russa.

Marx teve que passar por isso na prática. A esperança que ele depositava na burguesia progressista ainda no *Manifesto Comunista*, embora já colocasse ali uma série de condições prévias para o trabalho conjunto com ela, não se justificava. E foi assim que, no outono de 1848, Marx – e com ele Engels – mudou sua tática e, ainda em Colônia, nas colunas da *Nova Gazeta Renana*, sem recusar o apoio dos democratas burgueses nem romper de maneira organizativa com o partido democrático, transportou o centro de gravidade de seu trabalho para o meio proletário. Com Moll e Schapper, intensificou a atuação na Associação dos Trabalhadores de Colônia, que também tinha seu representante no Comitê Distrital das Associações Democráticas. Depois da prisão de Gottschalk, Moll foi eleito representante da associação de trabalhadores, o que mostra a força dos comitês. A tendência federalista, em cuja direção estava Gottschalk, converteu-se, paulatinamente, em minoria. Quando Moll precisou desaparecer de Colônia, Marx, a despeito do fato de diversas vezes ter declinado, foi eleito em seu lugar. Em fevereiro, quando ocorreram as eleições para o novo parlamento, surgiram as divergências. Marx e seu grupo insistiam que os operários, sem chance de eleger os seus, votassem nos democratas. Uma minoria protestou contra isso.

Já em março e abril, porém, as divergências entre os operários e os democratas, unidos ao Comitê Distrital das Associações Democráticas, agravaram-se tanto que a divisão foi inevitável. Marx e seus camaradas renunciaram ao comitê. A Associação de Trabalhadores, então, convocou seus representantes e tentou se ligar àquelas sociedades operárias que haviam sido organizadas por Stephan Born no leste da Alemanha. A própria Associação de Trabalhadores foi reorganizada e se tornou, ainda, o Comitê Central, que tinha dez regionais separadas, os comitês operários. No fim de abril, Marx e Schapper publicaram um chamado a todas as associações de trabalhadores da província do Reno e da Vestfália para um congresso regional a fim de que se escolhessem deputados para um congresso geral de trabalhadores, em Leipzig.

No entanto, tão logo Marx e seus camaradas se aproximaram das organizações da classe trabalhadora, a revolução levou um novo golpe. O governo da Prússia, assim como acabara com a Assembleia Nacional da Prússia, decidiu pôr fim também à Assembleia Nacional Geral da Alemanha. Começa no sul da Alemanha a assim chamada campanha pela Constituição imperial.

Devo assinalar, ainda, uma particularidade esquecida pelos biógrafos de Marx. Ocorre que a posição de Marx em Colônia era tal que ele precisou se comportar com estrita cautela. Ele não teve, claro, de viver na clandestinidade, como muitos de nós em 1905-1906, para a completa liberdade de ação, mas estava na posição de alguém que poderia ser expulso de Colônia a um simples sinal do governo. Ocorre que, exposto a consecutivas perseguições do governo da Prússia, expulso de Paris por insistência constante do governo prussiano e ameaçado de deportação na Bélgica, no fim das contas abriu mão da cidadania prussiana. Marx não adotou outra cidadania, mas abriu mão da prussiana. E o governo da Prússia se aproveitou disso. Quando retornou a Colônia, o poder local o reconheceu como cidadão da província do Reno, mas demandou a chancela do poder prussiano em Berlim. Este decidiu que Marx tinha perdido o direito à cidadania. Foi por isso que Marx, bastante preocupado em recuperar seus direitos de cidadão prussiano, precisou abdicar, na segunda metade de 1848, de aparições públicas. Se a onda revolucionária se elevava, as condições melhoravam e ele se pronunciava também publicamente, mas, assim que as perseguições se intensificavam em Colônia, Marx desaparecia e se limitava apenas à atividade literária, ou seja, dirigia a *Nova Gazeta Renana*. Por isso ele concordou, mesmo que a contragosto, em ser representante da Associação de Trabalhadores.

De acordo com o novo giro na tática, ocorreram mudanças também na *Nova Gazeta Renana*. Os primeiros artigos de *Trabalho assalariado e capital* saíram apenas depois desse giro. A seus artigos, Marx antepôs uma longa introdução na qual explica por que a *Nova Gazeta Renana* até ali não tinha penetrado na questão do antagonismo entre trabalho e capital. Essa introdução é de grande interesse, pois aponta esse giro na tática; contudo, repito, esse giro foi aplicado um tanto tarde. Isso foi só em fevereiro [de 1849], e em maio a revolução alemã sofria sua derrota final[36]. O governo da Prússia recrudesceu por completo e enviou suas tropas para o sudoeste. Uma das primeiras vítimas foi a *Nova Gazeta Renana*, proibida em 19 de maio. Tenho em minhas mãos o último número da *Nova Gazeta Renana* – edição 301 –, o notório número vermelho, que começa com o magnífico poema de Freiligrath[37], além de apresentar

[36] Fevereiro é a referência ao planejamento e início de escrita dos artigos, que só foram publicados a partir de 5 de abril de 1849. (N. E.)

[37] Ver, neste volume, p. 215. (N. E.)

novo apelo aos trabalhadores, advertindo que eles não se deixem provocar[38]. Depois disso, Marx abandona a província do Reno. Como estrangeiro, devia deixar a Alemanha, e os membros da redação que restaram também tiveram que se espalhar por diferentes lugares. Engels, Moll e Willich se juntaram aos insurgentes alemães do sul.

Depois de algumas semanas de heroica, mas muito mal organizada, oposição ao batalhão prussiano, os rebeldes se viram obrigados a se transferir para a Suíça. Os membros mais importantes da redação da *Nova Gazeta Renana* e alguns da Associação de Trabalhadores seguiram para Paris, mas, em junho de 1849, depois da manifestação fracassada de 13 de junho, também foram submetidos a perseguição e tiveram de abandonar a França. Em princípios de 1850, em Londres, reuniu-se mais uma vez quase toda a velha guarda da Liga dos Comunistas. Moll faleceu no período do levante do sul alemão. Marx, Engels, Schapper, Willich e Wolf se encontravam em Londres.

Marx e Engels – como visto a partir de seus artigos de então – ainda não haviam perdido a esperança de que se tratasse de um contratempo passageiro para o movimento revolucionário, de que depois ele se elevaria em uma nova onda. Para que não fossem pegos de surpresa, queriam fortalecer a organização e conectá-la melhor à Alemanha. A velha Liga dos Comunistas se reorganizou; ali se encontram os antigos e os novos elementos, atraídos na Silésia, em Breslávia[39] e na província do Reno.

Contudo, muito rapidamente, em apenas alguns meses, emergem as divergências. Para dizer com as palavras do nosso contexto, diria que as divergências se iniciaram entre comunistas de esquerda e de direita. E a discussão girava em torno da seguinte questão.

Marx e Engels, ainda no início de 1850, pensavam que a nova sublevação da revolução não tardaria muito. Justamente nessa época foram lançadas duas famosas circulares da Liga dos Comunistas[40]. Foram escritas, principalmente, por Marx. Quem as cita de bom grado é Ilitch [Lênin], que as conhece como à palma da própria mão.

Nessas circulares – e é possível entendê-las apenas quando se lembram os erros cometidos por Marx e Engels no período da Revolução de 1848 –, vê-se que é

---

38 Ver Karl Marx, "An die Arbeiter Kölns" [Aos trabalhadores de Colônia], MEW, v. 6, p. 519. (N. E.)

39 Atual Wrocław, Polônia. (N. E.)

40 Uma delas é, certamente, a "Mensagem do Comitê Central à Liga dos Comunistas"; ed. port.: "Mensagem da Direcção Central à Liga dos Comunistas", em Karl Marx e Friedrich Engels, *Obras escolhidas em três tomos*, v. 1. (Lisboa, Avante!, 1982), p. 178-88. (N. E.)

preciso criticar sem piedade não apenas a burguesia liberal, mas também a democrata. É preciso se orientar com todas as forças a fim de opor à organização democrática uma de trabalhadores; é preciso, em primeiro lugar, criar um partido operário. Os democratas precisam ser reduzidos a uma crina e a um rabo. A cada uma de suas demandas, responder com outra, ainda mais extrema. Eles pedem uma jornada de trabalho de dez horas, nós pedimos uma de oito. Eles pedem expropriação das grandes propriedades de terra com uma compensação equivalente, nós pedimos expropriação sem qualquer compensação. É preciso, por todos os meios, levar a revolução adiante, fazer dela permanente, não a desviar nem por um momento da ordem do dia. Não se pode acomodar com as assim chamadas revoluções adquiridas. Ao contrário, cada conquista será apenas um estágio para a próxima conquista. Toda tentativa de proclamar a revolução terminada é um desvirtuamento da causa. É preciso se empenhar com todas as forças para que a construção comum, a construção política, na qual nos foi dado viver, tenha sido minada por todos os lados, tenha sido submetida à destruição, até que nós a libertemos de todos os resíduos do velho antagonismo de classes.

As divergências se iniciaram com a avaliação do "momento presente". Diferentemente de seus oponentes, à frente dos quais estavam Schapper e Willich, Marx, confiante em seu método, batia na tecla de que qualquer revolução política se dá em condições econômicas determinadas, no interior de dada revolução econômica. À revolução de 1848 precedeu a crise de 1847, que abrangeu toda a Europa, exceto seu extremo oriente. E foi assim que, estudando, agora em Londres, o "momento presente", analisando a nova conjuntura econômica, as condições do mercado internacional, Marx se convence de que a nova situação não era propícia a uma explosão revolucionária, de que a ausência de uma nova sublevação revolucionária, esperada por ele e pelos demais, explicaria não apenas a insuficiência de iniciativas revolucionárias, mas de energia revolucionária por parte dos revolucionários. No fim de 1850, ele chega, com base em uma análise detalhada do "momento presente", à conclusão de que, sob esse florescimento econômico, qualquer tentativa de forçar a revolução, de construir um levante revolucionário, terminaria em derrota inevitável e inútil. Nesse período, as condições para o desenvolvimento do capitalismo europeu estavam propícias. Na América, na Califórnia, e também na Austrália haviam sido descobertas ricas minas de ouro: enormes massas de trabalhadores seguiram a esses territórios. A onda de emigração da Europa começou já na segunda metade de 1848 e ascendeu, sobretudo, em 1850.

Assim, a análise das condições econômicas levou Marx à conclusão de que a onda revolucionária retrocederia, de que se poderia esperar uma ofensiva numa nova crise econômica, que criaria outra vez condições propícias para a retomada do movimento revolucionário. No entanto, alguns membros da Liga dos Comunistas não estavam de acordo com esse ponto de vista e polemizaram, em particular aqueles que não contavam com a formação econômica de Marx e que davam grande significado à iniciativa revolucionária de algumas personalidades mais decididas. Willich, assim como Gottschalk, ainda em 3 de março, inflou a revolução em Colônia, desempenhando grande papel no período da insurreição da juventude alemã, e se uniu a Schapper, de quem vocês se lembram como velho revolucionário, ainda no início dos anos 1850, ao lado de outros membros da Liga dos Comunistas, da Associação de Trabalhadores de Colônia e velhos weitlinguistas. Insistiam no fato de que era imprescindível construir tal insurreição: se conseguissem juntar a quantia de dinheiro necessária e reunissem algumas pessoas decididas, seria possível criar uma insurreição na Alemanha. E eis que se inicia a corrida pelo dinheiro. Faz-se uma tentativa de conseguir um empréstimo dos Estados Unidos, o qual seria investido inteiramente na revolução na Alemanha. Marx, Engels e alguns mais próximos recusaram-se a participar dessa campanha. No fim das contas, ocorre uma cisão, e a Liga dos Comunistas se divide entre a fração de Marx e Engels e a fração de Willich e Schapper.

Nesse período, dá-se o naufrágio de setores da Liga dos Comunistas que tinham permanecido na Alemanha. Já nos anos 1850, Marx e Engels tentavam reorganizar a Liga dos Comunistas na Alemanha, ao mesmo tempo que em Londres. À Alemanha foram enviados alguns emissários, agentes, os quais estabeleceriam ligação com os comunistas alemães. Um deles foi preso: encontraram com ele papéis que possibilitaram seguir seus camaradas à Okhrana da Prússia, à frente da qual estava o ilustre Stieber – em quem se miraram os russos Zubátov e Trussiévitch[41]. Uma série de comunistas foi parar na prisão. O governo da Prússia, para mostrar à burguesia prussiana uma contrapartida aos privilégios perdidos em 1850, decidiu montar um grande processo contra os comunistas em Colônia. Como resultado, alguns comunistas foram condenados a um longo período de encarceramento – entre eles, incluíam-se Lessner, Becker e outros. No período

[41] Riazánov faz um paralelo entre Wilhelm Stieber (1818-1882), comissário de polícia treinado em técnicas de espionagem, e os russos Serguei Zubátov e Maksimílian Trussiévitch, dois diretores do Departamento de Polícia russo, ao qual era ligada a Okhrana, órgão do serviço secreto durante as últimas décadas do tsarismo. (N. E.)

do processo, descobriu-se que tomaram parte no caso alguns provocadores e que Stieber falsificou protocolos e criou falsos testemunhos. Por decisão dos comunistas que haviam permanecido consigo, Marx escreveu sobre o processo da Liga dos Comunistas e expôs as trapaças da polícia prussiana[42]. Isso, porém, pouco ajudou no julgamento. Ao fim do processo, Marx, Engels e seus camaradas chegaram à conclusão de que, dadas condições criadas, dada interrupção dos laços com a própria Alemanha, nada havia a fazer por parte da Liga dos Comunistas, de que era preciso esperar o momento propício; então, no fim de 1852, a Liga dos Comunistas oficialmente se dissolveu. O outro setor da Liga dos Comunistas, a assim chamada fração Willich-Schapper, arrastou por mais um ano sua existência. Alguns partiram para os Estados Unidos; Schapper ficou em Londres. No decorrer de alguns anos, compreendeu que, em 1852, cometera um erro e fez as pazes com Marx e Engels.

Na próxima vez, contarei o que fizeram Marx e Engels durante o período em que estiveram privados de desempenhar diretamente a atividade revolucionária.

[...]

[42] Ver Karl Marx, *Enthüllungen über den Kommunistenprozeß zu Köln*, MEGA I/11, p. 363-422. (N. E.)

Karl Marx: conferência radiofônica (1933)[1]

Karl Kautsky

Pela quinquagésima vez rememoramos hoje o dia em que nos foi subtraído Karl Marx, um pensador, um combatente que fez frutificar como nenhum outro a luta pela libertação do proletariado[2].

Todavia, é impossível homenagear Marx sem nos referirmos concomitantemente a Friedrich Engels. Ambos eram tão ligados um ao outro e influenciaram-se, instigaram-se, incentivaram-se mutuamente com tamanha intensidade que se torna impraticável determinar a participação de cada um deles na obra comum. Partindo de origens diferentes, com percursos de vida totalmente diversos, os dois chegaram ao mesmo resultado.

Marx nasceu em 5 de maio de 1818, em Trier, filho de um advogado judeu posteriormente batizado. Seu pai era um livre-pensador, impregnado pelas ideias do Iluminismo do século XVIII. Ademais, na Renânia, que de 1797 a 1814 fora francesa[3], ainda repercutiam as reminiscências da grande revolução na França. O jovem Karl Marx cresceu sob essas influências.

---

[1] Roteiro para conferência radiofônica (*Rundfunkvortrag*) escrito no período em que Karl Kautsky vivia em Viena e encontrado em seus arquivos, mantidos pelo Instituto Internacional de História Social (IISG, na sigla original holandesa); disponível *on-line* em: <https://search.iisg.amsterdam/Record/ARCH00712/ArchiveContentList>. Traduzido do original datilografado (com emendas e rasuras à mão, algumas das quais pouco legíveis), em alemão, por Renata Dias Mundt. (N. E.)

[2] No original, o parágrafo seguinte foi rasurado pelo autor, provavelmente por repetir em parte as ideias deste. (N. E.)

[3] Os territórios alemães, ainda fragmentados politicamente no século XVIII, tentaram, sem sucesso, uma união para enfrentar o governo republicano francês e levar à restauração da monarquia absoluta,

Friedrich Engels, por sua vez, veio ao mundo dois anos após Marx, em Barmen[4], filho de uma família proprietária de fábricas que era não apenas cristã, mas verdadeiramente pietista. Assim, o entusiasmo fervoroso por altos ideais que o animava desde o princípio tomou de início a forma de ardor religioso. Apenas mais tarde Engels distanciou-se do pensamento religioso[5].

Marx recebeu uma educação acadêmica. Estudou ciências jurídicas e filosofia em Berlim, recebeu seu título de doutor em 1841 e aspirava a tornar-se professor universitário. Em consequência de sua atitude de oposição radical, porém, logo constatou que não haveria esperanças para a carreira acadêmica. Em 1842, assumiu a edição de um periódico burguês radical, a *Gazeta Renana*, publicado em Colônia. Quando este foi proibido, seguiu para Paris a fim de completar ali sua formação política; afinal, tinha sido penoso, como editor, perceber que seus conhecimentos sobre temas econômicos e o socialismo não eram suficientes. Em Paris, ele estudou economia política, os socialistas franceses, a Revolução Francesa. Assim chegou a sua concepção do socialismo e da história.

Engels, por sua vez, foi obrigado, nessa mesma época, apesar do acentuado interesse teórico, a seguir um percurso prático. Depois de completar a escola, não foi para uma instituição de ensino superior, mas para o escritório de um comerciante de Bremen. Alguns anos mais tarde, em 1842, foi à Inglaterra a fim de completar sua formação mercantil na fábrica de fiação da qual seu pai era sócio.

No entanto, o jovem Engels não considerava os temas ingleses com os olhos de um comerciante. Ainda na juventude conhecera a miséria proletária em sua cidade natal fabril, cuja visão o tocou profundamente. Em Bremen e Berlim, onde prestou seu ano de serviços voluntários, impregnou-se de um radicalismo político que, graças às experiências práticas e à formação econômica, estava associado desde o princípio também a ideias econômicas. Então, chegou ao país do capitalismo clássico, a Inglaterra, onde na mesma época a luta de classes proletária, na forma do movimento cartista, causava grandes turbulências. Sem demora, Engels estabeleceu estreitas relações com os cartistas e os socialistas, e passou a estudar, animado por eles, o desenvolvimento econômico da Inglaterra.

---

a fim de impedir a difusão de ideias revolucionárias. As tropas francesas conquistaram as áreas a oeste do rio Reno, que ficaram sob controle direto ou indireto da República e, depois, do Império até a derrota de Napoleão em Leipzig, em maio de 1814. (N. E.)

[4] Em 1929, fundida a Elberfeld e outras localidades menores para formar a cidade de Wuppertal. (N. E.)

[5] No original, há uma frase suprimida em seguida. (N. T.)

Em 1844, retornou à Alemanha, passando por Paris, onde se encontrou com Marx. Após debaterem ideias, constataram, admirados e satisfeitos, que ambos haviam chegado, de forma totalmente independente e por caminhos diversos, aos mesmos resultados, a uma concepção da história que denominaram "materialista" e com base na qual fundamentaram o direcionamento do socialismo que hoje é definido como marxista. Essa concepção da história é seu maior ato histórico.

A concepção de história marxista pressupõe, assim como a hegeliana, da qual ela surge, que o desenvolvimento histórico é consequência da luta dos opostos [*Gegensätze*]. Hegel, porém, entendia que se tratava de meras oposições do pensamento, oposições que o próprio pensamento criava. Marx e Engels, por sua vez, consideravam fundamentais para o desenvolvimento social as oposições do ser humano na luta pela existência. De início, são oposições em relação à natureza circundante, as quais são superadas por meio da tecnologia. A técnica configura relações especiais dos seres humanos entre si, relações *econômicas* que, de sua parte, provocam ocasionalmente oposições econômicas ou lutas econômicas entre cada ser humano ou entre grupos. O desenvolvimento da técnica e da economia determina o desenvolvimento das ideias sociais do ser humano.

Sendo assim, Marx e Engels tampouco divisavam no movimento socialista o anseio por uma sociedade ideal e perfeita, mas percebiam nele a expressão mais consciente da luta que o proletariado trava para se libertar de condições sob as quais se vê oprimido. Eles chegaram à conclusão de que, em todo lugar, o futuro social pertencia ao proletariado e que, se ele lograsse conquistar o poder político, o utilizaria para configurar a sociedade adequada a suas necessidades. Como a mais inferior das classes, ele poderia realizá-lo, então, de forma a satisfazer todos os homens rebelados [?] e viver [?] em um patamar mais alto[6].

Essa concepção científica caracteriza o marxismo. Não menos, porém, que a convicção de que os resultados da ciência não podem permanecer soterrados nos gabinetes dos eruditos. Discernir e agir, teoria e prática, reciprocamente se demandam. As fontes de nosso conhecimento têm origem em experiências práticas, e nosso discernimento permanece sem vida se não guiar e moldar apropriadamente nossas ações.

Assim, Marx e Engels sentiram-se impelidos a não apenas incrementar cientificamente sua teoria, aplicando-a em pesquisas, como também a implementá-la na

---

6 A compreensão deste trecho, anotado à mão, foi comprometida pela grafia. (N. T.)

prática. Eles não se contentaram em estudar a luta de classes dos proletários e suas condições, mas igualmente tomaram parte ativa dela.

Em 1847, filiaram-se à Liga dos Comunistas, organização secreta de operários que, baseada em Paris, tinha seções na Inglaterra, na Suíça, na Bélgica e na Alemanha. Eles logo a impregnaram tão intensamente de seu espírito que o caráter dela se modificou, transformando-se de sociedade conspiratória em sociedade de propaganda política. Marx e Engels foram incumbidos de expor os novos fundamentos da liga em um manifesto, e este, o *Manifesto Comunista*, forma ainda hoje a base da atuação dos partidos proletários marxistas[7]. Naturalmente várias particularidades do documento, que em breve vai completar cem anos de existência, estão ultrapassadas. Os fundamentos proclamados por ele, porém, são reconhecidos ainda hoje pelo movimento operário socialista.

No documento, Marx e Engels vaticinaram a futura revolução. De fato, ela se deflagrou poucos meses após sua concepção. Os dois acorreram prontamente à Alemanha, onde fundaram, em Colônia, o periódico *Nova Gazeta Renana*, que defendeu, pleno de coragem e erudição, os interesses do proletariado e da democracia.

Se eles puderam prever acertadamente a revolução no *Manifesto*, enganaram-se, contudo, em um ponto: na expectativa de que ela se iniciaria como revolução burguesa e se tornaria, com o desenrolar, cada vez mais proletária. De fato, em Paris a revolução deu ares de que tomaria esse caminho, mas todas as classes se uniram prontamente contra o proletariado, que foi esmagado com brutalidade. Com isso, iniciou-se a contrarrevolução não apenas na França, mas em toda a Europa[8].

A *Nova Gazeta Renana* foi reprimida, e seus editores tiveram de fugir – Marx foi a Paris, onde se esperava uma nova insurreição revolucionária; Engels dirigiu-se a Baden, onde a população e os militares tentavam organizar uma resistência armada à contrarrevolução liderada pela Prússia.

A insurreição parisiense logo foi sufocada; com isso, Marx não podia mais permanecer na França e partiu para a Inglaterra. Nesse meio-tempo, a insurreição de Baden também fora reprimida, e os insurretos se viram obrigados a refugiar-se na Suíça. Entre eles, estava Engels, que logo partiu também para a Inglaterra.

---

[7] Kautsky suprime, no original, trecho da frase em que dizia que esses partidos não se denominavam mais comunistas, e sim social-democratas. Outras referências à "social-democracia", à qual Kautsky era vinculado, foram suprimidas à mão. (N. E.)

[8] A referência neste parágrafo é especificamente às revoluções de 1848. (N. E.)

Foi lá que os dois amigos se reencontraram, em 1850. A situação era extremamente constringente. A *Nova Gazeta Renana* havia consumido todo o patrimônio de Marx. Engels entrara em desavença com sua família ao abandonar a fábrica para unir-se aos revolucionários. Os democratas burgueses, por sua vez, tampouco queriam ter qualquer relação com os representantes da democracia proletária, e, ao fim, até mesmo a grande maioria dos companheiros de partido, os membros da Liga dos Comunistas, posicionou-se contra eles.

Isso porque não acreditavam que, por ora, a revolução acabara e queriam deflagrá-la novamente. Marx e Engels opuseram-se, demonstrando a inocuidade dessas tentativas. Eles sempre menosprezaram a busca demagógica da popularidade. Assim, tiveram de passar pela insurgência de seus próprios amigos contra si.

Completamente isolados, Marx e Engels encontravam-se também em uma grave situação de penúria material, chegando a passar fome, o que abalou principalmente Marx, que tinha de cuidar de mulher e filhos.

À época, três de seus filhos sucumbiram à terrível miséria. As outras filhas e a esposa não conseguiam se recuperar das enfermidades. Ao longo de várias semanas, a família viveu apenas de pão e batata. Não obstante, Marx não tinha apenas de ocupar-se de seu sustento; o partido e a ciência também impunham grandes demandas à sua força de trabalho.

A fim de auxiliar o amigo, totalmente priorizado em relação a si mesmo, Engels optou por um sacrifício colossal. Retornou ao escritório da fábrica em Manchester e assumiu o fardo de um trabalho odioso a fim de ganhar o suficiente para sustentar Marx, podendo lhe prover o ócio necessário ao trabalho intelectual. Todo o grande trabalho que Marx criou desde 1850 teria sido impossível sem o apoio abnegado de Engels.

Marx retomou em Londres os estudos de economia. Em virtude de sua concepção de história, ele supunha que o socialismo não surgiria como concretização de um sistema de pensamento excogitado, mas como progressão do capitalismo em termos proletários. Em sua visão, o capitalismo gerava as forças produtivas materiais, assim como a força de trabalho, os seres humanos que tornam o socialismo não só possível como necessário. As condições sob as quais o socialismo se torna possível e a forma como ele deve ser levado a cabo apenas podem ser reconhecidas, portanto, por meio do estudo dos mecanismos capitalistas. Essa tarefa se constituiu na grande obra a que Marx se dedicou, paralelamente ao trabalho jornalístico que lhe provia o pão diário, durante quase duas décadas de vida e que o tornou imortal: *O capital*.

Para apresentar seu conteúdo, seria necessária outra conferência. Referimo-nos aqui apenas a seu efeito. Não deve haver muito livros que tenham sido tão controversos, tantas vezes supostamente refutados, e que tenham, contudo, mantido até hoje todo seu poder de influência, que cresce a cada ano e, por fim, se estende até mesmo a seus opositores. *O capital* permanece a base férrea do socialismo moderno.

Nem mesmo no período em que redigiu *O capital* Marx se contentou apenas com o trabalho teórico; ele aproveitou toda oportunidade que houvesse para atuar na prática. No início dos anos [18]60, os movimentos democráticos da Europa se recuperaram do golpe sofrido com a derrota da Revolução de 1848. Em todo lugar, os operários se agitavam. Um dos resultados desse movimento foram as tentativas de fundar em Londres uma liga internacional de associações de trabalhadores. Marx e Engels logo identificaram que, para avançar, a classe trabalhadora necessitava de uma associação internacional.

Fervorosamente, Marx apoiou as tentativas que levaram à fundação da primeira Internacional de Trabalhadores. Nela, ele sempre assumiu apenas a humilde posição de secretário-correspondente pela Alemanha. Suas infatigáveis e diligentes atividades pela organização e seu intelecto superior, contudo, dominavam todos os homens que a dirigiam, e ele deu à Internacional sua forma e seu caráter. Quase todas as resoluções fundamentais dos congressos e todas as suas grandes manifestações – da mensagem inaugural à mensagem sobre a guerra civil na França[9] – foram obra sua.

A Internacional teve enorme influência sobre o desenvolvimento do movimento dos trabalhadores na Europa. Ela introduziu, a partir da Inglaterra, o sindicalismo no restante da Europa e lançou à terra as sementes para a criação de partidos políticos de massa do proletariado, os quais tomaram o lugar de pequenas seitas socialistas mutuamente hostis. Em 1864, foi fundada a Internacional; em 1867, Marx pôde publicar o Livro I de *O capital*. Esses anos e os seguintes foram os mais orgulhosos e felizes na vida de Marx.

No entanto, esse período logo foi seguido por uma era das mais dolorosas decepções. A guerra de 1870/1871 entre Alemanha e França terminou com a extirpação da Alsácia-Lorena da França, o que criou uma profunda oposição entre as duas nações cuja cooperação parecia a Marx imperativa para o maior desenvolvimento da Europa.

[9] Ver "Primeira mensagem do Conselho Geral sobre a Guerra Franco-Prussiana" e "Segunda mensagem do Conselho Geral sobre a Guerra Franco-Prussiana", em *A guerra civil na França* (trad. Rubens Enderle, São Paulo, Boitempo, 2011), p. 21-34. (N. E.)

A derrota da Comuna de Paris, em maio de 1871, foi ainda mais penosa para Marx. A guerra fizera com que os proletários parisienses também pegassem em armas para defender Paris contra a Alemanha. Após o tratado de paz, o armamento do proletariado pareceu intolerável ao governo reacionário e à Assembleia Nacional, que, por isso, tentaram tomar suas armas, dando origem ao conflito que conduziu ao levante revolucionário de Paris. Marx não queria esse levante e previu que ele fracassaria. Contudo, não se tratava da obra de um golpista leviano, e sim de algo impingido aos operários parisienses pelo governo. Sendo assim, Marx e, com ele, o Conselho Geral da Internacional postaram-se, firmes, ao lado dos subjugados.

A derrota inviabilizou qualquer espécie de movimento socialista na França durante quase uma década, tendo também abalado profundamente a Internacional. Enquanto na França o movimento de trabalhadores estava totalmente estagnado, assim como na Espanha, onde os anarquistas o levaram a um malogro esmagador, e enquanto os sindicatos ingleses sujeitavam-se a lideranças cada vez mais liberais, apenas o movimento alemão dos trabalhadores apresentou prosperidade notável desde 1870. Contudo, justamente esse afloramento motivou Bismarck a uma política de opressão inclemente. Em 1878, vieram as leis antissocialistas, as quais, por fim, revelaram-se incapazes de vencer a social-democracia, mas que, nos primórdios, aparentemente a tinham levado a um colapso total, pois o movimento operário alemão ainda não estava fortalecido o bastante para repelir com sucesso tal ataque logo em suas primícias.

Marx não viveu o tempo da superação bem-sucedida, apenas o colapso inicial. E a todas essas decepções, a derrota da Comuna de Paris, a dissolução da Internacional, a prostração da social-democracia alemã, a transição dos trabalhadores ingleses para a vertente liberal, aliou-se ainda a pesada experiência de que quase ninguém fora capaz de compreender a obra teórica de sua vida. De fato, todos os socialistas sensatos e instruídos reconheceram Marx como o grande teórico da democracia social, e possivelmente como tal ele foi totalmente silenciado pela imprensa burguesa ou, quando isso não foi possível, atacado da forma mais veemente. Em vida, porém, ele foi compreendido por muito poucos.

A isso tudo associou-se ainda uma grave enfermidade prostrante. Marx tinha uma natureza extremamente robusta, mas as privações sofridas ao longo de quase duas décadas a partir de 1850 corroeram sua saúde, especialmente porque estavam associadas ao excesso de trabalho intelectual, o qual com frequência tem efeito ainda mais destruidor que o da fadiga física. Quando ao gigantesco trabalho em *O capital* e a seu emprego como jornalista se juntaram o trabalho prático na Internacional, para o qual não contava com quase nenhum assistente – pois Engels morou até 1870 em Manchester –, a saúde de Marx ficou totalmente debilitada. Ele não recuperou mais sua força de trabalho e decaiu em grave e lenta enfermidade. Em dezembro de 1881, sua esposa morreu enquanto ele jazia enfermo.

Foi uma perda terrível para ele. Desde 1836, ele já estava comprometido com Jenny von Westfallen[10] [Westphalen], com quem se casou em 1843. Ela era quatro anos mais velha que ele, uma bela moça de renomada família aristocrata. Um de seus irmãos se tornou ministro prussiano no período da reação, após 1849[11]. Jenny teve inúmeros pretendentes aristocratas, mas preferiu o jovem e desprovido filho de um advogado, tão profunda impressão haviam causado nela a personalidade e as ideias do rapaz de apenas 18 anos. Ela lhe foi fiel até a morte.

O matrimônio foi de infinita felicidade, apesar das covardes perseguições e privações, sob as quais a esposa naturalmente sofreu tanto quanto o marido e que, todavia, suportou com bravura, destemida e resoluta. Marx nunca teria realizado o que realizou se sua mulher não fosse tão altiva.

Igualmente singulares foram as outras mulheres de seu círculo familiar, a serviçal Helena Demuth, que, fiel e astuta, cuidou da casa do início do matrimônio à morte de Marx, tendo sido como uma segunda mãe de seus filhos. Após o falecimento de Marx, ela se tornou, como amiga imensamente estimada, a governanta insubstituível da residência de Engels. Não menos corajosas e entusiasmadas com as ideias do pai foram suas três filhas, para quem ele demonstrava tanta ternura quanto elas para com ele. Foi um golpe devastador para ele quando a filha mais velha, Jenny, logo seguiu a mãe à sepultura, de forma totalmente inesperada, em janeiro de 1883.

Esse foi seu golpe de misericórdia. Depois disso, Marx se arrastou apenas mais algumas semanas. No dia 14 de março de 1883, dormiu seu último sono diante de sua escrivaninha, onde o encontraram morto.

Uma profunda tragédia paira sobre os últimos anos de nosso mestre, cuja vida inteira fora uma batalha prometeica contra forças prepotentes. Elas, porém, nunca lograram paralisar seu intrépido desafiador rebelde. Ele morreu indômito e inabalável.

---

[10] Conforme grafia do manuscrito. (N. E.)

[11] Ver, neste volume, p. 178. (N. E.)

Seus estudos lhe conferiram a certeza absoluta de que a causa do proletariado, que se tornara o sentido de sua vida, seria vitoriosa. Nem a mais excruciante miséria nem as piores derrotas puderam perturbá-lo, que fosse por um momento, em sua orgulhosa confiança. Assim, aprendemos não apenas com os conhecimentos de Marx, mas também com a formação de seu caráter. Não devemos aprender apenas com suas obras, mas também com seus atos. Não apenas seus livros são, para nós, exemplares, mas também o próprio homem; não apenas o pensador, mas também o lutador. Como tal, ele permanece um brilhante exemplo para cada um de nós, mesmo para aqueles que não tiveram a oportunidade de penetrar no patrimônio intelectual que ele acumulou tão ricamente a serviço da humanidade.

Relação de obras de Karl Marx editadas em português

(Obras com asterisco foram escritas em parceria com Friedrich Engels.)

A burguesia e a contrarrevolução. São Paulo, Ensaio, 1987.

O capital: crítica da economia política, Livro I: o processo de produção do capital. Trad. Rubens Enderle. São Paulo, Boitempo, 2013.

O capital: crítica da economia política, Livro II: o processo de circulação do capital. Trad. Rubens Enderle. São Paulo, Boitempo, 2014.

O capital: crítica da economia política, Livro III: o processo global da produção capitalista. Trad. Rubens Enderle. São Paulo, Boitempo, 2017.

Contribuição à crítica da economia política. Trad. Florestan Fernandes. São Paulo, Expressão Popular, 2003.

Crítica da filosofia do direito de Hegel. Trad. Rubens Enderle e Leonardo de Deus. São Paulo, Boitempo, 2005.

Crítica do Programa de Gotha. Trad. Rubens Enderle. São Paulo, Boitempo, 2012.

Cultura, arte e literatura – textos escolhidos. São Paulo, Expressão Popular, 2010. *

Os despossuídos. Trad. Nélio Schneider. São Paulo, Boitempo, 2016.

O 18 de brumário de Luís Bonaparte. Trad. Nélio Schneider. São Paulo, Boitempo, 2011.

Diferença entre a filosofia da natureza de Demócrito e a de Epicuro. Trad. Nélio Schneider. São Paulo, Boitempo, 2018.

Escritos ficcionais: Escorpião e Félix/Oulanem. Trad. Claudio Cardinali, Flávio Aguiar e Tercio Redondo. São Paulo, Boitempo, 2018.

Grundrisse: manuscritos econômicos de 1857-1858. Trad. Mario Duayer e Nélio Schneider, com Alice Helga Werner e Rudiger Hoffman. São Paulo, Boitempo, 2011.

A guerra civil na França. Trad. Rubens Enderle. São Paulo, Boitempo, 2011.

A ideologia alemã. Trad. Rubens Enderle, Nélio Schneider e Luciano Martorano. São Paulo, Boitempo, 2007. *

Liberdade de imprensa. Porto Alegre, L&PM, 1999.

Lutas de classes na Alemanha. Trad. Nélio Schneider. São Paulo, Boitempo, 2010. *

As lutas de classes na França de 1848 a 1850. Trad. Nélio Schneider. São Paulo, Boitempo, 2012.

Lutas de classes na Rússia. Org. Michael Löwy. Trad. Nélio Schneider. São Paulo, Boitempo, 2013. *

Manifesto Comunista. Trad. Álvaro Pina. São Paulo, Boitempo, 1998. *

Manuscritos econômico-filosóficos. Trad. Jesus Ranieri. São Paulo, Boitempo, 2004.

Miséria da filosofia. Trad. José Paulo Netto. São Paulo, Boitempo, 2017.
Nova Gazeta Renana: artigos de Karl Marx. Org. e trad. Lívia Cotrim. São Paulo, Educ, 2010.
Obras escolhidas de Marx e Engels em três tomos. Trad. José Barata-Moura e Álvaro Pina. Lisboa, Avante!, 1982. *
A revolução espanhola. Rio de Janeiro, Leitura, 1966. *
A sagrada família. Trad. Marcelo Backes. São Paulo, Boitempo, 2003. *
Senhor Vogt. Lisboa, Iniciativas Editoriais, 1976.
Simon Bolívar. São Paulo, Martins Fontes, 2008.
Sobre a questão judaica. Trad. Nélio Schneider e Wanda Caldeira Brant. São Paulo, Boitempo, 2010.
Sobre o colonialismo. Lisboa, Estampa, 1978. *
Sobre o suicídio. Trad. Rubens Enderle e Francisco Fontanella. São Paulo, Boitempo, 2006.
Teorias da mais-valia: história crítica do pensamento econômico. São Paulo, Difel, 1980-1985, 3 v.
Trabalho assalariado e capital & *Salário, preço e lucro*. São Paulo, Expressão Popular, 2006.

Títulos de jornais e revistas em língua alemã traduzidos nos textos

Amigo do Povo – *Volksfreund*
Anais Alemães – *Deutschen Jahrbücher*
Anais Franco-Alemães – *Deutsch-Französische Jahrbücher*
Avante! – *Vorwärts!*
Folhetim do Povo – *Volksfeuilleton*
Gazeta Alemã de Bruxelas – *Deutsche Brüsseler Zeitung*
Gazeta de Colônia – *Kölnischen Zeitung*
Gazeta Geral – *Allgemeine Zeitung*
Gazeta Renana [de Política, Comércio e Indústria] – *Rheinische Zeitung [für Politik, Handel und Gewerbe]*
Liberdade – *Freiheit*
Nova Gazeta Prussiana [Gazeta da Cruz] – *Neue Preussische Zeitung* [Kreuz-Zeitung]
Nova Gazeta Renana – *Neue Rheinische Zeitung*
Nova Gazeta Renana: Revista Político-Econômica – *Neue Rheinische Zeitung. Politisch-ökonomische Revue*
Os Novos Tempos – *Die Neue Zeit*
O Povo – *Das Volk*
O Social-Democrata – *Der Sozialdemokrat*

Índice onomástico

Börne, Ludwig (1786-1837) – jornalista alemão, poeta, crítico literário e de teatro; exerceu influência sobre o movimento literário Jovem Alemanha. p. 287, 288, 290, 291, 295.

Bracke, Wilhelm (1842-1880) – editor e livreiro, cofundador do Partido Trabalhista Social-Democrata alemão e membro do Parlamento alemão de 1877 a 1879. p. 51, 195.

Brentano, Lorenz (1813-1891) – advogado e político alemão, presidente da república provisória de Baden, foi condenado à prisão após o movimento de 1848-1849; refugiou-se nos Estados Unidos, onde também teve atuação política. p. 42.

Camphausen, Ludolf (1803-1890) – banqueiro liberal renano, primeiro-ministro da Prússia entre março e junho de 1848. p. 190, 203, 297.

Cervantes, Miguel de (1547-1616) – romancista, poeta e dramaturgo espanhol. Autor de *Dom Quixote*, considerado por muitos o primeiro romance moderno ocidental. p. 76, 114.

Cremer, William Randal (1828-1908) – político liberal inglês, membro da Internacional e notório pacifista. Recebeu o prêmio Nobel da Paz em 1903 pelo uso da arbitragem para resolução de conflitos internacionais. p. 152.

Demuth, Helena (Lenchen) (1820-1890) – governanta da família Marx, acompanhou-os em suas várias moradias de 1845 até a morte de Karl Marx, em 1883. p. 30, 85, 129, 133, 324.

Dumas, Alexandre (1802-1870) – romancista e dramaturgo francês, autor de *Os três mosqueteiros* e *O conde de Monte Cristo*. p. 76, 114.

Feuerbach, Ludwig (1804-1872) – filósofo, crítico de Hegel e da religião; embora tenha influenciado a trajetória marxiana, tornou-se alvo da análise crítica de Marx não apenas nas "Teses sobre Feuerbach", mas, sobretudo, em *A ideologia alemã*. p. 202, 240, 252, 256, 257, 258, 259.

Fichte, Johann Gottlieb (1762-1814) – filósofo alemão, crítico de Kant. Autor de *Discursos à nação alemã* e primeiro reitor eleito da Universidade de Berlim. p. 103.

Fielding, Henry (1707-1754) – dramaturgo e romancista inglês, autor de *Shamela* (paródia de *Pamela*, de Samuel Richardson), *Joseph Andrews* e do romance picaresco *Tom Jones*. p. 76, 131.

Fourier, François Marie Charles (1772-1837) – teórico social e socialista utópico francês, cujas ideias foram influentes em seu país e nos Estados Unidos. Idealizador dos "falanstérios", comunidades coletivas harmônicas. p. 162, 228.

Freiligrath, Ferdinand (1810-1876) – poeta e tradutor alemão integrante do grupo Jovem Alemanha, conviveu com Marx na juventude. p. 44, 156, 208, 212, 215, 217, 219, 312.

Fröbel, Julius (1805-1893) – geólogo e editor alemão, membro da ala esquerda na Assembleia Nacional de Frankfurt em 1848. p. 45.

Goethe, Johann Wolfgang von (1749-1832) – principal escritor de língua alemã, autor de obras como o romance *Os sofrimentos do jovem Werther* e o drama *Fausto*. Figura central do movimento *Sturm und Drang* [Tempestade e ímpeto]. p. 57, 58, 76, 104, 108, 112, 168, 198, 199, 226.

Gottschalk, Andreas (1815-1849) – médico alemão, membro da Associação de Trabalhadores de Colônia e da Liga dos Comunistas, na qual se posicionava à esquerda. Foi preso em abril de 1848. p. 180, 300, 302, 303, 306, 311, 315.

Guizot, François (1787-1874) – historiador e estadista francês, primeiro-ministro da França de 1847 a 1848. Dirigiu uma política favorável à oligarquia financeira e industrial. A Revolução de Fevereiro de 1848 obrigou-o a refugiar-se na Inglaterra. p. 178, 191, 263.

Hansemann, David (1790-1864) – banqueiro e político liberal, foi ministro das Finanças da Prússia entre março e setembro de 1848. p. 190.

Hartmann, Leo (Liev Nikolaiévitch Hartmann) (1882-1950) – membro da organização Naródnaia Vólia, que assassinou o tsar Alexandre II em 1879. Refugiado em Londres, conhece Marx e frequenta sua casa. p. 139, 156.

Hegel, Georg Wilhelm Friedrich (1770-1831) – filósofo alemão, elaborou um método filosófico dialético e idealista, que seria reinterpretado por Marx em seu próprio método dialético materialista. p. 75, 78, 103, 178, 201, 202, 203, 229, 244, 251, 256, 257, 258, 259, 260, 294, 296, 319.

Herwegh, Georg Friedrich (1817-1875) – poeta revolucionário alemão, integrante do grupo Jovem Alemanha. p. 45, 46, 133, 156, 211, 301.

Sobre os autores

Clara Zetkin (1857-1933) – Jornalista e política alemã, participante do movimento comunista e militante dos direitos das mulheres. Participou da fundação do Partido Comunista da Alemanha e da criação do Dia Internacional da Mulher. Em 1896, pronunciou frente ao congresso do Partido da Social-Democracia da Alemanha o histórico discurso "Apenas com as mulheres proletárias o socialismo será vitorioso".

David Riazánov (1870-1938) – Nascido na Ucrânia, fundador do Instituto de Marxismo-Leninismo, foi um importante teórico marxista e político revolucionário, além do editor responsável pelas primeiras publicações em larga escala dos trabalhos de Marx e Engels na Rússia. Vítima do terror stalinista, foi executado pelo regime.

Eleanor Marx (1855-1898) – Precursora do feminismo socialista, filha mais nova de Karl Marx, ativista social, escritora e tradutora. Editou e traduziu para o inglês várias obras de Marx e Engels e escreveu, com seu parceiro Edward Aveling, o tratado *A questão da mulher: de um ponto de vista socialista*, em 1886. Suicidou-se após descobrir que o companheiro havia se casado em segredo com outra mulher.

Franziska Kugelmann (1858-1939) – Filha de Ludwig Kugelmann, médico e ativista social que foi amigo de Karl Marx e entusiasta de sua obra. Além de ter guardado as memórias relatadas por seus pais, Franziska travou contato com Marx quando o pensador foi hóspede da família Kugelmann em Hannover por várias semanas e em uma viagem a Karlsbad.

Friedrich Engels (1820-1895) – Filósofo alemão, principal amigo e colaborador de Karl Marx, com quem escreveu obras fundamentais, como *A sagrada família* e *A ideologia alemã*, e criou o socialismo científico. Filho de um industrial rico, tornou-se comunista na juventude e uma liderança revolucionária mundial. Dedicou-se ao problema da dialética da natureza e aos estudos sobre a classe trabalhadora na Inglaterra. Entre outros livros, é autor de *A situação da classe trabalhadora na Inglaterra*, *Anti-Dühring* e *A dialética da natureza*. Depois da morte de Marx, publicou *A origem da família, do Estado e da propriedade privada*, *Ludwig Feuerbach e o fim da filosofia clássica alemã* e encarregou-se da publicação dos Livros II e III de *O capital*.

Friedrich Lessner (1825-1910) – Alfaiate alemão, membro da Liga dos Comunistas durante o exílio em Londres e amigo de longa data de Marx e Engels. Foi réu no processo dos comunistas de Colônia, acusado de traição à pátria e sentenciado a três anos de prisão pelo governo prussiano em 1852.

Henry Hyndman (1842-1921) – Um dos primeiros divulgadores da obra de economia política de Marx na Inglaterra. Fundador do Partido Socialista Britânico e dirigente de sua ala direita, foi expulso em 1916 em razão de sua propaganda a favor da guerra imperialista.

Karl Kautsky (1854–1938) – Político e escritor alemão, criador da revista *Novos Tempos* e líder da Segunda Internacional, marido de Luise Kautsky. Foi atacado duramente por Lênin quando passou a assumir posições reformistas. Com a vitória dos socialistas na Alemanha em 1918, trabalhou no Ministério de Relações Exteriores. Instalou-se em Viena em 1924, mas a anexação da Áustria pela Alemanha nazista o obrigou a exilar-se na Holanda. É autor de *A questão agrária*, *Origens do cristianismo* e *As doutrinas econômicas de Karl Marx*, entre outros.

Luise Kautsky (1864-1944) – Esposa de Karl Kautsky, foi jornalista, tradutora e vereadora de Berlim pelo Partido Social-Democrata Independente da Alemanha (USPD). Foi amiga de Rosa Luxemburgo, com quem trocou farta correspondência. Socialista e judia, em 1944 foi deportada para Auschwitz, onde morreu no mesmo ano.

Marian Comyn (1861-1938) – Atriz, escritora e amiga de Eleanor Marx, cuja casa em Londres frequentou diversas vezes. Em 1884, casou-se com o advogado Henry Ernest Fitzwilliam Comyn. É autora do romance *Rediviva*.

Paul Lafargue (1842–1911) – Jornalista e revolucionário socialista franco-cubano. Tornou-se genro de Karl Marx ao casar-se com sua filha Laura. Seu mais conhecido trabalho é *O direito à preguiça*, publicado no jornal socialista *L'Égalité* [A igualdade]. Suicidou-se com Laura em um pacto existencial.

Vladímir Ilitch Lênin (Uliánov) (1870-1924) – Um dos mais proeminentes revolucionários comunistas e importante teórico político. Mudou-se para São Petersburgo em 1893 e lá se tornou figura de destaque no Partido Operário Social-Democrata Russo. Foi preso em 1897 e deportado. No exílio, suas publicações fizeram dele um destacado teórico do partido. Em 1903, com a cisão do partido, encabeçou a facção bolchevique. Depois da Revolução de Fevereiro de 1917, retornou à Rússia e liderou os bolcheviques para a tomada do poder, em outubro. Foi o primeiro presidente do Soviete dos Comissários do Povo e, de 1917 a 1924, ocupou o cargo mais alto do governo soviético. Em março de 1923, um acidente vascular lhe provocou a perda da fala e paralisia parcial, que levariam à sua morte no ano seguinte.

Wilhelm Liebknecht (1826-1900) – Socialista alemão, cofundador do Partido Social-Democrata (SPD), membro da Liga dos Comunistas e um dos mais importantes líderes do movimento operário alemão e internacional. Durante o exílio em Londres, conheceu e manteve contato frequente com Karl Marx e Friedrich Engels. Pai dos socialistas Karl e Theodor Liebknecht, foi membro do Parlamento da Alemanha do Norte (1867-1870) e do Parlamento alemão (1874-1900), e contribuiu para tornar o SPD um dos maiores partidos políticos da Alemanha.

Capa de edição em língua inglesa da revista *Internacional Comunista*, lançada em quatro idiomas, em 1919, como órgão oficial da instituição homônima.

Publicado em junho de 2019, cem anos após a fundação do Instituto Marx-Engels e da criação da Terceira Internacional, este livro foi composto em Adobe Garamond, corpo 11/14,3, e impresso em papel Avena 80 g/m² pela Rettec para a Boitempo, com tiragem de 3 mil exemplares.